中國怎麼
買影響力？
要是買不下，
又怎麼借？

破解北京的

BEIJING'S

全球媒體

GLOBAL MEDIA

攻勢

OFFENSIVE

China's Uneven

Campaign to

Influence Asia

and the World

Joshua
Kurlantzick

喬舒亞・科藍茲克◎著

王湘瑋◎譯

目　錄
Contents

目　錄
Contents

獻給迦勒和約拿

致謝

Acknowledgments

　　本書能夠面世，要歸功於許許多多人提供慷慨的協助、睿智的建言。

　　外交關係協會（CFR）的 Richard N. Haass、James M. Lindsay、Shannon K. O'Neil 閱讀過本書草稿，做出了富批判性又充滿洞見的評語。同在 CFR 的易明（Elizabeth Economy）、黃彥忠、張彥（Ian Johnson）、Manjari Chatterjee Miller、Mira Rapp-Hooper、David Sacks、Adam Segal、Sheila Smith、Paul Stares、Jacob Ware、James West 提供重要的研究與分析，並提出編輯上的建議。CFR 圖書館讓我能搜尋到幾乎所有的資料，Patricia Dorff 及 CFR 出版部的人員則下了功夫讓本書得以付印。Amy Baker、Janine Hill、Jean-Michel Oriol、Shira Schwartz、Dominic Bocci 盡心盡力籌款，使本書的研究及書寫工作能夠進行。而易明又提供了不可或缺的引領和指導。

　　在 CFR 之外，我同樣感謝許多人閱讀了整本書或其中一部分、與我分享和討論想法、以及分享給我他們針對本主題進行的工作。幫助我的人包括 Geoffrey Cain、Pavin Chachavalpun、Sarah Cook、Samantha Custer、馬佳士（Joshua Eisenman）、Bay Fang、Richard Heydarian、Van Jackson、Shanthi Kalathil、Bilahari Kausikan、Nadia Madjid、Hunter Marston、Jamie Morgan、Shawn Powers、Mihir Prakash、Maria Repnikova、Sarah Repucci、Sophie Richardson、David Schulman、John Sifton、Michael Sobolik、Devin Stewart、孫韻（Yun Sun），更有不只一位人士提供了建議，但不希望列名。

史凱菲基金會（Sarah Scaife Foundation）、理查森基金會（Smith Richardson Foundation）的補助經費讓我得以從事本書的研究及寫作，魯斯基金會（Henry Luce Foundation）、福特基金會（Ford Foundation）、科克基金會（Charles Koch Foundation）所補助的其他研究亦對本計畫有所啟發；少了上述基金會協助，本書就不會出現。我要感謝理查森基金會的 Allan Song、魯斯基金會的 Helena Kolenda、Li Ling。在史凱菲基金會我要向 Montgomery Brown 道謝；在福特基金會我要向 Elizabeth Knup 道謝；在科克基金會我要向 Hugo Kirk 道謝。

感謝牛津大學出版社編輯 David McBride 對於形塑這本書所提供的指引和想法，也謝謝 Emily Benitez。還要感謝負責查核事實的 Ben Kalin 針對手稿辛勤作業。我特別向 Helen Nicholson 致上感恩，她一路照看本書，直到最後幾分鐘還在進行修訂。

詩菈（Shira）全程提供忠告與建議，更給了愛。整段期間，迦勒（Caleb）和約拿（Jonah）一直都是我人生的歡樂所在。我還要提到，本書寫作之時，我和外交政策圈的朋友痛失了 Devin T.

Stewart這一位聰慧、溫暖、備受喜愛的人物。他是我長年以來的朋友，我們經常合作進行各種不同計畫，大家都十分懷念他──我是如此，許許多多其他人士亦然。願我們對他的回憶成為一種祝福。

作者說明
本書送印之時，烏克蘭戰爭已爆發，接著又有中台危機〔台海危機〕，雖然本書試圖納入這兩場危機造成的轉變，但由於出版流程之故，不可能完全追上時局。

1 大有斬獲——還是大敗一場？

Building a Giant — or a Giant Failure?

　　2018 年馬來西亞短短幾個月間的大選，對全國造成衝擊，為這個東南亞國家帶來似乎是劃時代的改變。長期以來此地一直施行專制：自 1957 年獨立之後，掌權者基本上是同一個執政聯盟，而這群執政者過去頻頻運用具有操縱意圖的選區重新劃分、發放補助收買民眾、控制大多數的廣電媒體和印刷紙媒，以及其他策略來確保繼續掌握政權。

　　然而，這回總理納吉和簇擁他的那一幫當權派，即使已經使出上述手段壓迫在野黨——據報導他們同時也透過跨越洲際的暗盤交易斂聚競選連任所需的資金——但到了投票之前，卻似乎並無把握。

　　納吉所恃的選戰優勢並非僅限於巨額資金和種種齷齪手段。2018 年 5 月這場選舉的助跑階段中，他跟國陣似乎還得到另一種幫助，那就是中國政府試圖影響馬來西亞人投票。北京在馬來西亞經濟上和戰略上都存在重大利益，有理由要去支持納吉和國陣。中國是馬來西亞最大的貿易夥伴，幾十年來馬來西亞也有好幾位大亨已經在中國投注鉅資。[1] 納吉政府與北京關係融洽，而且馬來西亞當時居於主導地位的「國陣」從來不曾在全國性的大選失利，這樣的穩定性對中國深具魅力。在先前的南海爭議當中，納吉採取低姿態，對中國「一帶一路」的呼籲也早早發聲表示支持。2013年啟動的「一帶一路」，提供金援與融資的規模在世界上名列前茅，「經濟合作暨發展組織」估計一帶一路將會「在2017年之後的十年間，增加一兆（萬億）美元以上的對外投資，挹注於外國的基礎建設。」[2]本身就是多民族國家的馬來西亞，境內華裔人口為數不少，約莫占總人口數的23%。北京企圖運用像這樣散居外國的華裔人口來展現力量，而且這些力量常常是以日漸擴張的全球性媒體和信息傳播來施展。中國著意拉近跟馬來西亞這類東南亞國家之間的關係，因為這些國家都是東協中居於領導地位的成員國。由於東協運作採共識決，如果北京拉近跟這些成員國之間的關係，就可以運用這些國家緩和先前中國日漸侵入南中國海等周邊海域以及其他強勢活動所激起的東協國家反制。[3]

毛澤東時代結束以來，中國領導人一向表明北京不會干涉他國事務，即使事實並非永遠反映出這項主張。然而在2018年這次大選當中，應該展現出來的這股自制完全付之闕如。

當時中國似乎處在一個可以影響到馬來西亞選情的強勢地位。非但是這個國家首要的貿易夥伴——2010年代多次的民意調查也持續顯示，馬來西亞人對中國抱持好感。[4]所以北京就憑藉馬來西亞群眾當中的這一股友好氛圍，透過比較公開展現的軟實力企圖影響選情，同時也運用某些秘而不宣甚至有可能涉及貪腐的手段，也就是一般所知的所謂銳實力。北京尤其是在馬來西亞華人身上下足各式軟功爭取認同。被許多馬華人視為新聞來源的一家當地華文報紙，從本世紀以來日漸轉為親北京的立場。情勢演變至這回大選之前，馬華公會（國民陣線裡面的華人政黨）標榜該黨促進了中國資金注入馬來西亞。該黨的競選文宣聲稱「投給國陣等於支持中國」，而當時馬來西亞的華文媒體也經常加強報導親中的觀點，並且對不贊同北京的觀點予以消音。[5]

不過此類的手腳至少還是公開為之。除了這些比較公開透明的軟實力工具，中國同時可能也運用了更加隱而未見也更具壓迫性質的手段來拉抬納吉聲勢。根據《華爾街日報》的報導，大選倒數前一份首度曝光的會議紀錄顯示，有中國官員告訴納吉說，北京會施壓阻止外國調查據說涉及嚴重貪汙的「一馬」主權基金弊案，當時一馬基金面臨嚴重虧損，而只要納吉政府將馬來西亞的管線工程、鐵道工程都讓中國承包，北京就會出資救援一馬基金。[6]除此之外，北京也提出要去監聽正在調查一馬基金的《華爾街日報》記者，包括對方的住家及辦公室。[7]

北京一不做二不休。中國似乎還有高階外交官員出席了某些競選場合去支持納吉的國民陣線。[8]正如記者黃澤齊所指出的情況，馬華公會宣傳看板上赫然正是黨員跟中國領導人習近平同框的肖像。[9]

中國的圖謀徹底失敗。事實上北京所下的這些功夫適得其反。一馬基金以及其他貪汙傳聞引發民怨沸騰，在野各力量合組成聲勢浩大的聯盟，由前首相馬哈地領軍。社會大眾對北京試圖干涉馬來西亞政治的種種行為大感憤怒，也深覺兩國之間簽訂的某些合約並不公道。向來不會手下留情的馬哈地，一路競選過程都不斷鼓動反中情緒，譴責納吉出賣馬來西亞主權。[10]

開票日當天，馬哈地的聯盟旋風掃落葉重挫納吉陣營，贏得執政權。[11]顯然中國並未順利幫納吉爭取到馬華選民。雖然馬來西亞華人確實自豪於其血緣者居多，但是北京往往遽爾假定華人與生俱來就親中，這可能是錯估了馬華族群不希望被視為吃裡扒外的心態。[12]這些華裔的馬來西亞人，就像許多其他馬來西亞群眾一樣，對納吉領導的國民陣線感到憤怒，儘管國民陣線之前迎來了中國的投資還有金援，但是崇尚馬來西亞多數穆斯林權益的同時，卻日漸把馬華族群妖魔化。[13]在這回大選中，馬華一面倒支持馬哈地的政黨聯盟。[14]開票日過後，馬哈地仍不收手，使得中國在馬來西亞的損失更加慘重。馬哈地2018年8月出訪中國，當面警告中國領導高層不要妄圖推行「新型態的殖民主義」，同時督促中國重訂多項先前與馬來西亞締結的雙邊協定。[15]接著他還把北京先前風光獲准在馬來西亞東海岸投資興建的鐵路工程叫停了十一個月之久。[16]

納吉和國民陣線這回2018年敗選，造就馬來西亞獨立以來頭一次政權轉移，開啟了通往真實民主制度的大門——雖然到2021年這個民主運作仍然並不穩定，但已經遠勝於2018年以前。納吉擔任首相那些年間，搭著噴射機往來世界各地，據說是透過一馬公司等機構挪用國家基金，為他夫人羅斯瑪購置奢侈品，其中包括一條22克拉的鑽石項鍊，還有大批高價名牌包。[17]選後幾個月內，納吉就面臨貪汙收賄和洗錢等相關指控。住家遭到搜索，隨後馬來西亞當局從這對夫婦手中扣押總價超過兩億七千萬美元的奢侈品，眼看著納吉和羅斯瑪可能得要入獄服刑。[18] 事實上到了 2020 年 7 月，納吉已經被判有罪，刑期高達十二年。[19]

中國的動機

北京在四處都積極施展影響力，儘管相對而言成效不彰，但馬來西亞會遭逢這樣的干預並非孤例。中國企圖影響其他國家由來已久。不過近幾十年來，北京在國際上力量增強，而包括美國在內的世界其他強權，在全球影響力上漸有消退，同時正逢中國在內政上更加威權，導致對外愈加強硬，試圖在全球各地取代美國原先扮演的角色，於是突然間大幅在其他國家裡加強揮灑影響力度。[20]

為了要施展這樣的影響力，中國常常會運用媒體和訊息工具：這其中有他們日益擴張編制的官方新聞媒體（包括新華社），有社群媒體平台，有他們跟世界上許多國家當地媒體所簽訂的合約，提供給外國記者的培訓課程，以及其他許多可資利用的工具。

北京目前的作風反映出中國領導階層心態已經改變。在國內他們日漸專制，同時也在世界各地越來越多動作，試圖在區域內，在亞洲裡，在世界上想要取美國而代之。學者杜如松的著作《長期博弈：中國削弱美國、建立全球霸權的大戰略》提出，在習近平時代，北京的企圖已經不只是建立區域性霸權，而是開始採用「取代戰略，也就是將削弱與建立手段擴張到全世界，要

取代美國成為全球領袖。」北京今日的策略顯示出他們已經放棄
了冷戰晚期、後冷戰早期那種較為侷限、屬於防禦性質的外交政
策。如今北京當然還是希望可以改變其他國家裡的社會大眾、決
策政客和各界社會菁英對他們的觀感，於是有些時候中國就會在
氣候變遷、貿易議題和其他領域中表現出懷有善意的形象。

　　展現出懷有善意不干預其他各國的姿態，是中國長久以來都
會運用的策略。如果這樣的表演能夠成功說服別人，北京就會更
容易從跟東南亞國家以及世界其他區域國家的雙邊關係中得利。
此外北京也想運用他們的影響力，使世界其他國家的社會大眾和
輿論領袖對中國來領導全球抱持更加正向的看法，以便中國能在
聯合國和聯合國下屬機構，以及各類貿易組織甚或許多其他機制
中發揮更大的力量——中國得以運用這樣的力量在不同的機構中
削弱美國及其他民主國家，厚植自己的勢力。[22]

　　然而隨著中國意在區域霸權，希冀在全球舞臺上取代美國，
如今他們連番攻勢的影響力，已經遠超過先前長期以來塑造良善
形象的效果。相形之下，他們現在的影響力，更能夠配合日趨強
硬的整體外交——在習近平的領導之下，中國外交反映了三個概
念的結合。首先是中國領導階層，以及日漸傾向於專制主義和民
族主義的菁英階層，認為亞洲有許多強權對中國抱持敵意，形成
某種威脅環伺四周。[23]第二個概念是，對北京有利的時刻已經
來臨——如今中國已經登上世界舞臺，要恢復大國應有的地位，
而像他們這樣的大國，是有能力在亞洲以及其他地區削弱美國，
此外就像杜如松所寫的那樣，中國可以「在全球領導地位的競爭

中趕上並超越美國。」[24]第三個概念則是，中國外交政策應該更
強調意識形態的取向，這是毛澤東時代之後不曾採取的路線——
具體來說，中國有能力也應該提倡自己的發展模式，推廣所謂
「高科技威權主義」，並且運用越來越受北京控制，在中國境內逐
漸取代外國科技公司的中國科技公司，讓這套模式更加完善；對
世界各大民主國家則予以挑撥離間；強化與俄羅斯的合作關係，
這種情勢從俄烏戰爭以來顯而易見；乃至於抹黑民主制度的形象。

　　中國日漸表現出他們想要按照自己的形象來重塑世界，想
要透過心戰攻勢來提倡中國式高科技威權主義，俄烏戰爭爆發之
後，俄羅斯顯然就在仿效這一套模式。中國企圖把他們在言論
上、政治上、社會控制上的威權模式輸出到海外，並且運用全球
化帶來的影響力加強這種輸出——全球化已經把中國和世界連接
起來，世界上許多企業和國家都依賴中國市場與中國的政策。如
果最後中國達成了他們的目標，那全球化與經濟交流非但沒有讓
北京趨向於自由開放，反而是讓習近平的中國引領著其他國家的
企業和政客去適應中國的威權路線。[25]

　　習近平明白對中國各界的決策者表示，要把中國高舉為世界
其他國家的典範。2017年他在中國共產黨第十九次全國代表大
會上，告訴與會代表：「具有中國特色的社會主義……給世界上
那些既希望加快發展腳步又想要保持自身獨立性的國家和民族，
提供了全新的選擇。」[26]按照筆者同事易明的紀錄，十九大之後
習近平在多次演講中都提到了中國模式，鼓吹中國要輸出這個模
式，而這個模式已經被外界定義為高科技威權主義。[27]習近平

支持這個發展模式，認為值得推廣，自從毛澤東時代結束之後，不曾有任何中國領導人像他表達得這麼明確。

習三不五時就會講起國家資本主義、高成長率、以高科技進行社會控制的這個中國模式，以及應該向外輸出這個模式。[28]《人權觀察》的王松蓮分析中國如何創造這個新模式，指出中國政府「希望運用龐大的監控力道推動更大的國家意識形態計畫，結合威權主義與施政效率，以滿足其巨大人口之所需。」[29]「不對稱超限戰」的專家羅曼紐與柏格斯針對中國輸出監控的研究指出，中國正在「兜售他們的藍圖，這其中包括政權監控所用的軟硬體」，也就是中國模式的套餐和零組件。[30]

中國為外國政府開班培訓官員，運用網路國際研討會，協助他們架設類似的監視系統及網路控管設備，指導如何透過法律培植國家資本主義、壓制異見、控制網際網路，在在顯示出北京越來越致力於輸出中國模式。易明寫道，習近平在十九大講話以來，中國無論在語言上或戰術上都變得更加大膽，要把國家主義的政治經濟模式輸出到全世界。[31]

這其中涉及，北京無所不用其極向外輸出政經模式的各項元素。為各個開發中國家安排提高專制能力的計畫，進行教育訓練交流，利用聯合國之類的組織舉辦多邊論壇，將資訊分享給外國政府，使其熟悉如何控制公民社會，實施國家主義的政經制度，壓制反對運動。[32]

易明寫道，隨著北京加緊輸出政經模式，愈來愈多國家複製中國模式，如此一來，認同北京價值觀的國家愈來愈多，使得北京及其外交政策更加受到支持。[33]本書當中將會舉出許多案例，說明中國企圖向鄰國以及世上其他國家輸出其政經模式。

除此之外，隨著中國國力增強，他們比以往更熱衷於發揮影響力，去塑造外國政策制定者及社會大眾的觀感──不僅是對中國的觀感，而包括他們對於本國政治體系和政治領袖的觀感。

1990年代乃至於2000年代，北京對外的施力重點在於提升中國形象。但習近平時代施展的影響力，增加了一個目標，是要去塑造外國對其國內政治的敘事──塑造出有利於中國外交的狀態。對於澳洲、新加坡、台灣、泰國等地的政治及社會，北京更打算單刀直入，施力的目標包括：要讓哪些人士當選成為政治領袖、要讓這些國家的國內政治討論哪些議題、國內大學如何教授與中國相關的課程、本土媒體如何營運、如何報導與北京相關的主題。北京想要透過這些方式，讓其他國家選擇出會屈從於中國強硬舉動的領袖，無論面對的是貿易問題或者實質國安問題；也要讓當地媒體袖手旁觀，不去質疑、不去揭露北京的強硬行為。中國政府打算透過施展影響力以及經濟壓迫等傳統的硬實力手段，讓外國企業到最後也附和沿用北京的話術，複述北京對政治、黨政、以及外交的說法，這樣，就能擴大中國聲量──也就是像學者布雷迪所謂「使洋為中用」。[34]北京要迫使外國企業自動審查對中國的批評，以及接受中國的要求（例如讓外國公司按照中國的堅持，說台灣是中國的一部分），還要在本國捍衛中國的外交及內政。[35]

北京也打算藉由施展影響力在國內更加積極地鞏固自身政

權。利用外交來捍衛中共並非新鮮事，但是到了習近平時代，要捍衛的目標改變了、增多了。自從中共在 1949 年執掌權力，中國外交政策在各個年代都受到一項重要的因素所驅動，那就是要鞏固中共在國內的權力與主導地位。[36] 曾經在美國國會及行政部門任職於中國問題委員會的馬提斯談到，雖然中國在國際上的利害關係加強了，但阻止一切有可能「削弱或動搖黨國」的行動，仍然是北京的首要任務 [37] ——例如，他們因此而在中國境內封鎖俄烏戰爭的報導，因為這種新聞可能會顯示出俄羅斯專制政府的弱點，削弱中國的黨國力量。

不過，習近平時代的防衛性目標和進攻性目標一樣，範圍比過去更大。目標裡面當然包括要用盡手段捍衛、鞏固中共，保障北京在國內維持控制力所採取的各種壓制方式。[38] 但是習近平的目標還包括要在海外包裝好中國的形象，讓外國人民相信，把中國管理得最好的組織就是中共，而且事實上只有中共辦得到，要讓全世界都認為，中國為了保衛政權而在海內外採取的所謂必要行動，都是合理的，甚至是值得效法的。既然在習近平時代中國的國家機器已經變得更嚴苛，對人權的侵犯更甚於前幾任領導人的時代，高層領導人對於中共所受到的外部威脅，比以往更加疑神疑鬼，所以，習政權試圖更加強勢地入侵外國的社會、媒體生態、政治體系，好擦亮中國的形象，維護中國的權力。

屢屢失敗

雖然北京投入大量金錢、資源和時間在媒體新聞之類的影響力運作，而且世界各地的媒體對中國的這些心戰攻勢也多以大篇幅報導，然而眼前看來，北京干涉其他社會的努力往往像在馬來西亞所經歷到的那樣，大部分付諸東流。

應該說，目前為止中國的這些心戰攻勢大部分不起作用。悲觀人士會說北京施展影響力的技術高超、卓有成效，但在今時今日這種看法是錯誤的。中國架設了龐大的影響機制及新聞媒體，但他們實際上操作得相當笨拙，未見高明。

雖然中國的確取得一些成績，但是他們許多作為都失敗了。在某些地方，北京成功接管、控制了外國的華文媒體，但是不怎麼影響得了以本土語言或英文發行的媒體，而這些媒體才是主要的新聞來源。在另外一些地方，例如澳洲和台灣，北京的影響力施展得過於醒目，招人反感，激起強烈反對聲浪，使得輿論對北京的看法惡化，在澳洲還引來嚴格的新法律，這些法律的用意在於限制外國施加影響力——其他民主國家也覺得可以比照制定這類的法律。[39]

整體來說，就算是投入鉅額預算在全世界操作軟實力——包括COVID-19醫療器材、中國產的疫苗，而中國外交官和媒體不停推薦這些東西——到了2020、2021、2022年，中國受到討厭的程度，在許多國家當中前所未有。[40] 由於中國政府當初隱瞞COVID-19最早爆發的消息，有很多國家餘怒未消，這種行事不光明的狀態正好凸顯出中國威權主義的缺陷；讓各國憤怒的還有中國日益膨脹的專制主義和軍事行為，對新疆、對香港以及台海情勢都反映出這個趨勢，另外還有中國在俄烏戰爭中支持俄羅斯。一方面是因為中國受到大規模厭惡，另一方面是因為北京還沒有摸清楚要怎麼讓各大國營媒體（新華社除外）能吸引更多閱聽群眾，於是中國花費了相當多資金，在非洲、拉丁美洲、東南亞擴張中國環球電視網（CGTN）這一類新聞媒體，但是吸引到的觀眾相對而言並不多。[41]

　　到了2021、2022年，北京以兇惡的外交姿態欺凌其他國家，並持續鎮壓香港，而COVID-19病毒是由實驗室外洩出來的說法變得更加可信，中國卻還捍衛俄羅斯在烏克蘭進行的戰爭，儘管莫斯科犯下的反人類罪昭然若揭、對烏克蘭的攻勢停滯不前，中國仍然持續給予支持。於是，本來就常與中國關係緊張的國家，諸如日本，就變得非常討厭中國，而中國在這些地區本來就曾經長期不受歡迎；但北京在澳洲、西班牙等地也開始遭受厭惡，這些國家和中國在歷史上無冤無仇，2010年代的大部分時間，中國在這些國家都廣受喜愛。[42]而且，進行這項調查的皮尤研究中心還發現，總計十四個受訪國家裡，多數民眾都對中國觀感不佳。[43]在東歐、中歐這些曾經對北京抱持正面觀感的國家，中國之所以變得如此不受歡迎，可能是因為中國支持克里姆林宮的戰爭。

　　到目前為止，中國散播假新聞的運作還是比較粗糙、容易揭露，尤其是相對於俄羅斯的細緻有效；不過兩國已經開始密切合作，尤其是俄烏戰爭之後。當然，有時候中國並不想像俄羅斯那樣利用假新聞掀起混亂；北京更想要塑造長期的敘事，來講述外國人民如何看待中國、中國的內政、中國的外交。但是當中國操作起假新聞，例如在台灣2019-20年總統大選期間，北京所投放的報導往往生硬露骨，其中許多報導很容易追溯到中國源頭，而一旦實情遭到揭發，這樣的假新聞反而使當地公民對北京寒心。

中國的影響力與新聞心戰，雖然規模龐大、財政資源豐沛，但他們還面臨其他障礙，未來這些障礙只會日趨嚴重。隨著中國逐漸強大，要運用軟實力就會更加困難，因為軟實力路線所倚靠的概念之一，是北京和美國不同——北京比較尊重他國的主權和國內政治。而就算中國嘴上仍然會講「不干涉」，他們的公開行動，卻愈來愈強硬、挑釁、民族主義十足的外交作風（在2020、2021、2022年惹火了許多國家），證明所謂「不干涉」只是場面話，因此打亂中國資源豐富的軟實力戰略。[44] 舉例而言，北京在台灣海峽、在南中國海的行為愈來愈霸道，又在湄公河興建水壩，這些事情在新冠病毒全球大流行期間都持續進行，令人懷疑北京是否真如他們所說，絕不干涉他國，許多東南亞國家、以及世界上其他國家都感到氣憤。而且無論如何，當其他國家眼睜睜看著中國插手他們的政治，在他們的媒體散播假新聞，採取侵略性的軍事行動，指揮地下運作去影響他們的大學，如此情況之下很難讓對方相信這是出於善意。[45]

未來會得手

所以說，中國的心戰並不如某些國家（包括美國）的決策者所講的那樣成功。不過對中國這些心戰持保留態度的人士卻忽略了一點，那就是，北京一定會進步——會迅速進步、大幅進步。甚且，雖然本書將列舉中國的某些失敗，但現在失敗不代表永遠失敗。本書將提出中國以後可能運用哪些方法來獲得更大的成功，這些想法有一部分奠基於個案研究，案例來自中國首先發動密集媒體攻勢、新聞攻勢、影響力攻勢的地區——例如澳洲、香港、紐西蘭、東南亞、台灣。個案研究會讓我們瞭解中國的初步戰略及其成效，以及北京適應情況的能力；接下來，筆者將審視中國現在如何將他們的戰略用到全世界——諸如美國、歐洲、拉丁美洲、東北亞，以及其他區域。

接下來的十年間，世界各國可能不會像馬來西亞那麼幸運，也可能不會像他們那麼善於抵抗中國的心戰。非但如此，北京會記取失敗的教訓，往後十年他們很可能變得更加擅長操作軟實力和銳實力，他們的作法將對許多國家帶來危險，包括美國的夥伴，也將威脅到新聞的自由流通。

為什麼中國心戰可以操作得更成功？原因不只一項。雖然北京現在失敗，但他們已經發展出某些有用的工具，例如新華社，而某些外國媒體親中的老闆也為北京所用，於是北京能夠控制外國某些報紙或網路媒體，其中更有些案例發生在歐洲和北美的富裕民主國家。[46] 幾乎可以肯定地說，未來中國的心戰將變得更

24

強勢，更注重隱密而具威脅性、銳實力性質的媒體和新聞操作，而不是較為開放、公關層面、軟實力性質的操作，後者這些方式對記者、研究人員、政府來說，比較容易察覺。中國的政治人物雖然威權，但他們已經顯示出記取失敗教訓的學習能力，也能夠適應環境而加以調整，例如中國的代表作，所謂「一帶一路」在某些方面已經調整；要是以為北京不會從心戰工作的失敗中學習，那就大錯特錯了。就一帶一路而言，中國領導層已經回應外國領袖及決策者的怨言，也就是一帶一路使某些地主國背負沉重債務這個面向；中國已經因應調整了貸款的期限、限制高風險借貸，也對其他國家強調中國是負責任的放款方。[47]

由此確實可以合理推斷，北京的領導人能夠靈敏地從錯誤中學習，心戰工作的失敗將使他們放棄那些弄巧成拙或者效果不彰的作法。隨後，他們就可以專心施展有效果的策略，以及未來可能收效的策略。

而世界的整體潮流也逐漸變得有助於中國的心戰工作。這個世界變得越來越威權主義：長期追蹤此一議題的組織──「自由之家」，已經記錄到中國連續十五年的民主倒退。[48]國際新聞環境中有愈來愈多假新聞，大部分媒體愈來愈不受信任，而北京也與俄羅斯等專制大國聯手，改進他們的心戰方略。根據《紐約時報》報導，俄烏戰爭以來中國官方媒體散佈俄方的虛假陳述，中國外交官及官媒也透過社群網路來放大俄羅斯荒謬的假新聞，包括稱美國在烏克蘭境內支持生化武器實驗室。[49]民主國家面對諸多挑戰，包括內部爭執僵持不下、社會不平等、COVID-19疫情、大眾對民主日漸失望，如此就讓中國有更大的機會能夠掌握全球領導權，提倡循中國模式來管治與發展。如果民主大國不解決他們國內嚴重的問題，就會使得北京有更多空間可以倡議威權主義的發展模式。而國勢較弱、左支右絀的民主國家，對於中國施展影響力來說也是更好下手的目標。[50]

上述國際情勢會讓北京將來更能有效操作新聞並發揮影響力，甚至到2020年代末就可以辦到——北京也會在歐洲及北美洲迅速擴展其工作，因為他們愈來愈把富裕的民主國家納入工作目標。

隨著中國掌握並發動更加細膩有效的影響力活動（通常要透過壓迫性的媒體新聞策略），對於其他國家的主權、真實新聞的自由流通、全球人權與民主、美國及盟友的利益而言，中國的所作所為具有危險的意涵。中國至今尚未完全精通這些策略，其中許多策略原先是針對鄰國發展出來的，但是，美國及各民主國家當然應該提早做好準備，來因應中國下一階段更加靈活從容的心戰技巧。

擴展心戰工作

北京顯然正在加強他們的工作。自從2000年代末、尤其是2013年習近平就任國家主席之後，中國對外的心戰迅速加強，此一現象可見於東南亞各國、中國的近鄰、台灣、以及澳洲——現在，我們更看到這樣的活動在非洲、歐洲、拉丁美洲、北美洲也都加速了。北京打造的心戰架構往往以媒體新聞工作為核心，而他們建立這一套架構的時期，正值習近平在中國國內大肆擴權之際。北京打造心戰架構，趁著美國及各民主大國的注意力放在國內政治失調，同時著眼於俄羅斯這個惹人注目的專制強權，所以對中國在其他國家內部的行為，一開始並不太在意。

中國領導層清楚表明他們對這些工作已經下定決心，也有許多資料顯示北京確實在擴展這些活動。北京高層在演講以及重要文件中多有宣布，他們打算在世界各地展開大規模的心戰。[51]過去十五年來中國高層不斷聲明，他們堅信北京必須運用心戰，來「講好中國故事」，強化他們所謂的「話語權」。[52]他們還說，要把新聞、包括網路新聞，看成作戰的「陣地」。[53]不僅如此，他們還明白要求北京方面要增加對全球的新聞運作。[54]中共中央宣傳部的文件明載：「新聞輿論的競爭說到底是話語權的奪取。」[55]習近平公開宣稱：「讀者在哪裡，受眾在哪裡，宣傳報導的觸角就要伸向哪裡。」習近平政府也在文件和演講當中進一步指出，當務之急是要加強中國對世界（包括歐美）播送的媒體，並且要讓中共、而不是行政機關更加嚴密地掌控這許多對外國觀眾播放的媒體。[57]

新聞工作確確實實就是中國心戰的核心部分，在本書當中我的焦點會一直放在媒體與新聞，而對於其他類型的心戰工具將比較簡略。北京運用多種新聞策略，他們也設定了各項計畫，要影響全球新聞供應鏈中的每個環節。[58]其實應該說，中國為了要逐漸從錯誤中學習、對世界各地的社會施加影響，這樣的訊息攻勢穩居主力。

中國對外國的這些心戰攻勢，目標集中在幾類團體：高階政策制定者、低階或地方性政策制定者、公民社會的領袖、商界領袖、大學領袖及學生、外國國內的華裔人口，而在許多國家，也有針對一般大眾的工作。北京試圖影響這些族群是為了達到中國政府亟欲實現的幾項目標，這些目標也有彼此重疊之處。

因為如今中國在全世界有更多利害關係，原本就在台灣、東南亞等鄰近地區執行的心戰，現在他們要予以擴張。進一步來說，如今的作戰已經不僅止於針對開發中國家、也不僅止於中國的近鄰（比方東南亞），現在目標也擴及富裕的民主國家，例如美國、澳洲、加拿大、德國、紐西蘭、英國。[59]

習有更多手段

比起前任主席，習近平更能夠推動具有進攻性質的外交政策；先前幾屆以菁英集團的共識統治，到了習近平時代，則將權力集於己身。雖然中國內外的許多中國專家一開始都（錯誤地）稱讚習近平，說他可能是改革派，但他已經在中國國內政治發動了筆者同事易明所謂的「第三次革命」。[60]所謂「第三次革命」——第一次是毛澤東的共產革命，第二次是鄧小平的改革開放——其內涵包括習近平領導下的中央集權；禁止妄議時政；大幅加強共產黨對社會及政府各階層的管控；構築（網路）限牆與規章，以防外國思想進入中國；利用先進的監控系統與人工智慧來監視並控管人民；取消習近平的任期限制。[61] 習近平更加強國家對經濟的控制，優待巨型國營企業，並且採取行動令中國的大型民營企業最終也必須向中共負責——使得他們學會運用企業的力量來推動中共所圖謀的當務之急。[62]

習近平是毛澤東以來中國最有權勢的領導人，若要在全球投射力量，習近平政府有辦法採取冷戰高峰之後毫無先例的方式，而且比起當代歷史上的其他中國領導人，習近平就是有更多手段可以選擇。中國對外國的心戰攻勢往往是透過媒體與新聞，雖然其中有一些策略北京已經在港台等地運用了數十年，但現在這些工作得到更多金錢挹注、更加協調，也得到中國更高層的授權，而這些高層本身已變得更加強硬專制。甚且，對這些工作發號施令的中國，如今已是全球最大經濟體（按購買力平價來計算）、升級最快的軍事力量，也是外交場上的巨人——就算跟二十年前相比，中國所踞的位置也要有力得多。

中國還佔了一項便宜，至少原本是這樣：民主國家把注意力放在中國以外其他國家的心戰攻勢。對於歐美的政策制定者和媒體來說，在2010年代的中晚期，相較於中國，俄羅斯在其他國家的心戰攻勢一開始吸引了更多注意。雖然專注於俄羅斯往往是情有可原，但是如此一來，包括美國在內許多民主國家的政策制定者就無暇他顧，而沒有看到中國如何加強在別國國內施力。而政策制定者、新聞媒體只關注俄羅斯的情況，顯然也已經開始改變。例如，川普政府譴責中國直接插手美國政治，也採取了一些強硬行動來約束中國在美國境內的影響力；拜登政府繼續執行這些強硬行動，以對付中俄的許多官媒與其他媒體新聞工具。[63]
美國媒體與許多國家的傳媒機構都開始報導中國的心戰活動，包
括擴張官方媒體、孔子學院、企圖影響他國政治，諸如此類的策
略。然而中國心戰活動所受到的注意，大體上還是比俄羅斯少。

軟實力與銳實力

中國的心戰工具愈來愈多，既有軟實力類型的，也有銳實
力類型的——而且在同一個國家之內還常常把這兩種實力並行施
展。

軟實力

中國投入相當資源發展軟實力至少已歷三十年，擴展軟實力
的速度，在過去十年更是快馬加鞭。筆者所謂的「軟實力」是指
所有能夠施加影響力的工具，只排除戰略、政治、新聞、經濟的
威逼與作假——利用威逼、祕密、誤導訊息等方式來影響其他國
家，則不列為軟實力。[64]（這樣的定義比起奈伊原本所提出的軟
實力更加廣泛，但這是中國官員及學者通常使用的定義。）然而，
相對而言，軟實力是透明的、不具逼迫色彩；軟實力是公開嘗試
在外國打造出對本國的良好觀感；軟實力是一種吸引力，是相對
公開的說服。例如，中國提供更多獎學金讓外國學生及政府官員
到中國留學，這就是一種軟實力，或是由中國官方媒體投放廣編
稿到世界各國的報紙與新聞網站。上述工作主要是公開進行，目

標在於培養出對中國的正面看法。其他軟實力的例子包括文化外交、援外、拓展官方媒體（但這些媒體提供真正的新聞而不是假新聞，也不是企圖限縮言論自由或做出扭曲的報導），以及透過旅遊及交換學生等項目來鼓勵民間外交。

國家的軟實力工具──例如擴編官方媒體、交換學生、文化外交──假使運用得當，可以促使目標國國內的看法改變，使大眾和菁英對運用國態度更加友好，也對其文化、經濟、政治持正面態度。這種由國家催動的軟實力又稱之為「積極」軟實力，實例包括擴展官方媒體，以及由國家來開設培訓外國官員的課程。可是也有一些軟實力的工具無須政府積極動作也能收效，這些即是「消極」軟實力。[65]透過書籍、新聞報導等等流行文化資訊，就可以傳遞正向訊息，用正面的角度描繪一個國家的人民、政府、經濟、社會、價值觀、基本理念。若是目標國對該國的文化、人民、價值觀產生正面看法，甚至對政府在各項議題上所持的立場有正面看法，操作軟實力的這個國家就更容易塑造該國的敘事，進一步改變其觀點，從而更有可能達成政策目標。

我們討論軟實力時，不可能認定某項結果（例如目標國在特定議題做出某項政策決定）完完全全是軟實力運作（在他國打造正面輿論，提昇本國的品牌形象，設定有利於本國的敘事）所造成。[66]軟實力透過對菁英群體及社會大眾兩面作工，可以協助改善國際關係，但是接收國（受到對方軟實力運作的國家）並不會只因為受到軟實力操作而做出政策決斷。同理，輸送國（利用軟實力的國家）運用軟實力的時候，也不會認為軟實力必定使接收國選擇某一政策。

下文也將談到，不管是輿論的改變，或者媒體的觀眾讀者群等等，這些領域的變化都很難直接說明中國（或別的國家）必定對另外一國取得更大影響力。就算社會大眾對某國抱持友好的觀感，但仍然反對該國在雙邊關係上的許多政策提案，或者反對該國領導全世界，這樣的情況當然還是有可能的。而既然中國的軟實力運作大部分集中在媒體新聞，我們更應該要注意到，接收國的民眾是有可能觀看、閱讀愈來愈多中國媒體，卻不受其影響——甚至對其反感，而形成對中國更惡劣的看法。

但是，如果軟實力順利發揮，例如讓某國大眾吸收更多來自輸送國的媒體、新聞，這樣的軟實力可以培養出兩國之間的整體氣氛、培養出對於輸送國的整體觀感。友好的雙邊氣氛、對輸送國的正向觀感，這些都可以影響到接收國的政策決定。

中國累積軟實力

1990年代末、2000年代初，我在曼谷擔任派駐記者，就近觀察到中國所發動的「魅力攻勢」（這是當時我對該項活動的稱呼）——他們默默耕耘，在東南亞和其他開發中地區累積軟實力，當時正逢亞洲金融危機，而2003年的伊拉克戰爭破壞了美國的形象。（在本書當中，我以「開發中國家」來稱呼不被列入世界銀行每年公布的「高所得經濟體」的國家。而列入該名單中的國家，我認為算是「已開發」。至於包含大量開發中國家的地區，例如撒哈拉沙漠以南的非洲地區，本書仍以「開發中」名之。）

[67]我將那些活動紀錄在2007年出版的《魅力攻勢：中國的軟實力如何改變世界》，以後就轉而關注其他議題。然而，後來我開始看到中國把這些戰術漸漸運用到非洲、澳洲、歐洲、紐西蘭、北美洲。

2000年代起，北京的軟實力策略已經將媒體新聞運作與其他公關方式結合起來，同時他們表示中國提供了一種不同的發展模式，有別於自由市場的民主國家。這個嶄新的模型是一種威權式國家資本主義，私人企業擁有相當多自由，然而還是國家在主導經濟的絕大部分，而一個政黨緊抓住決策權，但卻廣受人民支持，這種狀態大部分是靠著培養出人民的國家主義來維繫。[68]中國經濟推翻了許多分析師的預測，（至少在2000年代）並未驟然停滯或崩潰，如此一來，他們的發展模式對於外國就更具有吸引力。2008-09年的全球金融危機始於西方國家，加劇了民主倒退的趨勢，使北京的「另類發展模式」一說，更顯理直氣壯。[69]

到了2010年代，中國在媒體新聞的許多相關領域當中，已經發展出世界級的科技，例如社群媒體平台、監控工具、電信基礎設施、數位衛星電視、物聯網技術，諸如此類。因此，中國模式的意涵不再只是威權式國家資本主義，更代表了運用最先進的技術；之所以開發這些技術，就是為了控制新聞在線上的流動、以各種方法監視人民等等。

這十年間，北京已經把許多軟實力工具加以升級。中國迅速地擴張國營全球性媒體，包括CGTN、中國國際廣播電台（CRI）、新華社、英文的《中國日報》，同時也利用現金誘使東南亞及其他地區的電台及有線電視公司停播其他節目，轉而播放CRI等等中國國營廣電公司製作的內容。[70]

事實上，自從2009年中國政府宣布投入66億美元擴大國營國際媒體，CGTN和新華社已經在非洲、歐洲、拉丁美洲、北美洲、東南亞這些地方設立了更多分社。這兩家媒體近年來感受到中國官媒已經被看作粗暴的宣傳機器，於是他們在擴增的分社當中廣聘知名記者，包括來自CNN、半島電視台、BBC，以及來自具公信力當地媒體的記者。[71]《中國日報》現在也和至少三十家面向國際的大型報社簽有合約，在該社印行的報紙定期置入簡短的文章。這些置入的文章往往看起來很像各報的一般內容，聚焦於中國國內政治及國際角色，為其提供正面新聞，如此一來，就把《中國日報》放到全世界最大新聞網站及最大報紙的讀者眼前。[72]

中國官方媒體也和全世界許多媒體簽訂內容分享協議，包括華文媒體、英文媒體、還有各種不同語言的媒體；官媒透過這些合約，將其內容傳播到其他許多國家。[73]只要報導的內容是真實新聞，即使描述的方式讓中國看起來很好、或者刻意不報導中國的負面訊息，還是應該算成軟實力。就算報導方式引人誤解或者是假新聞，分享協議本身還是軟實力工具。但是下文即將寫到這些工具很容易就可以越界，變成高度審查、見不得光、虛假、扭曲、傳達假新聞的銳實力。

與此同時，CGTN等中國官方媒體也愈來愈懂得運用社群媒體來推廣其報導，以及在Facebook、Twitter、YouTube等平台上獲得更多人追蹤。CGTN在臉書上的追蹤者人數已經超過全世界所有英語新聞媒體，只有BBC除外。結果是中國媒體的傳聲筒愈來愈大支，能夠針對北京所介意的議題強力放送報導。

北京也巧妙運用中國國內民營媒體大公司的力量，這些公司與國家關係緊密，他們已經打進非洲、東南亞等等地區。這些民營企業營運的項目包括通訊衛星、社群媒體、聊天平台，他們經常夾帶中國官方媒體的新聞，或者以別種方式來承載親中的新聞。更應該說，北京靠著在世界各地搭建電信設施等種種舉動，企圖控制今日世界的媒體新聞「管線」──亦即新聞賴以流通的實體設施及網路結構。這些管線包括了衛星及數位有線電視、社群媒體平台、傳訊軟體、電信公司、監控設備公司、物聯網架構、甚至還包括基本規範、科技標準，以及全世界和各國國內網際網路需要遵守的規則。

如果中國只是運用這些管線來中立地傳遞新聞，就仍然屬於軟實力的工具，以此也許能在需要此類設施的發展中國家有助於樹立北京的正面形象。然而證據顯示中國不只是用這些管線來中立地傳遞新聞──因此，這些管線可能不只是軟實力工具。

銳實力

中國著意發展軟實力之際，也大幅擴展運用銳實力。就算是在1990年代和2000年代，北京所使用的已經不只是軟實力。他們偶爾也採取另外一種作法，美國國家民主基金會的沃克及路德維希將這種作法稱為「銳實力」。中國已經使用銳實力戰術暗中影響鄰國的輿論領袖，例如在台灣、以及東南亞華人社區。[74]
不過當時他們銳實力運作的目標還是比較侷限於華人族群之內
——例如異議人士、法輪功學員——範圍也侷限在距離中國很近
的國家。

　　過去十年間，中國使用銳實力的情況已經大幅增加，範圍也
擴大到非洲、澳洲、歐洲、拉丁美洲、北美洲的目標，詳情容後
討論。[75]中國變得較為依靠銳實力而非軟實力，在2020年代北
京很可能更加依靠銳實力，繼續增進他們的心戰攻勢。

　　按照沃克與路德維希的定義，相較於軟實力，銳實力的運作
是用來穿刺、操縱外國，或轉移其注意力。[76]軟實力的工具通
常會公開使用，目的在於增加本國的吸引力，而銳實力的工具往
往要用祕密黑箱的方式來進行，目的在於使人對本國的敵手產生
壞印象。運用銳實力的一方會向社會大眾隱瞞此事，或者由代理
人進行，如此一來就能讓人不知不覺，也可以讓操作銳實力的一
方合理地撇清關係。[77]銳實力並非用來增加本國的吸引力，也
不是公然要人改變對本國政治、外交、文化、經濟種種事項的觀
感。而且銳實力的工具是用來混淆外國民眾，對他們提供誤導訊
息，而軟實力的運作往往不涉及這些。（在本書當中，我說的「誤
導訊息」〔disinformation〕是刻意製造出來的虛假訊息，通常是用
來造成某些種類的危害，而非「失實訊息」〔misinformation〕；失實
訊息雖然可能在社群媒體平台廣為流傳，但最初被發表出來並不
一定是為了造成危害。）

　　祕密進行，乃是利用銳實力影響政治的必要條件。舉例來

說，有時候政治人物會對別國的政治人物和政黨公開表示支持。美國前總統歐巴馬在2019年加拿大大選時，基本上為總理杜魯道的連任背書。[78] 但兩人的互動是公開的，而歐巴馬是公開背書；接收國（加拿大）的社會大眾知道歐巴馬說了什麼話，也可以去評估這些話。相反地，銳實力的政治影響往往在暗中祕密進行，目標國的大部分公民不會明白這些事情。

專制國家透過銳實力，企圖打擊或收編別國的政治領袖，在民主國家的政治體系製造混亂，使自由社會停止某些種類的討論，以及針對他們認為重要的議題釋放誤導訊息。相比之下，軟實力目標範圍較廣，而銳實力往往集中針對特定目標，影響他國各界領袖——政治界、媒體界、教育界、公民社會輿論界——這些領袖可能有華人血統，也可能不是華裔。

在某些國家，例如柬埔寨，北京施展銳實力去協助親中的威權人物，讓他們完成內政目標。北京也透過銳實力引領其他國家採取類似於中國那種具有壓迫性和控制力的管治方式——也就是中國模式。中國還施用銳實力來逼迫輿論領袖，無論他們在政治圈、公民社會、媒體、學術界，都要為中國的說法打廣告，對本國聽眾宣揚中國對其內政外交的說詞——用銳實力來阻絕自由社會裡面對中國政策的批評。

在銳實力方面，中國比起較為自由的國家可能享有一項優勢。中國國內的媒體大多唯命是從，然而自由國家的媒體往往積極調查政府的外交政策。所以，北京可以放心在海外運用銳實力，不怕中國大陸的新聞媒體會去檢驗他們的行為。而民主國家的政府所執行的引導活動往往會被國內媒體揭發，例如在美國就有《攔截》、《ProPublica》、《紐約時報》等機構精於此道。

現在讓我們舉出幾個例子，看看軟實力與銳實力有什麼不同。中國在全世界擴編CGTN、新華社等官方媒體，聘用記者人數更多、水準更高、製作更多樣化的節目，這是軟實力。媒體的擴編是公開的，招聘人員是相對公開的，製作出來的節目可供公開觀賞。但是當中國的國營公司或民營企業，或者中共背景濃厚的個人，買下外國的媒體，然後又不經過公開說明而驅使這些媒體審查中國相關報導，或者針對北京與地主國刻意推動某種敘事，這就是在操作銳實力。如果中國在其他國家展開公關作戰，無論是在當地媒體投放廣告，或甚至是運用公開登記、遵守法律的遊說活動，這都還是軟實力。如果北京以金錢或其他誘因，打動外國政治人物、外國記者、外國學術機構或智庫研究者、以及其他意見領袖，讓他們抬高中國的形象、提倡中國的特定政策，甚至直接支持中國屬意的領導者、促其繼續掌權，這就是銳實力。如果北京公開資助留學海外的中國籍學生，例如由大使館、領事館提供資金和組織資源給中國留學生的團體，這可以看成軟實力。但如果中國使領館是以撥款為籌碼，來懲罰批評中國的學生、或者創設支持中國的「假草根」在地組織，那就要算成銳實力。

傳統的硬實力與銳實力不同，往往會公開展現。當別國的政策激怒北京，中國常常威脅要在經濟和戰略方面報復，2010年代晚期南韓同意部署美製的終端高空防禦飛彈系統（薩德系統）

即為一例。[79]中國公開警告南韓將施予經濟報復，接著北京真的抵制了中國境內的南韓商店。[80]然而，中國的公開威脅儘管具有逼迫意味，卻更接近老派的硬實力：進行明確而公開的經濟或軍事脅制。

隨著北京歷練愈廣、愈發運用銳實力、投注相當資源改良銳實力的用法，他們也開始嘗試在全球發揮銳實力。北京的高層領導以相對直接的方式引發這種轉變。在習近平之下，中國的統一戰線工作部（統戰部）擴編了；中共以往透過統戰部，在中國國內進行政治影響力作戰。習近平將統戰部賦予更大的國際角色，要透過地下的脅迫運作來影響外國的輿論領袖、外國境內的中國留學生（包括美國），以及許多其他人士。[81]習近平政府將統戰部最高層的控制權重新安排、加以集中，同時公開表揚他們在中國外交當中的重要性。[82]

交相運用軟實力及銳實力

這兩種實力之間的界線並非截然分明。中國的某些工具既可用於軟實力也可用於銳實力，而北京常常對外國同時運用這兩種實力。奈伊指出，孔子學院這種北京出資在外國學校所開設的語言課程，可以當作一種軟實力來看待──相對公開透明，旨在增加中國的吸引力，孔子學院的運作有許多方面近似傳統的軟實力工具，例如法國在外國設置的法國文化協會。[83]但是奈伊也說：「如果一所孔子學院……企圖破壞學術自由──如同某些事件當中的情況──就應當視之為銳實力的入侵，關閉該院。」[84]此類破壞行為具有逼迫的色彩，往往並不公開進行，所以屬於銳實力的領域。同理，新華社、CGTN之類的大型官方媒體算是軟實力工具——除非像他們在特定國家那樣，已經明顯地被用來散佈假新聞；此時該媒體跨越了界限，成為銳實力的工具。

軟實力和銳實力要如何協同運用？舉個例子：北京想在他國內部與重要的新聞媒體交好以促進兩國關係，同時也想運用銳實力使該國的記者保持沉默，以免他們批評中國的外交、內政。於是，北京會同時在這個國家的內部運用軟實力（交流計畫、培訓課程等等）討好某些記者，展現中國迷人之處，也運用銳實力（由親中大亨買下批評北京的媒體，然後以不太引人注目的方式迫其改變報導風格）。

種種威脅

對新聞的威脅

中國的心戰攻勢愈來愈成功，這就形成了幾項威脅。其中最大的危險是：如果中國記取失敗教訓，把影響力發揮得更好，可能會阻礙新聞的自由流通；又或許他們即將與俄羅斯聯手，而在現今的世界，以事實為基礎的論述本來就已經受到許多威脅。現在中國和俄羅斯已經明顯在合作散佈俄烏戰爭的假新聞，中國透過其各種頻道在傳播克里姆林宮的假新聞。

為了真實新聞所進行的這場戰役，對於民主本身的未來至為關鍵，不僅對民主國家如此，對於正在奮力要達到自治的國家亦然；這場戰役對現實世界的戰爭也是關鍵，環繞俄烏戰爭而展開的新聞戰，已經顯示了這一點。真實的新聞從四面八方遭到圍攻──民主國家的民粹領袖蓄意撒謊，傳統的媒體把關已被攻破，而社群媒體上又有謠言謊話四處流傳。等到中國的技巧更加精進，能夠在許多國家暗地裡壓迫媒體，讓他們對中國所持政策敷衍看待，或者中國變得能夠更加有效散佈誤導訊息，那麼真相所受的攻擊又會增加一重。

　　整體來說，若是中國操弄訊息的影響範圍超越華語媒體而及於其他語系，就讓北京更能夠影響許多國家社會大眾所接收的訊息──這些訊息來自網路、社群媒體、電視和廣播。中國媒體所使用的材料可能涵蓋其他國家的政治人物、社經問題、內政外交種種事項，以及其他議題。中國可以用這樣的策略佔據有利的施力點，以影響別國的國內政治，包括影響美國。同時，中國也會愈來愈能夠控制各種能向閱聽大眾傳遞訊息的管道（諸如電信網路以及社群媒體平台）。

　　另外，中國的訊息策略也可以改變國際上對中國的報導，改變許多媒體市場當中對其外交、內政、經濟政策的報導。某些媒體市場尤其如此，那就是中國官方媒體（無論是以華語、英語或當地語言發行）已經佔有一席之地的領域，北京更對有些地方的華文媒體已具深度影響力，其力道甚至及於一部分當地語言的媒體。

　　而中國的官方媒體，即使是其中較為開放、透明的那幾家，也並不是真正的自由媒體──這些媒體的編採自主性與自由空間遠比不上美聯社、路透社，甚至不如半島電視台。在外國讀者的新聞來源當中，中國官媒扮演的角色愈來愈吃重，然而，這些官媒所呈現出的中國形象（以及許多外國的形象）確實有所偏頗；有時候這些報導根本就是假新聞，逾越了軟實力的界線，成為一種銳實力。

中國官方通訊社的新華社和其他官媒比起來更處於優勢地位，可能成為具影響力的全球新聞品牌。世界各地的新聞媒體都面臨財務困難，而新華社的通訊比起彭博社、路透社等競爭者更加便宜（有些甚至還免費），各大洲都有愈來愈多媒體日益仰賴新華社提供報導。[85] 如此一來，新華社會愈來愈有能力劃定許多媒體報導的範圍，因為通訊社的稿件往往界定了一篇報導的初步細節，為後續報導形塑框架。

而北京除了協助他們規模最大的媒體新華社在世界各地贏取更多讀者、聽眾、觀眾，還可以做出更有殺傷力的事情。北京可以讓中國公司買下其他國家的本土新聞媒體，或者利用內容分享協議讓其他國家的新聞媒體噤聲，從而施展危險的銳實力。不僅如此，對於上述這些區域之外的國家，他們還可以讓針對中國行為的自主報導消失，另一方面則讓其他國家充斥著親中媒體。

同時，北京也在打壓報導中國境內敏感話題的外國記者和中國記者，甚至把《BuzzFeed新聞》、《紐約時報》、《華爾街日報》等等美國媒體的記者趕出中國。[86] 一邊消弭其他國家國內對北京所作所為的自主報導，另一邊讓身在中國的外國記者處境日益艱難，這樣一來，就可以讓全世界不易得知有關世界第二大國的真實新聞。在這個時代中國與許多其他國家的關係漸趨緊張，而這些國家的輿論領袖下決定時，有辦法參考對於中國和中國政策的準確新聞嗎？社會大眾有辦法明白在與北京的衝突中所牽涉的價值嗎？

雖然俄烏戰爭和台海危機已經顯示出，中國相較於俄羅斯對假新聞相當笨拙，但是他們學得很快。中國最後可能打造出一具比俄羅斯更為龐大的假新聞機器，現在北京與莫斯科已經就假新聞密切合作，直接學習俄羅斯的戰略，同時也為莫斯科假意宣稱的訊息擴音。[87]非但如此，目前兩國關係之緊密是冷戰初期以來所未見，2022年二月雙方簽署協議，雖然尚非正式條約，卻也相去不遠；彼此宣誓要共同對抗全世界的自由民主政體。[88]中國可以把假新聞部門用來與俄羅斯合作，非僅播下紛亂的種子、影響一次選舉、一次政治抗爭，更要劇烈改變整個社會如何去思考中國的內政外交，或者改變他們如何思考自己的政治體系和社會。

對民主的威脅

第二個重大危險是北京可以運用軟實力並施展銳實力來維護親中的領袖，而這些人往往是威權主義者。這樣的領袖，例如柬埔寨的獨裁者洪森，往往與美國的關係惡劣。中國能夠鞏固他們對權力的掌握，這使他們離不開北京，於是當北京與美國在全球權力場域中的爭奪日益激烈之際，北京可能會得到更多同伴。除此之外，中國的軟實力和銳實力也可能拉低美國的夥伴對美國的觀感，提高他們對中國的評價。

不僅如此，當中國的影響力愈來愈大，就可以讓封閉的專制社會保持原狀，而在世界各地鼓吹中國的專制模式。對於中國銳實力的分析，大部分關注的是他們如何影響開放社會，例如澳洲、美國，如何利用這樣的開放社會，如何用各種手段影響他們。但是中國的運作可能也會對封閉而專制的社會產生作用，例如柬埔寨、烏干達，北京的影響力有助於令其維持相對封閉，也可以將中國模式傳佈到今天還介於民主與專制之間的國家。

鞏固國內

第三個重大危險是中國在海外的軟實力和銳實力可能強化中共對國內的掌握。雖然習近平是毛澤東以來最強勢的中國領導人，而儘管在這個世界上中國的勢力愈來愈大，北京還是在內政外交上都打算採取守勢。某個程度而言，即使是「一帶一路」這些中國在國際上最大規模的計畫，其用意仍然是要一邊投射中國的權力、一邊保護黨不受威脅免遭滅絕。

簡短的路線圖

至關緊要的是，美國及其他民主國家的決策者，必須冷靜評估中國施展的影響力，必須瞭解這具機器的哪些部分已經發揮作用，哪些部分遇到失敗，而中國又是在哪些地方學習、調適，並且在往後十年很可能突飛猛進。另外也有必要判斷，中國的特定行動之所以有問題，原因究竟是因為採取行動的是中國，或者這些行動本身就有問題。

決策者及其他輿論領袖也應該要明白，儘管中國對外工作有其成效，外國政府卻不是完全被動地受到影響。例如柬埔寨，中國之所以能夠說服洪森的專制政府，讓他們接納以國家主導的資本主義、以科技實施的社會控制，其中一個原因是洪森本來就奉行專制主義，還有一個原因是他們為了鼓動柬埔寨人民而進行的運作。[89] 非但如此，在許多國家，包括非洲、拉丁美洲、亞洲某些脆弱型民主國家，北京推動其專制模式的同時，也利用了當地領袖的欲望，以及脆弱和專制國家的弱點。[90] 另外，中國能夠成功的其中一個原因在於接收國本身的歷史因素。在泰國，中國往往能順利鼓動泰國的社會大眾，其中一個原因是泰國人在歷史上普遍對北京抱持著友好的態度，所以北京比較容易在該國施展軟實力。

為了提出一項全面的觀點，來看待中國對軟實力和銳實力日漸廣泛的運用，我將在以下各章探討六個主題：歷史、動機、機會、手段、成敗、效果。最後，我將列出一些建議，說明如何回應中國現今及未來所施展的軟實力和銳實力，尤其是涉及新聞及媒體等領域。而這些建議應視情況的細微差異加以應用。其中一個關鍵在於，我們要明白中國透過媒體新聞所施展的軟實力和銳實力當中，哪一些面向對外國政府來說目前無需警戒──可能在未來也不至於形成威脅。對於危險較小的層面反應過度，事實上有可能反而讓一個政府分身乏術，無力應對中國影響力所造成的真正危險，從而削弱其反應；也可能導致世界各地具有華裔血源的人士遭到汙名化。

由於媒體和新聞乃是今日中國軟實力和銳實力的關鍵所在——也因為本書不可能涵蓋中國影響力的每一層面，否則其篇幅豈不是就會超越大衛‧福斯特‧華萊士的小說——所以，對於較不牽涉到媒體新聞的軟實力和銳實力工具，我不會那麼仔細地討論。這種「老派」工具包含邀請學生到中國大學留學、在外國運用統戰部，以及其他各種工具，不過我將花許多篇幅在孔子學院、傳統外交，以及中國影響海外學生、大學與研究機構的運作。（我不會深入探討一帶一路，不過偶爾仍會提及；這個主題已有許多大部頭著作予以研究。）我會簡述中國在1990年代、2000年代如何運用其中某些工具，然後稍微討論一下這些工具在如今的情況，因為此類影響力工具與媒體訊息操弄乃是相輔相成。但本書主題不在於那些影響力工具，我不會去探討運作的細節：本書的主旨在於中國運用訊息與媒體去改變其他國家，或者在某些國家這類手段並不奏效。同時，我也不會去檢視中國的軍事實力，這方面只會談到中國日漸成長的軍事力量，如何影響他們投射軟實力和銳實力的能耐；我也不會將焦點放在直接的間諜活動。

本書脫稿於2022年年中；因為相關主題激烈多變，當這本書到您手上時，或許北京已經對於此處所討論的一些戰術又做出變化，而其他國家也會因應調整他們的反應。中國與美國的關係、與鄰國的關係、與歐洲的關係、與世界上各個地區的關係，此時此刻的確是無從預測。

　　本書當中的某些調查將集中在澳洲、香港、紐西蘭、東南亞、台灣。（在本書，我所謂「東南亞」指的是東協十國──汶萊、柬埔寨、印尼、寮國、馬來西亞、緬甸、菲律賓、新加坡、泰國、越南──再加上東帝汶。）然而，本書同時也要探討中國在全球媒體上涉及訊息的各類心戰──包括非洲、歐洲、俄羅斯、拉丁美洲，以及北美洲。

　　中國對於東南亞、台灣、澳洲、紐西蘭擁有相當的影響力──可能這一帶就是全世界中國影響力最大的地區。中國是該地區最大的貿易對象，在此處中國的軍事作風具有侵略性，尤其是在南中國海。一般而言，中國會先以這些近鄰來實驗他們的軟實力和銳實力，然後才擴展到世界上其他地方。

　　所以，我在這本書裡面往往提出東南亞國家、澳洲、香港、紐西蘭、台灣，把這些地區當作中國戰略的早期指標。換言之，研究的是發生於其間的個案，因為這些地區就是北京最初的試點對象。不過接著我就要進展到這些個案以外的地區。我會探討中國如何將其軟實力及銳實力戰略擴大到世界上許多地方，如此擴張所造成的效果，以及從這些早期案例──東南亞、台灣等等──可以得出哪些教訓，供其他地方借鑑，例如歐洲、拉丁美洲、北美洲，在這些地方中國的媒體新聞心戰，其影響力逐步增強，而澳洲人、台灣人、東南亞人漸漸對這些已經司空見慣。

中國軟實力及銳實力路線之簡明當代史

A Short Modern History of China's Soft and Sharp Power Approaches

中國要在泰國北部清萊的皇太后大學開設孔子學院及詩琳通中國語言文化中心時，在當地受到的熱烈歡迎無以復加，主辦方榮幸請到詩琳通公主大駕親臨動土典禮。這一位代言人真是再理想不過了：詩琳通是倍受尊崇的泰王蒲美蓬之女，王室在泰國幾乎被當成偶像來崇拜，而她又是王室中最受喜愛的成員。[1]公主本人曾經留學中國的北京大學，對華語的歷史、文化、語言深感興趣。[2]

中國深知這位公主的利用價值。除了邀請她到清萊參加上述典禮，中國政府還封她為「人民友好大使」，表彰她努力推動中泰交流。[3]公主甚至於不遠千里到吉爾吉斯去參加當地孔子學院的開幕儀式，同一段時間內還撥冗擔任孔子學院國際雜誌的顧問。[4]

簡要概述

皇太后大學這所孔子學院包括在泰國第一波設立的孔子學院

計畫當中，當時泰國多所大學都積極希望也能在他們校內開設。由中國教育部注資在合作大專院校內設立語言文化中心的這項任務，2000年代在東南亞推動得如火如荼，但泰國的部分特別引人注目，因為規模之大有異於其他地區。到了約莫2015年之後，泰國共有23所孔子學院和孔子教室（開設給中小學的華語課程）。[5]人口數比泰國多三千萬的菲律賓，相形之下孔子學院只開設了五所。[6]

孔子學院在整個計畫是從2004年開始推動；截至2010年代下半葉，全球總共開設512所孔子學院，以及1,074間孔子教室，開設地點包括了許多富裕民主國家的頂尖大學，包括在澳洲、歐洲、東北亞和北美洲──都是以學術自由和教學品質著稱的院校。從這樣的成果可以看得出那段時期中國如何積極發揮軟實力。[7]除了孔子學院和孔子教室，在1990年代到2000年代，北京也將其他許多軟實力工具予以升級。開始把面向國際的官方媒體現代化，增加海外經援計畫，提升涉外團隊的人員水準，投入更多經費在海外推廣中華文化，加強菁英外交，啟動針對外國人士的培訓與交流計畫，以及開始進行許多其他軟實力方面的努力。

中國當時可以發動魅力攻勢的原因，因為他們才剛剛全力重現在世界舞台──特別引人注目的是他們在開發中地區，諸如非洲、中亞、拉丁美洲、東南亞，但同時在澳洲與東北亞，甚至於歐洲和北美洲也達到一定的能見度。在東南亞中國不再是外交上的賤民，跟鄰國的關係都開始正常化。2001年中國加入世界貿易組織（WTO），在其他國際機構裡面也開始擔負較重要的角色，例如在先前一直由富裕民主國家所主導國際貨幣基金（IMF）。

自此中國的巨型企業開始到海外大舉投資，與鄰國簽署自由貿易協定，進展到2009年，中國已是東南亞國協（該地區主要的十個國家）的最大貿易對象，也成為其他地區主要貿易對象，例如澳洲、中亞、非洲、拉丁美洲的某些部分。[8]

在政治上和經濟上中國也進入一段（稍微）自由的時期，這點或許改善了他們在世界上的形象，有助於發揮他們的軟實力。國內新聞水準提高、變得較為自由，也有了公民社會——雖然相較於擁有真正新聞自由的國家，中國仍然處於重重桎梏之下——使得中國領導人面對海外批評其人權紀錄時得以自辯，也提高了官方新聞媒體的品質。1990年代與2000年代，新聞報導與公民社會的空間或許比1980年代較為狹小，但是比後來2010及2020年代仍自由得多。進行調查報導的中國媒體，例如廣東的《南方周末》、北京的《財新周刊》，他們挖掘的議題包括貪汙、破壞環境，甚至調查中共的某些高層；人權律師和其他社運人士滿懷期待，一個更開放的公民社會可能到來。同時，在1989年天安門廣場及各地的鎮壓之後，中國好幾年都面臨外交上的孤立處境，外資也減少投入，所以他們很積極招徠外商。1998年言辭強硬直接的總理朱鎔基上台，他保證要讓經濟環境更加自由。朱鎔基真的讓某些國營企業裁員甚至破產，同時採取某些重要措施來振興中國的私部門。[9]

早期攻勢目標廣泛

從1990到2000年代，中國的軟實力發揮在好幾個目標之上，但一般來說這些目標較為局限，不像如今這樣大規模的軟實力與銳實力雙管齊下。早年，北京希望對全世界呈現出較為正向的面目，希望塑造有關於中國的全球性敘事，化解對其內政外交的負面觀感，特別是想要改善鄰國的看法。北京希望，當國家和國家領導人以及中國人民與中華文化的形象加以提升之後，會影響到其他國家的領袖和決策者如何詮釋中國的外交政策，而詮釋的轉變將使得北京更容易在東南亞和其他地區達到其戰略目標。[10]

一如既往，北京也亟欲鞏固中共在國內的統治。楊潔篪（退休卸任的中央外事工作委員會辦公室主任與國務委員，曾任中國外交部長、2001至2005年駐美大使）表示，中國公共外交「以維護和促進國家整體利益為最高準則。」[11]

中國持續把自己刻畫成一個不同的強權，有別於美國及各大民主國家。理論上來說，中國這個強權明白開發中國家的需求，體貼其他國家的政治與文化常規，重視他們的主權。當時中國的勢力正在成長，但北京宣稱他們會為各國找出雙贏的方案，會協力維持二戰結束以來所發展出的國際體系。[12]

當然，中國也跟所有的國家一樣，將其利益置於外交政策的重心，但中國領導人堅稱中國的利益範圍相對有限，尤其是相對於美國如此龐大的國家利益。近至2009年，國務委員戴秉國（胡錦濤政府當中外交政策的一員關鍵人物）仍稱中國的核心利益僅僅只有「第一是維護〔中國的〕基本制度和國家安全，其次是國家主權和領土完整，第三是經濟社會的持續穩定發展。」[13]這些利益大部分屬於國內事務，至少戴秉國看起來是這樣（雖然北京認為台灣也算「國內」事務）。

從許多方面而言，這樣的訊息並非事實。中國三番五次侵犯、威脅其他國家的主權，1990年代在南中國海展開侵略性的動作，1996年初在台灣總統大選前夕將飛彈射入台灣海峽。而中國日漸擴張的影響力並不必然帶來雙贏方案。例如在泰國，中國順利鼓動其社會大眾與菁英，讓泰國社會上上下下都對北京培養出友好的感情。[14]但是中國在湄公河（此一珍貴的天然資源流經中國以及下游的緬甸、寮國、泰國、柬埔寨、越南）上游興建了數座水壩，這對於泰國的漁民及農人是一大災難，因為河水水位驟降，毀了他們的生計。[15]

不過，中國領導人傳達的訊息仍然堅稱中國是不同於一般的強國，中國這個強國將審慎、和平地運用其影響力，也會傾聽弱國的聲音。[16]當時各大民主國家對待北京的方式，也從許多方面強化了北京此一訊息的說服力。

美國有許多高層領袖同意中國仍然是個專制國家，但他們公開表示中國的改革有所進展，還說中國和世界持續互動之後，北京就更有可能和既有的國際組織合作，更可能變成負責任的國際領導者。（當時中國對美國企業的供應鏈愈來愈不可或缺，對跨國企業也是日益重要的市場，這樣的事實無疑對於美國的政界及商界領袖如何評估中國前景起到了重大作用。）2000年，柯林頓總統以一場演說陳述他支持讓中國加入WTO的論證,演說當中他承認此舉並不能「隔天就在中國創造出一個自由社會,或者保證中國會遵守全球的遊戲規則。」[17]但柯林頓主張,最後「此舉會讓中國在正確方向上走得更快、更遠。」[18]對中國的此種看法,在美國是跨黨派的:2005年,曾經在小布希總統手下服務的副國務卿佐立克公開呼籲中國在國際體系做一個「負責任的利害關係者」,他主張時機已到,北京應該努力改善「令其得以成功」的這一套體系。[19]

何以發動軟實力作戰

在1990、2000年代,許多中國高層認為,雖然北京正在重新登上世界舞台,但是有一項事情他們失敗了;主宰這個世界的是西方私人新聞媒體和西方政府的國有新聞媒體,在這個世界上,他們未能把他們的敘事傳播出去——關於中國的內政、外交、經濟、人權實踐以及對於許許多多其他議題的敘事。1989年的天安門鎮壓重傷了中國的全球形象,而北京未能取得2000年奧運的主辦權,又有一大原因在於其他國家抵制北京慘不忍睹的人權紀錄,這些事情都讓中國領導人深感,他們需要一些更好的作法來形塑各國對於中國的敘事。當時中國也在推行「走出去」政策,使得中國的對外投資猛漲。北京在2001年加入WTO,同年,取得2008年在北京舉辦奧運的資格。這三項事件進一步讓中國領導人深信,必須精進中國塑造外國人敘事的能力——包括在東南亞、其他開發中國家和已開發的民主國家。[20]（最終，北京仍然無法阻止人權抗議活動在2008年奧運之前爆發出來。[21]）

當時中國領導人、決策者，甚至是我所遇到的學者，幾乎全部都認為北京受到國際新聞媒體的誤解，或者是被妖魔化。其實，對於中國領導人公開發言還有一份完整的學術研究，結論是他們覺得這個世界很不瞭解中國，大部分國際媒體對中國都有敵意，呈現出走樣的中國形象。[22] 為了對抗這個大環境，中國必須把自己的訊息傳送出去，說服世界中國的動機是良善的，這個目標大部分要透過進化的媒體新聞運作來達成，包括讓中國新聞媒體在華語之外的聲量有所提升，還要擴大其在網路上的聲量，隨後還有社群媒體上面的聲量。[23] 美國海事分析中心對中國的新聞戰略所做的分析指出，將中國的訊息放送到全世界的工作將在「規模和成熟度」方面有所提升，而同時中共也對大部分中國新聞媒體收緊控制，這是習近平2012年成為中國領導人之後的情況。[24]

另外中國也在思考如何化解一項不可避免的摩擦，即其戰略及經濟影響力日漸成長，會在東南亞及其他開發中地區造成的摩擦。中國的崛起已經引起幾個東南亞國家的緊張。北京在1990年代的某些時期與其他聲索南中國海主權的國家小有爭執，例如越南與菲律賓。[25] 當時他們與某些諸如印度的亞洲國家仍有邊界糾紛。鄰國開始指責中國的貿易作法不公道、竊取科技，還有對外國投資中國某些部門製造出莫名所以的困難。若是進行一場有效的軟實力作戰，或可令亞洲（可能還有其他地區）的菁英和大眾相信，即使北京成為該區域主要的大國，也沒有必要擔心。

在那個時候，比起後毛澤東時代的早期，中國也有了更多資源能夠投入軟實力作戰。中國經濟已不再受天安門鎮壓事件的影響，再次上了軌道；2007年，經濟成長率是華麗的14.2%。[26]中國對外援助的經費增加了，而外交團隊的年長成員逐漸退休，教育程度更高的少壯官員登場。

同時，1990、2000年代在整個東南亞以及其他一些開發中地區，政治環境改變，於是多數國家得到更多政治上及社會上的自由，華裔公民再度可以表彰他們的血緣。華人認同的復興，進一步為北京的軟實力作戰做好準備。

中國在當時登上世界舞台，也讓他們更容易發揮不由國家完全控制的消極軟實力。在1990、2000年代，富裕的中國人開始到海外渡假旅遊、向外投資，既有在東南亞，也尤其有在歐洲和北美洲，愈來愈多中國公司投資海外。中國的流行歌手開始到亞洲其他地區發行專輯、登台表演，中國也開始把電視劇銷售到亞洲各地；其中一些影集在東南亞某些地區大受歡迎。[27]

歷史的根源

中國的頭一波軟實力攻勢並非憑空營造。羅伊研究所的瓦拉爾寫道，「『以德』吸引外人，使其為中國效勞，這樣的想法可以回溯到幾百年甚至幾千年之前。」[28]中國在皇朝時代對四周的鄰國有巨大文化影響力，雖然並不一定是以集中的方式在推行。

後來在毛澤東革命的年代，中國啟動一系列援助計畫，遍及亞洲與非洲，包括：對於迦納、馬利等國的科技援助計畫；連接坦尚尼亞與尚比亞的坦尚鐵路一類的基礎建設援助計畫；對巴基斯坦等國家施予更加直接的金錢援助。[29]

冷戰年代，中國也使用過銳實力。他們試圖滲透東南亞的華人結社，促使這些社團親中遠台；他們透過統一戰線工作部（統戰部）以及具有國家背景的組織，影響東南亞的公民社會組織，促其擁抱毛澤東思想；在許多東南亞國家支持武裝共產革命團體，在非洲某些地方也是如此。[30]

但是到了後冷戰年代，中國的經濟勃發、影響力工具擴增，比起冷戰時期能夠發揮更大影響力，儘管他們的影響力運作多半集中在東南亞、非洲，以及其他開發中地區——而不是在歐洲、美國。北京在1990、2000年代的積極軟實力運作比起毛澤東年代來說，預算較為充裕，規畫得也較縝密；毛澤東年代的決策判斷往往出自一人的心血來潮，在非洲和亞洲各地支持叛亂分子，造成許多開發中國家的不滿。相較於毛澤東時代，1990、2000年代的一系列領導人相對沉穩，他們似乎決意在國內堅守穩定的（雖然是壓迫性的）專制主義，保證不在海外煽動革命。1990年代的領導人如江澤民主席、朱鎔基總理，甚至提出某些承諾，要讓中國的未來更自由開放。[31]中國打算向全世界表現出他們是個良善、有彈性、朝氣蓬勃的強國，（理論上來說）可以和各式各樣的國家順利合作。

在魅力攻勢的年代，北京也沒有放棄銳實力。他們開始重建銳實力的一個關鍵成分，包括統戰部在內的官僚結構，這些結構在往後的日子將用來在其他國家內部進行壓迫、腐化、假新聞的相關工作。[32] 他們迫使流亡的西藏人和維吾爾人封口不語，對於出逃的知名西藏人和維吾爾人，則監禁他們的親屬。[33] 他們在東南亞及其他地區各國的新聞環境中投放關於法輪功的假新聞，再利用這些假新聞稱其為恐怖組織，讓東南亞某些領袖認為必須鎮壓中國境外的法輪功學員。[34]

但是那時候，中國在全球施展銳實力的能耐還不如現今。當時他們沒有今天這樣大量的資源、人脈、科技、外交施力點——這些工具是必要的，有了他們才能穿刺和操弄開放社會。還有，當時中國自己的網路才問世不久，世界上也沒有社群媒體，而這兩項工具對於現代銳實力當中的假新聞操作十分重要。那時候，北京也沒有一個可資參考的清楚對象，看一個專制大國如何透用新聞對其他國家施展銳實力，干預其政治、播下混亂的種子、支持特定政治人物。普丁在1999年12月31日執掌了俄羅斯的大權。而還要再過好些年，俄羅斯才會成為可資參考的模型，用假新聞的銳實力去穿刺和操弄開放社會。

魅力攻勢時機正好

中國在1990、2000年代的軟實力作戰，發動的時機正好。其他的區域強權，包括美國，軟實力都正在減量發揮。先前冷戰高峰時期，美國大量投注軟實力，面對毛主政下的中國向許多開發中國家伸出友誼之手，各民主國家都積極對抗。[35]到了後冷戰年代，在美國的決策當中，對軟實力這個部分往往流於事後諸葛。日本幾十年來都是東南亞的主導強權，但那段時間勢力也在消退，因為經濟停滯不前，政府刪減了援助外國的預算。[36]

到柯林頓總統入主白宮時，冷戰已經結束，美國似乎沒有真正的對手。這位新總統把目光集中在經濟方面。[37]縮編了外交團隊，預算僅為雷根時代外交預算的一半。[38]柯林頓也任由美國公共外交當中的各項重要元件——美國之音、美國新聞總署，以及許多學術及其他交流計畫——萎縮凋零。[39]

也有許多亞洲人認為，柯林頓政府和大型的全球金融機構，例如國際貨幣基金（IMF），並沒有好好處理1997到1998年的亞洲金融危機。一開始，柯林頓政府和全球機構似乎是聽不見東南亞和東北亞在金融危機期間表達出的憂慮，反應遲緩，後來他們對泰國、南韓、印尼這一些國家所提供的紓困方案，在許多亞洲國家人民眼中看來，附加了太難達到的改革要求。[40]在金融危機的高峰時期，印尼、泰國等經濟體遭遇重大打擊，而世界各地的新聞媒體都在頭版刊出一張相片，IMF主席康德蘇沉著臉、雙手抱胸，盯著印尼的蘇哈托總統簽署紓困協議，而協議當中要求印尼毫不留情地刪減國內預算。蘇哈托固然是個兇狠的獨裁者，但這張照片給人的印象是西方的機構覺得事不關己、甚至懷抱著新殖民主義的態度。[41]

小布希總統顯然原本打算對中國採取比前任總統強硬的作法，也要更加關注中國的鄰邦。[42]但九一一事件之後，注意力轉向中東、阿富汗、巴基斯坦，對亞洲的經濟整合以及大量湧現的貿易協定不表興趣。我曾訪談新加坡官員（新加坡應該是美國在東南亞最密切的夥伴），他們私下拜託白宮派遣更多美國高級官員到該地區。然而白宮往往只派出較為低階的官員。2007年，美國總統與東南亞國家協會十國的元首本來要進行史上首次高峰會，但小布希取消了該次會議。[43]

小布希政府也把其他許多開發中地區排在相對較不優先的地位，包括拉丁美洲。同時，伊拉克戰爭嚴重損害了美國的軟實力。世界各地對美國的公共輿論都趨於惡化，於是騰出空間，讓另一個強權可以在國際上扮演更吃重的角色。[44] 2007年皮尤研究中心的民調顯示，在受訪的47國當中，有27國對中國的公共輿論是明確正向的。47國裡面只有5國對中國的看法明確負向。[45]

歐巴馬總統在2009年上台，新政府隨即宣布將在多方面改變外交政策，其中幾項調整有助於重建美國的形象。到了2012年，全球對美國的公共輿論大致上已從小布希時代的低谷反彈。[46] 在2011年，歐巴馬及其亞洲事務團隊推動了一項遠大的計畫，要重新建立美國與東南亞及周圍更廣泛地區的連結，在其第二任期更加投入。[47] 該項計畫後來名為「亞太再平衡」，其中要提升美國與亞洲國家的安全關係，並且推動「跨太平洋夥伴協定」，試圖將美國置於亞洲經濟整合的中心，並強化美國的公共外交。[48] 但此項調整結果並不完全成功。早在歐巴馬第二任期的尾段，美國國內政治的失靈已經削弱其軟實力，再次提供機會給中國，讓他們相形之下顯得很有能力。

中國的魅力攻勢正逢其時，還可以見於其他方面。從 2000 年代開始，自由市場的資本主義和民主政體在世界各地開始失去吸引力，此一趨勢近年更加快速進展。到了 2000 年代中葉，觀測組織「自由之家」記錄到民主的停滯，而在 2010 年代與 2020 年代初期更是明顯倒退。[49] 許多亞洲的開發中國家在 1990 年代深受金融危機之苦，而在後冷戰的早期，非洲和拉丁美洲國家並沒有因為親市場的政策而激發出高成長率，於是就為不同的經濟發展模式準備好了一批聽眾。

中國的領導階層不可能預測到民主政體和自由市場資本主義將面臨巨大障礙；各大民主國家幾乎沒有任何人料到這些問題。然而這些問題最後都對北京有利。

民主大國的領袖也各自犯錯，使民主在全世界的吸引力下跌。小布希政府將損失慘重的伊拉克戰爭，與在中東提倡民主這兩者打包推銷，於是減損了提倡民主一事的形象。[50] 民主國家的領袖往往也會暗示提高政治自由將會造成經濟發展，可能還會縮小不平等。民主和自由市場資本主義兩者並沒有必然關聯，而民主和經濟高成長之間的關係則並不清楚。例如，香港一直被評定為世界上最自由的經濟體，但該地從來沒有真正的民主治理。[51]（不過，外交關係協會的波以齊及五位同事提出的證據，顯示民主政體與整體生活水準的提高有所關連，例如在公共衛生方面的進步。[52]）但是 1990 到 2000 這兩個年代有許多重要的民主領袖提出民主與高成長的必然關係，從柯林頓到曼德拉都這麼說，所以社會大眾相信這一套說辭。[53] 當開發中國家無法交出漂亮的成長率，他們在經濟上的軟弱也打擊到民主在大眾心中的形象。[54]

另外，在2000年代的早期和中期，諸如俄羅斯、泰國、土耳其、委內瑞拉等國通過投票選出的領袖，最後基本上都成了選舉產生的專制人物：俄羅斯的普丁、泰國的戴克辛、委內瑞拉的查維斯，其他還有許許多多這樣的人。選舉產生的這些專制人物一開始當選時，他們參加的選舉相對而言是自由的。（普丁2000年的勝選並不完全公平，但是比起今天的俄羅斯，那場選舉還是自由得多。）然後他們著手摧毀民主的常規和機構——攻擊自由新聞媒體、削減司法機關和官僚系統的自主性、把國安部門變成傷害對手的武器。他們更進一步抹黑民主的形象，而後來那些年，好幾個已開發國家（包括美國）的民主也開始退潮，於是破壞了民主在全球的形象。

魅力攻勢：工具

於是1990年代到2000年代的北京政府，在絕佳時機發動了多面向的軟實力作戰。呼應這項工作的有高級領導人的發言、政府重大文件以及中國的特定行動。2002年中國共產黨第十六次全國代表大會上的政治報告提到中國必須建設「綜合國力」，這指的是中國的國力要開始把軟實力包括進去。[55]中國領導人在2004年宣布要啟動「中國公共外交新戰略」，雖然在這樣宣布之前，北京在多方面的軟實力就已經擴張。[56]胡錦濤2007年在中共第十七次全國代表大會的講辭中提出，中國應當「提高國家文化軟實力」。[57]中國學者的說法經常反映出高層政治領導人逐漸成形的想法，而當時他們也愈來愈常主張軟實力對中國的崛起至關重要，並且針對中國可以如何強化其全球軟實力提供建言。首爾研究院的李民奎（音譯）以及澳門大學的郝雨凡針對中國各菁英團體在 2000 年代對軟實力的討論，蒐集了相關資料。兩人發現，中國學者在 2001 到 2014 年間就軟實力與公共外交所發表的文章及論文超過五百篇，平均下來每年數目不少。[58]

從魅力攻勢的時期，中國開始擴編新聞工具，並且依照各地本土市場量身訂做這些工具。中國環球電視網（CGTN）在 2000 年代大幅改組，同時在 2000 年北京開通了國際頻道，以英語播出。[59]《環球時報》這份鷹派的中文報紙專為中國外交提出強硬的社論，2009 年它發行了英文版。2000 年代間，北京提高了主要英文平面報紙《中國日報》的水準，也擴大了全球發行量。[60]

這些官方媒體可以調用一整個世代有志於新聞業的中國青年，其中一部分原因是在江胡時代中國逐漸出現較為積極、勇於調查、具有半自主性的國內媒體。充實的人才庫使得新華社及其他全球性官媒得以成長，也讓官媒某些分社的報導水準提升。人類學家聶保真的著作《爲中國報導：中國駐外記者如何與世界打交道》深入研究全球的中國記者，書中寫道，2000 年代中葉之前官媒的海外分社大部分「雇員是資深記者，一般都是男性。……此類職位往往被看作是在中國工作多年的酬庸。……主要任務是改寫當地新聞所刊載的報導。」[61]然而到了 2000 年代，新華社、《人民日報》等許多大型官媒的海外分社開始擴編，幾乎在全世界都如此，包括在歐美的已開發民主國家。官方媒體的職缺由年輕記者填補，其中常有女性；這些記者大部分在中國新聞較為自由時長大成人，他們每日撰寫數則報導，盡力調查當地發生的事件。[62]

不過，即使新華社的人員擴充、即使他們開始表現成自己好像是美聯社一樣的新聞媒體，他們實際上還是沒什麼自主性。新華社仍然是用來操作軟實力與銳實力的機構。例如，他們並未拋棄傳統上的情蒐任務，而此項功能是秘密且具壓迫性的銳實力工具。

北京也增設外國官員的培訓課程，其中大多數學員來自開發中地區。課程往往是針對司法人員、警察、軍人、經濟及農業專家。雖然培訓課程在招生廣告中未必會明說是在宣揚中國的經濟成就，但在許多方面都傳達出這樣的訊息；我所訪談的學員及其他研究都表達出這一點。[63]以發展為主題的課程有五花八門的重點，可能是對抗貧窮、可能是吸引外資、可能是提高農產量，而經常都會講述中國在相關領域的成功。我訪談的東南亞官員表示，這樣的題材不具政治色彩，讓中國吸引到許多開發中國家的官員，既有民主國家、也有專制國家──相形之下，針對警察或司法人員開設的培訓課程，學員往往來自鄰近中國的專制國家。

北京的中央政府以及各地省政府也增設獎學金，以提高外國學生前往中國大學留學的人數。[64]其中大部分學生來自開發中國家，包括東南亞國家；留學中國的費用低廉，甚至可以免費。2000年代中葉，留學中國學生人數最多的十國裡面，有三個是東南亞國家。[65][2002到2016年間，留學中國的外國學生總人數成長為四倍左右，在2016年是44萬2千人。其中超過四成學生來自中國在亞太地區的鄰國。[67]

　　同一時期，中國也在推動海外留學，留學地點包括東南亞國家如新加坡、區域內其他國家如澳洲及紐西蘭、還有美國。[68]就傳播對中國友好的觀點這個方面，讀過中國大學的外國學生是重要的媒介。他們會將正向觀點帶回本國，有時候也協助招募更多學生去留學中國。[69]

　　而大專院校以下的東南亞教育機構，在魅力攻勢年間則紛紛開設華語學習課程。在曼谷、雅加達、金邊以及其他城鎮，大街小巷都冒出了語言學校。這些語言學校的客群不限於華裔人士（他們對語言學校顯然還是可觀的市場），也服務其他族裔的東南亞人。某程度而言，語言學校的走紅是因為北京積極提倡，包括政府撥款給東南亞學校的華語教師。[70]但是華語學習課程之所以順勢成長也其來有自，有些東南亞人開辦語言學校是因為他們預期當地將有其需求。

　　中國在2004年啟動孔子學院的計畫，第一波設立的學院有多所位於開發中國家；這些地方的大學樂見有外國夥伴灑得起錢，也很少有人擔心北京闊綽的出手將影響到學術自由。已開發國家的大學較為富裕，而孔子學院（又稱「漢辦」）提供的金額相對於學校的總體預算而言，就不像開發中國家那樣顯著。（2020年七月，關於孔子學院及其對學術自由產生的影響有大量負面消息曝光，此時漢辦宣布將改名為「教育部中外語言交流合作中心」。[71]）然而，對孔子學院敞開大門，凸顯出對中國的友善姿態，學校的行政人員及一部分教授都認為這樣的姿態可以帶來其他好處，於是當時富裕國家的富裕大學也都歡迎孔子學院。對於美國的大專院校，愈來愈多外籍學生來自中國，而在澳洲、英國、加拿大、紐西蘭之類的富裕國家也都如此；這些外籍學生不靠獎學金全額自費。

在 2004-05 學年度美國境內開設首所孔子學院，當時約有62,500名中生到美國就學，佔美國國內留學生總人數的11%。[72]到了 2010 年，美國各大專院校的中國籍學生人數超過157,000。[73]

北京也擴展了菁英對菁英的外交，最明顯是在亞洲，但在非洲和拉丁美洲也有進行，同時這些地區都愈來愈不喜歡美國。對於高級領導人及其他高階官員出訪鄰國及其他開發中國家的活動，北京予以升級，他們也歡迎這些國家的官員更常拜訪中國。[74]威爾遜中心的帕拉梅斯瓦拉發現，中國及東南亞國家高層領導人互訪的次數，從1990年到2007年增長為接近三倍。[75]

中國的境外旅遊業因為國內日漸富裕，因為外國招攬中國遊客的活動，也因為北京有計畫地鼓勵民眾前往在外交上與中國關係密切的各國，在 1990 年代和 2000 年代迅速成長。如此一來，就提升了中國公民與許多東南亞國家公民之間人與人的接觸。[76]在1995年，出國旅遊的中國人超過五百萬。到了 2018 年，出國旅遊（不含台港澳）的中國人數目躍升到超過7千1百萬，而中國觀光客旅遊地點的前十名當中有七國位於東南亞。[77]中國人還蜂湧前往歐洲各國首都，在 2010 年代中國是赴歐遊客成長最快的市場。[78]泰國各個購物區、觀光區、拜拜地點，擠滿了中國遊客。雖然觀光帶來的人與人接觸可能是一把雙刃劍，但是一般來說，這樣的接觸使人更瞭解中國人的信仰、文化、歷史，以及中國人對該地區及整個世界的想法。

在那段魅力攻勢期間，北京也增加對外援助，投往非洲、拉丁美洲、東南亞，以及其他地區。[79]中國經援的數字往往難以計算，因為他們並未參加各大援助國組成的「發展協助委員會」，在標記經援方面也不按照該委員會的指引。（北京提供的援助往往包括以優惠條款撥發的正式開發援助，其他不屬於優惠減免性質的公開援助，以及不屬於以上兩種類型的正式經援。[80]）儘管如此，2000到2012年間中國單單對非洲就投注了超過520億美金的援助。[21]在2000年代的後半段，中國經援全球的金額每年成長22%。[82]

一帶一路啟動之前，中國經援的總金額比起長久以來的各大援助國仍然較少，例如相較於日本、美國及某些歐洲國家。2013年，北京在國際援助上的整體貢獻約為美國的四分之一。[83]然而即使在一帶一路使中國經援數字暴增之前，北京就願意對開發中國家提供基礎建設和其他領域的資金，這些是傳統的援助國愈來愈忽略的一塊。此類援助確實有效。AidData對中國從2000年到2014年間提供經援的138個國家進行了全面調查，發現在中國投入經援計畫的兩年之後，平均而言，他們的援助使得受惠國的經濟成長率提升0.7%。[84]相形之下，該項研究則未發現確切證據說明世界銀行的援助對成長率有任何幫助。[85]北京也利用官方媒體、大使的發言、中國高級領導人的拜訪等等工具，有效宣揚其金錢外交，這包括了經援計畫以及允諾進行新投資。

中國領導人以及進化過的外交團隊強力推銷他們的經援及其他軟實力運作。他們透過在各個區域高峰會排定的露面來宣布新推出的經援計畫，當地媒體往往予以正面報導。其中部分原因是，相對而言中國這個經援大國、外交場上的玩家，算是新面孔。但是北京也有效行銷其經援計畫。

2004年印度洋的地震及海嘯即是一例，讓我們看到中國如何因為其他人認為他們在軟實力運作（例如天災援助）方面是相對新面孔而受益，也可以看到中國官員相對而言擅於推薦中國的行動。海嘯影響到東南亞大多數地區，而中國向印尼提供了6千3百萬美元的援助，其中大部分投入亞齊省，該省災情慘重，首府被夷為平地。[86] 北京也同時運用政府及私人所提供的海嘯救災款在亞齊省注資成立中印「友誼村」，災民可以搬進此處的新建住宅，而村裡的看板上明白顯現北京如何慷慨。中國外交官與官方媒體一直推崇他們所做的援助，雖然其金額與中國過往的救災相比確是出手大方，但在澳洲提供的8億1千萬美元之前只是個小數目，同樣美國也捐助了3億5千萬，並派航空母艦群協助救災行動。[87]

推廣一種模式？

在後冷戰時代、中國加強施展軟實力之際，他們的高層領導人及官員一度拒絕公開宣稱北京為其他國家提供了一種政治或經濟模式。至少在公開場合他們謹守一套簡單的台詞，那就是每一個國家都有各自的發展道路。例如2005年時任國家主席的胡錦濤在聯合國一場重要演說當中就提醒與會人士，「應該尊重各國自主選擇社會制度和發展道路的權利」。[88]

到了2000年代後半，中國學者們以及甚至有些派駐的外交官都改變說法。在公開場合，中國領導人還是維持同一套說詞。但是中國官員和學者接受訪談和面對媒體的時候，他們漸漸開始表示中國的發展途徑確實為其他國家提供了政治上、經濟上的榜樣。此一概念在中國學者及官員之間引發相當多討論，尤其是在2007至08年金融危機期間，以及後續年間已開發國家持續低迷的時期。

數據顯示出此一概念如何在中國輿論領袖之間流傳。諾丁漢大學的潘偉（音譯）研究了中國國內文章討論中國模式的情況，發現華語文章的標題談到「中國模式」的比例由2007年的五百篇左右成長到2008年的大約三千篇。[89]確實如此，我在2000年代中期所面對的官員、學者，當他們被問到中國模式這個概念的相關問題時，總是謹守黨的說法——例如他們會說，每個國家都應該走自己的路——但是到了2000年代末，民族主義較為強烈的中國菁英會有理有據地與我論辯。他們談論西方模式的失敗，主張中國確實能為其他國家提供一個榜樣。

3 第一波魅力攻勢搭好舞台只待今朝

The First Charm Offensive Sets the Stage for Today

1990年代到2000年代，中國發動的第一波魅力攻勢，與美、法、日、英等許多其他國家過去幾十年來所做的，並沒有顯著差異。中國的某些經濟援助，確實並不像美國、歐洲、日本的援助計畫那麼透明。中國的培訓課程比起其他國家，往往更趨向秘密進行；美國會做的，例如國務院的國際領袖人才參訪計畫，也不過就是邀請專業領域的外國輿論領袖短期訪美。[1]但是總體而言，中國在軟實力上的施展，早期還是不難看出跡象，其工作目標是堂而皇之在其他國家提升中國的公共形象。同時間也會佐以某些相對隱密也比較不具威脅性的銳實力活動協同運作，這類銳實力活動當時還不像如今這樣大張旗鼓，施行地點主要在香港、台灣以及東南亞的幾個國家。

這些早期的魅力攻勢有其績效，例如與東南亞國家的貿易成長、與許多當地政府的關係改善，然而隨著北京在國際上愈加強大，在國內日漸專制，在全球場域更顯積極，上述成果不復足以確保其他國家在其國內正面表述中國，不復足以推動中國的許多外交目標，也不復足以消弭其他國家對中國壓制內政所發出的批評聲浪。

　　不過，還是可以從這段時期中國的所作所為，依稀看出他們在下一個十年裡的軟實力企圖，結合銳實力上的進逼，交互運用這兩股相得益彰的力量。那些年的成果為如今中國在發揮影響力和訊息上導引輿論的工作搭好了舞台。1990年代到2000年代間，中國軟實力減緩了各地對北京經濟及戰略力量日漸茁壯所產生的疑慮，在東南亞內部是如此，在非洲、亞太等區域亦然，甚至在歐洲和北美洲也起了一些作用。魅力攻勢無法徹底消除疑慮──在東南亞這樣的地區，不管公共外交做到什麼境界也無法盡釋疑心，因為中國在該地的主宰地位歷史悠久，也曾造成許多爭執。但是中國的軟實力確實有助於降低憂慮，儘管當時北京正逐漸成為該區域的巨頭，某種程度上也正逐漸成為全球的巨頭。

　　當然中國是有可能在鄰國心中激起恐懼。即使是在魅力攻勢年代，也不難找到證據顯示北京的終極意圖是要成為東南亞的區域霸權。中國在南中國海執行富侵略性的政策，另外某些中國學者（他們的任務往往是把政府高層的想法形諸語文）承認，北京致力於最終能主導亞洲。[2] 曾任美國國家對東亞情報官的沙特，在2006年針對中國在亞洲崛起發表了一篇研究，當時中國領導人在公開場合仍然宣稱要繼續恪守有分寸、懂謙遜的外交政策。[3] 許多研究都顯示北京企圖成為主導性的強權，沙特的研究僅是其中之一，文中提到有中國政策的專家告訴他，中共的內部文件當時都呼籲中國要站上亞洲的領導地位。[4]

　　中國的鄰邦對過去發生的事情都還歷歷在目。東南亞國家如現代的越南，在當初中國還有皇帝的年代曾經是朝貢國。有些鄰國跟中華帝國幾百年來都打過仗──以越南為例，1979年都還剛抵禦了中華人民共和國打來的所謂懲越戰爭。冷戰期間，許多東南亞國家在邊界上，與毛治下的中國所支持的共黨叛亂分子時有戰端。[5]

然而在東南亞的大部分地區以及世界上其他某些區域，中國1990、2000年代經濟上和外交上的崛起，儘管不是人人樂見，一開始卻也沒有引來嚴重反彈。即使在柬埔寨，雖然有一整代人痛恨中國支持殺人如麻的赤棉，但在1980年代赤棉的時代結束後到2000年代中葉，對中國的觀感也有所轉圜。中國的經援和投資流入該國，使原本飽受戰火蹂躪、樓房低矮、死氣沉沉的金邊，逐漸變成小型的新興城市，四處可見吊車和成群的建築工人。華語學校在金邊開設，中客投資的建築工地有柬埔寨工人在排隊等著上工。[6]（他們最終會發現，中國公司並不急於僱用他們，而是打算引進中國工人。[7]）柬埔寨的洪森總理對北京深感不信任，這種看法可追溯自赤棉時代及柬埔寨漫長的內戰歲月，但到頭來他也改口了。1988年，他曾寫道：「中國是柬埔寨境內一切邪惡的根源。」[8]到了2010年代中葉，他卻接待魚貫而來的中國領導人、生意人、官員，為首都金邊的建築工事及基礎建設剪綵，而洪森則眉開眼笑。[9]

洪森的做法是為了他本人專制的利益：中國的經援和投資減輕了富裕民主國家可以對他施加的壓力，例如歐盟和美國都對柬埔寨提供經援，而現在洪森這位強人比較可以忽略他們對人權問題的施壓。然而在柬埔寨人口的不同光譜中，也對中國重新燃起友善的情感。而中國顯然在許多東南亞國家都受到歡迎。2005年一項全面的民意調查，由全球掃瞄顧問公司以及馬里蘭大學的國際政策態度研究計畫共同進行，調查顯示好幾個東南亞國家——包括該區域的巨頭，印尼以及菲律賓——都有多數人認為中國的影響是正面的。[10]「亞洲民主動態調查」是測量該地區民意最全面的研究計畫，其成果資料也顯示出類似的發現。以柬埔寨而言，亞洲民主動態調查第三波調查顯示，遲至2010年代初，有將近77%的柬埔寨人都認為中國「對整個區域所做的好事多於壞事」。[11]

其他開發中地區對中國的觀感同樣相對友善。類似於「亞洲民主動態調查」的「非洲民主動態調查」發現在2000年代中期，非洲有60%以上的人認為中國對他們的國家提供了幫助。[12]在拉丁美洲，類似的研究計畫「拉美民主動態調查」2000年代所做的系列調查顯示，拉丁美洲大多數人對中國的看法是「好」或「很好」。[13]

即使在已開發民主國家，當時北京的公共形象也好過今日，同時優於1980年代末到1990年代初北京的公共形象；而這些國家當時就已經在國內媒體上常常報導中國侵害人權的情況——鎮壓法輪功學員和宗教少數、欺壓西藏人及其他少數民族、迫害某些知名的異議人士。《經濟學人》調查了123國在2000年代、2010年代對中國的看法，發現2007年是贊同中國登上領導地位的高點。[14]哪一年中國領導人的平均支持度是+11，而這項研究涵蓋了許多已開發國家，在這些地方，北京侵害人權的情況廣為人知，而也是在這些國家裡，到了 2020 年代初期，對北京會轉為抱持尖銳的負面觀點。[15] 確實，在接下來的十年內，上述的支持度都將會劇烈崩跌。

中國不只吸引到社會大眾。我在 2000 年代訪談東南亞的輿論領袖──政治人物、公民社會領袖、記者、宗教領袖──發現他們對於中國在該地區及全球扮演的角色日漸吃重居然如此樂觀，即使在越南這種反華情緒深厚的國家也是一樣。許多東南亞政治人物都堅信，中國在亞洲各地的貿易進展，最後將超越美國。這樣的設想合情合理──當時北京的經濟與鄰國的經濟逐漸交融，而 2016 年之後，川普政府基本上自己放棄了全球經濟的領導權，在亞洲也是如此。（到 2020 年，此一想法完全實現，由中國主導的「區域全面經濟夥伴協定」多邊貿易談判將亞洲許多國家串成一個網路。）我沒有想到他們會這麼樂觀，乃至於說對某些最重大的區域議題，北京有可能轉型成為相對負責的領袖，例如公共衛生、區域安全，甚至對於環保──這樣的看法令人震驚，因為當時中國就有許多城市正因為飽受汙染而本身夠嗆。[16]

中國魅力攻勢非新鮮事

當然，中國並不是第一個企圖影響東南亞的國家；他們模倣了美國已經使用幾十年的某些戰術。第二次世界大戰之後數十年間，泰國在戰略上對美國利益變得至關重要，於是泰國大眾淹沒在美國所施展軟實力當中。林林總總的各項安排，包括美國政府以官方計畫將藝術家或音樂家送往別國交流，打著「爵士樂大使」、「節奏之路」等名號，這些計畫與中國1990年代到2000年代在東南亞推動的文化計畫相似，只是規模可能稍大一些；包括大量的美國流行文化開始傳入泰國；包括美國政府推動這些在亞洲的夥伴前往美國旅遊，這個策略後來中國也如法炮製。[17]（研究冷戰時期泰國歷史的菲力普斯寫道：「於是觀光成了一種極其意識形態的活動」，美國政府也出力推動，以展現美國的富強。[18]）就像後來參加中國參訪計畫與培訓課程的某些泰國人那樣，留學美國的泰國菁英往往帶著正面印象回國，相當瞭解美國文化、美國政府的價值觀和常規。回到泰國之後，這些菁英登上了商界和政界的高位。[19]

　　菲力普斯注意到，即使是對於美國最終將如何影響泰國政治懷抱疑慮的許多泰國人，往往仍然仰慕美國，說他們渴望被當成美國的夥伴。美國的高級外交官及領袖在泰國啟動了穩定持續的一系列政府新聞計畫，即是利用這種逐漸浮現的想法，認為美國既時髦又繁榮。而泰國的終極象徵就是泰王及王后；1960年，年輕又迷人的王室夫婦訪問美國，受到貴賓級的盛情招待。[20]

　　公眾輿論上的友好氣氛，特別是愈來愈美國化的泰國菁英階層大舉歸心，使得冷戰期間的泰國領袖更容易在重要決策上靠攏美國，正如數十年後，對中國友好的泰國輿論使得領袖更容易轉向北京。冷戰期間泰國採取的親美決策包括參加東南亞公約組織──美國也加入了這個區域性集體安全組織──以及在越戰中最後派出泰國軍隊與美國及南越共同作戰。

當然，泰國在冷戰時期並非全國上下都熱愛美國，當地政治
領袖的決策也基於許多理由，包括實實在在的戰略因素。冷戰期
間的泰國統治者——幾乎都是軍人，立場與王室靠攏——權衡得
失，認為與華盛頓發展安全關係將保護泰國不受共產主義威脅，
也會帶來經濟方面的回報。[21][1950到1975年，泰國接受了20億
以上的美援。[22] 有些泰國人看出，華盛頓的援助使得泰國的軍
方領袖能持續掌權，而泰國某些階層的民眾對於他們的獨裁統治
深惡痛絕。1960年代，泰國這些階層當中的反美主義者持續增
多。但即使在越戰最激烈的那段時期，泰國政府仍然支持美軍作
戰，一部分是因為美國在泰國大眾之間歷久不衰的吸引力。[23]

第一波魅力攻勢如何起作用

中國的魅力攻勢，其影響力雖然遠不如冷戰期間美國施展的
軟實力，但作風類似。其中一些促進人與人之間連結的方法也雷
同：把外國學生送進中國大學、設置孔子學院（而不是冷戰年代
美國在許多國家設置的國際教育課程）；透過瞄準中小學年齡層
的孔子教室推廣初級華語文教學；將更多中國留學生與中國教師
送出國（而不是美國的和平工作團等計畫）。[24] 北京透過菁英對
菁英的公共外交以及支持文化活動等手段，在1990年代及2000
年代進一步在東南亞推動華裔重新對其血緣感到自豪。

冷戰年間，東南亞國家的華裔公民往往被迫隱瞞其血緣，但
是到了1990年代以及2000年代初，東南亞華人再次標榜他們的

背景。當然，標榜血緣一事的重新流行，以及東南亞華人變得更願意爭取政界高位，並不完全是北京施展的軟實力所致。東南亞國家內部政治風氣的改變，包括印尼、馬來西亞、泰國等國的政治環境變得更自由，都促成東南亞華人得到更多包容。

然而，中國大力宣揚華人族群積極進取，勤於協助支持華人的各種文化活動，也讓東南亞的華裔人口能夠更安心地表明自己的血緣。北京對語言和文化活動注入資金並公開支持，這些是彰顯於外的軟實力，有助於在區域內讓標榜血緣的作風趨於正常。[25]在1940年代末到1950年代初，泰國政府曾嚴厲限制華語辦學，搜查許多華人出版品及社團的辦公室，而此時華人新年再度成為重要節慶。[26]到了2000年代，華人社團及其他組織在泰國四處明顯活躍起來。[27]

印尼在蘇哈托年代，華人遭受到嚴重汙名化，被迫同化、隱瞞血緣。在1965--66年的大屠殺以及蘇哈托崛起掌權期間，印尼軍隊及私警團毫不手軟地把印尼華人當作目標。遲至1998年仍有暴動群眾再次針對印尼華人，當時亞洲發生金融危機，印尼經濟和政治陷入停擺。[28]但是到了2000年代，印尼華人又得以盛大慶祝舊曆春節，並且紛紛就讀華文學校。當時我訪談了印尼的華裔人士，其中許多人推崇中國在該區域的正常化、中國的文化影響力，以及中國政府和對華貿易關係愈來愈受歡迎，認為是出於這些理由，他們才能比較輕鬆地公開其血緣。

如今印尼華人甚至會競選重要的公職，許多人公開表明其背景。[29]在2009年，鍾萬學（印尼華裔的魅力型政治人物，瞇稱「阿學」）贏得國會議席，然後透過此一身分爭取更高的職位。
2012年他當選為雅加達副省長，他的搭檔是時任省長的佐科威。
佐科威在2014年當選印尼總統，阿學則接任雅加達省長。[30]阿
學扶搖直上的道路在2017年被打斷，他輸掉了激烈的雅加達省
長選戰，過程中他需對抗華裔身分和基督徒身分帶來的抹黑。[31]
選舉過後，他因褻瀆神明罪而被判入獄，過程可疑。[32]他受到
的重挫起因既是由於經濟衰退，也是由於當地對於華人的反感而
起，這種情緒一部分是由愈來愈民粹主義而不包容的政治人物及
宗教領袖所推動，他們凝聚了較為保守頑固的印尼穆斯林對抗阿
學的情緒。[33]

操弄公共輿論為中所用

　　利害關係提升，以及人與人之間互動增加，在許多開發中地
區蘊釀出公眾對中國更加友善的觀點，甚至在富裕的民主國家也
是如此。在泰國，中國愈來愈能吸引社會大眾的情況漸漸變得明
顯，中國資本、孔子學院和孔子教室、迅速成長的中客旅遊業都
在泰國受到熱烈歡迎，即屬於此類現象。[34]到了2010年，在泰
國有615,270位學生學習華語，泰國當初在冷戰期間可是曾經禁
止過華語教育。泰國學者陳玉珊說，2010年泰國高等教育主管
機關記錄到「泰國學生之間對於學習華語的需求快速增加」。[35]
　　泰國大眾的友好看法在民意調查也顯示出來。即使在2014
年，中國明顯表現出主宰東南亞的雄心，使得泰國一些國安專家

及決策者緊張起來，泰國人對中國還是抱持正面看法。2014年，皮尤研究中心對中國在全球受到的輿論進行調查，發現72%泰國人對中國觀感良好，在所有接受調查的國家中名列前茅。[36]

　　北京鼓勵泰國人向本國領袖表彰他們這種對中國友好的態度。目標主要放在泰國華人，泰國有相當數量的華裔人口；但北京也試圖鼓動許許多多非華裔的泰國人。駐曼谷的中國大使館出資贊助舊曆春節的慶祝活動。北京在曼谷的中國大使館附近設立了東南亞第一座中國文化中心，中國外交官鼓勵泰國華人以及其他人多去參觀中心所舉辦的展覽、電影、音樂會以及各種活動。[37]陳玉珊寫道，文化中心舉辦的活動「明白顯示出北京認為全世界華人都是其文化代理人，北京可以透過他們的文化活動推進中國軟實力。」[38]中國的官方媒體公開在泰國擴展版圖，他們經常把報導的焦點放在泰中關係。2012年，《人民日報》在泰國發行首份東南亞國家版本。新華社及其他官方媒體也在2000年代增加對泰國的報導，後來又設置針對泰國讀者的社群媒體帳號。[39]北京再度啟動了一個泰語廣播電台，該台在冷戰期間曾放送親共訊息。[40]除此之外，中國外交官及訪泰的領袖往往會提到兩國的關係更加友善、密切。[41]

　　泰國政治人物（同時中國的領袖和外交官也積極示好）回應了此類輿論。2001至2006年擔任總理的是戴克辛，這位魅力型的民粹主義者，他去到其家族在中國的祖居之地，高調舉辦公關活動。在記者、攝影師、舞獅團的簇擁之下，參訪了母親在廣東省的老宅。[42]後來他就透過那回參訪的相關報導，表現出他很擅於營造中泰關係。[43] 泰國與中國不只具有象徵性的密切連結。札瓦基是亞洲基金會的計畫專家，專門研究中泰關係，他寫道，戴克辛執政期間中國的形象在泰國提升了，而北京發揮的軟實力是部分原因；隨著中國形象的提升，兩國也簽署自由貿易協定，舉辦更多聯合軍事演習，並且訂定重大的戰略協議，這些協議將使兩國未來在軍事和貿易上的合作更加密切。[44]

當然，就像泰國在冷戰期間與美國走得更近一樣，泰國政治人物培養對華關係不僅是基於公共輿論。戴克辛與許多泰國菁英都認為中國能促進泰國的戰略利益。他們希望用中國來減緩泰國對美國極度依賴的狀況，而此時小布希政府又在泰國變得明顯不受好評。[45] 戴克辛要強化與中國的關係可能也有私人因素。他出任總理之前已是電信業巨富，曾經為旗下的衛星通訊事業招攬中資。最後，他順利簽約，使他的電信公司能夠在中國營運。[46] 許許多多泰國菁英，包括政治人物，到 2000 年代都跟中國有各種生意往來。[47] 然而，若非得到公民的大力支持，還是很難想像泰國政府會如此改弦易轍，和中國發展密切的關係。

同一段時期之內，馬來西亞的親中情緒也在增長。東南亞國家協會（東協）成員當中，馬來西亞是在 1974 年和中國正式建交的第一個國家，而到 1990 年代乃至於 2000 年代，雙方關係蒸蒸日上。[48] 皮尤研究中心在 2007 年發現 83% 馬來西亞人對中國抱持正面觀感，在所有接受調查的亞洲國家裡面比例最高（中國除外）。[49] 亞洲民主動態調查 2010 年代中期進行的研究發現，75% 馬來西亞人認為中國對東南亞有正面影響。[50]

中國透過幾項軟實力方面的努力，提高了馬來西亞人的正面看法。2000到2016年間，在東亞及太平洋國家之中，馬來西亞收到最多中國的援助，儘管馬來西亞在該區域本來就是較為富裕的國家。[51]如同對泰國的作法一樣，北京也在馬來西亞推動文化外交，擴大提供獎學金給留學中國的學生以及參加中國培訓課程的官員。

中國官員和領袖公開會見及私下拜訪馬來西亞政治人物與其他菁英時，不斷稱讚馬來西亞對中國的輿論。如此一來有助於促使2000年代及2010年代初的歷屆馬來西亞政府與中國結成全面戰略夥伴，淡化馬來西亞人對中國在南中國海強硬行事的擔憂，積極招攬中國的更多直接投資，除此之外還有其他步驟不勝枚舉。[52]長期執政的國民陣線聯盟（他們並不介意中國政府專制的本質）回應了中國的努力。AidData分析馬來西亞人對北京看法及其對決策造成的影響，在報告裡寫道：「中國在政府內部受到的青睞並不限於〔時任總理的〕納吉。」[53]

就像在泰國的情況，馬來西亞領袖所下的政治決策並不單單受到中國軟實力和馬來西亞公共輿論的影響。執政聯盟甚至是反對黨都希望提高馬來西亞在中國的投資、促進中國在馬來西亞的投資，當時這種投資正蓬勃增長。他們還希望以中制美，特別是因為伊拉克戰爭期間華盛頓的形象在穆斯林佔多數的國家已經成了票房毒藥。但是中國在馬來西亞廣受歡迎一事，有助於培養讓雙方建立密切關係的環境。馬來西亞政治人物甚至在言談間承認，中國在馬來西亞所受的廣泛歡迎有助於官員及領袖公開迎接中資，至少在一段時間內是如此，儘管當時亞洲其他地方的公民社會已經開始質疑，中國的投資是否會傷害勞工權益、環保、在地勞動力，以及帶來貪汙。中國在馬來西亞所受的歡迎也讓馬來西亞領袖更容易去接受中國在東協裡面的影響力、中國在南中國海愈來愈軍事化的態勢、以及中國的其他政策優先事項；這種情況和和其他東南亞國家的領袖相比之下更加明顯，例如新加坡、越南，而這些地方對中國的觀感較為負面或者好壞參半。

軟實力有其極限？

2000 年代中期到 2010 年代早期，有一些東南亞國家要在東協的重要會議做成決定之前，往往私下請教中國領袖，儘管中國並非東協成員國。[54] 這是北京的勝利，而此時他們對亞洲內部的多數大型區域組織都已經有相當影響力。東南亞國家並未和中國在東協會議上做出共同決定，然而在大多數觀察者看來，中國似乎在東協的決議和立場確定之前，能夠對他們有明顯的發言權，而且有些東協成員國在其間施力，讓東協採取有利於中國意向的決定與立場。[55] 至於世界上的其他地方，中國也對非洲、拉丁美洲、中亞的區域組織愈來愈有影響力，其中部分原因是社會大眾和菁英對於中國抱持著友好的觀點。

這些地區的領袖之所以請教中國的意見，是不是因為中國的軟實力提高了社會大眾和菁英對於北京的看法，進而影響到領袖，以及他們在會議上的行動？東南亞領袖之所以請教中國官

員，是不是因為害怕如果東協開會時不把北京的觀點至少列入考
慮，中國只會以更加強悍的作風來面對區域問題，例如有爭議的
水域？他們這樣做，是不是為了確保東協的對中關係和對美關係
（美國是主導該區域的強國）能夠均衡？這些領袖凡事過問中國
官員的看法，是不是因為如此一來可能促成中國對該國投資？中
國的投資是各國都很需要的，尤其是在東協較小的成員國，例如
柬埔寨。北京出手關說的情況，幾乎可以肯定讓柬埔寨官員有其
壓力，對於東協的決議要先請示中國；而在東協公布重大聲明或
採取行動前，這樣的壓力也會施加於其他成員國。

　　東南亞領袖所下的決定反映出上述所有因素。但是東南亞國
內對中國的正面看法（部分來自當時中國所發揮的軟實力）對於
決策有一部分影響，因為這種氣氛使得某些東南亞國家的領袖可
以和北京密切合作，他們相信這樣做出的決定在國內會受到民意
支持。

　　還有另一種可能性，中國軟實力最有成效，能夠促使對方改
變政策的國家就是比方說，像泰國，從1990年代之前即與北京
建立了相對堅實的雙邊關係。換句話說，北京可能是把軟實力運
作集中在那些中國領導人認為更容易受到北京影響的國家。[56]
中國的軟實力可能就是在這樣的東南亞國家更為有效，在那些出
於歷史因素而對中國看法相對友善的地方。

　　然而有一些證據顯示出，當時（如今亦然，容後再述）北京
並未把軟實力集中發揮在原本就和北京雙邊關係堅實的國家、在
大眾和菁英對中國觀感友好的國家、在歷史上與中國外交政策立

場一致的國家。菲律賓是與美國訂有條約的盟友，長久以來是亞洲最親美的國家之一，1990年代社會大眾對中國的看法負面，所以到了魅力攻勢年代，菲律賓是中國施展軟實力的主要對象。[57]澳洲與中國的經濟關係深厚，但澳洲人民長期以來對中國抱持負面觀點、有時甚至還是種族歧視的觀點，他們也一樣是中國當時施展軟實力的重大目標。在這兩國，軟實力都發揮了作用，催生出對中國友好的輿論，而友好的輿論又有助於讓中國獲得政策上的勝利，至少有一段時期是如此。[58]

澳洲智庫羅伊研究所的民意調查顯示，在2006年，隨著中國以軟實力運作針對澳洲、貿易關係蒸蒸日上，澳洲人整體對於中國的看法十分正面，雖然到了2010年代晚期看法變得以負面居多。[59]菲律賓是中國施展軟實力的更大目標，例如擴展媒體、開設培訓課程、文化外交，而皮尤研究中心的調查發現，2002年有63%菲律賓人對中國抱持正面觀點；數字在2014年跌到剩38%，當時菲律賓群眾大為光火，因為北京聲稱擁有南中國海黃岩島的主權，也就是拋棄了不干涉原則。[60]在中國推動軟實力之處，中國官員以及其他在澳洲或菲律賓投資的華商之類的親中人士，就會對當地媒體和政治領袖表達他們的意見。[61]

對領袖表達出支持中國的觀點，發揮了一定的作用。菲律賓的政治領袖，包括時任總統的雅羅育，因此更有理由歡迎2000年代中國許諾要投入菲律賓鐵路系統的重資，而在菲律賓這個國家，過去中資大量投入時曾經引發恐懼。[62]

中國如今所做的努力何以失敗，及其背後動機

　　然而，即使在魅力攻勢的年代，也並不是所有人都樂觀地認為中國即將在周邊地區成為一股良善力量。例如新加坡和越南對於中國成為區域領袖的前景就多所疑慮，並不像印尼、馬來西亞、菲律賓、泰國、東帝汶那樣。到了2010年代中晚期，中國在亞洲許多國家受歡迎的程度已經下滑，對於中國的影響力有一股反擊開始在蘊釀。此一反擊將會促使北京加大力度施展軟實力，但也要投注更多資源在銳實力，即使他們在其他國家變得不受歡迎，還是可以透過銳實力來發揮其影響。

[4] 中國當代影響力活動的動機
Motivations for China's Modern Influence Campaign

　　中國第一波魅力攻勢大張旗鼓進行之際，南韓似乎小心翼翼地接受了北京的說詞。南韓是中國2000年代文化外交的一大目標。北京開設的孔子學院，除了在美國和英國之外，就數南韓最多。[1] 另外在2014年，中國境內所有國際學生當中，南韓學生占了大約16%，是人數最多的外籍學生。[2] 兩國的流行文化也開始交集：南韓文化產業來勢洶洶，在中國極受歡迎，包括韓劇以及K-pop（韓國流行音樂）團體。[3]

　　有了中國的軟實力攻勢、兩國之間流行文化的連結、雙邊貿易蒸蒸日上，再者，某些南韓決策者渴望讓交往對象多元化，不要一味依賴美國，以上種種因素都使得南韓在北京第一波魅力攻勢年代很快產生對中國友好的看法。分屬南韓出身與中國出身的研究者李民奎（音譯）與郝雨凡寫道，韓國人對中國的看法在1988到2000年間穩定提升。[4]

　　然而到了2010年代，中國的軟實力（魅力攻勢年代的重心）在南韓遭遇重大阻礙，到了習近平第一任期（2013－17），南韓的公眾輿論對中國轉趨惡劣。並不是說他們的看法已經完全負面，有一些國家對中國比南韓更有戒心，例如日本和越南。但是南韓的確冷了下來。北京的所作所為讓他們越來越難透過軟實力運作打動南韓——中國漸漸地不吝於在地緣政治上把他們的實力拿出來招搖，明顯背棄所謂的不干涉理念，這使得南韓失望，抵消了前幾十年創造出來的善意。舉例來說，首爾和華盛頓在2016年決定在南韓部署美國製的終端高空防禦飛彈系統（薩德系統），北京強力回擊——動用了壓迫性的硬實力。他們強迫南韓的大企業樂天集團關閉中國的店面。[5]北京禁止K-pop團體在中國表演，這是切斷他們的重要市場。[6]中國官媒上面還進行了一些活動，呼籲抵制韓國貨、限制旅遊，北京也暫時停止中國旅遊團前往南韓。據報，單單是抵制旅遊業就使得南韓在2017年損失了68億美元，旅行社因此倒閉，韓國人大為光火。[7]（南韓與中國的關係在2010年代末略有起色，但是南韓對中國仍然有相當的反彈；峨山政策研究院2019年的調查顯示，韓國人對中國沒有好感。[8]）

南韓是亞洲最自由的國家之一，他們除了對中國表現出的惡霸行為越來越生氣，也並不怎麼欣賞北京的威權政治。中國模式對南韓的吸引力越發低落是因為習近平改動其政府原本相對穩定的集體領導制，也就是毛澤東之後中國所奉行的方式，而習使政府趨向一人專制。

南韓對中國模式日益反感，這並非特例。像南韓這樣較為自由的亞洲國家，其人民都漸漸認為中國式的政府並不穩定、並不值得追求，也許他們是想到了本國獨裁者下台之後他們得到的自由；中國在該區域的行為引發鄰國反彈。在世界上其他民主國家，包括在開發中地區，中國的公共形象也開始受到打擊。中國官媒在南韓等等自由國家的運作相當公開，但是作為軟實力工具就不那麼有效（相對於在柬埔寨等等專制國家而言），不太能夠影響到韓國人對中國政治體系的看法。[9] 上海交通大學的翟一達基於針對該區域青年男女進行的調查，2018 年發表其分析結果，他發現，雖然中國年青人只有 44% 覺得中國政治不穩定，但是韓國年青人有超過 70% 認為中國政治的不穩定程度逐漸增加。[10] 翟一達更發現，不只是韓國人，日本、台灣等等自由國度的年青人也有一大部分認為習近平的中國越來越不穩定，覺得「中國崛起已經威脅到全球的秩序」。[11]

　　新加坡尤索夫伊薩東南亞研究所 2019、2020 年分別發表針對東南亞菁英所作的調查，研究顯示，亞洲的大眾和菁英多半都把中國看成正在崛起的勢力，可能它注定要成為該區域主導的強權；許多人認為北京現在就是主導該區域的行動者。[12] 這些人說的並沒有錯：對於亞洲內部的貿易，中國已經是主要的行動者，同時他們也是關鍵的捐助者和投資者；中國開始採取高度攻擊性的區域外交，對於阻礙其外交目標的那些國家施加懲罰；還在南中國海以及其他水域積極建造軍事設施。不僅如此，亞洲民主動態調查和尤索夫伊薩東南亞研究所的調查資料都顯示，即使是美國各盟友和忠實夥伴，例如日本、新加坡，其大眾和菁英都已經覺得，在亞洲中國是最具影響力的國家。亞洲民主動態調查的第四波調查在 2010 年代初期及中期進行，發現 61% 日本人認為中國在區域內最有影響力，卻只有 29% 認為最有影響力的是美國。[13]

中國的硬實力（例如軍備）及其對於亞洲貿易日益吃重的角色，乃是上述立論的基礎。但是到了2010年代中晚期，許多亞洲人──不只是東南亞，還有東北亞、南亞等地，以及澳洲和紐西蘭──也悲觀看待中國在亞洲施展其實力的前景，因為北京自己動搖了長久以來的「和平崛起」之說，施展軟實力時也越來越常失效。

這種不被看好的感覺揮之不去，儘管中國投入相當多資源在軟實力。除此之外，中國早期「魅力攻勢」的軟實力也逐漸失靈。澳洲格里菲斯大學的霍爾以及雪梨大學的史密斯在2013年研究幾個亞洲國家的軟實力運作，發現中國為軟實力所花費的金額最多，其他亞洲國家都不能及。[14]（不僅如此，喬治華盛頓大學的沈大偉也曾估計，截至2015年，中國國家每年用於推動軟實力的金額令人咋舌多達一百億美元。[15]）然而霍爾和史密斯注意到，截至2010年代初，中國投資在軟實力的程度只能夠稍微影響亞洲各國公民對這個共和國的看法，甚至根本毫無影響。[16]

翟一達2018年發表的分析顯示，韓國人──以及其他亞洲國家受訪的大部分年青人──雖然認為當時中國在亞洲是強勢行動者，但多數韓國年青人也同意「中國崛起已經威脅到全球的秩序」這種說法。[17]其他研究揭露出同樣的擔憂，亞洲各地對中國的看法越來越負面。2019年，新加坡尤索夫伊薩東南亞研究所對東南亞人進行民調發現，儘管當時受訪者大部分認為中國對該區域的經濟和政治最有影響力，但將近半數受訪者表示「中國是國際現狀的挑戰者，他們打算把東南亞拉進影響範圍。」[18]研究還發現，大部分受訪者不太相信或者完全不相信「中國將『為所當為』，對全球和平、安全、繁榮、治理有所貢獻。」[19]

現行影響力活動的動機

中國現行的影響力及新聞活動來自幾項因素。魅力攻勢十分依賴軟實力來進行，而如今中國新起的全球影響力活動，其背後的驅動力之一就是魅力攻勢遭遇失敗。這是北京加強影響力運作的一大原因，在早先的失敗之後，現在他們試圖擴大軟實力活動——更將多得多的資源投入銳實力，原本他們沒那麼重視銳實力，現在則認為投資銳實力更加划算。此外，如今影響力活動背後的動力還有中國在世界上實力增加，以及他們覺得之前北京無法在全球媒體及新聞當中受到理解——包括在鄰邦，更特別是在富裕民主大國的媒體市場，例如美國、英國、法國、日本、澳洲、德國。中國國內政治的變化，以及許多民主國家容易受到影響，這兩個因素也推動了北京進一步的影響力活動。

軟實力本質上就難以測量，但是透過一些個別事件可以評估軟實力是否有效。如之前所述，1990年代到2000年代的民意調查顯示，亞洲及世界上其他地方對中國的看法相對正面。雖然公眾對中國的友善態度不能直接歸因於北京在軟實力方面所下的功夫，但是中國啟動新的援助計畫、提升文化及公共外交、努力招徠外籍學生、強化培訓課程，以及種種其他軟實力戰略，確實有助於改善社會大眾對中國的輿論，這是當時許多東南亞的決策者和公民社會運動者都向我坦承的。如前所述，像中國1990、2000、以及2010年代早期在東南亞順利推展的軟實力活動，可以讓各國領袖較容易採用有利於中國的政策，因為此時他們無需擔心公眾反彈——也就是對於偏袒北京一事的反彈。

要將軟實力所發揮的效果量化，更加困難。威廉與瑪麗大學的AidData組織嘗試從五方面去量化中國在亞太地區的軟實力：文化工作、交流計畫、財務工作、菁英外交、新聞工作，這包括了中國官方媒體。他們發現在公共外交所展現的姿態似乎能給北京帶來回報，讓大眾對中國的觀感變好，至少截至2010年代中期是如此。[20]AidData發現中國的公共外交（也就是軟實力）與亞太人民的一種看法有相關性：「將中國視為發揮正面影響，把他們當作值得本國效法的發展模式。」[21]此項研究進一步顯示，這種有效的軟實力運作在亞太許多地方帶來「好鄰居紅利」，使得中國在鄰邦更容易獲取開放市場的商機，研究也發現軟實力攻勢與東亞及太平洋國家在聯合國大會的投票行為有相關性，他們更常與中國投下一致的票。[22]當要衡量各國政策決定是否與彼此相符合，聯合國大會的投票模式是研究者經常使用的指標。[23]（不僅如此，在AidData此項研究的三十五年之前，美國國會就已經下令國務院提出年度報告，檢視其他國家在聯合國的投票狀況——包括他們與美國表決一致的頻率——以協助評估美國外交與軟實力發揮多少效果。[24]）

可是至少從2010年代中期開始，東南亞和其他地區對中國的看法就開始走下坡，例如歐洲、拉丁美洲、北美洲，當時中國的軟實力運作受挫，接著又因中國處理COVID-19的方式而遭到擊潰。中國的軟實力沒有促使其他國家相信他們會為所當為，沒有讓其他國家的政治人物可以不用害怕公眾反彈、放膽與中國合作，相反地，最近幾年中國變得不受歡迎。令人側目的是，儘管小布希政府經常忽略東南亞，歐巴馬政府也只偶爾注意東南亞，但美國在東南亞人之間還是相對受歡迎，這有一部分是美國軟實力蓄積的歷史因素；而美國在東北亞、歐洲大部分地區、澳洲、紐西蘭，則是相當受歡迎。雖然東南亞人越來越懷疑美國是否還爭得過中國，能夠做該地區經濟上主要的行動者，甚至懷疑美國是不是還擁有該地區最強大的軍事實力，但是亞洲民主動態調查研究了東南亞人的觀點，發現超過70%緬甸人、柬埔寨人、菲律賓人、新加坡人、越南人都對美國抱持「十分正面的看法」。[25]

先前在軟實力方面是哪裡做錯了？魅力攻勢之所以失敗有幾個理由。當中國的對外投資和援助持續增加，對許多開發中國家來說，他們已經不再是全新的財源。當北京剛開始大手筆投資和捐助時，單單這項事實就能讓他們的公共關係突飛猛進，但招數用老之後就逐漸失效。另一方面，到了2010年代中晚期，亞洲、非洲、拉丁美洲以及世界上其他自由國家的新聞媒體已經在審視中國投資的黑暗面——環境汙染、勞工權利問題、辦事不夠透明——以及中國在該地區的其他問題行為，這使得北京的軟實力運作變得相當艱難。即使在柬埔寨、越南這些較不自由的國家，公民還是可以在社群媒體分享新聞，這裡面包含了該國國內中資工程的相關新聞。柬埔寨人和越南人經常在社群媒體張貼中資工程相關問題的報導，他們都曾發動示威（例如擋住馬路）抗議中資工程造成的環境傷害等問題。[26]

因為許多中國援建的工程案並不透明，而且這些援助和投資有可能催生貪腐，有些工程案針對當地的環保法規鑽漏洞、造成環境傷害，也因為當地人流離失所，從柬埔寨到肯亞到尚比亞，社會大眾對中資都更加疑慮——在東南亞之外的許多地區，這種情況也引起政治人物和公民社會領袖的注目。RWR顧問公司的研究發現，在2013到2018年間，中國出資的基礎建設工程大約有14%遭遇重大問題，包括在勞工、透明度以及其他議題方面受到社會大眾反對。[27]另一方面，針對這些中資工程的憤慨示威在非洲、拉丁美洲某些國家和歐洲都層出不窮，其他地區也時有發生。

魅力攻勢在許多開發中地區失效到什麼程度，可以從緬甸和柬埔寨的案例清楚呈現，當地對中國的貿易和援助，在最初的興奮之情平復之後，逐漸開始擔憂起其中的陰暗面。到2010年代中期，已經可以肯定地說中國對這兩國而言，已經成為最重要的邦交國及捐助者。緬甸政府與許多反叛團體進行過困難重重的和平談判，而中國官員在其間扮演要角；中國的投資大量湧入緬甸第一大城仰光；該國軍方將領以及國務資政翁山蘇姬（緬甸的實質總統）這樣的文職領袖，都和中國領導人建立了密切關係。[28]

緬甸社會曾經一度改革開放；那是從2010年到11年間文人政府開始運作，軍政府獨裁結束，一直到2021年軍方政變，軍事統治重現為止。緬甸的記者和社運人士揭露了某些中資工程的危險性，報導很快傳開，因為緬甸國內手機的售價越來越便宜，而且似乎舉凡公車司機、農夫、僧侶，人人都上臉書。[29] 隨之而來的是憤怒的抗議。2012年上千名公民（包括農夫和僧侶）示威抗議了幾個月，反對緬甸中部大型銅礦萊比塘的預定計畫，此一工程由某中國企業與緬甸軍方合夥投資。抗爭者稱，為了這項工程，數以千計的人被迫離開家鄉，而且此項開採將成為環境的一大危害。[30] 當示威人士以靜坐封鎖該設施的部分區域時，政府粗暴回應，向抗爭者發射水砲，以及十分危險的白磷。[31] 據報有五十人受傷；實際人數很可能遠多於此。許多抗爭者將這樣的暴行歸因於緬甸政府必須保護中資，從而進一步讓北京在該國的名聲更加不堪，甚且該處銅礦在2015年還傳出廢棄物外洩事件。[32] 中國在軟實力上所投注的努力——文化活動、培訓當地緬甸官員、中國官方媒體在緬甸的擴展——並不足以抵消緬甸部分公民日益強烈的怒火，而北京對此往往缺乏彈性，並未善加利用他們的軟實力工具（例如培訓課程、官媒）來對發生的某些問題表示歉意，或者做出可靠的保證，說會提高中資工程的品質。當時他們似乎也不願意改變引發問題的行為——可疑的投資、富侵略性的外交、提高軍備——而就是這些行為使得當地的輿論對北京出現反彈。

柬埔寨也有類似情況，儘管政治體制屬於威權主義，中國也在當地投注大量的軟實力運作，包括拓展官方媒體，投入鉅額援助，為學生和官員提供獎學金留學中國，諸如此類，但是柬埔寨的社會大眾還是對中國感到憤怒。中國對柬埔寨的大量注資使得越來越多在地居民流離失所，柬埔寨本身威權而腐敗的政治助長了源源不絕的土地掠奪行為，過程中居民只收到少許補償，甚至完全沒有補償。[33] 柬埔寨人所恨在於，例如施亞努港這樣的地方原本是安靜的濱海城鎮，因為投資，如今已完全改頭換面。建商把施亞努港的柬埔寨小生意人排擠出去，同時該地冒出許許多多渡假村、公寓社區、豪華賭場，以服務中國觀光客。柬埔寨人不高興的地方還有許多中國的超大型工程以及中國人開設的工廠引進中國勞動力，而且中國的專案經理沒興趣雇用柬埔寨人，尤其不想對他們開放那些有升遷機會的職位。[35] 阿姆斯特丹自由大學的聶保真曾研究柬埔寨的中國公司及移工，他發現，在紡織業（柬埔寨規模最大的製造業）「大部分工廠會雇用〔從中國〕調來的員工或新人，數量是幾十名，最多的一間雇用了上百名。」[36] 同樣地，當柬埔寨社會大眾對中國的看法惡化，中國的官媒、外交人員及官員似乎束手無策，不知該如何因應、控制這些批評。

消極軟實力面臨侷限

魅力攻勢之所以失敗，還有一個原因，就是北京輸出文化的方式妨礙了他們施展軟實力。中國把重心放在透過政府來直接推廣其文化，政府主導的這些積極工作可以產生效果。截至2000年代中期，北京與外國和國際組織進行的文化交流專案共有1,300項，比起1990年代多出約莫500%。[37] 北京在2006年出資贊助「中國文化年」，包括在曼谷、倫敦、巴黎等各大首都贊助中國春節慶祝活動，而曼谷的活動吸引到相當人潮。[38] 甚至還贊助了一場盛大的國際佛教論壇，2006年在杭州舉行，他們希望把中國的佛教歷史連上中國的軟實力。[39] 中國2010年在上海主辦世界博覽會，以便展現上海連同全中國的現代化，其高科技產業以及傳統中華文化的方方面面。

但若把眼光放在消極軟實力的文化輸出品，中國的進度就嚴重落後，例如音樂、電影、文學、藝術，這些唯有政府放寬管控才能發展得好的文化項目。[40] 中國能把這些產品稍微輸出到鄰國，但幾乎完全無法將其音樂、電影、文學、藝術輸出至歐洲、北美洲、拉丁美洲，以及其他不與中國毗鄰的地區。

傳統上而言，若要形塑外國人對某國人民、價值、文化的認知，這樣的消極輸出品要比起政府指導的軟實力有用得多。雖然有些中國歌手已經打進K-pop樂壇，但為數不多，仍以中國境內演出為主，沒有在全世界掀起流行，不像韓國的Psy（江南大叔）或者後來的國際巨星BTS。披頭四在1960年代登上美國電視，成為全球的代表性樂團，這也對英國有好處，讓他們能重建國際形象，成為又潮又酷的「搖擺倫敦」，而不再是二戰過後只能節儉度日，首相們老態龍鍾，人們一臉陰鬱，空氣充滿煤灰令人窒息的過氣國度；但中國並沒有像披頭四這樣的風頭人物。

雖然如此，中國還是發展出全球數一數二的國內電影市場，也擁有一些廣受歡迎的運動員、藝術家、演員、電影製作人。NBA球星姚明、網球冠軍女將李娜、導演張藝謀、演員成龍（出身香港）以及其他人士都享譽國際，於是讓人對中國產生正面印象。（這些明星當中有許多人與中國政府關係良好，不過除了張藝謀之外，國家的支持並非他們在全球走紅的主因。）可是雖然中國電影產業如此之大，他們所製作出來的強片如《戰狼2》（2017年動作片，劇情講到中國特種部隊出身的主角拯救了非洲某處工廠內的工作人員，並且英勇面對邪惡的美國壞蛋）還是把目標放在國內市場，對國際觀眾沒什麼吸引力——無論是在其他亞洲國家或者在歐洲、北美洲、拉丁美洲。[41]

　　中國國內政治環境的緊繃又進一步使中國流行文化難以產生全球吸引力。對藝術的壓迫在胡錦濤時代已有增加，在習近平手下更加粗暴，使得中國藝術家、音樂家、作家、電影製作人難以創作出獨立的高水準作品，博得國際注意。這一類引發普遍共鳴的獨立作品在歷史上曾經提高了美國、法國、英國這些國家的軟實力——在2010到2020年代則是加強了南韓的軟實力。獨立創作的中國藝術家和電影製作人在歐洲、亞洲其他地區、北美洲，倒是取得了軟實力的些許成功。

　　例如艾未未，這位藝術家的作品在世界各地的知名畫廊展出，中國政府曾委託他設計2008年北京奧運的「鳥巢」體育場。他的名聲遠播至歐洲和北美洲，被評為世界上一位最重要的當代藝術家。原本他有可能幫助北京將其魅力攻勢擴延到歐洲和北美洲，因為在那些地區他的作品已廣受歡迎，價值不菲。可是艾未未公然評論政治，此時中國政府就不再對他另眼相待。2011年中國當局將他關押81天，2016年他的律師夏霖在罪證可疑之下被指控詐騙，遭判處監禁十二年。[42]

缺乏消極軟實力有一個清楚的後果。波特蘭顧問公司在2019年公布了各國軟實力的全面比較報告，三十個國家裡面中國排名第二十七。[43]排在中國前面的不只有法國、南韓、英國、美國，還有捷克和葡萄牙。難道葡萄牙是軟實力的巨頭、國際上的強權嗎？恐怕得要追溯到印刷機還算尖端科技的年代才會有這種事情吧。[44]波特蘭的分析顯示，中國在消極吸引力的領域表現不佳，例如政治體系與價值觀的吸引力——隨著名義上的人民共和國卻漸趨威權主義，他們的價值觀在外人看來也越來越不可取。[45]不只是中國的鄰邦不以為然，世界上許多其他地區也是如此，包括在歐洲和北美洲，現在中國在這些地方幾乎沒有軟實力，這些地方的社會大眾對中國的看法非常負面。[46]

北京的積極軟實力運作，包括金額龐大的援助計畫、把一帶一路高舉為國家之間的文化及歷史連結，似乎也並不能讓其他國家相信中國與他們有共同價值觀。[47]中國在文化次指標的表現也不好，這個領域反映了消極軟實力。[48]

中國官媒難取信於人

與此同時，雖然1990到2000年代北京將金錢灌進官方媒體，新華社、中國環球電視網（CGTN）以及其他媒體（大部分用作發揮軟實力）還是讓海外讀者覺得這些是無聊的宣傳工具。[49]官媒的記者一邊要吸引外國讀者，另一邊又不能犯到本國政府的審查，這並不容易。大部分國家都有BBC等全球媒體和國內的新聞機構，所以CGTN和新華社在英語和本土語言的新聞都面臨激烈競爭。BBC在全世界都有觀眾，其自主報導備受肯定，他們給人的良好印象會投射到英國本身。不僅如此，BBC的金字招牌還讓英國在2018年登上波特蘭全球軟實力指數的第一名，2019年則是第二名。[50]

《外交政策》副總編輯巴默針對中國議題寫作已有很長時間，他曾在北京為中國官方媒體工作。巴默掌握到了中國官媒面對的問題，說明他們無法促進北京軟實力的理由。他寫道：

> CGTN解不開一項根本問題。如果這個頻道要當個優秀的宣傳機器，那就必須引吸外國觀眾。同時這個頻道也要向國內的某些人士交代，而能夠吸引外國人的元素，一個是深入報導，一個是政治上走極端，肯定會冒犯到那些人士。CGTN最終是由中級黨政人員控制，而對他們來說其實關鍵在於絕對別犯政治錯誤，擴大觀眾群相形之下並不重要。[51]

巴默所描述的這個問題，對於新華社、中國國際廣播電台（CRI）以及其他官方媒體也是一樣，在魅力攻勢年代尤其如此。新華社和CGTN內部有許多記者明白，雖然媒體的預算和人力增加了，但是工作環境本身需要小心翼翼控管的本質使得成品索然無味，不可能如北京所願去提升中國的軟實力。加拿大記者兼學者布里2010年代初在新華社渥太華分社任職，他告訴我，雖然新華社一開始在表面上看起來容許自主報導，但他很快察覺到主管們會確保避開爭議話題，分社的領導層並不瞭解加拿大的政治和新聞報導如何運作。新華社渥太華分社最重要的任務就是編寫一些用來取悅北京高層的報導，如此一來往往必須迴避最熱門、最有意思的事件——但針對這些事件的報導才有可能吸引讀者，讓新華社更受歡迎。[52]

當時中國官媒只雇用少數熟悉自由媒體環境的外國記者，不足以在各分社內部達到臨界點，使其能夠產生足夠吸引人的報導，擄獲當地新聞閱讀者，尤其在歐洲、北美洲、拉丁美洲、非洲、亞洲，某些國家的新聞環境相當自由，而中國媒體仍然顯得很像宣傳機器。聶保真深入研究2010年代初期派駐海外的中國記者，他也聽到類似的說法。他在研究中發現官方媒體「所刊載、播送、或在線上公布」的報導「純屬記者個人觀點的很少。……編輯和領導的喜惡會左右報導的走向。」[53]

最後中國開始瞭解到他們的作法有其弊端。從2010年代後期至今，中國試圖把官方媒體打造得更加聳動、更加吸引人，以便透過官媒提升中國軟實力。中國開始在社群媒體上積極行銷官媒，聘用經驗豐富的外國記者，並且透過合作、記者培訓課程、與知名國際媒體簽訂內容分享協議，來擴大中國在國際上的觸及率。

然而，巴默認為中國官媒還是不可能吸引讀者。他寫道：

CGTN這樣的電視台坐擁專制國家投入的資金，又希望能對全球發聲，他們有兩種模式可以選擇：半島電視台和今日俄羅斯。卡達的半島電視台所呈現的理想是一家正經的新聞

台，為世界大事提供另類觀點。相反地，今日俄羅斯（RT）
則是真正具破壞性、高效率的宣傳機器，為了莫斯科的好處
而四處散播恐慌、疑心和不安全感。[54]

他主張，中國無法走半島電視台路線，亦即除了與卡達相
關的議題之外，在其他許多方面產出高水準的內容。卡達是個小
國，很少有人注意其國內政治。因此半島電視台的記者可以報導
許許多多的地區性及國際性主題，而不會涉入卡達領導層所介意
的事項；在許多議題上他們似乎願意容許優秀的報導。（在某些
方面半島電視台的報導並不是自由的，例如對於以色列、沙烏地
阿拉伯，而且他們對以色列還顯示出公開的反猶心態。[55]）雖然
卡達的政治專制，半島電視台仍能成為巴默（以及許多人）所說
「一家正經的新聞台，為世界大事提供另類觀點」。[56] 半島電視
台也是卡達一項主要的軟實力工具。阿拉伯聯合大公國的教授安
契柏亞岑，在研究半島電視台的軟實力成果之後如下評論：「卡
達政府1996年建立了半島媒體帝國，此舉為該國帶來前所未有
的全球曝光機會。」[57] 他還說，半島電視台在中東能對人們的立
場和想法產生重大影響，提升了卡達的國家形象。[58] 但中國是
個巨大的國家，不比小小的卡達，幾乎所有國際新聞的話題都會
在某方面關係到中國政府，而世界各地還有許多人關注中國的國
內政治及經濟。

巴默講到，或許中國媒體也可以模仿RT ──這家電視台具
有破壞力、充滿爭議、超級標新立異，就算散播恐慌、充滿假新

聞、刻意不提克里姆林宮的惡行，但往往夠刺激、夠另類，能夠吸引外國觀眾。巴默主張，中國官方媒體永遠不可能在挑釁方面超越RT，因為中國並不像俄羅斯那樣，本來就是要聳動、挑起混亂。[59]

然而到了2010年代末、2020年代初，北京已在某些層面模仿半島電視台和RT，他們也和RT以及其他俄羅斯官方媒體更加密切合作，傳播陰謀論。一方面北京讓新華社、CGTN以及其他官媒看起來更像半島電視台風格的自主新聞媒體，讓他們在全球的社群媒體能提高存在感，在不同國家聘用優秀的本土記者，並且透過其他措施來增加他們的公信力。另一方面，某些中國官媒走上了聳動、標新立異、惹事生非的路線，如同俄羅斯媒體常見的情形，隨著烏克蘭戰火遍地，這些官媒也和俄羅斯媒體合作起來。

其他國家起而反抗

但北京之所以嘗試打造更加龐大的影響力機器、將重心放在銳實力，原因並不只是早期以軟實力為主的魅力攻勢遭遇挫折。2010年代後半國際環境也有所變化，使得中國有動力、有機會加碼投入擴大其影響力。今日事態依然如此。自由之家的庫克指出，因為歐洲、北美洲、東北亞的民主大國必須處理國內政治日益失靈、經濟停滯不前的情況，於是中國能夠更輕易提倡其意識形態，控制讓新聞流通的實質基礎建設——通訊硬體、社群媒體平台、應用程式,以及其他的基建。[60]上述種種趨勢都鼓舞了北京,使其軟實力戰略愈發細膩,例如官方新聞媒體、學生及官員的培訓交流課程,又強力提高以銳實力穿刺其他國家的能力,例如壓逼其他國家的媒體、政治人物、大專院校。

中國作為國際行動者的實力已經增強——不管是在世界銀行、聯合國等國際組織裡;還是投射軍力;甚且是在諸如美國、加拿大、日本、歐盟等其他強權卻步不前時,掌握氣候變遷、公共衛生、貿易之類議題的領導地位。外交關係協會的黃嚴忠曾與敝人合寫一篇文章,他在其中提到,中國在聯合國機構裡面已經變成要角,十五個特殊機構當中有四個由中國公民主管。[61]中國愈來愈能主導人權理事會等等聯合國機構,在2015年巴黎氣候協定的談判過程中也是重要一員。[62]在胡錦濤及習近平之下,中國不但更加得勢,對於其外交政策及全球足跡也變得更大膽發言。

中國在世界上的強硬招來反彈,某些國家反對中國的外交作風及實際上的外交行為,使得北京難以說服其他國家認為中國將是世界舞台上的良善行動者——中國官員因此認為,他們既需要一套更好的軟實力策略,也需要更完整的銳實力策略。自從毛澤東死後,中國領導人一直將北京的外交形象打造成全球事務當中現實而自制的行動者。難道所謂中國謙和自持的這套說法能夠取信於其他國家的每一個人嗎?當然不是。然而到了2010年代中葉,情況變得更加困難。習近平2013年上台時,他立志要恢復中國在國際上的勢力,同時也要將國內政治集中控制。

　　習近平表現得並不謙和。習近平在文件和演說之中都保證他會讓中國再次強大。[63]他誓言要實現中華民族的偉大復興，登上世界強國寶座，還與俄羅斯簽訂了我們先前提到過的協議，要對抗全世界的自由民主政體。[64]從前的中國領導人不會把中國抬出來做一個模式，而習近平並不如此，他將中國高舉為其他社會可以效法的對象。他公然炫耀中國的軍事力量，包括在南中國海加速軍事化，在東中國海等其他水域採取挑釁作為，在非洲設置中國的第一個海外基地，在中印邊界上突然出兵占領有爭議的領土，諸如此類。[65]2020年，習近平政府在COVID-19侵襲菲律賓等東南亞國家之際——疫情曾經使得許許多多菲律賓將領受感染或進入隔離——趁著對方虛弱，積極在南中國海推進。[66]習近平也加速中國的軍事現代化，打算把人民解放軍變成「水準相當於強權的軍事及海軍力量」，這是美國國防部2019年對中國的軍事及國安發展所做的分析。[67]習近平政府對於陸上的邊界爭議同樣採取強硬路線。東南亞小國不丹境內的洞朗對於印度有戰略意義，2017年，中國開始於此處修建道路，這應該是鞏固對該地控制的第一個步驟。（幾個月之後，在印度的軍事壓力下，中國停止修路。[68]）到了2020年，中國和印度在喜馬拉雅山區的邊界發生重大衝突，接著宣稱不丹的某區域乃是中國領土；接著《外交政策》的報告指出，中國已在不丹境內興建移民村莊。[69]

　　1990、2000年代，在亞太地區的區域會談中（有時候在非洲及拉丁美洲也是如此），中國領導人和外交官都對亞洲的同儕溫言軟語表示，北京這個盟友是可靠而不跋扈，不過2010年代北京的口吻變了；對於歐洲和北美洲的同儕，他們的語氣還更加強硬。早在習近平還沒上台之前，2010年中國外交部長楊潔篪就已經在河內的東協峰會出聲痛斥各國領袖。[70]「中國是大國，其他國家都是一些小國，這就是事實。」東協各國領袖強烈抗議北京在南中國海施行的政策之後，楊潔篪如此回應。[71]

中國其他官員與駐外大使，經過國內的政治與教育體系中益發強烈的民族主義薰陶，開始時而對外爆發聲張民族主義語驚四座的帶刺言論，在歐洲也是一樣。[72]2018年，中國駐瑞典大使〔桂從友〕痛斥瑞典警方，因為他們驅趕了違規停留在旅館的中國觀光客，他要求瑞典政府進行調查，宣稱遊客被逐出旅館一事「嚴重侵害了中國公民的生命安全與基本人權」。[73]中國外交部裡，迅速拔擢其中最氣勢凌人、極力表彰民族主義的幾位外交官。

2019年，中國駐伊斯蘭馬巴德大使館的第二號外交官（相對沒有名氣的一份職務）趙立堅，突然升遷到外交部新聞司的高位。[74]趙立堅在巴基斯坦變得有名起來，是因為他經常在推特發文，其頻率會讓川普甘拜下風——四年之內發了51,000條推文。[75]趙立堅並不用推特來表演謙和姿態（1990年代和2000年代初許多中國外交官是這樣做的），而是用它來打擊批評中國的人。他告訴其他各國「新疆不干你們的事」，又說英國公民很多都是「戰犯的後代」，這是用來回應英國政府呼籲香港當局以自制的態度來對待起而抗爭的群眾。[76]

中國在外交語言上和實際外交行為上愈來愈強硬，以及2021和2022年間自絕於世（因為中國堅持清零政策，而世界上其他人已經揚棄這種作法），明顯招來反彈。鄰近中國的國家如印度、日本、越南，反華情緒幾乎浮出表面，北京也和這些國家有重大領土爭議，在這些地方經常爆發憤怒的、甚至是暴力的反華抗議活動，政治人物經常斥責中國。[77] 在歐洲和北美洲，中國的強硬姿態（到最後去支持俄羅斯侵略烏克蘭，似乎是要在專制國家與民主國家之間劃出界限）也引發反彈，眾人對於中國將會變成什麼樣的強權感到憂心。但即使是在歷史上與中國素無糾葛的地方，中國在2021年及2022年由於清零政策變得與世隔絕，其民族主義修辭和侵略行為，也在非洲、澳洲、拉丁美洲、太平洋群島等地激起了恐懼與怨恨。[78]

中國在區域內和世界上的利益變得更廣泛，對全球舞台的企圖心更強，可以更自如地炫耀他們現今的力量和未來的雄心，但是其他國家卻在反抗北京強硬的言語和行為，如此一來，中國需要在軟實力和銳實力上有更大的機器運作，以消弭他們的行為所引發的緊張態勢。是不是北京已準備好，能在全球所有區域徹底取代美國？當然沒有。但是北京顯然有主宰亞洲的野心，在世界上其他受美國主宰的地方則至少要打下一些成績。[79]

中國國內政治

1990、2000年代及2010年代初中國的第一波魅力攻勢出現裂痕，而同時中國內部環境也迅速變化。習近平上台，集中權力，他對中國在世界上的角色採取的看法遠比以前強勢。習近平政府打算整頓其軟實力部門，建置積極對外的銳實力戰略，以實現習近平對中國在世界上地位的願景，這個願景比過去更加大膽、更加民族主義，另外也要處理中國所遭到的反彈，這些反彈源自中國強硬的外交政策，以及對國內的壓制。習近平是毛澤東之後中國最有權勢和專制的領導人，他也必須以更大膽的影響力作戰，以保障他重整中國外交內政所用的種種措施。[80]

我們要記住，習近平2013年取得中國領導權之後已經發動了中國國內政治的「第三次革命」（依外交關係協會的易明所命名），追求「中華民族的偉大復興」。[81]（第一次革命是毛澤東的共產革命，第二次是鄧小平的改革開放時期。）習近平的革命包含幾項元素，但整體而言，他希望中國共產黨對於中國生活所有方面的權力都要增加，包括對於民營企業、政府公務、藝文、私生活、通訊往來，以及對於中國曾經享有自治的區域，譬如香港。[82]至於對外關係，他幾乎在每一個領域都把中國打造得更加有力，中國所追求的不再只是區域主導權，而愈來愈追求世界主導權。[83]

習近平為了達成他在國內的目標，將政治控制力集中在自己手上；消弭中國社會各部分的聲音，就連只是稍微批評中共和習近平的領導都不允許；嚴厲壓制中國境內較不安定、由少數族群主導的區域；在他身邊培養一套毛澤東式的個人崇拜。習近平治下的中國取消了國家主席任期限制，於是幾乎可以肯定他會連任第三屆，有可能他會像普丁一樣變成終身領導人——如此將使習近平更容易監督長期的影響力作戰。他還野心勃勃地意在讓中共再次加緊掌握中國經濟——甚至掌握了最為成功的民營企業，例如馬雲的阿里巴巴和螞蟻集團金融科技公司。[84]長期分析中國、現任職於雪梨羅伊研究所的馬利德指出，當習近平2017年在共產黨全國代表大會做出連任宣誓，他的雄心已經見諸明文，讓人看得一清二楚。習近平的演講宣布了：「黨政軍民學，東西南北中，黨是領導一切的。」[85]先前胡錦濤、江澤民任內的集體領導制已被拋棄，在講究領袖魅力的習近平身邊，我們可以注意到其他高層領袖組成的國務院明顯弱勢。[86]為了鼓動對於習近平的個人崇拜，他的面孔被用來裝飾中國各處的公共領域和私人空間，這也是讓他在視覺上與毛澤東連結的一個作法；而且，中共對於這位最高領導人的想法（所謂「習近平思想」）的狂熱已經到了荒唐的地步。[87]（2018年，在習近平任內，北京將習近平思想納入中國憲法。[88]）然而，此種個人崇拜也有重大缺點。習近平政府讓中國堅守COVID清零政策，只要病毒出現在境內就要予以消滅，雖然其他國家在2021年、2022年已經放棄這種做法。因為習近平堅持這種方式——要是有所偏離，那等於承認偉大的領導人習近平犯了錯誤——造成了許多後果，例如重創中國經濟，大規模封鎖城市，引起人民不滿，傷害到全球供應鏈，迫使外國企業離開。

習近平政府一方面利用中國愈發嚴重和強硬的民族主義，另一方面繼續培養這樣的民族主義，而此種民族主義和習近平的強硬立場催動中國以更富侵略性的方式攫取全球影響力。在1990年代，經歷了天安門鎮壓的動盪和蘇聯崩潰，中共高層展開「愛國教育」運動，以教導中國學生明白黨的重要性，協助鞏固黨的合法地位。[89]當時北京也以民族主義和經濟成長當作吸引社會大眾的關鍵。北京提倡的學校課綱在中國少年人之間孕育出愈來愈民族主義的心理,現在這一代人已經到了二十歲、三十歲、四十歲。[90]數十年來的教育、大眾媒體、中國高層領導人的發言,在在鼓動著中國民族主義,將中國描寫成受盡外國欺凌,再加上準確的資訊難以傳入中國,這些情況順利培養出過敏而強烈的民族主義,至少在漢族中國人之間如此。[91]國家尤其是在年輕人當中成功灌輸了這種易怒的民族主義,現在年輕人往往比老一代更加執迷民族主義。[92]

不僅如此,習近平的目標還有集中政治與經濟權力,確保黨主導社會的每一個層面。在他的照管之下,北京提高了中共對民營企業的控制,將更多經濟實力轉移到國有企業,也讓外國公司更難在中國境內營運。習近平捍衛了中國的巨型國有企業,同時遏制生氣蓬勃的私部門,雖然私部門對於中國年成長率貢獻了大約三分之二。[93]習近平將國有企業放在產業計畫「中國製造2025」的中心,透過此一計畫,要將許多中國產業升級,讓他們成為世界的龍頭。[94]於是,就連最有錢、最有名的中國富商和藝人、規模最大的中國民營企業,都開始巴結習近平和領導高層——還放出訊號表示,若有必要,可以在國際上用他們的公司做中共的工具,這樣中國的全球影響力作戰又添加了中國私部門的潛在分量。《經濟學人》2020年的研究發現,原本中國的民營企業儘量淡化他們和中央的關係,但當時他們已愈來愈賣力對習近平和中共展現忠誠。該篇研究談到,「國有企業和民間公司提及習近平先生指導的次數，自 2017 年以來已增加了二十倍以上。」
[95]

習近平時代的某些鎮壓方式必須動用新型態的殘暴手段，而
習政府之所以需要進行全球影響力作戰，一部分就是要維護中國
不因此受批判，同時也將有可能輸出此類超現代的鎮壓方式。習
近平政府擴大使用監控工具等科技，監視及控制人民——這一種
網路威權主義中國正在精益求精，它可以成為其他專制國家及渴
望專制者效法的典範。在習近平的中國，各地的當局都加強利用
人臉辨識工具，對網路和社群媒體設下新的限制——俄烏戰爭期
間，他們阻擋了幾乎所有的外界新聞。[96]中國用高科技進行有
效的社會控制，原本反烏托邦科幻小說如《關鍵報告》所設想的、
以科技達成的專制統治，現在相形之下就像迪士尼童話一般輕盈。

習近平本來就強硬，但除此之外他似乎也比前任領導人更多
猜疑，認為全球大環境將危害到中國的未來，雖然在這個時代美
國正大規模退出國際組織、放下全球領導權。[97]這種被害妄想
症讓他們更覺得有必要積極推動全球影響力作戰，因為習近平政
府看到中國在世界上四面八方都是敵人。習近平把這種危險的全
球大環境從1989年開始算起。他和鄧小平一樣（江、胡亦然，雖
然程度較低），似乎把蘇聯的末日——以及2020年代的顏色革命
——看成一種經驗教訓。習近平接任國家主席數月後，據報，他
在中共高層的閉門會議談到黨應該記取前蘇聯「十分深刻」的教
訓。[98]報導指出，習近平當時對高層同志們說：「蘇聯為什麼會
解體？蘇共為什麼會垮台？一個重要原因是理想信念動搖了。」[99]

111

在中國高層看來，全球戰略環境繼續在威脅中共的生存。比起前任兩位領導人，習近平似乎更加確信中國不可能透過內部改革、透過與其他強權合作，改變這樣的全球戰略環境。他似乎認為，即使美中某些貿易糾紛可以撫平、可以進行少許合作，終究北京和華盛頓還是註定要打一場當代的冷戰，如此一來當然要進行影響力作戰。2019年九月，美中之間因貿易到香港抗爭一系列議題而劍拔弩張之際，習近平對中共幹部發表了殺氣騰騰的演說。[100]

他對幹部們強調——大約講了六十次——中國為了壯大必須「鬥爭」，清楚表示，像美國等等的威脅阻止不了其政府，也阻止不了他要讓中國在區域裡、在全球上成為第一強權的目標。[101]他當時說道：「凡是危害中國共產黨領導和我國社會主義制度的各種風險挑戰，凡是危害我國主權、安全、發展利益的各種風險挑戰，凡是危害我國核心利益和重大原則的各種風險挑戰，凡是危害我國人民根本利益的各種風險挑戰，凡是危害我國實現『兩個一百年』奮鬥目標、實現中華民族偉大復興的各種風險挑戰，只要來了，我們就必須進行堅決鬥爭，而且必須取得鬥爭勝利。」[102]

鬥爭勝利的關鍵在於中國的軟實力和銳實力作戰，以及輸出其發展模式。在毛澤東之後的時代，習近平是最明白提倡輸出中國發展模式的領導人。2017年在中共全國代表大會上，習近平宣布了中國的雄心壯志，他說中國體系「給世界上那些既希望加快發展又希望保持自身獨立性的國家和民族提供了全新選擇」。

[103]幾個月後他對外國領袖的演講在語言上稍有收斂，稱中國不會「輸出中國模式」。然而在其他場合他又回到中國做為一種模範的想法，也就是推動國家資本主義、高成長率、以科技進行社會控制的模式，還有他與俄羅斯的關係加溫，因俄烏戰爭而變得堅不可破，這表示專制兩大國將提倡他們不同於自由民主政體的另類模式。[104]

莫斯科銳實力的啟示

另一個因素則在於，中國在魅力攻勢年代並沒有銳實力的模範可資參考，但如今情況不同；到了2010年代中期俄羅斯的銳實力運作已經展示出——中國和全世界都看到了——銳實力可以發揮多大的作用。中國開始從俄羅斯的所作所為當中學習——有時候是直接學習，和俄羅斯官員開會、與俄羅斯銳實力專家進行互動等等，有時候則只是觀察俄羅斯的行動。

一直以來，莫斯科依賴銳實力的程度遠高於北京。莫斯科在軟實力方面無法自誇：俄羅斯沒有騰訊和阿里巴巴那種全球知名公司，沒有 TikTok、華為、微信這些國際品牌，國家並不投入鉅額預算進行文化外交、為俄羅斯大學招募留學生、在海外推廣俄語研究，俄羅斯更沒有一套成功的發展模式。普丁的社會保守主義、他的不自由政體，在世界上的確吸引了一些人，尤其是美國、歐洲、非洲某些地區較為傳統的保守派——雖然自從俄烏戰爭開打，他們變得不太願意宣稱自己與克里姆林宮有任何關聯。

[105]但是克里姆林宮的訊息和世界上已開發地區所流行的社會自由主義仍然搭不上線。他們難以施展軟實力來說服和吸引其他國家,而入侵烏克蘭一事又虛耗了原本僅有的軟實力,即使曾經支持他們的國家和團體也不復既往。

因為克里姆林宮的軟實力有限,他們專注在壓迫性、操弄性的秘密銳實力,當然,還有直接的軍事力量:散播假新聞、以暗中交易來打點外國政治領袖、竊取及洩露資訊以使民主國家的領袖丟臉,還有其他許許多多破壞安定的運作。這些技巧至少是從2008年俄羅斯和喬治亞的戰爭期間即開始運用。[106]俄羅斯發動大規模假新聞作戰,稱喬治亞對於境內的俄羅斯代言人犯下嚴重侵害人權的罪行。[107]當時,許多民主大國根本搞不懂莫斯科如何操作銳實力,沒有準備好做出反應。喬治亞(以及上述外國行動者)反應遲緩,於是俄羅斯利用此一假新聞作戰證明入侵喬治亞有理,並且佔領了由喬治亞脫離出來的南奧塞梯及阿布哈茲。[108]

接下來的十年間,俄羅斯將新聞戰放在整體戰略的中心,既運用於熱戰(例如烏俄衝突,不過俄羅斯此時的假新聞作戰取得的成果較少)也運用於所謂「灰色地帶衝突,同時逐步關閉俄羅斯境內所有傳達事實真相的媒體,無論是不是線上媒體。」灰色地帶衝突指的是某國尚未達到實際動武的水準,但透過新聞戰等方式(以及間諜活動、強迫科技轉移等等手段)對民主國家取得優勢。[109]克里姆林宮的銳實力工具變得十分精細。莫斯科在歐洲和北美洲的選舉之中利用假新聞(這是重要的銳實力工具),

以機器人等等欺騙性的工具在社群媒體放大其音量，就是要製造亂象、培養黨派情結。有時候他們在社群媒體用新聞戰來支持特定候選人，並且隱瞞該項作戰乃是由俄羅斯發動的事實。在其他案例中，克里姆林宮則是暗中散播特定候選人的負面新聞，因為這些候選人反對莫斯科的目標。[110]莫斯科甚至將銳實力戰術延伸到非洲和拉丁美洲等區域，到了2010年代末之後俄羅斯在這些地方的運作已經有了一席之地。[111]最聳人聽聞就是克里姆林宮在2016年美國大選期間主持了一場作戰，成功駭進民主黨全國委員會。[112]

即使不在選舉期間，俄羅斯依舊在非洲、歐洲、北美洲以及其他區域施展銳實力。然而他們對烏克蘭的新聞戰顯然打得艱辛，這一部分是因為美國當局巧妙地「打預防針」反制普丁的假新聞運作（中國媒體及其他資訊源也接著散布這些假新聞），在普丁散布其說法之前即點名澄清，一部分則是因為各大社群媒體平台封鎖了某些假新聞——以及，由於俄羅斯在實際衝突中的敗績，某些假新聞自然顯得不可信。

即使如此，俄羅斯還是特別擅長運用銳實力暗中影響選舉。多倫多大學的韋伊和凱西分析俄羅斯的干預運作，發現2015年至2018年間俄羅斯有十六次企圖影響歐洲和北美洲的選舉結果。結論是，十六次選舉中有九次是俄羅斯屬意的候選人勝出，雖然很難肯定證明是俄羅斯的干預翻轉了選局。[113]

中國官員及領導層顯然注意到俄羅斯的戰績。當然，中國原本就在台灣及東南亞一些地方運用壓迫性、秘密進行的銳實力，已有數十年之久。但是俄羅斯在歐洲和北美洲亮眼的勝利讓中國領導層和官員看到，原來民主國家對銳實力的戰術幾乎不設防。整體來說，如前所述，這兩個專制巨頭在戰略上緊密的程度是數十年來所未見。俄羅斯和中國協力之處包括軍事合作、高階軍火交易、結盟對抗西方世界自由民主政體、結盟支持各式組織與布列登森林（Bretton Woods）體系的機構競爭。[114]美國國防部曾深入分析俄羅斯行為，文件亦有公開版本，當時俄烏戰爭尚未爆發；該份報告論斷，「俄羅斯已經與中國結成堅定的同盟，這個同盟關係對彼此都有利。」[115]

此項關係的一部分顯然是北京研究學習莫斯科如何運用假新聞等等手段，以秘密、脅迫的做法干涉其他國家的政治和社會。例如，2018、2019、2020年，中國在香港進行的假新聞作戰明顯模仿俄羅斯戰術，雖然精細的程度遠遠不及。[116]中國官員也說了，莫斯科成功左右歐美選舉，讓他們深思北京要如何複製這樣的勝利、中國應該模仿克里姆林宮的哪些工具。羅伊研究所的馬利德在《華盛頓郵報》撰文探討中國日益強硬的外交立場，文中提到「一位中國官員有次特別直率地告訴我，俄羅斯的成功讓他們大開眼界，用全新的眼光去看待他們可以使用哪些工具滲透外國政治，例如在菲律賓和台灣這些地方，如此一來既可以為特定候選人加分，也可以動搖、抹黑民主程序。」[117]

東南亞國家和台灣的某些官員，因為觀察到中國的影響力戰術愈來愈多、其中有一些和克里姆林宮的手法相當類似，他們愈來愈認定中國乃是直接向莫斯科學習銳實力戰術，然後將其應用到鄰國。台灣是過去最清楚飽受中國影響力活動的地方，而現在則要面對假新聞的氾濫。瑞典哥德堡大學研究民主及其所受威脅的V-Dem推斷台灣是世界上受到最多境外假新聞侵擾的地方。[118]中國對台灣所運用的假新聞戰略，有許多似乎是模仿俄羅斯的運作，用來為特定親中候選人造勢、打擊其對手，同時中國也在全世界開始透過其媒體推廣俄羅斯的假新聞，尤其是俄烏戰爭、北約、專制國家與民主政體衝突的相關報導。[119]當中國加強投入，他們就更可以使喚一支龐大的網軍以及其他人物來傳播假新聞。「記錄未來」網路安全公司曾經比較俄羅斯與中國的假新聞及其他線上影響力戰略，研究發現，中國可以動用的網軍人數眾多。[120]

機會出現

　　還有一個原因也促使中國現在擴建、整編其軟實力機器，進行更加大膽的銳實力運作：那就是機會來了。有兩扇機會之窗對著北京敞開。第一是世界上某些最大的民主國家可能停擺，並且全球也面對普遍的政治混亂。[121]第二是現在中國有機會施展銳實力，因為至少直到近期為止，大部分國家都還來不及看清楚銳實力，進而加以抵抗。

5 | 機會
Opportunities

中國如今大規模軟實力和銳實力各項活動背後有某些動機，包括早先魅力攻勢所受侷限，包括習近平時代中國國內政治的大地震，包括中國的發展模式相對於民主國家的國內問題顯得更有吸引力，還有，事實上中國就是慢慢變成世界上的一個強權——在經濟方面、戰略方面、外交方面都是這樣。北京的權勢既然增加了，他們就需要更多工具來保護和擴張其戰略和經濟的勢力範圍，要在更多不同的地區活動，並且去緩和由於中國強硬外交政策而激起其他有些國家心生憤怒。

但北京之所以擴大這些活動還有第四項因素：機會來了——尤其是施展銳實力的機會。許多民主國家似乎很容易受到銳實力操弄。而在2010年代，中國已經有更多資源可以投注於銳實力，銳實力戰術也開始顯現出大有可為，於是他們就從俄羅斯示範的銳實力當中學習。

北京當時從香港、台灣，以及新加坡與泰國等東南亞國家，已經汲取了一些銳實力的影響經驗，於是當時他們開始更加強勢地採用這些策略，施展的範圍更廣。台灣，以及東南亞國家如新加坡等，長期在中國銳實力的作用之下，例如暗中滲透、影響本土商會，他們已經設置了某些政府資源，用以評估和對抗這種銳實力性質的影響。但是到了2010年代，北京開始重整其軟實力策略，並且對於已開發民主國家積極投注銳實力。這樣的國家有許多（包括美國、德國、澳洲、紐西蘭、加拿大等民主大國）並未準備好如何應對中國的銳實力。基本上，他們就是軟柿子。就算他們對於直接間諜活動及網路安全有一些防衛，但他們的政治體制、媒體系統和大專院校，都是自由開放的，對於外國施加的干預少有限制。而他們可不像新加坡和台灣，歷史上對於中國會來施加影響力沒什麼先前的記憶，也很少有受過訓練要來加以對抗的從業人員——至少一開始是如此。

俄羅斯引人注目

俄羅斯愈來愈常使用銳實力，這在幾個方面對北京似乎產生了影響。俄羅斯變成值得效尤的模範，能運用銳實力操縱影響已開發國家，北京開始學習莫斯科的具體戰略，例如在假新聞作戰之類的領域。

俄羅斯的活動可能對中國儲備銳實力來說還有一項額外的好處：吸引了媒體和決策者的注意力，至少在歐洲、北美洲這些俄羅斯著力甚深的地方是如此，讓他們忽略了中國也變得愈來愈常運用銳實力。克里姆林宮的行動確實稱不上低調（雖然有時他們也行禮如儀地否認這些行動）：2016年希拉蕊競選總統期間，維基解密網站揭露她的某些郵件內容，再加上俄羅斯各地使館據此煽風點火，這類新聞戰的內容有《007》風格的暗殺行動，發生地點譬如在英國這樣的外國，因此可以確保在媒體上大量曝光。莫斯科如此運用銳實力，吸引了民主政府和國際媒體的廣泛注意。[1]2017年整年、以及大半個2018年，美國特別檢察官調查2016年的大選過程，再加上俄羅斯企圖干預歐洲國家的選舉，這些都為媒體對俄羅斯銳實力的熱烈報導火上加油。我與美國國會人員談話得知，一直到2019年中，國會山莊投注於中國軟實力和銳實力的人員仍然相對少數，難以跟上北京運用策略的速度。

到了2020、2021、2022年，鐘擺稍有挪動。美國媒體界、以及許多決策者，開始往相反方向移動，一邊關注俄羅斯活動的同時，也愈來愈常提到中國的影響力活動，尤其是施展在美國大學、地方級與州級某些政治人物、美國境內華語和英語新聞媒體等這些領域上的銳實力。[2]俄烏戰爭進一步凝聚了民主國家決策者的注意力，使得歐洲和北美洲的民主國家團結起來，對俄羅斯官媒施加強硬的限制（往往直接禁播），同時，也積極審視中國和俄國的影響力和新聞活動。不過，儘管烏克蘭戰火方酣，美國的輿論領袖、以及愈來愈多的英國及歐洲各國輿論領袖都開始注意北京的活動，但他們常常並無法分辨出中國的活動當中有哪些確實危險與否。

就算沒有俄羅斯的銳實力示範，中國領導層也不可能沒發現在2010年代的大部分時間，美國及許多其他國家未能因應中國操弄資訊及發揮影響力。其中一些國家之所以應對不及，部分原因是直到最近，北京都避免採取俄羅斯所喜歡的那些明顯的干涉行為（往往可追溯其來源、帶有陰謀論色彩），例如竊取電子郵件之後透過「維基解密」等知名代理人披露出來。[3]中國沒有採用那些戰法，是因為，儘管習近平痛罵西方世界，他們還是希望在國際上被看成負責任的全球領袖——當然他們同時間也會在幕後運作銳實力。如果中國像莫斯科一樣拿出火焰噴射器，就會搞砸北京想要表現出負責形象的目標；不過，近年來中國開始祭出他們的火焰噴射器了。而且中國有一點不同於俄羅斯：俄羅斯出口的50%左右是石油和天然氣，至少在俄烏戰爭引發美國及一些盟國以各種措施抵制俄羅斯石油工業之前，情況是如此。通常北京並不會只是為了削弱民主大國而去重挫這些國家的經濟，雖然他們的確愈來愈常說民主國家無法提供公共財，中國的體系與此不同——儘管北京僵固的威權主義、個人崇拜、COVID清零政策，已經打擊到他們自己的榮景和創新能力。[4]例如，俄羅斯運用了各種影響力去推動英國脫歐，而中國絕不會那麼做，也不會設法造成其他歐洲國家經濟停擺。（2015年一篇報導指出，習近平私下對英國首相卡麥隆表示，北京樂見英國留在歐盟當中。[5]）北京希望這些大型經濟體會繼續做中國貨品的市場，以及科技轉移的來源。[6]

中國施展銳實力的方法較為隱晦，專門運用秘密的、壓迫性的、操弄性的行動而不會大張旗鼓。[7]這種隱晦而較為廣泛的做法，不像俄羅斯的行動那樣容易偵測，往往也更難對抗。

舉例來說，請看中國官員如何在美國及其他國家加強籠絡州級和地方級官員，至少要到2020年代初才引來監管和反彈。（本節用「州」來指涉次國家區域，例如美國的一州、加拿大的一省、泰國的一個府。）史丹佛大學胡佛研究所對於中國施展影響力的一份報告做出如此結論：「中華人民共和國企圖影響美國輿論和實務的運作，大部分發生在地方層級」，而許多地方級官員並不清楚中國銳實力可能作用的方式，做出與中國相關的各種決策時也不考慮地緣戰略上的後果。[8] 像這樣缺乏準備的情況亦見於加拿大、英國以及大部分歐洲國家的區域級與地方級官員。美國和其他民主國家的市長、州議會議員、州參議員，甚至州長，都很少有人聘用合適的幕僚，以足夠的背景和時間去調查中國所發揮的影響力，或者累積出一丁一點的中國專門知識，除了可能有學習一下如何促進對華貿易。（當然，還是有例外。洛杉磯、紐約、東京這種城市的市長都有大批幕僚，包括許多具有外交政策經驗的人士。[9]）雖然2019年、2020年美國和其他民主國家的國家層級政府已經開始更關注中國的影響力活動，此種注意力極少向下滲透，讓地方級和州級的政治人物也仔細審視。中國官員之所以能籠絡地方級和州級領袖——不只是在美國，在許多其他國家也是如此——部分原因在於，用來防禦城市和州這類層級受到外國影響的措施，原本就比較少。[10]

有一個事件據說就是受到這種影響，最後由 Axios 新聞網站披露出來：一名中國特工在舊金山灣區和加州其他地區與地方政治人物培養出廣泛的關係，接觸到北加州許多重要的政界人士，同時也出席了為美國市長舉辦的幾場重要研討會，並且和至少兩名美國中西部的市長也有瓜葛。[11]

已開發國家的其他重要機構，從大學到公司到新聞媒體到國家政府，一直到最近似乎都沒有準備好應對中國銳實力，而中國官員注意到此種脆弱性。美國參議院常設調查小組委員會曾提出一份仔細的報告，發現許多美國大學容許孔子學院在校內設置，既不加以監督，也不明白中國方面對孔子學院課程的治理方式，但孔子學院開設的附帶條件可能危及學術自由——而且有許多研究者認為最終監管孔子學院的是統戰部，或者統戰部對孔子學院施加了大量影響。[12]該項調查進一步發現，2004年至2019年間，美國教育部並未針對大學該如何處理外國資金提供指引，也並未定期監管外國捐款被如何運用。[13]（美國教育部從2019年開始較為仔細審視外國投注在大學的資金，但究竟檢查得多細仍屬未知。[14]）雖然華盛頓開始關注美國大學如何籌措外來財源，司法部也展開一項計畫，審視科技等智慧財產所可能遭遇的中國間諜活動，但焦點主要放在聯邦撥款的科學與數學計畫，不過到了2021年、2022年其影響開始波及孔子學院，美國和其他民主國家的孔子學院開始關閉。（拜登政府停止了「中國行動計畫」，一方面是因為他們嘗試建立的許多論點遭到拒絕，一方面則是因為某些研究感到該計畫有所偏頗，特別針對華裔美國人和華裔永久居民。[15]）

美國、加拿大、歐洲的大學和智庫遵守法規的程度也有相當大的差異。[16]某些大學和智庫設有法規遵循中心，分析國內外可能的捐贈，以確保這些贈禮不會危害學術自由，贈送的方式合乎本國法規。但是有些大學，特別是中央行政部門弱勢、有強烈同儕壓力要招徠捐款人的大學，校方高層對於校內部分人士正在與外國捐款人進行什麼樣的交易，可能渾然不知。[17]

美國公立大學這一方面（雖有一些例外）往往至少會考量，若接受中國或其他威權國家的捐款，會如何影響到其學術論述及校譽。2017至18年間，德州大學奧斯汀分校新成立的中國政策中心打算接受中美交流基金會的一筆捐款，該基金會的創辦人是香港前特首董建華。中美交流基金會與中國共產黨關係密切，關於這個運作屬於中國統戰部的影響所及，已有詳細報導。[18]（德州大學已經設有孔子學院，但新成立的中心將把重點放在政策議題，而非華語研究。）董建華是中國人民政協的副主席，政協理論上來說是中國政府的諮詢機關，但實際上就是隸屬於統戰部的國家級機關。[19]貝書穎是報導中國影響力很最有經驗的記者，她談到中美交流基金會是「登記在案的外國代理人〔意思是，在美國司法部有登記〕，金主是中國政府高階官員，負責主持海外影響力活動的中國共產黨部門和此人關係密切。」[20]最後，因為校內教授群和德州參議員克魯茲的壓力，中國中心拒絕了這筆捐款。[21]

整體來說，美國公立大學對於外國捐款的警覺心似乎較高，這是比起多數私立大學及其他研究機構（例如智庫）而言。私立大學不像德州大學那樣受到資訊自由法案的要求，透明度往往要低得多。雖然德州大學奧斯汀分校拒絕了中美交流基金會提供的資金，像約翰霍普金斯大學、美利堅大學等等的私立大學卻接受了，知名的智庫亦然，包括美國進步中心、大西洋理事會、戰略暨國際研究中心等機構。[22]

　　在歐洲和其他民主地區，大學和智庫也很難產出清楚的指引來說明如何應對有北京色彩的捐款人，儘管有一些民主國家已開始訂立新的法規，以審查投入大學、媒體、資訊科技的外國捐款和資金。（某些威權的歐洲國家如匈牙利，甚至鼓勵中國大學在該國開設分校，令人擔憂這些學校是否會被用作宣傳工具。[23]）英國的新聞媒體及調查研究者揭露了，英國大學及研究機構極少訂定清楚的政策，闡明對於中國來的資金、與中國的合作研究（針對那些可能具有中共背景或者可能危害國安的對象），要如何理解、監督以及可能去阻止。[24]也許各大學現已開始擬定此類政策，部分原因是英國終於面對俄羅斯資金大量流入該國（包括大學）的現實，訂立了《經濟犯罪法案》，然而英國尚未以清楚的政策來應對中國投注資金在大學和研究機構的情況。[25]

　　與此同時，在美國政府、加拿大以及歐洲多數國家，雖然有些政治人物已經更加關注中國的影響力戰術，最高層的領袖往往行動遲緩。2016年，美國國會按照《2017年國防授權法》撥出額外經費擴編國務院的全球參與中心，該中心理論上的任務在於偵測及抵抗政治宣傳，其主要來源是俄國，但也包括中國及其他行動者。[26]然而，國務院並未主動要求此筆款項，也完全不去支用，也沒有聘僱、擴張該中心人員以對抗政治宣傳，如此一來是削弱了原本的努力，未能增加人手應對中國的銳實力戰略。[27]直到川普就任總統之後的好一段時間，全球參與中心才開始擴編，加強其監測、對抗中俄政治宣傳的工作，聘僱更多人員，開始發展一套有效的反制措施。[28]

　　一直到不久之前，歐洲和英國的政治人物關注的還主要是俄羅斯影響力而非中國的活動，2022年更加緊注意俄羅斯，因為俄烏戰爭顯示出俄國將大量資金投入英國和某些歐洲國家。[29]全球公共政策研究中心和墨卡托研究所（德國頂尖智庫）合作撰寫的報告指出「北京的運作所受到的審查遠少於普丁俄羅斯的運作」，「歐洲」對中國影響力「門戶洞開」，以及歐洲商界與政界有許多人士放手讓中國施展銳實力戰術。[30]到了2019年，歐盟執委會宣布中國對於歐洲是「治理體制層面上的對手」，此時歐洲國家的官員才剛開始調查中國如何拉攏歐洲的右翼民粹主義者，這些人士在許多中歐、東歐國家已躍身領導地位。[31]廣泛而言，當時歐洲議會、英國與歐盟成員國的大部分政治人物仍然不太清楚北京是如何嘗試運用新聞戰以及傳統式影響力戰術。2020年，因為認識到此種缺乏知識的狀態，英國國會一群保守黨議員組成一個團體，以便研究、理解中國的活動，歐陸國家的某些政治人物也跟進，但到了那時他們已經是在追趕進度。[32]

民主國家的盲點

　　雖然也有一些例外，但開發中地區的國家比起富裕的民主國家來說，更沒有準備好要對抗中國影響力。非洲、東歐、拉丁美洲、南亞各國，極少訂定法律來限制外國的政治干預（包括外來金錢），這方面的例子包括美國以聯邦法律禁止外籍人士的政治獻金，以及澳洲新通過的法律，令政治所受的外來影響有所侷限。[33]上述國家有許多都是脆弱的民主政體，對各種形式的濫權少有遏止措施，政治人物沒有意願調查任何骯髒的交易，而反貪部門為了處理與中國無關的貪汙已經焦頭爛額。就連捷克共和國這樣一個在該地區較為繁榮的國家，齊曼總統與北京建立關係的方式，仍然有可能使其政府受到內政上的干預；捷克共和國要到最近幾年才開始反制中國影響力。[34]齊曼讓中國華信能源（與中國政府關係密切的一間公司）董事長〔葉簡明〕擔任他的特殊顧問；這種行為要是放在英國，就好比首相找一位俄羅斯石油寡頭來當顧問。[35]與此同時，捷克某知名大學設置了「捷克中國中心」進行學術研究，最後該中心卻與布拉格的中國大使館緊密合作，一直到媒體揭發後才縮手。[36]對於與中國研究機構合作、合作對象卻可能造成國安問題或與中共關係緊密的情況，斯洛伐克的大學也很少設置防衛措施。[37]

這些都是民主國家或準民主國家，民主體制相對強健，也有一定程度的法治。在更不民主的國家——脆弱的民主政體如塞爾維亞，混合型政體如坦尚尼亞、尚比亞、奧班治下的匈牙利，專制政體如柬埔寨、緬甸——中國的銳實力完全不會遇上太多防衛機制。不僅如此，政治人物甚至還歡迎中國銳實力，例如柬埔寨的洪森，因為他們要複製中國的做法，利用中國的政治關係和科技讓自己在國內政治體系維持優勢。[38]

苦苦堅持的民主制度

　　若說中國施展銳實力所需的第一個重大機會在於其他國家顯然容易受到影響，那麼第二個機會就是，在世界上某些地區，民主和自由市場資本主義愈來愈不受到青睞。若說民主在 2000 年代還浴血奮戰，到 2010 年代已經倒在擂台上，按著傷口氣喘吁吁。

　　2008 至 09 年間的全球經濟危機，其爆發的源頭在於過度舉債、腐爛橫生的美國金融體系，就連許多已開發國家的公民都開始質疑資本主義各項核心信條。危機過後的幾年，許多美國青年擁抱了社會主義的不同面向，在歐洲、美國、亞洲某些地區，則有民粹主義領袖崛起掌權。[39] 民粹主義者在攀升的過程中把菁英人士妖魔化，包括金融界的菁英。[40] 蓋洛普民調在 2019 年顯示，每十個美國人當中有四人更願意生活在社會主義國家而非資本主義國家。[41] 這樣的發現很驚人，因為「社會主義」在美國政治裡面一直是個敏感字眼，令人想起冷戰時的美蘇競爭，又因為和二十世紀殘暴的共產黨人連繫在一起而顯得不大光彩，美國保守派經常用這個詞語來罵人。[42] 對於自由市場資本主義的類似懷疑，也在其他國家蔓延。[43]

　　與此同時，民主程度下滑的國家在 2010 年代增加了；自由之家發表的《2021 年全球自由報告》指出，全世界的民主已經連續十五年衰退。[44] 在 2014 年，泰國已由軍政府掌權，這是數十年來泰國最為專制的軍事統治時期。[45] 而在緬甸，諾貝爾獎得主翁山蘇姬的政黨接管政府不過三年，該國就經歷了言論及出版的高壓管制，並且針對宗教及民族少數的洛興雅人進行種族滅絕；後來翁山蘇姬在 2021 年的軍事政變中失勢，緬甸境內的壓制進一步增加，成了「失敗國家」。[46] 在巴西、匈牙利、印度、墨西哥、菲律賓、波蘭、塞爾維亞、斯里蘭卡、土耳其等等國家，不自由的民粹主義者（illiberal populists）贏得了自由公正的選舉，然後就開始破壞民主的常規與機構──新冠病毒的流行使他們更好下手，因為不自由的領袖往往在緊急狀態期間能攫取更多權力。而在其他國家，從貝南到玻利維亞到薩爾瓦多到坦尚尼亞到尚比亞，都有民主選舉產生的領袖──他們並非民粹主義者──使用各種戰術箝制反對派，有時也借助軍方。[47] 總體來看，這是數十年來第一次，2010 年代中葉的民調資料顯示出威權主義在全球變成民主體制以外一種吸引人的選項，包括一些實行民主數十年（甚至數百年）的國家都如此認為。例如，2016 年政治學家芒克和佛亞的研究揭示出，世界各地認同「國家的治理是否民主，是一件重要的事」的年輕人比例大幅下降。[48] 同時，在經濟學人年度發表的民主指數報告當中，美國原本被列為「完全民主」，卻在 2010 年代分數下滑而被列為「瑕疵民主」，其他機構的研究也發現到美國民主衰退的現象，例如自由之家。[49] 自由之家評估的美國民主分數在 2021 及 2022 年進一步跌落，當時美國經歷了 2020 年總統大選所致黨派意識高漲的環境，即將卸任的總統聲稱他其實贏了選舉，大眾對於美國選舉制度的信心顯示出令人擔憂的崩潰徵兆。[50] 其他重要的民主國家，例如印度、印尼、巴西，在自由之家年度報告的得分也下跌，代表這些國家的民主也在退步。

新冠病毒大流行使得民主退潮的趨勢更加惡化，因為某些不民主領袖假借公衛危機之名攫取更多權力，而甚至連開發程度最高的一些國家都在最初階段對於公民社會和其他自由設下了新的限制，雖然在疫情爆發的一兩年內大部分國家撤銷了這些限制，但中國和其他一些威權國家並沒有這麼做。[51] 自由之家所做的研究記錄到，自從新冠病毒爆發以來，有八十個國家的民主都下跌了，一部分是因為剛開始採取的限制措施，儘管在其中一些國家這些暫時性的限制最後都撤除了。[52]

民主大國自願放下國際領導權的情況，來自政府元首與民主國家內愈發民族主義的黨派，疫情使得許多國家「向內看」的趨勢更加惡化——中國最為嚴重，但有許多民主大國也是如此，一直要到俄烏戰爭使得一些大型民主國家清醒過來，脫離孤立的外交政策。在歐洲，各民族主義政黨的支持率在2010年不斷成長，造成英國脫歐等問題，而義大利政界已由民族主義、民粹主義的政黨主導；新冠病毒的流行在歐陸各地又激發了新一波民族主義。雖然民族主義政黨和民粹主義政黨並未達成其最大目標（例如打贏法國總統選戰），但即使沒有取得這些成果，他們的存在已經讓各國的公共討論朝向其立場偏移，其立場是民粹主義的，往往也是孤立主義的——雖然，隨著歐洲大部分團結起來對抗俄羅斯，這樣的趨勢有所消退。

川普執政期間，白宮不只採取某些孤立主義的外交政策，還流露出對於軟實力缺乏興趣，而軟實力是積極外交政策的一項重要元素。2017年三月，白宮管理及預算局局長穆瓦尼公布了川普政府的首份預算案。雖然經費將由國會分配，但白宮的預算案可以粗略展現出總統的政策優先順序。該預算藍圖提議將國務院經費刪減28%，包括大量縮減對外經援。穆瓦尼對記者表示：「這不是軟實力的預算，是硬實力的預算，而且我們是特地這樣做。總統顯然想要傳達一項訊息給我們的盟友和可能的競爭對手，那就是本屆政府是一個強勢政府。」[53] 最後國會擋下了大部分的預算刪減，但白宮再度嘗試砍掉經援和其他軟實力工具。2019年，白宮甚至嘗試一套稀奇古怪的迂迴戰術要繞過國會主管金庫的權力，對於國會已經分配的經援下令進行審議，同時企圖凍結這些經費。[54]（在國會的壓力下，白宮取消了該計畫。[55]）白宮也開除了國務院許多頂級外交官，又讓他們的職位就這樣空著，使得國務院士氣低迷。[56]

　　除了外交團隊和經援，白宮對於美國國家支持的其他軟實力工具也抱持同樣的低評價。川普在2019年一場演講提到幾間美國國家廣播公司，例如自由歐洲電台、美國之音，他的說法彷彿這些廣播公司已經不存在，還講到美國需要有一家新的國家廣播公司。[57] 他選任派克來率領國家廣播公司的主管機關，後來此人在2020年企圖削弱美國之音等媒體的編輯自由，還要直接挖空一些國家廣播公司，2020年六月發動清洗開除了這些公司的新聞主管。[58]

　　既然事態如此發展，包括美國經歷到民主衰退，那麼美國軟實力的指標下跌一事，或許並不令人意外。2019年發布了一份軟實力指數的全面報告，由波特蘭顧問公司與南加州大學公共外交中心合作撰寫，其中美國的排名落到第五。[59]（本書寫作之時，2019年的報告是最新發布的一期。）2016年，美國還排在首位。[60]

民主國家的失能，強權不願施展本身的軟實力，以及缺乏明確全球領導者的情況，都讓中國有機會施展軟實力和銳實力。當民主國家苦苦掙扎之時，就出現了一個真空，讓北京可以重建形象，表現自己乃是負責任的領導者，向全世界人民標榜他們的發展模式——尤其是在COVID-19大流行的早期，因為北京在國內控制了疫情，而病毒在歐洲和美國造成浩劫。（後來，北京的清零政策削減了他們的全球影響力、使他們與世隔絕、阻礙了其經濟、整體而言就是一場災難。）北京可以再一次表現成他們是家裡的大人，能夠處理重大國際議題，例如公共衛生和氣候變遷，而其他國家此時似乎都沒有準備好也沒興趣接受挑戰，擔負起領導責任。

中國所面對的這兩項機會之間還有一條連結。民主強權內部的政治分裂、逐漸劣化的政治體系，讓他們更難對外國影響力發展出有條有理的回應——其實是對於大多數議題都根本沒辦法通過重要的法案，尤其在美國，黨派兩極化的情況已到了十九世紀以來前所未見的高峰。除了澳洲、新加坡、台灣等例外，民主國家都一直要到近年來才對於外國影響力發展出廣泛的應對方式，並且得到所有政黨的支持。許多民主國家深陷於黨派意識，在這樣的環境裡，即使國安議題（它曾經能夠確保跨黨合作）也變得高度兩極化。美國和歐盟已開始針對中國影響力和新聞戰規畫回應，但他們的工作仍然充滿挑戰——而且原本幾乎沒有反制措施，直到2010年晚期、2020年早期才出現。換言之，第二項機會（民主國家的政治失靈）使得中國一時之間更容易利用第一項機會（民主國家並未準備好抵制外國影響力）。

中國——以及俄羅斯——當然樂見這種狀況。這些專制強權籠絡、還可能收編了民主體系當中的政黨——德國另類選擇黨、台灣的國民黨、義大利的北方聯盟、匈牙利的青年民主黨，諸如此類——於是民主國家無法就中國或俄羅斯達成共識，雖然，隨著俄烏戰爭進行，上述黨派有一些切割了他們與克里姆林宮的關聯，拼了老命要粉飾他們過去如何讚美普丁，不過對中國就不一定了。[61]（也有人連這一點都沒做到；青年民主黨持續明白地支持俄羅斯及其領導層，雖然匈牙利是歐盟的成員國。）他們也會積極拉攏一兩名權大勢大的政治領袖——例如菲律賓前任總統杜特蒂、菲律賓現任總統小馬可仕、捷克共和國總統齊曼——這些人獨力即可阻撓，使該國無法形成共識，確認該如何處理外國干預的問題。更有甚者，很多民主國家的領袖，因為外國的影響力幫助了他們，或者只是他們不確定如何反應才好，就催動黨派意識，以便掩蓋他們的回應何等軟弱，或者他們為了自己的政治利益其實已向外國求助。

金絲雀：紐西蘭和澳洲

大舉進行的影響力有兩個最好的目標，即澳洲和紐西蘭。

2010年代，中國在這兩個地方調整了軟實力的比重，大幅加強銳實力策略。不僅如此，隨著2010年代的推進，中國整體而言愈來愈倚賴銳實力，也表現出他們有能力從銳實力當中學習，逐漸調整進步。北京提升了他們在澳洲和紐西蘭使用的銳實力戰術，而此時，有一項因素使得坎培拉和威靈頓最初難以專心對付中國影響力，後續的注意力也難以集中，那就是他們的國內政治情勢，其中包括澳洲執政的黨派不停內鬥，總理們在黨內發動政變，試圖推翻對方。然而下文將會講到，中國在澳洲和紐西蘭施展的影響力最後曝光，在某些方面使得北京自討沒趣；兩國採取了更為強硬的措施防止外國干涉，他們的經驗有助於喚醒其他國家，認清北京正快速打造影響力機器，尤其在銳實力方面。[62]

　　長久以來，澳洲和紐西蘭都代表了繁榮興旺、進步的政府、強健的民主；在研究當中兩國民主體制的強健程度通常都被評定為優於美國以及許多西歐國家——更不用說也優於東南亞的其他國家和東歐，例如捷克共和國（北京也在此地加強運作影響力）。例如，在經濟學人資訊社的年度民主指數，澳洲和紐西蘭經常被列為全世界最自由的民主國家。[63]不僅如此，澳洲和紐西蘭的領袖還挺身捍衛人權、民主，以及在情報工作上審慎克制，這是他們所引以自豪的。兩國是「五眼聯盟」的成員，五眼聯盟是全世界最緊密的一個情報分享網路，將澳洲、紐西蘭與加拿大、英國、美國串連起來。[64]兩國近年來也在某些議題上展現出十分有效的政治領導力，雖然他們一時之間沒有實施完整的、傾政府之力的措施來阻擋中國影響力。新冠病毒於2020年初開始在全球傳播之時，澳洲和紐西蘭實施的封鎖措施，堅決程度在世界上名列前茅——而且在兩國都得到民眾強烈支持，這些措施至少在一定時間內起了作用，儘管兩國到最後也放鬆了管制。

然而澳洲和紐西蘭對中國的影響力戰術仍然有重大盲點，至少在2010年中葉是如此。2010至2020年間澳洲共有六位總理，因為澳洲政治人物在各自的政黨聯盟中彼此背刺（這是象徵性的說法），使得政府起起落落。雖然這十年間澳洲的權力交接多半發生在同一個政黨聯盟內，但內鬥削弱了外交政策的連續性和專注力，包括與中國相關的議題，而中國現在是澳洲的主要貿易夥伴。[65] 與此同時，紐西蘭則不一定是因為政黨內鬥才無法對中國影響力採取嚴格的審視和行動。反倒是紐西蘭政界的建制派——他們謹慎以對，不確定一個小國是否該疏遠其最大貿易夥伴，另外許多紐西蘭高級政治人物在中資公司坐領乾薪，或許也是他們分心的原因——持續地蓄意否認中國有辦法在紐西蘭施展秘密、高壓的銳實力。[66]

紐西蘭

這兩個民主國家注意力並不集中，基本上否認中國在當地的影響力正在坐大，於是北京就利用銳實力突破澳洲和紐西蘭的政界、學界、社會。紐西蘭基督城坎特布里大學的布雷迪曾深入分析中國如何刺入紐西蘭，她提到，2010年代間威靈頓的中央政府讓北京穩紮穩打獲得形塑紐西蘭決策的權力，大部分是透過銳實力的影響力，而政府幾乎沒有採取任何行動來回應。[67] 不僅如此，布雷迪還指出，中共利用線民、金援以及其他類型的監督方式，已經（大部分暗中進行）徹底穿刺了紐西蘭的華人社團，他們設立親北京的華人社團，來反制仍然不親北京的華人團體。[68] 她提到，親北京的社團往往與統戰部有所往來；這些社團愈來愈能夠主導紐西蘭華人社區的論述。[69] 布雷迪寫道，北京對於紐西蘭的多數華文媒體已經取得事實上的控制力，派駐在紐西蘭的代表利用當地華人學生社團企圖打造出親北京的輿論，在紐西蘭大學中封鎖關於中國的批判性討論。她列舉出中國方面的團體向紐西蘭政界送錢的情況，中國政府與紐西蘭高層政治人物建立了好幾條連結，其中也包括在中國國有企業裡面替某些人安排，讓他們卸任後有一份坐領乾薪的閒差。[70] 除此之外，北京也強化了中國企業（其中許多是國企，或者有政府背景）和紐西蘭公司之間的人際連結。

北京運用這些連結的方式有幾種。北京對紐西蘭的華文媒體、社團、學生團體愈來愈有影響力，於是，中國政府可以把這些行動者當做中國外交政策的代理人。支持北京的社區領袖會舉辦大量親中活動，特別是在奧克蘭，如此既吸引了政治人物的注意，而中國高層訪問紐西蘭時若有本土社團進行示威，他們也可以「反抗議」。[71] 習近平政府進一步推動其他國家支持北京的華人積極參與本土政治，參選及獻金。[72] 雖然華人社區在紐西蘭人口中是少數族群，但其社區內部的論述對於紐西蘭的政策能起廣泛作用——社區領袖是一個關鍵角色，能將事情通報給政治人物，形塑廣泛的紐西蘭輿論。華商及社區領袖，其中包括一些中國籍人士（他們不是紐西蘭公民），以及設在中國的公司，過去十年間已經成了紐西蘭主要政黨的最大捐款者和活動籌辦人。（2010年代的大部分時間他們似乎更偏愛國家黨，也許是因為國家黨當時執政；不過他們對兩黨都有捐獻。[73]）政治人物注意到了這一點。紐西蘭的兩大政黨之一是國家黨，該黨要人在2010年代愈來愈常呼應北京的政策立場，一些領導人顯然接受了華商的可疑獻金，而國家黨由紐西蘭華裔選民獲得的選票比例大增，2014年全國選舉當中囊括了75%華裔選票。[74]對於國會某些席次，這樣的差距就是勝選關鍵。

與此同時，紐西蘭政治人物和中國捐款者、中國公司的連結益發緊密，他們複述著中國對其內政外交的觀點，對紐西蘭媒體是如此，對其他國家的媒體也是一樣。某些紐西蘭公司與中國公司有緊密的商業關係，以及任職於中國大公司的紐西蘭商界領袖，他們也愈來愈常當北京政策立場的傳聲筒，呼應中國對新疆、香港的看法，北京在該區水域的強硬作風，以及其他許多議題。[75]（不僅如此，布雷迪還指出，北京往往利用本土商界領袖來宣揚北京的政策立場，這些人或者任職於中國公司、或者是任職於中國資助的對象，例如研究機構。[76]）這對中國而言是一大福音；紐西蘭的知名政治人物與商界領袖正在傳揚中國所樂見的訊息，如此一來紐西蘭公民更有可能以贊同的態度去聆聽這些訊息，因為訊息來自紐西蘭的政治領袖，而不是習近平或其他中國高層。

紐西蘭的華人社區也有愈來愈多人出任高階公職。其中一位知名的國會議員楊健，2004年移民紐西蘭取得公民身分之前，在中國軍事情報部門工作約十五年，所以顯然可能有中共背景；此外曾經任教於中國一所專門培育中國情報人員的知名學校。[77]楊健說過他以前是中共黨員，但後來已經脫黨。（楊健在所有的英文公開履歷中都隱瞞了這些細節。[78]）楊健是紐西蘭國家黨黨員，國家黨在2008至2017年間執政；布雷迪指出，國家黨之所以挑中他來參選，一部分是因為這樣才能繼續吸引華人的關鍵選票。[79]

2014年至2016年間，楊健待在紐西蘭國會外交、國防與貿易特別委員會，該委員會對紐西蘭的中國政策扮演重要角色。[80]因為他是國會議員，所以儘管沒有安全許可也可以閱讀敏感的機密資訊，包括與中國相關的資訊。以他的背景來說，如果他是要在紐西蘭政府求職、而不是選上國會議員，幾乎可以肯定政府不會發給他安全許可。然而楊健似乎在國家黨執政期間對於紐西蘭的中國政策發揮很大作用，因為當時威靈頓變得愈來愈不願意就各種議題挑戰中國，從侵害人權到中國在南中國海的強勢作風，都是如此。他也親自陪同國家黨的兩位總理會見中國高層領導人，並在紐西蘭華人社區為國家黨擔任重要的募款者與活動籌辦人。[81]

楊健似乎也讓紐西蘭其他高層政治人物與中國官員進行性質可議的會面，他們也複述中國對許多議題的觀點。楊健安排了國家黨黨魁布瑞奇2019年訪中，看來並未與專門處理中國事務的紐西蘭官員商討此事；布瑞奇也和幾位華人捐款者建立了連結。

[82] 布瑞奇此次中國行拜會了卸任的公安部部長（換言之，他見了秘密警察的頭子），接受中國環球電視網（CGTN）訪問時，稍嫌肉麻地奉承中共，同時基本上不對北京鎮壓香港一事提問，即使是最委婉的問題也不提，這偏離了紐西蘭政府的立場，政府的立場是要對於香港受人權侵害愈演愈烈的情況表達關切。[83] 但布瑞奇這些表態只不過是和紐西蘭其他高層政治人物、商界領袖合流，一同在對中國有所重要性的議題上呼應北京的語言。

另一位國家黨的國會議員麥克雷，收受了十萬元紐幣的捐款，捐款者就是如此這般某間中國人所有的公司。[84] 後來他公然呼應北京的修辭，例如在新疆這樣的議題上，淡化維吾爾族所受到的人權侵害，把新疆的拘留營稱為「教育培訓中心」，這和中國政府是同一套修辭。[85]

2010年代間，紐西蘭對中國的影響力操作原本近乎不設防。除了布雷迪在學界揭露中國在紐西蘭的銳實力，外國情報人員同樣對威靈頓示警。布雷迪談到，2018年加拿大安全情報局發布了一份長篇報告，討論中國在全球崛起及其影響力活動的意涵。[86] 報告將紐西蘭當作中國影響力積極戰略的標準範例，稱中國將紐西蘭視為「柔軟易攻之部位，可藉此獲取五眼聯盟的情報」。[87] 也許最該警惕的是，報告作者認為「中國並沒有必要壓迫紐西蘭……連續幾屆紐西蘭政府都主動追求中國青睞。」[88] 馬提斯（卸任美國中情局分析師，專精中國議題）對美國國會一個委員會表示，應當重新考慮紐西蘭在五眼聯盟的成員身分，因為他相信中國已突破該國。[89] 馬提斯的說法在紐西蘭激起憤怒的回應——

當執政黨工黨的黨主席談到中國在紐西蘭的影響力，他宣稱，他完全不知道馬提斯在說什麼。

然而威靈頓有很長一段時間維持著無防備的狀態，中國官員要不發現都難。布雷迪和紐西蘭的調查報導記者揭露了中國影響力對於該國新聞媒體市場及政界起作用的程度，之後，在一小圈政治及國防的菁英中，這樣的內幕如同一顆炸彈被引爆了。布雷迪揭露這些情況之後，我與紐西蘭的一些輿論領袖談話，發現他們經常討論到布雷迪的文章及其中的指控。其中某些人顯然認為，布雷迪深入的描述，以及其他國家所關切紐西蘭遭到突破的情況，都是事實。但是有好幾年，威靈頓兩大黨的高級政治人物似乎都沒有興趣自我檢討，反而下定決心不要把這些中國影響力的說法弄個水落石出。

2010年代的大部分時間，包括2017年國家黨敗給工黨之後，紐西蘭的高級政治人物都避免太仔細看清北京的影響力活動，也不公開談論。當紐西蘭總理、工黨黨魁阿爾登（2017年首次當選總理）面臨到中國影響力的這些疑問，她有好幾年都維持不予置評、表現得讓人索然乏味，而這實在不像她的作風；眾人皆知，這位領導者對許多議題都採取大膽勇猛姿態，例如對抗線上的極端主義；例如推動進步的育嬰假；以及後來處理COVID-19的情況。[90]紐西蘭國會負責調查外國影響力的委員會原本還拒絕與布雷迪會面，而布雷迪是紐西蘭全國對於中國銳實力戰術的頂尖專家。[91]當《華盛頓郵報》問到中國對紐西蘭政治的干預，阿爾登好像連冒險提出一個有實質意義的說法也不願意。她告訴《華盛頓郵報》：「我們知道有外國干預的問題。」「我們有很好的基礎建設，只需要確保與時俱進。」[92] 按照布雷迪的說法，當中國由紐西蘭獲取「軍事科技及實務訣竅，看起來違反了紐西蘭法律〔及〕國際義務」，威靈頓也視而不見。[93] 與此同時，國家黨黨魁布瑞奇一開始還為他充滿爭議的 2019 年中國行辯解，而楊健寄發電子郵件給國家黨黨員，告訴他們，他對布瑞奇在中國的行程「很滿意」。[94]

到了 2019 年底，因為盟友施加的巨大壓力、並且有某些紐西蘭人對於威靈頓如此脆弱易攻表示關切，再加上中國國內的威權主義日漸猖獗、愈來愈明顯，威靈頓終於對中國在紐西蘭境內的活動實施審查。紐西蘭安全情報局局長契特芮吉曾經回覆國會提問之外國影響力活動，當時她表示，安全情報局有「看到一些國家行動者的行為引起我們關注」，「有這樣意願的國家行動者擅長尋找弱點和灰色地帶，以便他們暗地裡累積和投射影響力。」[95] 駐坎培拉英國高級專員公署所發出的機密電報（標題下得繪聲繪影，名為〈澳洲與紐西蘭的對華手法：同款肉料，淋醬不同〉）裡面，英國駐澳洲大使館的外交官提到，澳洲和紐西蘭都愈來愈覺得「面對〔中國的〕銳實力有一種易遭侵犯之感」。[96]

阿爾登政府在接下來的三年對中國採取更加強硬的路線。紐西蘭禁止了政治體系中的高額外國捐款。雖然威靈頓明確表示禁令乃是源於對事態的徹底分析，並不特別針對任何一個國家，但中國是最顯眼的外國捐款者。紐西蘭也開始審視中國的其他影響力戰術，並調查許多政治獻金的細節，不過紐西蘭的政治人物和官員還是謹慎地說對於政治獻金的調查完全遵循紐西蘭法律，並不以特定國家為對象。[97]據報，紐西蘭重大弊案調查辦公室開始對國家黨和工黨所接受的獻金進行調查，是因為華商張乙坤被控對國家黨進行不當獻金；布雷迪及其他人士認為張乙坤是統戰部行動的一環。[98]2020年初，重大弊案調查辦公室以舞弊罪起訴張乙坤。[99]（調查辦公室同時也以舞弊罪起訴另外三人，但並未以任何罪名起訴布瑞奇。）據報，紐西蘭安全情報局開始分析楊健的情況，最後他決定不競選連任，阿爾登率領的工黨在2020年的全國選舉中大勝。[100]紐西蘭各政黨的領袖也開始對黨員提高壓力，要他們評估自己與中國的連結。然而，雖然有這些改革，外國影響力法案裡面還是有漏洞，例如允許外國人持有、但於紐西蘭註冊登記的公司可以做政治獻金。[101]

隨著中國在紐西蘭的影響力活動愈來愈多被攤在陽光底下，而且2020年、2021年、2022年北京在區域內的外交作風愈來愈挑釁，紐西蘭的立法者除了對影響力活動更加嚴格審視，也默默開始調整威靈頓的對華政策。阿爾登政府不但更仔細檢視紐西蘭政治所受到的外國干預，還逐漸加強批判中國侵害人權之舉，包括在香港、新疆等地，也中止了紐西蘭與中國的引渡條約，這是因為香港實施了國安法。[102]此外阿爾登政府啟動了一項事實上的禁令，禁止中國電信巨頭華為參與紐西蘭的5G建設，反對派亦有一部分人士支持禁令。在國防報告及其他公開聲明裡面，威靈頓也較為明白地批評中國在區域水域增加軍備，以及其他在區域內的強硬軍事決策。[103]威靈頓進一步支持澳洲的努力，即反制中國在許多南太平洋國家愈來愈強勢的外交存在感，不過紐西蘭並未加入新成立的美澳英三方安全夥伴關係；該聯盟將使澳洲取得核動力潛艦，一般認為這是澳洲（以及美英）要直接對抗中國的行動；紐西蘭這一方面已有數十年不允許核動力潛艦進入其水域。

　　阿爾登政府也開始考慮對本土媒體所受的外國影響力設下限制。在此之前，有布雷迪對中國影響力活動的研究，也有其他許多人深入揭露北京試圖對本土華語媒體施展控制力。[104]

澳洲

　　北京的影響力戰術同樣深入澳洲，也一樣十分依靠秘密、高壓的銳實力。其實應該說，中國在澳洲的活動多半「設計好要隱藏起來不讓大眾的目光接觸到，往往透過代理人來間接安排，以便需要否認時能說得過去」，戰略暨國際研究中心對澳洲境內影響力活動的深入調查報告如此寫道。[105]澳洲也像紐西蘭的情況一樣，中國政府基本上控制了大部分華語媒體。北京之所以取得控制權，在某些案例裡面是因為華語媒體只要對中國政府的政策加以批判，都會遭到廣告主施壓。在其他案例當中則有親北京的商人如周澤榮這位房地產大亨，他在數十年前由中國移民澳洲，這些人有的在近年來成立了一些支持北京的澳洲華語媒體，有的買下原本就有、信譽良好的新聞媒體，而改變其報導風格。例如，2004年周澤榮創立了《澳洲新快報》這一份新南威爾斯的華文報紙，其發表的內容明顯親北京。2009年，他對墨爾本的《時代報》

表示：北京「覺得這份報紙〔澳洲新快報〕很值得推薦，因為我們從來不做〔有關於中國的〕負面報導。」[106]

批評中國的澳洲媒體會受到嚴厲懲罰。例如，澳洲某華文報紙曾就中國境內強摘器官一事刊登報導，接著法國旅館業龍頭索菲特位於雪梨的一間飯店就取消與該報的廣宣合作。[107]報社的聲明說：「本報接受索菲特行銷團隊的邀請，放置於飯店大廳供華人遊客取閱。然而幾週後，索菲特收到中國領事館的電話，要求他們移走本報，否則將面對財務損失。索菲特與中國有大量生意往來。」[108]

澳洲《雪梨晨鋒報》的調查記者進一步報導了中國政府曾對華人公司施壓，要他們在似乎支持北京的澳洲華語媒體投放廣告，或者從惹惱中國政府的新聞媒體把廣告抽掉。[109]例如，雪梨某地方議會的備忘錄顯示出雪梨的官員受到中國官員的極大壓力，要他們封殺《看中國》，這份報紙一直在刊載批評北京的報導。（國際記者聯盟的報告進一步指出，中國國安部人員進駐了《看中國》的一位廣告主位於北京的辦公室，企圖恐嚇他要把《看中國》的廣告撤掉。[110]）其中一條備忘錄寫道：「今早接到〔中國領事館人員的〕電話，提醒我們說他希望在中國和新南威爾斯〔州〕之間保持友好關係」，「他要確定今年不會出現尷尬場面，重申他們對反華團體的立場。」[111]地方議會於是就遂了這些中國官員所願。

北京的影響力使得澳洲和紐西蘭的華語媒體生態圈產生劇烈變化，遏制了許多本土華語媒體對中國的負面報導，也消除了一切自主報導。如此一來，中國就限縮了澳紐華語使用者所收到的北京相關新聞，他們是對華政策的主要政治支持群體（political constituencies）、也對其發揮最大影響力，而中國透過此舉讓他們更可能支持中國的內政外交政策。無國界記者組織在分析中國全球媒體足跡的一篇報告指出：華文「報紙，例如紐西蘭《中文先驅報》、澳洲《大洋時報》，他們原本能自主報導、批評中國政權，但如今已成為其政治宣傳的傳聲筒。」[112]

澳洲某主要華文報刊的編輯譴責得更加溢於言表。將整個情況歸咎於位於中國的公司投放廣告來影響報導，以及親北京金主購買新聞媒體，再加上駐澳洲的中國外交官對當地媒體直接施壓，這位編輯對《雪梨晨鋒報》的記者表示：「將近百分之九十五的澳洲華文報紙都已經或多或少被中國政府收買了。」[113]

澳洲的中國大使館、領事館也對當地大學內的中國學生社團多有資助並緊密監控，包括規模最大的「中國學生學者聯誼會」（學聯）。（澳洲廣播公司《四角方圓》節目調查發現，澳洲國立大學所在的澳洲首都特區，當地學聯在2012年成立，註冊文件表明學聯的任務是「促進大使館與中國學生學者之間的聯繫。」[114]）北京對於人在澳洲的學生有影響力，又利用這種影響力多方限制關於中國的論述，然而澳洲各大學十分依賴中生帶來的收入，並不願意反制北京對於學生組織的影響力。

在澳洲以及紐西蘭，讀華文、說華語的社區都是總人口當中的少數，但是對於政治和對華政策具有顯著的影響力，因為其人數逐漸增加，並且捐獻大量政治獻金。澳洲投票者裡面具有華裔血緣的人口——其中許多人讀華文、說華語——從2006年到2016年成長了將近一倍，而且很可能還會繼續快速增加。[115]現今澳洲各大政黨都認為澳洲華人（他們並沒有一定要效忠哪個政黨）是關鍵團體，可以左右地方選舉和全國選舉。而北京則希望，只要控制了媒體、華人組織、中國學生社團，就可以讓澳洲華人顯得團結一心，都對中國抱持著溫暖的感情——這一點並非毫無爭議，因為對於中國的許多層面，在澳洲華人社區裡面仍有針鋒相對的意見。不僅如此，戰略暨國際研究中心的調查更指出，澳洲中國使領館除了介入學生活動，還經常安排『政治假草根』活動，要讓人以為華人社區對於北京及其政策〔例如對南中國海的政策〕有壓倒性的草根支持，同時還能倚多為勝淹沒批評者的聲音。」[116]

要是澳洲華人真的朝這個方向去團結，對於批評北京、或者與中國的重大政策偏好站在相反立場的澳洲政治人物，就會形成潛在威脅。[117]本來政治人物就總是想要當選，所以按道理來說，澳洲的政治人物會注意不要去觸怒勢力龐大的選民，他們理論上是團結一致要推進中國所偏好的政策，雖然澳洲華人這種理論上的團結一致完全不符合事實。

除了企圖左右澳洲華人社區、使其在澳洲政治人物眼裡看起來像一個親中的團體，中國還用另一招設法影響澳洲，那就是低調贊助大專院校、研究機構、政治人物和政黨，這種作為往往具壓迫性。此種銳實力靠的不是團結整個澳洲華人社區，而是選定恰當時機暗地裡注資到各個機構和決策者，這些人物和機構有可能形塑澳洲的對華政策。華裔澳洲人、以及居住在澳洲的中國人，他們對於澳洲的大學系所、智庫、以及其他專攻對華政策的研究機構，已經變成重要金主。其中最知名的案例是名叫黃向墨的富商暨政治大金主，他為雪梨的澳中關係研究院提供了必要的啟動資金。中國國有企業也提供資金給澳中關係研究院，例如中國銀行和中國建設銀行。[118]

然而，澳洲有許多研究機構的資金來自與中國政府關係密切的中國籍金主，或者立場親中的澳洲華人，這方面澳中關係研究院實在不是特例。（後來澳中關係研究院全面調整，不再與黃向墨有所牽連，其觀點也不再像以前那樣明顯親中。）黃向墨本身還贊助其他研究機構，例如設在雪梨另一所大學的「澳中藝術與文化研究院」；此外他對自由黨、國家黨、工黨都慷慨解囊。其他幾位中共背景濃厚的捐款者，以及具有國家背景的中國公司，也將資金注入澳洲研究機構。[119]

澳中關係研究院扮演的角色，就是以這個組織的名義去接受資助，然後大肆提倡坎培拉與北京要密切連結。起先澳中關係研究院原本聲稱其目標在於提倡「對澳中關係積極樂觀的看法」，批評者則說，對於中國在區域內日益強勢的外交、以及國內的鎮壓，該院總是將嚴格的分析予以淡化，基本上在澳洲國內只鼓吹中國利益。[120]（後來澳中關係研究院將目標修改為「透過研究、分析，以及基於學術嚴謹的對話，提供資訊以便澳洲與中國交往」，也聘僱一位頗受器重的卸任情報首長來管理該機構。[121]）

然而，澳中關係研究院轉向之前，也曾協助安排澳洲記者到中國進行豪華旅遊，當時擔任院長的卡爾往往隨行；卡爾曾任澳洲的外交部長，他算是澳洲重要輿論領袖裡面最熱心幫助中國的一位。記者在旅程中參觀了中國的基礎設施工程、拜見了中共官員，但是甚少進行嚴肅的新聞工作；這些旅遊行程的相關細節資訊往往不被提及。[122] 接受澳中關係研究院安排的記者們，結束一次這樣的行程之後，「總計發表了十五篇文章，客觀傳遞中國的聲音，仔細列出澳洲如何能由中國的經濟成長獲益」，這是澳洲媒體的報導。[123] 澳中關係研究院本身發表的報告當中則包含了「分析」澳洲人對中國在區域水域（例如東中國海）所作所為的看法，「分析」指出澳洲人並不想捲入東京和北京在東中國海的爭議，但並未提出證據來支持此一立論，而這種說法當然是中國所樂見。[124] 根據澳洲方面的報導，澳中關係研究院也舉辦過中共高幹出席的會議。[125]

如同在紐西蘭一樣，北京也在澳洲政界有深入的勢力，方法首先是打點各大政黨的政治人物，然後試圖運用彼此的關係促使政治人物支持北京在南中國海的做法，改變澳洲對中國的貿易與國防政策，避免批評中國侵害人權的情況及其發展模式。黃向墨是其中一位金主，與澳洲政治人物培養關係，促使他們採取支持北京的觀點，但他絕不是僅有的一位；周澤榮同樣對自由黨和工黨慷慨捐輸，還有其他居住在澳洲的中國人，以及立場親北京的華裔澳洲人。周澤榮屬於統戰部某主要機構，他一方面與許多澳洲高層政治人物建立關係，包括前總理霍華德、霍克，同時還注資接管了當地一份大報，如先前所述；他也開始仲介中澳之間的大型商業交易。[127]

　　黃向墨也與統戰部有密切關連，他出手特別大方。2010年代中期，他和親信對澳洲政治人物捐贈了總共數百萬元，在各大政黨之間分派，而經手者如何送出這些款項則不為人所知。[128]捐出這些款項的同時，黃向墨也將錢分配給澳中關係研究院，以及其他專門探討對華政策的智庫和研究機構。

　　和周澤榮的捐獻一樣，黃向墨的捐款顯然附有政治條件；這裡面應該也包括了向新南威爾斯州政治人物克勒孟茲致贈一箱紅酒，箱中奉上價值27,000美元（約新台幣84萬元）的現金，以便克勒孟茲接受性騷擾案調查的官司所需；以及提供澳洲工黨參議員鄧森的官司費用。[129]據報，2016年聯邦大選前不久黃向墨取消了對於澳洲工黨約美金29萬（約新台幣900萬）的新捐款，因為工黨的國防發言人大力抨擊北京在南中國海的行徑。[130]同年，鄧森在選舉前開了一場由黃向墨籌辦的記者會——等於是由政治金主安排一場媒體見面會。記者會上，雖然澳洲工黨已加強批評北京的南中國海政策，鄧森還是稱「南中國海是中國自己的事」，又說，如果工黨上治，一定會明白他們並不適合介入南中國海政策。[131]基本上，鄧森在記者會現場只是在呼應北京對南中國海的觀點，並且暗示如果工黨當選，就會順應北京的觀點。自由黨—國家黨聯合政府的總理滕博爾後來說，基本上鄧森就是拿了黃向墨的錢，然後「基本上把中國的政策聲明給講了出來」，作為交換。[132]隨後，澳洲新聞媒體披露了在黃向墨努力取得澳洲公民身分時，鄧森曾試圖在移民局給予幫助。

　　當澳洲情報人員與媒體開始打探黃向墨政治獻金的有關風聲，鄧森採取了另外一些可議的行動。據報，工黨新南威爾斯黨部的領導人穆爾南對於黃向墨的捐款有所疑慮時，鄧森告訴她針對這筆資金來源要「保護好自己別讓人用這個搞你」；穆爾南一開始並未告訴調查人員有這些可疑獻金。[133]（《雪梨晨鋒報》的調查報導稱，鄧森後來對調查委員會說，款項出問題的時候穆爾南「嚇到挫屎」，他現在已經相信黃向墨是中國影響力的代理人，還有他自己應該對黃向墨及其他人的捐款更加警覺。[134]）當澳洲政府開始調查捐款者、以及某些收受外國資金的政治人物，澳洲情報機構向政治人物匯報他們如何調查黃向墨及其與中共可能的關連，之後鄧森居然警告黃向墨說澳洲情報部門已經監聽其手機。（鄧森還告訴黃向墨，如果兩人以後要碰面，身上就不要帶手機、在室外碰面，可能這是為了增加監控的難度。[135]）因此，鄧森當時有可能是洩露了他身為政治人物而被匯報得知的機敏情資。[136]

　　如同在紐西蘭一樣，北京招攬澳洲政治菁英的方式有一項是提供閒差給卸任的政治人物，但這些人在黨內仍相當有實力。同樣的，此種財務支援沒什麼公開透明度。例如，前總理基廷成了中國國家開發銀行的國際顧問委員會主席。對於坎培拉試圖反制中國的影響力、在南中國海的政策以及人權侵害等等的一切努力，基廷也成了澳洲內部對此批評最力的人。[137]除了基廷之外，前總理霍克已經成了一位主要仲介人，處理與中國公司的併購及交易，而前外交部長唐納、前維多利亞州州長布拉姆拜都是中國電信巨頭華為的董事。[138] 更加醜惡的是戰略暨國際研究中心對於澳洲境內中國影響力所作的深入報告中提到：前貿易部長羅伯「離職當天就接受了嵐橋集團優渥的顧問合約，這家中國公司贏得了經營達爾文港的權利，期限是99年。羅伯的合約基本上就是一份每年付給他〔約〕美金63萬（約新台幣兩千萬元）的兼職工作。」[139]

強烈反彈

媒體揭露了中國的影響力活動，包括沸沸揚揚的鄧森事件以及他最後遭政界放逐，再加上批評中國活動的決策者對於澳洲政府施加的壓力，使得澳洲大眾愈來愈不信任北京，此地對外國干預也有更嚴格的限制。澳洲社會大眾對中國的看法降溫了，決策者發現，正如戰略暨國際研究中心對中國影響力的調查報告所述，「也許沒有其他國家像澳洲這樣，被中國與日俱增的影響力及政治企圖大肆翻攪。」[140] 中國愈來愈常利用經濟威脅澳洲、外交作風惡霸，最後還支持俄烏戰爭，這些都進一步讓澳洲對北京的輿論下滑。

澳洲的情報機構開始顯著加強關切中國影響力活動。早在2015年，澳洲的情報機構已開始提醒政治人物，中國籍人士的金錢正在沖擊澳洲的政治體系。[141] 次年，澳洲政府在滕博爾總理的帶領之下對於中國在當地的影響力活動展開深入的情蒐。[142] 但就像紐西蘭一樣，坎培拉在2010年代末迅速擴張其情報工作，要識別出哪些人士是身在澳洲、但可能與中國政府對澳洲學界、媒體、政府施加的影響力有所牽連，至今為止澳洲當局逮捕了至少一名嫌犯，此人與許多澳洲華人社團都有緊密連繫。[143] 許多知名的捐款者及政治人物都受到審查，然而並未被捕。2019年，黃向墨與中國的關連受到調查，申請成為澳洲公民遭拒，接著，澳洲政府出於國安理由而禁止他入境，並且凍結他在澳洲的財產；另外他也交出了澳中關係研究院董事會主席的職務。[144] 鄧森在2017年底辭去國會議員一職，當時他深陷醜聞風暴，與黃向墨及其他華人金主的關係、再加上他替這些人做的政治行動，都曝光了；最後他終於配合檢方，接受對於其行為及中國影響力運作的深入調查。[145] 在2019年，前外長卡爾結束了澳中關係研究院的院長任期，澳洲政治人物開始炮轟大學和其他研究機構如何收受外國資金──通常這代表的就是中國。如《衛報》所報導，澳洲參議院在2020年八月宣布開始調查「影響到澳洲高等教育及研究部門的種種國安風險」，國會議員凱特更說，澳洲各大學確實「伸長口器到」外國資金的「飼料槽裡大肆啃嚼」。[146]

澳洲回應中國影響力的方式，除了讓情報機構更加嚴格審視，還以世界上數一數二堅實的安全機制來遏止政界當中的外國影響力，調查政界與媒體界裡面的外國影響力活動，並且在學界和公民社會針對外國影響力活動的調查進行公開對話。鄧森以及其他接受華人捐款的政治人物所發生的事件，引起決策者和社會大眾的共鳴，坎培拉對外國影響力的反制工作已經遠遠不限於情報機構的領域。（2020年，澳洲大眾對中國的觀感將進一步惡化，兩國不斷鬥嘴，主題包括外國影響力運作、貿易戰、中國外交官對澳洲的發言愈來愈不客氣，以及中國的微信應用程式封鎖了澳洲總理莫里森發表的文章，坎培拉因此動怒。[147]）工黨和自由黨—國家黨雙方領袖都對中國在澳洲的影響力活動公開表示憤慨，2018年，坎培拉通過了一系列跨黨派的立法，禁止外國干預澳洲政治。坎培拉禁止了外國人捐政治獻金，規定為外國政府遊說者必須公開註冊，並採取其他陽光措施——以及修訂間諜活動的相關法令。[148]北京對於澳洲制定新法一事發出了威嚇的修辭，對一部分澳洲產品課徵關稅，但坎培拉還是通過了限制外國干預的各種新規定。澳洲的新法案在字面上並未明言針對中國，但顯然北京是其主要目標。

除了立法，坎培拉還成立了一個委員會，其目的似乎在於限制中國透用內容分享協議及其他槓桿來操作澳洲媒體，而2020年澳洲國會各委員會也開始強力調查澳洲大學校園內的中國影響力活動。[149]坎培拉也制定了明文指引供研究型大學面對外國合作對象時得以遵循，以防止間諜活動與危險的外國影響力運作。[150]（澳洲的研究人員與中國作者一同發表文章的數目，多於與其他國家的作者一同發表的文章。[151]）這些指引詳細列出研究型大學應如何面對外國的合作者，以及潛在可能被施加的影響力。許多澳洲大學已按照新訂定的指引修改了合作研究的實行方式。[152]坎培拉又設置一個誠信度的考察單位，以進一步協助澳洲各大學對於高等教育所受的外國威脅能夠評估和回應。[153]澳洲戰略政策研究所（資金部分來自國防部）發表了一份報告暨資料庫，叫做「中國國防相關大學追蹤」，其目標是「協助大學、企業、決策者與位於中國的研究機構交往時得以定位」。該份追蹤「將中國研究機構分成四類：風險很高、風險高、風險中等、風險低」，評定的標準是該研究機構是否與中國軍方及國安系統有所連結。[154]

澳洲政府也開始更積極監測中國在全球性組織的某些活動，例如世界衛生組織，更積極批評北京威權又隱密的治理方式，限制中國對於澳洲國內的投資。2020年，當新型冠狀病毒在全世界傳播，澳洲帶頭呼籲對於病毒的起源及傳播狀況進行獨立調查，北京大為光火，雙邊關係進一步惡化。[155]另外澳洲政府也開始採取強硬措施，預防中國公司涉入敏感部門，在澳洲的5G網路中禁用華為，對國內其他中資實施更嚴格的審查。[156]

澳洲多方面的強硬作風，包括呼籲對COVID-19的病毒起源進行實際調查，激怒了中國政府，因此他們回擊，對澳洲的大麥及牛肉課徵關稅，在2020年更晚則禁止了澳洲煤礦出口中國，這對澳洲經濟可能是沉重打擊。[157]然而澳洲屹立不搖，在2021年和2022年都拒絕放棄審查中國在政界的影響力活動、中國對澳洲的投資，以及中國對澳洲媒體、大學、公民社會的影響力。澳洲確實示範了中國的影響力活動可能如何令北京適得其反，並提供了一些明確的防禦策略供其他國家參考。

6 軟實力工具箱：
走前門進來的媒體與新聞

The Soft Power Toolkit: Media and Information
Coming Through the Front Door

北京在澳洲和紐西蘭快速擴大其影響力的同時，也在非洲、拉丁美洲、北美洲和東南亞搬演類似劇本。在其中許多區域，例如非洲和東南亞，北京對於厚植軟實力的重視程度勝過澳洲，因為中國和澳洲的社會大眾關係從來沒有特別友好，不像在肯亞、南非、馬來西亞和泰國。（不過，即使在中國有機會打造軟實力的地方如東南亞，他們也愈來愈依靠銳實力。）中國環球電視網（CGTN）和新華社一直在相關運作的中心，要重建中國的軟實力，將這份軟實力現代化，並且從魅力攻勢年代的失敗之處記取教訓。

不僅如此，CGTN還企圖擴大其存在感，要趕上其他的全球廣播公司，例如半島電視台、今日俄羅斯（RT）和土耳其廣播電視公司國際頻道，中國政府還希望要趕上CNN和BBC這樣的巨頭。過去三年間我在寫作本書時，曾經有幾次透過Skype在CGTN上討論東南亞時事。[1]事前的約訪過程就像我所遇過的其他下列新聞媒體一樣專業，包括美國全國公共電台、澳洲廣播公司和BBC。中國國營電視頻道的約訪人（多數曾任職於其他新聞媒體）並未提醒我要迴避某些話題，或者要強調哪些重點。各主播（通常在CGTN華盛頓分社作業）都流暢地進行訪談。（寫作本書之前，我從未登上中國官媒，但我認為感受一下官媒分社如何對待民主國家的來賓，也算值得。這回上鏡並沒有跟對方收費。[2]）

　　CGTN的節目風格和調性，與我在BBC、澳洲廣播公司這兩家國際媒體所作的訪談似乎是類似的，比起美國的有線電視頻道來得清淡，不會像晚上看CNN或MSNBC那樣，見到四人同時大吼大叫的混戰。我得聲明，上節目的時候我談的不是對於中國政府最敏感的話題，例如香港、台灣、新疆──但中國與東南亞諸國的關係也不是完全不會引起爭議，卻還是沒有人來指導我的訪談。

多半走前門的大型官媒

　　我參與的CGTN節目要收看很容易，網路上有，美國的許多大型有線電視網也有播出──在許多方面，這些節目和秘密的銳實力正好相反。不僅如此，中國官方媒體包括CGTN、新華社、中國國際廣播電台（CRI）和其他大型新聞媒體，他們往往是「走前門」進來，運用軟實力而非銳實力。（「走後門」的方法將於下一章探討。）當一位觀眾收看CGTN，他心裡明白他看的是CGTN，電視台的標誌經常出現在螢幕上。他無需大費周章搜尋資料，就會知道CGTN是中國國家所控制的電視頻道，他收看的節目內容乃是由中國國家電視頻道製播。只要在Google查詢一下CGTN就會列出這些事實。當然，大部分新聞讀者並不會反射性地去Google他們所閱讀或收看的新聞媒體；重點在於，各國讀者要弄清楚CGTN和CRI的背景很容易，即使開發程度較低的國家也是一樣。例如柬埔寨，接受蓋洛普等機構民意調查的受訪者似乎知道CRI是中國官方媒體。[3]對非洲的新聞接收者所作的研究呈現出類似結果。[4]雖然大型官媒主要用途是當作軟實力工具，但也可以變成銳實力的武器，下一章我將梳理那種情況。

但是，相較於中國其他許許多多的媒體及新聞工具——例如北京利用秘密手段攫取對於海外華語新聞媒體的權力、在社群媒體散播真正的假新聞、透過內容分享協議隱藏新聞內容源自官媒、用現金逼迫他國政治人物——中國的大型官媒往往還是從「前門」進入其他國家。特別大型的媒體，往往也最容易被讀者辨識出他們由北京掌控。而且CGTN、新華社、CRI的資料較為公開透明，所以要評估這些大型官媒是否成功贏得更多觀眾是比較容易的。因為這些新聞報導走的是前門，於是我們可以評估這些媒體是否受到其他國家觀眾、讀者、聽眾的歡迎，雖然若要分析受歡迎程度如何影響到中國能否在各國取得外交成果當然就比較困難。對於「走後門」的中國媒體及新聞工具，要做到這一點就相當不容易。不僅如此，因為這些官方媒體比中國其他許多影響力工具來得透明，我在此可以說明，除了新華社實力愈來愈強，大部分官媒至今為止都是失敗的。

助長威權媒體的環境

當習近平政府專注於新聞媒體運作，他們遇上了一個再好不過的時機，讓專制國家在許多國家都可以提供大型國際媒體與知名本土媒體以外的另一個選項。時至今日，世界各地的新聞媒體都面臨沉重的財務與政治壓力。新聞媒體在廣告營收方面大出血，必須縮編甚至整間關閉，有些新聞室變得空蕩蕩，沒有了新聞採編工作所應有的生機蓬勃；全球疫情只是進一步加劇了新聞業裁減職缺的情況。[5]這並不是新出現的趨勢——時間可以回溯到網路公司年代的初期——但是近年來加速演變。2001年至2016年間，美國的新聞發行業失去了一半以上的職缺——其速率高過採煤業，而採煤業並非前景可期。[6]如此龐大的流失率代表小型新聞媒體正在關門。北卡羅來納大學在地媒體創新及永續中心的研究顯示，2003年至2018年間，美國報紙每五份中有多於一份停刊，於是國內一半以上的郡只剩下一份報紙；美國不少城市將會完全沒有日報。[7]曾經名重一時的媒體，例如紐約《每日新聞》，將新聞編輯部整個關閉了。[8]除了極少數例外，如《紐約時報》、《華盛頓郵報》（《華盛頓郵報》之所以不在此限，部分原因是這家媒體屬於超級富豪貝佐斯個人擁有），大型國際媒體都更缺乏資金投入重要新聞，尤其在撒哈拉以南的非洲、東南亞、拉丁美洲，西方媒體通常不以這些地區為優先，更重視歐洲、北美洲、中東、中國。[9]CGTN、新華社及其他中國官媒往往在這些為人忽略的地區加緊拓展。

　　與此同時，社群媒體的擴大、新聞採製的速度提高，使得消費者已被新聞淹沒，讀者、聽眾、觀眾往往覺得他們站在一座大瀑布底下，受到源源不絕的新聞內容沖擊。有這麼多新聞湧進他們的手機、平板、電視、電腦和其他設備，來源包括真正的新聞媒體、線上匯集商、社群媒體評論人、可疑的意見發表平台、YouTube影片，以及其他許許多多訊息來源。新聞這麼多，要弄清楚哪些報導應該讀、哪些報導的內容完全符合事實，就變得更難了，除非你是最內行的讀者。

　　民主國家有許多媒體，在面對財務困難的同時還受到民選領袖的壓力。這些領袖在政治光譜上有的右、有的左，但其中許多人是民粹主義者，打算削弱媒體的公信力，將記者妖魔化，把他們打成販售「假新聞」的商人，企圖讓社會大眾相信新聞媒體並不值得信賴，甚至可以對其施加暴力。[10] 他們經常鼓吹陰謀論，他們標榜的媒體往往對於事實報導和分析的標準極為低下，還在社群媒體推廣一些內容，是要消除主要新聞媒體的合法性，營造一個環境，讓公民沉浸在大量虛假新聞中，以致於再也弄不清楚哪些事情可以相信。[11] 而主流媒體常常也自亂陣腳，最近犯下一些嚴重錯誤，例如美國媒體對於2003年伊拉克戰爭爆發之前的事態所作報導，以及美國主流媒體一般都不敢相信川普將贏得2016總統大選。

　　綜合上述原因，結果是對於媒體的信賴消滅了——在北美洲和歐洲是如此，但在許多開發中地區也是一樣。《哥倫比亞新聞評論》、易普索、路透社2019年的研究發現，美國人對於媒體的信賴感低於各式各樣的機構，只高過國會，而國會一般來說都是受到厭惡的。[12]菲律賓的民調顯示出類似趨勢，社會大眾不相信媒體，而前總統杜特蒂和現任總統小馬可仕都在公開演講和非正式場合，不停砲轟媒體。[13]杜特蒂作風一向誇張，他不只在推特針對所謂的假新聞發表意見，不只在造勢大會帶頭呼口號批評記者。他還警告菲律賓記者，「你是記者不代表你不會被人暗殺，要是你欠幹的話」；關閉了國內最大的一家廣播公司ABS-CBN；針對諾貝爾和平獎得主瑞薩（她應該是菲律賓最知名的調查記者）發動數項刑事起訴，因為她成立的Rappler網站披露了杜特蒂殘暴的反毒戰爭涉及侵害人權。[14]2020年六月她被判有罪，但隔年十月卻因捍衛新聞自由而榮獲諾貝爾和平獎，一同獲獎的還有俄國記者穆拉托夫。[15]

這樣的故事不僅正在美國上演，也出現在世界上幾乎所有地區。在印度、印尼、泰國、巴西、土耳其、匈牙利、墨西哥及許多其他國家，政治領袖都經常攻擊媒體，說他們是騙子、黨派意識過強、不是忠誠的公民——許多人也趁著新冠疫情加碼攻擊媒體。[16]自由之家在其新聞自由度的報告指出，整體而言，「過去十年間全世界的媒體自由都在惡化。……自主新聞正受到攻擊。」[17]在另一份報告中自由之家更發現，自從新型冠狀病毒大流行以來，民主和人權在全世界約莫八十個國家都倒退了。[18]

高水準媒體所獲得的資源減少了，政治領袖妖魔化新聞媒體，社會大眾對新聞媒體的信賴感降低，這樣的大環境可能有助於中國官方媒體以及中國所控制及有中國背景的媒體（這些媒

體並不由國家正式持有，但是由親中的人物或公司所控制）獲得
更多讀者、觀眾、聽眾。（當然，如此情勢對其他國營官媒也同
樣有利。）讀者和觀眾可能會想，既然所有的報導都不可信任，
那麼CGTN、CRI、新華社就一定更差勁嗎？既然大環境就是大
部分新聞品牌都崩壞了，可不可以把這些管道當成額外的資訊來
源？更進一步說，如果BBC這類全球性媒體公司因為各式各樣
的成本困難、並且面臨到營收減少的狀況，而只能投入較少資源
報導東南亞、非洲、拉丁美洲等地，甚至連一度重要的駐點也發
生這種情況，例如中東和歐洲，那麼也許這些地區的人應該轉向
中國官方媒體，他們報導的範圍正在擴大，又有充沛資源能投入
在地新聞，至少理論上來說是這樣。

俄烏戰爭以前，俄羅斯官方媒體確實得益於媒體公信力減少
的狀況，而戰事爆發後俄國官媒無法再進入許多大型民主國家的
市場，雖然在某些國家它們仍然是另類的新聞來源。多年來，俄
羅斯的官方頻道都以其不同於主流媒體的觀點，在許多國家贏得
了觀眾。RT電視網以及「衛星通訊社」在許多國家都把自己的
定位包裝成主流媒體之外的另類新聞來源，他們經常強調主流媒
體充滿偏見和黨派意識，不可以信任──烏克蘭衝突爆發之前，
此一說法只是使某些國家的科技公司和電視公司將這些媒體關
閉，在另一些國家則使他們變成賤民媒體。這樣一來，俄羅斯媒
體就更容易吸引讀者、觀眾、聽眾。俄羅斯官媒暗示，他們提供
的新聞和社論充滿爭議、相當寶貴，在美國、中東歐、西歐等等
地區，這些材料在主流媒體付之闕如（或者是有暗黑勢力刻意將

其隱藏不讓讀者看見）。RT為了讓這種說法深植人心，展開了高調的廣告活動，稱為「問無止境」（Question More），將RT包裝為傳遞事實的頻道，而這些事實是在各大西方電視網及線上新聞媒體都找不到的。RT溝通處長貝爾金娜對《紐約時報》表示：「我們想要讓故事更加完整，而不是加入主流媒體的同溫層；這就是我們聽眾的來源。」[19]

不僅如此，RT的報導還常常把目標放在呈現一件事，即是從《紐約時報》、《華盛頓郵報》到歐洲各大新聞媒體，他們的報導即使在表現最好的時候也有誤導之嫌，而在最壞的情況下則有嚴重偏見。這樣的戰術是要進一步削弱各國社會大眾對本國新聞媒體的信心，同時推崇RT本身的報導。RT積極利用YouTube平台發表其報導，已經變成YouTube上觀看人次最多的全球新聞網，這個平台的觀眾對於令人神經緊張、甚至帶有陰謀論色彩的內容反應很好，而RT的內容往往聳動，在該網站確實大受歡迎。[20]（YouTube宣稱其網站將標示出接受政府補助的廣播者所發布的影片，但實際上執行並不徹底；寫作之時，全球媒體平台中也只剩下YouTube是普丁容許在俄羅斯使用的，雖然，在烏克蘭受到入侵之後，YouTube已承諾要禁止俄羅斯以外的地區取用俄國官媒的頻道，但在許多國家是否已實際執行這一點還並不清楚。[21]）烏克蘭衝突之前，這些俄國頻道也確實願意邀請大膽發言的評論人上節目，包括北美洲和歐洲政治光譜左右兩翼的人士，即使這些人不會輕易受控制。普立茲獎得主赫吉茲這位廣受讚譽的記者兼作家在RT美洲台有主持一個節目，另一位普立茲獎得主、記者葛林華德則常常出現在該頻道上。話雖如此，RT較喜愛的主持人和來賓似乎都是對於本國內政外交提出批評的人士，就像葛林華德和赫吉茲那樣，但是讓他們上鏡頭也就代表RT製作節目時冒著一定程度的風險。[22]

錢、錢、還有錢

中國正注資到官方新聞媒體，要使其表現得更加專業，助其在國際上發揮更大效果。北京把金錢大量投入官方媒體，雖然有些證據顯示，比起擴張大型官媒這種軟實力策略，還是偏向銳實力的戰術更能有效影響其他國家的民眾，例如北京默不作聲將一國的大部分華語媒體控制權拿下這種作法。不過，至少有一間大型官媒（新華社）已經變成中國的強力道具，未來其實還有可能更加強化。

中國政府撥付給官方媒體的經費之多，使包括美國在內的其他國家相形見絀。[23]過去十年間中國在國際上拓展其官方媒體，CGTN、CRI、新華社隨之在美國、非洲、歐洲、拉丁美洲、東南亞都開設及擴編其分社。[24]據報，2018年CGTN光是在澳洲就花了約五億澳幣作宣傳，而在歐洲和北美洲也進行大規模宣傳。[25]不過，北京的經費並非官媒唯一資金來源。曾在牛津大學路透社新聞研究所擔任訪問研究員的司思指出，CGTN的廣告收入自1990年代中葉以來大量成長，CGTN「現在已經從廣告獲得足夠收入，財務上能支持其海外據點。」[26]（其他人的分析挑戰了此一看法，不過重點是CGTN既有政府經費，也由廣告取得相當多資金。）

現在CGTN宣稱他們正對全世界12億人廣播，使用的有華語、英語及其他語言，包括法語和俄語。[27]北京在全世界最知名的英文報紙是《中國日報》，他們在各個簡報及發給廣告主的說明資料表示，《中國日報》在全球的紙本發行量為80萬至90萬份，線上閱讀率更高得多。[28]理論上來說，CGTN這樣的普及率表示他們是全世界最大的電視網，但此一數字只是計算可以取用其廣播內容的人數——在電視或其他設備可以看到CGTN的人的數量。[29]其實，真正收看CGTN的人數比起上面的數字少得多——在美國，收看CGTN的人數比起其他不出名的華語頻道更少——而且更遠遠不及BBC、CNN等巨頭。[30]雖然CGTN號稱在170國皆可收看，但無國界記者組織2019年的發現其實CGTN只在140國播出。[31]CGTN在美國可以觸及三千萬戶觀眾——不過下文將談到，在美國和加拿大的實際收視率比這個數字低得多。[32]

因為新華通訊社本身經費增加，也為了要誇耀其涵蓋面之廣，新華社一直擴張，目標是海外分社達到兩百間，新增六千至一萬名記者以派駐各分社，儘管路透社、美聯社等全球性通訊社都在遣散數以千計的員工。[33]CRI同樣在成長。自由之家的庫克發現，播放CRI的廣播電台數目已從2015年的14國33台增加到2018年的35國58台。[34]（其中不包括與CRI簽訂合作協議的電台，這種電台會播放少量CRI節目。）如今CRI廣播使用的語言超過六十種，佔用的短波頻率多於曾紅極一時的美國之音，因為美國之音已經停止了大部分的短波播送服務。[35]此外CRI也成了全世界第二大的廣播電台，僅次於BBC——就算實際聽眾數目未必如此，他們的電波所涵蓋的聽眾範圍已是第二大。[36]

其他的中國官媒，包括省會的媒體，也在國際上擴展。中國共產黨的官方報紙《人民日報》在2017年推出英文版應用程式，並持續擴充英語服務。[37]省級電視台如湖南衛視、廣東衛視、北京衛視、江蘇衛視等等，已經與衛星電視網供應商簽約，在許多國家播送節目。[38]

與此同時，中國國內最受歡迎的省級電視台湖南衛視（觀眾群在國內的數目是第二多，僅次於央視綜合頻道）在日本、北美洲、東南亞及其他地區漸漸都能夠收看，使用的名稱是Hunan STV World（湖南衛星電視世界台）；旗下的串流影片平台「芒果TV」也在擴張。[39]在所有省級電視台當中，就數湖南衛視的娛樂節目最為出色，例如以明星子女為主題的實境秀、泰裝連續劇、韓國風歌唱節目。芒果TV提供了各式各樣的實境秀，也學習國際上的一些實境秀和競賽節目，仿效亞洲其他地區以及網飛的實境秀的一些元素；其YouTube頻道大受歡迎。[40]詹姆士基金會的余智穎提到，芒果TV已經變成越南最紅的頻道之一。[41]其實，芒果TV和整個湖南衛視節目的水準已經好到受中共斥責，稱其娛樂至上、輕看黨的意識形態導向——還有收視率太高。[42]中共曾發意見給湖南衛視，警告該台「有的頻道在處理社會效益和經濟效益問題上左右搖擺，作為黨的喉舌價值取向有偏差。」[43]然而，正是湖南衛視惹惱中共的這份娛樂性，使其對於某些講華語的外國觀眾充滿吸引力，讓湖南衛視的國際部門打入東南亞市場。

不過，儘管在東南亞和全世界愈來愈多國家可以收看這些中國頻道，許多頻道的觀眾群還是很小。有時候電視台並不公布海外收視率資料，或者只公開可以取用該頻道的戶數，而未列出實際上有多少人收看。例如，「芒果TV國際」號稱在全世界覆蓋近2200萬串流影片用戶，但此一數字並未說明這些用戶只不過是下載了芒果TV國際的應用程式，或者那是實際上曾經下載過芒果TV國際所提供節目的人數。[44]

然而我基於《資訊自由法》提出要求而獲得二十餘份報告，這些是蓋洛普承包美國政府計畫而進行的研究，調查非洲、東南亞、南亞及中亞部分地區等地各國的收視習慣。研究集中在中國的廣播及電視台，整體結果顯示，雖然現在這些中國頻道在許多國家都很容易取用，卻往往只能維持低收視率。例如，寮國與中國接壤，中國的省級和國家級電視台在寮國能夠普及，寮國國內華語使用人口正在增加，但蓋洛普對寮國觀眾進行研究，發現該國人口只有1.2%經常收看中國的電視台，遠小於美國之音、自由亞洲電台及各個泰語電視台的觀眾群。[45]（泰語電視台在寮國有明顯優勢，因為兩種語言相似，寮國人大部分能聽懂泰語。）其他關於中國官方媒體普及率的研究，例如自由之家的研究，則顯示出中國官媒並未順利在許多東南亞國家的大部分人之間站穩腳步，成為這些受眾的新聞來源。

北京一邊把資金灌進新華社、CGTN、CRI等媒體，一邊命令其日益龐大的外交團隊協助官媒在全世界增加曝光率，其中一種方法是讓外交官在官方媒體發表文章，同時遊說當地輿論領袖，讓他們在這些媒體刊文或接受採訪。一位曾任職於美國國際媒體署的人士表示，某些中國官員還試圖遊說外國的廣播電台與電視台，要他們撤換原本播放的節目格式（broadcasting formats），改成播送CGTN或CRI。國際媒體署負責監管自由亞洲電台等美國國家廣播公司，其工作人員提到，近年來中國官員變得積極接觸在地電台。[46]中國方面的代表會找上在地廣播電台，他們原本播送的是自由亞洲電台、美國之音等等美國國家所贊助的新聞媒體，遊說電台不再播出這些節目格式，而改用中國官方媒體。他們往往提供令人垂涎的賞金給願意撤換節目的電台。而當他們感覺到美國的弱點，就會試圖讓各電台撤換其節目格式。例如印尼的情況（這是曾經為美國國家新聞媒體擔任業務代表的人士所透露的），CRI的業務代表會找上播送美國之音的印尼電台，尤其是在2014年這樣的時刻，當時美國似乎要撤掉美國之音在印尼境內的廣播。[47]

電台出於財務考量而更改節目格式，在業界是司空見慣。我的老家在康乃狄克州哈特福，那裡的電台一天到晚在改格式；家裡很愛聽FM 102.9，他們播的內容從熱門排行榜變成專輯搖滾變成老歌又變成經典搖滾。[48]但是由政府官方代表出面盯人，讓電台改換格式，這就不是常態了，與我交談過的美國外交官都不記得他們曾在任何情況下扮演過這種角色，催促在地電台採用美國之音或自由亞洲電台的內容。

著眼於記者

前文提過，在俄烏戰爭毀掉RT的全球品牌形象之前，北京試圖在全球媒體新聞攻勢當中同時模仿半島電視台和RT。北京打算表現出中國官媒乃是值得信賴，有經驗老到的記者提供高水準的報導，就像半島電視台一樣。有時候（雖然較少）他們也模仿RT作風，提供充滿爭議和陰謀論的內容，號稱是民主國家主流媒體之外的另一個選項。[49]

然而，CGTN許多員工都說中國領導層認為半島電視台是主要的學習對象——這家官方媒體透過報導區域內事件、以及報導世界上其他許多地方的事件，在國際上建立了公信力，但是又能有效地「說好故事」，把卡達想讓國際所接受的中東形象傳達到世界上。而北京試圖一邊擴張官方媒體在國際上的地位、使其更加專業，一邊還要在中國境內消滅自主報導，以及（偶爾）對於從海外向官媒發送報導的中國駐外記者加強審查。[50]他們打算演出的這套平衡技巧，保守一點說，是高難度動作。

除了大型官媒，北京似乎也企圖創辦某些特色媒體，以模仿半島電視台的報導風格——至少讓他們披上一層自主的外皮，顯得有能力產出創新報導，具有一定程度的自主性。例如，2016年國有的上海報業集團推出線上英文新聞Sixth Tone（《第六聲》）。雖然，因為是中國國內媒體，必須接受國家的一切審查制度，但Sixth Tone和姊妹刊《澎湃新聞》提供的內容專業、有趣、迷人，用圖像和影片說故事的技巧高超，他們似乎把焦點放在北美洲讀者，以及其他使用英文、對中國感興趣的讀者——記者貝書穎稱之為中國媒體的Vox。[51]

Sixth Tone最擅長人權相關的詳細報導，其中有些探究的主題會從負面呈現中國，同時其組織結構相對扁平化。只要不踰越中共禁止的某些紅線，記者就有不小的發揮餘地。[52]羅伊研究所的瓦拉爾曾經綜觀中國官方媒體，她的報告寫道：「Sixth Tone的案例顯示出，中國的官方媒體可以產出既吸引人又具公信力的新聞」——有人說中國官媒不像半島電視台，註定會顯得乏味，但瓦拉爾不這麼看。她主張，「Sixth Tone的外觀和感覺與CGTN截然不同，而且，甚至連一些精明的中國觀察家都看不出來Sixth Tone是中國政府辦的媒體。」[53]若是北京可以讓Sixth Tone放手去做，再讓其他官媒學習該媒體的許多經營方式——我得說這是個艱鉅任務——那麼他們是有可能讓CGTN和其他官媒在全球成為更加強大的媒體組織。

北京投注很多資源，要讓大型官媒顯示出他們有能力生產高水準的新聞報導，連續數年大量聘雇人才，積極招募外籍記者，有的來自國際級新聞組織，有的來自著名的當地媒體，從奈及利亞到英國無所不包。[54]

好幾位記者都告訴我，CGTN極力從其他國際媒體和某些國家的本土電視台招攬外國記者，應許他們將會有一份收入穩定的工作，更有機會負責跑重大新聞——美國白宮、各大貿易協議、非洲和歐洲主要國家的首都，諸如此類。尤其在歐洲、北美洲、亞洲，CGTN以這些條件積極挖角，因為這些地方許多本土媒

體都在縮編。而一位記者往往要在職場奮鬥多年，才有辦法進入
CNN、BBC這樣的電視台，或者《紐約時報》這樣的實體報紙
或線上報紙。於是，在2020、21年美國和某些歐洲國家開始仔
細審視CGTN之前，CGTN和其他官媒（程度較小）在媒體匯聚
的華盛頓等地、以及在CGTN正在擴編的非洲和東南亞等，能
夠吸引到能幹的外籍記者、編輯、製作人和約訪人員。[55]

　　CGTN集中精力招募高階人才來編採報導和製作節目。聘
雇的人士當中，勞里這一位資深的駐亞洲記者成了CGTN的顧
問，馬厄曾在澳洲廣播公司工作二十五年，他受聘來擔任主播。
[56]CGTN還請來了沃爾特，他曾五度獲頒艾美獎；嚴正剛，他
曾任職於CNBC和彭博電視台；斯佩爾曼，他是皮博迪獎得主，
原本是CNN記者；這些人都為CGTN華盛頓分社工作。CGTN
在菲律賓聘雇了吳宗鴻，他是備受尊重的本土記者，曾經任職於
ABC新聞台、CBS新聞台，以及知名本土電視台。[58]

　　某些國家的CGTN和新華社主管甚至願意聘請一些因為對
中國議題寫出尖銳報導而成名的本土記者，例如針對中資企業的
勞工及環保政策。達悠是奈及利亞一位很受敬重的調查記者，接
受我訪問時，他談到CGTN的代表在2012年設法雇用他。他在
當地的名氣來自於深入調查貪汙及破壞環境等種種議題，當時他
針對中國商人寫過報導，因為他們利用奈及利亞貪汙的情況非法
砍伐當地森林。[59]當CGTN的代表試圖聘請達悠時，他們很清
楚他寫過這些尖銳報導，而他們似乎認為達悠的知名度有助於
CGTN奈及利亞分社建立公信力。[60]達悠回絕了，但是非洲有

其他的名記者已經加入到CGTN和新華社非洲各分社。[61]聘用這些記者可能讓CGTN在本土觀眾心目中建立公信力，因為他們可以寫出自主報導。

　　雖然中國媒體熱烈招募外籍記者，試圖展現出他們有能力產出高水準的報導，但中國國內媒體在2000年代晚期及2010年代遭到扼殺的情況，使得大型官媒難以吸引中國最優秀的人才。胡錦濤年代早期，國內新聞媒體享有較多自由，若有充滿企圖心的中國記者打算自主作業，他們可以（至少有某種可能性）在CGTN工作，當時電視台的領導還宣布要挑戰CNN風格的新聞報導。[62]但是在那之後，北京已經關閉了許多開創新局的國內媒體，壓制中國社會當中的自由之聲、批判之聲，例如位於北京的智庫「天則經濟研究所」。[63]保護記者委員會指出，到了2010年代末，中國已是世界上監禁最多記者的國家。[64]曾有記者被迫上電視「認罪」，原因只不過他們報導了基本的新聞事件，例如中國股市的漲跌情況。[65]曾經保持開放的各家新聞媒體，如今必須遵守數不盡的新規矩，例如就連新聞頭條也不能再自己選擇，而往往要由北京指定。[66]獨立作業的調查記者，如果他們還是想要發表其批判作品，會發現找不到媒體來發表，本身還受到騷擾和監禁。[67]不僅如此，對於政府有可能在任何方面認定為敏感的最新消息，中國的新聞媒體絕大部分已不再報導。[68]

　　胡錦濤和習近平政府如此大力鎮壓，已迫使許多有才幹、有自主性的年輕中國記者離開新聞業。[69]中國國內媒體水準降低，不只造成官媒難以聘用優秀的中國記者，也稍微有損中國官媒在國際上的吸引力。外國某些輿論領袖確實知道中國境內的新聞自由已遭毀滅──於是北京更難說服外國輿論領袖，讓他們認為新華社、CGTN等等媒體是自主和可信的。南加州大學在中國公共外交方面的專家王堅，有一篇研究的主題是北京的媒體策略，他在文中問了關鍵問題：「心存懷疑的論者……指出，中國國內的媒體沒有什麼可信度，如此一來，中國怎麼可能博得國際觀眾的信賴呢？」[70]

然而官媒還是不缺中國記者來應徵。他們可以找到相當多年輕記者，為新華社、CGTN這一類媒體派駐海外。人類學家聶保真研究中國的駐外記者，他談到中國官方媒體仍然吸引了一些能幹的年輕中國記者在海外工作。這些記者表示，一旦派駐海外，他們就有相當大的編採自由。[71]英國西敏寺大學的馬許曾對中國官方媒體派駐非洲的記者進行調查，而CGTN的記者表示，他們寫過對於當地政府不利的數篇報導，但是並沒有受到北京和分社主管的審查。這些記者說，他們的工作與半島電視台或BBC對於非洲的報導是類似的。[72]

某些CGTN和新華社的外籍員工主張，在澳洲、北美洲、東南亞及其他地區的分社裡，這些新聞媒體營運的方式很接近他們曾經工作過的其他媒體企業，例如CNN、半島電視台。在海外分社工作的外籍記者特別容易有這種感受，因為他們不太需要接觸到審查人員和中宣部。一位CGTN的記者對我說，華盛頓分社的編制就像BBC或MSNBC旗下分社一樣。[73]

在CGTN和新華社的澳洲、歐洲、北美洲、東南亞分社的其他非中國籍記者，也有類似的說法。有一位製作人由備受讚譽的國際媒體來到CGTN的華盛頓分社，她對我說，她手上的大部分報導都不怎麼受到直接干涉。就她所知，在美國境內CGTN各機構工作的人，沒有一個會認為自己是負責政治宣傳的。她還講到，有許許多多主題，CGTN談話節目會請到意識形態頗有差異的嘉賓，甚至還請過經常抨擊中國的人士，例如探討美中關係惡化的節目就是如此。她承認，CGTN的製作人不會去碰某些領域的議題，不過她又說禁談的主題其實很少——台灣、新疆，還有少數幾個領域。另一位人士則向我表示，CGTN的數位節目產量快速增加，包括為了放到網路上而特地製作的影片，還有說明影片以及其他線上內容，還有，這些數位內容受到的審核很像他在美國大型新聞媒體所見識過的一樣，包括有腳本審閱和事實查核。然而他也提到，節目製作前審閱腳本時，腳本編輯（往往是外籍）會看過整篇稿子，但分社內至少還要有另一位高階中國籍主管同意該腳本，才會開始動手製作。

回顧CGTN平常在美國播出的節目，我們就可以確認這一點。主持人和來賓真的會迴避、繞過那些對於中國最是敏感的話題——西藏、中國的少數民族、香港、台灣——而我們也很難想像該電視台邀請美國最鷹派的中國觀察家上節目。但如果主題是貿易、一般的美中關係、中國與亞洲其他國家的關係，或者是對於北京更加不敏感的議題，節目的來賓確實會互相辯論，而敘事有時也包含相對而言較為細緻的事件脈絡。

除了談話節目以外，CGTN駐美的工作人員還製作出一些出

色的新聞專題、長度等同電影的專題報導，主題雖與中國政府沒
有直接關係，但是確實值得深入探討，例如美國的鴉片類藥物成
癮危機、全球遷徙現象的增加（COVID-19顯然使其暫停了）。
近年來CGTN的美國分部獲獎不少。2019年，白宮新聞攝影師
協會頒發27座獎給CGTN，獎項涵蓋了新聞攝影的各個不同面
向，包括新聞特報、雜誌專題、系列報導。[74]CGTN美國分部
在2016年贏得艾美獎，因為旗下的新聞雜誌作出一則專題報導，
主角是一位生來沒有雙腿但卻獲致成功的美國女子體操選手。[75]
他們還獲得數不完的其他獎項，頒獎單位都是紐約其他評審協會
以及國際上的電視評審協會。[76]

　　CGTN不只在美國製作了優秀的作品。在訪談中，東南亞
的學者、政治人物、商務人士都提到，中國官方媒體愈來愈專業
——雖然CGTN在東南亞這個地區的收視率上仍無重大斬獲。

記者間的自我審查

　　在官媒內部，明顯的審查動作近年來變得較難預測，除非是
北京認為最敏感的主題。有時候我們不容易評估中國中宣部的官
員將如何回應海外分社做出的報導，因為習近平把中國弄得愈來
愈威權，尤其到了COVID年代。聶保真調查中國駐外記者時，
看到一位記者訪談了緬甸當時實質上的元首，翁山蘇姬。（2021
年緬甸發生政變，翁山蘇姬下獄，軍方再次正式掌控大局。）然
而中國審查人員刪掉了訪談的一部分，因為翁山蘇姬對中國頗多

批評，而該記者原本以為編輯會保住他的訪談逃過審查。[77]

當然，對於敏感話題，北京會對中國官媒實施嚴格審查，中國境內的民營媒體也是一樣。無國界記者組織指出，2016年，外洩的「巴拿馬文件」表明了習近平及李鵬（中國前總理）的家人顯然利用巴拿馬的空殼公司來隱瞞家產。國際媒體積極報導此一消息，但中國的審查人員很快就確定所有中國媒體都不會去碰這個主題。[78]無國界記者組織指出，「2016年4月4日，黨對中國媒體下達通知：『查刪已轉載的巴拿馬文件相關報導。相關內容一律不再跟進，任何網站一旦發現傳播境外媒體攻擊中國內容將做從重處理。』」[79]

許多議題仍然受到外來的直接審查，然而，更常出現的是官媒編輯、記者進行預防性自我審查，拒絕報導那些可能讓北京丟臉的消息，根本不必等長官來告訴他們不准報導。預防性自我審查的流行範圍遠遠不止中國官方媒體。在北京握有實力的許多領域，我們都常看到這種現象：全球電影業；國際出版業；世界各國的華文媒體；跨國企業，包括蘋果、萬豪酒店、美國職籃等等巨頭；以及商業、藝術、文化、學術當中的許多領域。[80]下面幾章我將討論自我審查愈演愈烈的情況，有外國企業及知名人士壓制對於中國的任何批評，甚至在公司和組織內部就消滅批評聲，我們也將檢視中國的軟實力及銳實力影響力作戰到今天所累積起來的效果。

但如果說對於中國的自我審查已經滲透到全球商務、藝文、學界的這麼多領域，那麼在中國官方新聞媒體之內的自我審查更是屢見不鮮，儘管官媒的外籍工作人員有人表示他們受到的監管程序和CNN或BBC類似。CGTN華盛頓分社的一位前製作人對我表示，雖然一般情況下只有北京認為最重要的議題才會受到直接審查，但分社員工之間瀰漫著靜肅警醒的自我審查氣氛。有一些中國的批評者能夠上節目，但約訪人往往事先過濾接受採訪的人選。她說，物色訪談節目的嘉賓時，約訪人會先看一看候選嘉賓以前接受的訪問，或者瀏覽他們發表的文章，以探知他們對中國的觀點。自我審查之風也會帶到節目現場。該位約訪人說，許多來賓似乎都意會到出席CGTN節目就代表要執行預防性自我審查。他們上節目時往往儘量不要直接批評中國──雖然同樣的人士在其他平台上曾批評過中國的政策。

楊銳是CGTN重要英語談話節目《對話》的主持人，出言大膽直率，在CGTN他是數一數二的明星，但他一樣自我審查。接受學者朱影訪問時，楊銳承認，雖然他想要效法BBC「HARD-talk」這樣犀利的節目，但在中國媒體上「不能放手去做，隨便問你想問的東西。必須要守規矩。」[81]說到底，自我審查──以及預期到北京的高層有可能透過中宣部下達封口令，抹消對於重大議題的報導──侵蝕了新聞媒體的工作力道，也減少了其公信力。

有時候官媒工作人員之所以自我審查，是因為他們很明白四周圍被設下了什麼樣的限制。任職於中國官媒的非洲記者裡面，有許多人說他們的自主性有清楚的界限。奈及利亞美利堅大學的武米吉研究任職於中國媒體的非洲記者，發現當地的中國編輯仍然對報導進行把關工作。一位高層級的非洲編輯對武米吉表示

（其他編輯也講了類似的話，他們有的任職於《中國日報》、有的任職於新華社、有的任職於CGTN，都是在非洲的分社）：

> 非洲人做的把關〔防範對中國、或可能對當地政府過度批判的報導〕是第二級的把關，最後的把關則是在中國人。我們可以建議放哪些報導、建議怎樣做報導，不過，最後的把關還是在中國人，他們會決定要做哪些報導、怎麼做。[82]

另一位CGTN前任約訪人講到，為了確保中國受到正面報導，CGTN會設法讓節目現場的民眾當中充滿支持者——就連在美國大專校園拍攝的節目也一樣，而美國校園可是號稱守護討論自由、探問自由的堡壘。2018年12月，CGTN借用了名門學府喬治華盛頓大學校園中的大堂，舉辦一場「全民提問」（town hall）。該活動細數中國四十年來的改革開放，以及中國經濟奇蹟對全世界的作用。並且請到幾位享負盛名、備受尊敬的中國議題專家，包括卡內基國際和平基金會的黃育川、劍橋大學的雅克、季辛吉協會的赫瑪茨。[83]或許是為了借用學校的知名度，CGTN的報導還特別描寫了喬治華盛頓大學；其中有一段名叫「全民提問的幕後花絮」，精美展示出該活動如何在校內做準備。[84]

該位約訪人談到，雖然「全民提問」節目的用意在於現場民眾可以自由向講者提問，但CGTN舉辦活動之前仔細地檢驗報名民眾，企圖調查他們的背景。接著，華盛頓分社的主管試著擋掉可能在會中批評中國的報名者。[85]檢視報名者、還直接擋掉可能批評中國的民眾不容與會，這種作法對於珍惜自主性的著名學術機構來說，應該已經亮出了紅旗，但是喬治華盛頓大學校方要嘛是沒注意到，要嘛是乾脆容忍這種作法。這招似乎管用──節目對於中國過去的改革及未來的潛力呈現出無止無休的樂觀態度，不去管中國國家日趨專制的情形，對於中國經濟所面臨的長期挑戰也大部分予以忽略。

任何電視台和新聞媒體當然都有某種程度的偏見甚至審查，所有地方都會對記者施加隱隱約約的壓力──有時候並不太隱約。民主國家也有許多充滿黨派意識的媒體，由主管來塑造新聞報導。例如2016年，《紐約客》記者梅爾調查指出，福斯新聞的網站埋葬了該站一位線上記者的報導，報導主題是時為總統候選人的川普與色情片明星「暴風女」丹尼爾斯兩人之間的關係。[86] 民主國家有一些新聞報導之所以受到改造，並非出於意識形態之故，但還是傷害到新聞的自主性。可是，CGTN和其他中國官媒對記者的壓力更大、更明確，影響的議題範圍也超過福斯新聞、NBC新聞台。

借鏡RT及衛星通訊社

雖然在俄烏戰爭之前CGTN和新華社正在擴編、變得更加專業、試圖招攬優秀記者，也儘量不去做純屬陰謀論的報導，但當時有幾家中國官方媒體已經愈來愈像俄羅斯官媒那樣不擇手段。

　　超級民族主義、語不驚人死不休的《環球時報》，他們的風格就像那些聳動、挑釁、一肚子陰謀論的俄國媒體，一方面宣揚民族主義，一方面賣力嘲弄美國及其他國家——這樣的招數，中國外交官在推特上也愈來愈愛使用，因為習近平已經在催促中國的外交要更有霸氣，而且也有人帶頭，那就是超級民族主義的「戰狼」經典人物，聲勢蒸蒸日上的外交部發言人趙立堅。[87]《環球時報》的控制權屬於《人民日報》，他們經常報導《人民日報》不碰的敏感話題，以及就其發表社論，例如異議藝術家艾未未、1989年的天安門鎮壓——但總是強烈支持中國當局。[88]在中國學界和新聞界看來，《環球時報》的報導和社論很粗糙，但在中國境內這份報紙每天仍有一千萬左右讀者。[89]

　　在中國境外，《環球時報》社論超鷹派，總編輯擅於引戰，國際社群媒體上引人注目，而一部分原因也是這些內容令外國官員及輿論領袖感到必須回應。他們的回應讓《環球時報》的文章在推特等平台上可以存活好幾個新聞週期，因為外國輿論領袖有人會針對文章發表推文、有人會在其他社群平台發文，《環球時報》的編輯及其他人員有時候也會反擊。（推特和臉書在中國都被封鎖，這不意外，但中國官方媒體在這些平台引來了世界各地大批追蹤者，《環球時報》在社群媒體非常活躍。[90]）《環球時報》也和衛星通訊社簽有合約，雙方交換人員，很可能是因為如此一來可以相互學習。[91]

　　《環球時報》的領導層好像並不關心讀者是喜歡還是討厭《環球時報》的報導，只要文章引人注目就行；大獲成功的挑釁者總是這樣，例如美國的布萊巴特新聞網。中國政府似乎偶爾也用該報測風向，放出一些可能的外交動作，或者某些頑固的中國高層的想法；這是前總編胡錫進的說法，他在 2021 年底宣布從總編輯職位退下來，但還是會繼續擔任特約評論員。[92] 接著北京就會觀察外國對《環球時報》上的內容作何反應。例如，《環球時報》屢次威脅澳洲，不要介入南中國海的領土爭議，其用語似乎暗示北京將對坎培拉開砲示警——有一次就警告說，假如澳洲接近南中國海的島礁，「哪一天陰差陽錯寸勁一來掉下一架飛機，偏偏是澳大利亞的，那太不應該了。」[93]

羅伊研究所《詮釋者》的撰稿人蔡源曾經與幾位《環球時報》的記者談話，講到《環球時報》如何評估他們在國際上發揮的作用。[94] 一位該報記者對他表示，主管認為其中一項重大指標「就是外媒引述的次數，所以編輯常要用花俏、誇張的字眼吸引外媒的注意。」[95] 不僅如此，《環球時報》的社論似乎往往在寫作時就已經把重心放在吸引外國媒體的注意和報導，以便放大其音量。他們傳遞的訊息有些是清楚的民族主義，例如鼓吹中國增加核武儲備、主張必須武力「收復」台灣，有些則是刺激外國讀者，例如稱美國眾議員「蠢」、說英國人「破罐子破摔」。[96] 上述幾篇挑釁的社論，都有在線上特別出言不遜的中國外交官節錄轉載；西方新聞媒體和評論人士也談論這些文章，於是它們在媒體生態系當中能夠存活更久。

《環球時報》為了在美國進一步傳播訊息，2013 年開始發行英文和華文的美國版。2016 年還發行歐洲版，並且在首發時順便嘲笑英國，文章的標題有的諷刺英國脫歐一事，有的則說中國將在對歐貿易上取代英國的地位。[97] 美國版和歐洲版讀者群不大——《環球時報》號稱英文版紙本發行量二十萬份，數字涵括了許多國家的讀者——但卻讓《環球時報》吸引到歐美更多決策者及輿論領袖。[98]（據稱《環球時報》在中國每日紙本發行量約 260 萬份，在線上還有比這更多的讀者。[99]）當這些輿論領袖回應《環球時報》的文章，無論是在社群媒體上、或者在他們自己的社論和專欄引述這些文章，只會讓更多人注意這份報紙。

其他中國官媒愈來愈常刊出和《環球時報》一樣的陰謀論，或者態度兇狠的社論，尤其針對俄烏戰爭更是如此。俄烏戰爭期間，中國官媒所散布的內容開始變得像俄羅斯那樣超級民族主義、充滿陰謀論，與此同時，鷹派的中國外交官也利用記者會和各大社群媒體的帳號，複述與烏克蘭衝突相關的各種假新聞。[100] 雖然推特、臉書等主要社群媒體已經限制或刪除了許多俄羅斯官媒，但中國官媒持續散播，甚至在臉書等網站下廣告推介俄羅斯的敘事，於是即使克里姆林宮不直接動手，還是可以把訊息傳播開來。[101]

官媒記者口徑一致

自我審查雖然不利於對真相做報導，但它會不會對於中國官媒的效力其實大有幫助呢？理論上來說，中國官媒及具有官方背景的媒體若能夠團結一致傳遞北京想要的訊息，對於影響外國民眾仍是一個優勢。研究機構AidData分析了中國官方媒體以及嚴格來說不算官媒、但與北京關係密切的媒體（例如由親北京大亨持有的海外華文媒體）彼此如何協調合作，AidData認為，中國媒體欠缺自由的情況的確有助於他們影響外國。AidData寫道，「因為國內新聞自由程度低，北京可以部署一大群可靠的傳聲筒，做為國家的延伸，讓他們去傳播北京想要的敘事。」[102]

換言之，中國官媒，以及老闆與編輯強烈支持北京的那些民營媒體，他們可以很有效率地共同散布訊息，因為此類新聞媒體往往對海外讀者傳播相同的報導和輿論。

中國缺乏新聞自由的情況，確實有助於北京促使各媒體彼此合作，協調散發訊息。除了中國官方媒體及國家所影響的新聞媒體傳遞訊息之外，還有中國官員、大使、高層會在其他新聞媒體刊登社論。[103]可是就算與北京有所連結的媒體，有些還是對此類協調進行抵抗。北京在香港新聞界影響力愈來愈大，造成一個嚴重的後果——香港二十年前的新聞環境曾被無國界記者組織的《新聞自由指數》評定為自由程度在全世界名列前茅，但現在排名僅為中段；香港的名次暴跌是因為中國嚴格地限制新聞自由，包括基本上關閉了堅定而自主的《蘋果日報》、禁錮了值得信賴的香港電台、其餘的自由媒體亦遭關閉。[104]

釋放出協調一致的訊息也有副作用。無論CGTN領導人再怎麼樣表示他們想要追上CNN、BBC，無論中國官媒聘雇了多少優秀的外籍記者，官媒的分社社長和資深編輯還是很難靠著製作自主的高水準報導而得到升遷。我從曾經任職於官媒的人士聽說，分社社長及管理層要升遷，就得讓高管滿意，而他們很少會喜歡前衛的高水準報導。對於北京最敏感的議題，例如台灣、新疆、中國科技公司在全球引發的緊張情勢，有許多新華社的文章、CGTN的節目、CRI的報導，雖然傳遞一致訊息，但其中反複申中的「報導」充滿偏見、甚至根本就訊息錯誤，如此一來才能夠讓北京的高層接受，至於外國的新聞消費者能否接受，則是另一回事。《衛報》一篇揭露中國軟實力及銳實力運作的文章把上述行為稱作「向國內打信號」──「〔透過官媒刊登的報導〕表現出忠於黨的路線，好逢迎高層官員。」[105] 我們所看到最極端的案例是，包括新華社在內的各個官方媒體對於敏感話題的報導重回到1960、70年代中國政治宣傳的風格──廉價而且顯然不實──現在他們講到中俄關係和俄烏戰爭時，聽起來就是如此。[106]

　　向國內打信號這回事並未蔓延到官媒的每一篇報導；像Sixth Tone這些最好的媒體，會把信號隱藏在文章中，然而該篇文章讀起來還是能和民主國家的大型媒體無甚差別。事實上，對於不會直接暗示到政府應受譴責的那些社經議題，Sixth Tone有些報導讀起來確實很像《紐約時報》或《衛報》可能刊出的文章。[170] 有時候Sixth Tone報導的議題甚至可能讓省市政府、中央政府丟臉──例如中國境內的COVID-19新一波疫情、河川受到化學汙染、國內某些地區在疫情之後經濟復甦的腳步遲緩。[108] 但是不斷向國內打信號確實已經打壞了許多官方媒體的招牌，令人無法認真視之為可靠的新聞來源。

口徑一致未必奏效

此外，一致的訊息也可能使官方媒體變得目中無人，再也無法相信其他浮上枱面的新聞報導，因為這些報導不符合北京所提供的預測和訊息。《外交政策》的巴默提出一項重要案例，呈現出官媒的集體迷思如何招致反效果，曝露出官方媒體反應遲鈍，沒有準備好回應北京並未預料到的真實新聞事件。巴默稱，2019年十一月香港區議會選舉之前，中國官媒的高層編輯和其他主管是真心相信親北京的候選人將會大勝。[109] 這樣的假定根本違反現實——香港人已經抗爭了好幾個月，他們對親北京的政治人物怨氣衝天。但是，巴默寫道，官媒領導層活在幻想世界中——北京和中共駐港情報機構給他們的訊息雖然協調一致，但完全錯誤——甚至有些官媒在選前之夜已經把稿子發給編輯。[110] 稿子裡面都假定親北京候選人將勝選，甚至還能增加他們在區議會的席次。[111] 後來的發展顯然使得官媒主管大感吃驚，民主派在選戰中痛宰建制派，贏得三倍於過往的席次，該次選舉的投票率也是歷來最高。[112]

其實，儘管理論上來說協調一致的訊息有其優點，但是中國官媒並未在相對自由的那些亞太國家培養出對於中國的整體好印象。AidData（前文提到這間研究機構曾針對中國媒體協調的結果提出理論）也發現，對於中國的官媒及其他新聞運作，較為自由的亞太國家的記者通常「最為踴躍提出」疑慮。[113]

培訓課程

中國針對記者開設的培訓課程及交流計畫自 2000 年代開始擴張，在習近平時代其規模指數成長，一直到中國因 COVID 清零政策而將國界大部分封閉。培訓課程已經變成北京的另一種管道，用來對他國宣揚其官方媒體，也有機會讓其他國家的記者回國後對中國做正面報導。無國界記者組織 2019 年針對中國官媒的研究有一篇導讀，講到「〔中國〕政權已籠絡了數以萬計開發中國家的記者〔我得提出，還有已開發國家的記者〕，讓他們參訪北京，費用全包。」[114]參訪行程有的是四、五天，讓記者參觀中國新聞媒體、拜會官員，偶爾也包括短期渡假，另外也有十個月的培訓課程。培訓課程的時間較長，課程內容包括中國政治、中國經濟體系、中國媒體、中國外交政策，以及其他課題，還要採訪中國官員及企業家，並在中國新聞媒體實習。[115]

參訪行程的費用由新華社補貼，或者從其他方面的中國政府預算來支付。[116]受邀記者大部分來自開發中國家，雖然中等收入的國家（如阿根廷）也有記者和編輯參加。[117]

自 2016 年起，北京從非洲、南亞、東南亞每年徵集一百名左右記者，讓他們到中國參加長期的交流培訓，招待參加者入住北京的豪華公寓，每個月發給他們零用金，此外還招待他們在中國境內四處旅遊。[118]2019 年，中國在北京正式啟動了「非洲新聞中心」項目和「亞太新聞中心」項目，由此提供許多上述的交流培訓名額。[119]中國還有一個新聞交流中心提供的培訓課程是開給拉丁美洲及加勒比海地區的記者，在中國境內開設的培訓課程已經擴展到可以涵蓋拉丁美洲、南亞、歐洲、中亞的記者。無國界記者組織2019年的報告提出，全世界至少146國大約3,400位記者曾經到中國接受參加培訓及／或交流計畫，其中包括為期十個月的實務工作。[121] 這樣的數字實際上或許還是低估，如果把許多只進行短期參訪和培訓的記者計算進去，人數還不止於此。北京已經暗示他們計畫持續擴大辦理這些活動，所以未來十年去到北京接受培訓的記者人數很可能逐年攀升，當然中國必須先停止自我封閉的清零政策，重新開放邊界，撤除封城等等為了消滅病毒所採取的嚴厲措施。「中非合作論壇」曾呼籲中國每年培訓一千位非洲的新聞領域從業人員，而威爾遜中心雷普尼科娃的研究顯示，中國的確每年已培訓一千名左右的非洲記者。[122]

為期十個月的交流計畫則讓記者能深入中國。有一些參加者認為這些計畫的確和記者工作的各方面有關，但也有人說，這些計畫基本上就是較長的宣傳旅遊，只是用來向外國記者推銷中國。專門報導中國題材的西班牙頂尖記者卡登諾評估了拉丁美洲記者及其他輿論領袖所受的中國影響力，他寫道：「在中國，媒體培訓課程實際上是免費參訪中國的公關行程，其中涉及的項目很剛好都是支持政府的。」[123] 話雖如此，但在非洲、拉丁美洲、南亞、東南亞都有信譽卓著的新聞媒體參與中國的交流計畫——例如《印度快報》、以及東非最大媒體集團旗下的《商業日報》（肯亞）。[124]

中國的培訓課程和交流計畫，某些方面類似於美國及各國長

久以來的作法，也就是招待外國記者參訪、參加培訓課程。其他
強盛的國家如美國，也會找外國記者來研究本國的媒體環境。但
是這些課程，例如美國國務院的愛德華・莫洛學程，通常只持
續幾個星期。[125]（美國境內的私人機構也會對全世界的記者開
辦一些計畫，例如哈佛大學的尼曼獎學金，但這樣的計畫往往既
有授課，也包含支持該名記者本身的研究。[126]）

　　而且美國開放給外國記者的參訪計畫明顯是軟實力工具，但
中國的培訓課程既是軟實力也是銳實力。表面上來看，北京針對
記者開辦的計畫基本上是軟實力工具。中國並不強迫任何人前往
參訪；參訪行程是在各國公開宣傳；參與者也公開接受旅費和生
活費補貼，而非私下授受。這些參訪行程能宣揚中國，就好像美
國舉辦的交流計畫能宣揚美國，提升美國的軟實力。

　　然而，這些參訪行程可能造成具有壓迫性的效果——理論上
來說，可能侵蝕其他國家對於中國的自主報導，因為參加這些行
程的記者可能因此對中國相關話題自我審查。雖然某些參訪行程
允許對於中國、中共、中國外交政策的精確訊息滲入其中，但是
有針對交流計畫進行的口述歷史研究及一篇調查報告，其中許多
參與交流活動者表示，他們接收到明確指示，要求他們應當如何
報導中國，在交流計畫時是這樣，回到本國之後亦然。克瑞希南
（曾任布魯金斯研究院印度中心客座研究員，研究主題是為期較
長的培訓課程）記載了一位東南亞記者參加培訓課程的經驗，他
說，有人「直接」告訴參加者，報導南中國海相關議題時只能複
述中國外交部的台詞，還有他們應該大量生產對於中國的正面報

導。[127] 克瑞希南還談到，記者們在交流計畫期間「不能單獨自行前往各地採訪，必須要有政府的導護人員隨行，因為他們個人並沒有採訪許可證——所以不能報導所謂『敏感』議題，無論是人權、西藏或新疆都一樣。」[128] 更誇張的是，參訪的記者經常收到錯誤消息，他們想要報導的地方也往往不允許他們自由進入，尤其當他們想造訪的地區被中國政府認定為敏感時，例如新疆和西藏。無國界記者組織提出對這類培訓課程的研究報告，在導論中寫道，此類交流計畫是設計好要「『馴化這些記者的批判性思考』，期能換得」他們回國後去「做出正面的新聞報導」。

然而事實卻是，這些參訪活動有許多（可能是大部分）對於外國記者如何報導中國沒有什麼影響，而自從2020年開始，中國必須減少外國記者和官員的參訪行程，因為他們採取COVID清零政策，等於是自絕於世界。當然，這些交流計畫似乎很熱門——行程相對豪華，又怎麼會不熱門呢？國際記者聯盟2020年的研究調查了58個國家與地區的新聞媒體（包括已開發國家及開發中國家），發現曾經參與培訓課程的受訪者當中，大多數人認為整體而言那是個正面經驗。[129]

其中一些課程可能有其作用，但在中國那段時間自我封閉之後，即使北京停止清零政策，基本上這些課程的努力都要從頭來過。有一位仔細觀察中國影響力的外交官，他提供了本國的一個案例，這個國家在東南亞，對於中國實力日漸雄厚抱持著特別審慎的態度。他說，該國的編輯前往中國培訓課程之後，往往變得更容易靠中國官媒獲取新聞、刊發其報導。他還說，這些編輯回國後甚至變得更常複述中國官媒對於內政外交重大議題的觀點。他也注意到，本國記者接受招待參訪中國新疆（人權團體控訴北京在當地將多達百萬的維吾爾人關進拘留營）之後，有一些記者開始淡化新疆的暴行，呼應北京的台詞。

確實，有些參訪的記者在酒足飯飽之後，變得更加支持北京，上述參訪新疆的記者似乎就是如此。好幾篇研究都指出，中國很有效地利用參訪活動，讓維吾爾人遭受的侵犯在開發中國家的記者之間所受的批評軟化、消失。國際記者聯盟 2020 年的報告寫道：

〔多位受訪記者〕提及最近中國對穆斯林記者特別有興趣。在某些國家，中國大使館接觸在伊斯蘭媒體工作的記者，為他們安排了特別的媒體參訪團，以展現新疆這個旅遊景點、展現新疆經濟如何成功。參加行程的記者所寫出的報導有一個清楚的重點，即是控訴西方媒體傳播關於新疆的「假消息」。這些行程是設計好要轉移焦點，讓人不再注意西方媒體報導的，有近百萬維吾爾人被監禁在新疆的政治洗腦營裡面。在中國有大量商業利益的企業家也當起代理人，邀請資深記者前往新疆，把他們引介給當地領導。[130]

但整體而言，目前培訓課程並未劇烈改變參加者國內對於中國的新聞報導，也未使得其他國家的本土媒體對中國相關話題進行廣泛的自我審查。雖然許多培訓課程招收的記者來自比中國更窮的國家──肯亞、利比亞、馬拉威、菲律賓,諸如此類──但本國的新聞自由幾乎都優於中國,因為中國的媒體環境在全世界壓抑的程度數一數二。[131]中國新聞自由的現狀令記者培訓課程的許多學員感到震驚,其他方面的人權侵害也是,雖然政府官員試圖遮掩,他們還是能看出這些情況。喬治亞州立大學的雷普尼科娃曾深入研究中國為非洲人開設的培訓課程,其中包括針對衣索比亞的記者。(衣索匹亞當然不是新聞自由的堡壘,但還是比中國自由。)她發現中國的培訓課程不怎麼影響衣索比亞人對中國的看法,接受《華盛頓郵報》採訪時她表示:「一方面,學員提到他們覺得中國發展的規模和速度令人鼓舞。但同時,到目前為止,這些課程似乎只造成有限度的模仿。」[132]同樣地,《哥倫比亞新聞評論》收集了一份口述歷史,由前往中國參加外國媒體培訓課程及交流計畫的記者回顧他們的經驗。[133]《哥倫比亞新聞評論》口述歷史所訪談的一些參加者表現出對於培訓課程的正面意見。但其他人則說他們得到的是一個機會,近距離觀察高度專制的醜惡媒體環境的機會。肯亞《商業標準報》的記者歐提耶諾2017年參加了一項新聞培訓課程。他說:

> 他們帶我們去參觀博物館、市場、遊樂場所,各式各樣的地方,要示範給我們看他們是怎麼辦事的。不過,這些傢伙有個毛病,就是你一問他們尖銳的問題,他們就覺得受到攻擊了。我們想知道為什麼中國境內的媒體從不批評政府。⋯⋯但我覺得他們的回應一直在顧左右而言他,不能解

答我們的疑惑。……如果中國人讓我去北京是為了影響我寫的新聞，那他們就失敗了。[134]

引發共鳴的敘事

在開發中地區——例如非洲、拉丁美洲、東歐這些地方——中國官媒也試圖表現出他們比各大西方媒體更支持開發中國家。牛津網路研究所的賈格利阿朵內針對中國官媒對待非洲的方式進行了數項研究，他發現官媒「強調〔他們〕有能力對非洲進行全面報導（主因是〔CGTN〕可以動用大量資源來覆蓋整片非洲大陸），有決心講述一個與眾不同的非洲故事」——這會是個正面的故事，會描述中國媒體如何與非洲人同仇敵愾對付西方媒體，西方媒體長久以來一直只把注意力放在非洲的缺點。[135] 來自南非和英國大學的研究者曾分析新華社及《中國日報》刊載的報導，他們指出，中國官媒特別強調西方介入非洲、中亞、中東、東南亞等地造成的負面結果，尤其是美國在非洲的作為帶來的所謂負面影響。[136] 賈格利阿朵內還發現中國經常試圖運用其影響力，打入非洲各國原本已在進行的新聞及媒體計畫。

其中一個值得注意的案例是中國官媒企圖打進東非最大經濟體，肯亞，該國一直都是媒體企業在那個地區的主要聚集地。肯亞的國家廣播公司每晚都播出CGTN。CGTN的第一個海外分台就設在肯亞首都奈洛比，建台之時，那也是非洲大陸上除了非洲媒體以外的最大分台。[137]CRI開設了一個AM頻道，可以在肯亞全國收聽,另外也開設了三個FM頻道來播送其節目,FM廣播以英語、史瓦希里語、華語播出。[138] 結果中國新聞媒體變得漸漸能被肯亞人辨認出來,而中國媒體也愈來愈常在廣播和電視節目起用非洲裔主持人。有人曾對年輕的非洲學生進行調查,這些學生密切追蹤非洲境內的國際媒體;他們發現,許多肯亞學生認為CGTN是「信譽良好的國際媒體」,還有,CGTN的主要媒體工作者在肯亞知名度很高。[139] 其中一位接受訪談的學生表示「那邊〔CGTN〕報導的內容引發我的共鳴。」[140]

有一種可能性是在非洲、東南亞等等開發中地區,「不同的故事」可以吸引更多讀者、觀眾、聽眾。喬治華盛頓大學的拜拉德利用「皮尤全球意見調查」的資料,分析中國媒體擴張在非洲對於公共輿論造成的效果。研究發現,在迦納、肯亞、奈及利亞、塞內加爾、南非、烏干達這些國家,中國媒體的存在感和輿論在許多話題上對於中國的看法較好,這兩件事彼此相關。[141](皮尤研究中心等機構進行的研究顯示出,整體而言,非洲各國對中國的觀點原本就比世界上大多數地區來得友善。[142])

中國其他官媒有待努力

然而除了新華社,中國的大型官媒都還沒找到聽眾,雖然他們也經歷擴編和現代化。當這些官媒擴張,若他們能更受消費者信任,那麼對北京來說就會成為更具殺傷力的武器。要是北京製造出獲得全球信賴的官方新聞媒體,就可以公開透過這些媒體宣揚親中資訊。對中國來說這是一箭雙鵰，因為對於官媒的正向看法也能為中國增光，就好像美國之音試圖贏得更多聽眾時也會自誇該台與美國政府的關連。然而，中國官方媒體是否能夠贏得新聞消費者的信賴？這一點仍然有很大疑問。

前文已經提及中國省級媒體向東南亞擴張時所遭遇的挑戰。在非洲，CGTN和其他媒體大規模投資，在本土觀眾之間得到了一定公信力。但是此一效果有限──中國媒體的觀眾群、以及他們在觀眾心目中的公信力，仍然遜於本土新聞媒體及BBC和其他西方廣播公司，而且他們會複述俄羅斯的假新聞、針對烏克蘭衝突散布顯然不實的消息，這些做法對其公信力毫無幫助。華瑟曼與馬德里模拉雷斯的研究顯示，整體而言，中國官媒在非洲的觸及率與各大西方媒體差距仍然相當大。[143] 舉例來說，CRI在象牙海岸賣力地拓展其節目，想要讓聽眾群變得更廣，但我取得的蓋洛普民意調查顯示，他們幾乎完全失敗了。蓋洛普民調記錄到CRI每週只觸及不到百分之一的象牙海岸人，這樣的數字在該調查所分析的23家廣播網中排在倒數第二。[144] 對照來看，BBC每週觸及13.7%象牙海岸人，美國之音則能觸及5%左右。[145] 奈及利亞比起象牙海岸更是中國軟實力及銳實力作戰的一大目標，但在蓋洛普的類似調查中CGTN和CRI的表現都慘不忍睹。奈及利亞所有收看國際電視台的觀眾當中，CGTN觸及了3.7%，大約是BBC的四分之一；收聽國際廣播電台的奈及利亞人當中，少於1%的人收聽了CRI。[146]

許多非洲人仍然認為中國媒體是政治宣傳的管道。[147] 例如，西敏寺大學的馬許談到中國官方媒體都沒有報導2015年教宗方濟各參訪非洲一事，但這條新聞顯然是本地人所關心的，這顯示出審查制度妨礙了媒體真正的本土化。[148]（中國與梵蒂岡並未建交，不過雙方關係近年來日趨緊密。）

中國官媒以肯亞為據點向西非擴張，但即使在肯亞，中國媒體的表現相對也不好。谷攸和余紅（音譯）進行的民調顯示，肯亞大部分新聞消費者很少利用中國官媒，甚至完全不用。[149]

同樣地，在世界上其他許多區域，CGTN、CRI及其他官媒的觀眾群仍然很少，只有新華社除外。中國國有的電視台和廣播電台並未在亞洲觸及大量觀眾。蓋洛普民調中心在越南調查各電視台每週觸及率，發現每週只有0.7%越南成年人收看CGTN，遠遠低於BBC、CNN、法國TV5電視台、韓國的阿里郎電視台——對於這樣低的數字我並不意外，因為我所認識的大部分越南輿論領袖從來也不會特地收看中國官媒。[150]收看BBC的越南人當中有三分之二表示他們很信任該電視台，但收看CGTN的人只有大約7%這麼說。在柬埔寨，儘管中國強力推廣官媒，我按《資訊自由法》取得的另一份研究還是顯示出，以每週聽眾人數而言，CRI的人數低於該國幾乎所有的國際及本土電台。[151]

而在歐洲和北美洲的民主大國，CGTN大部分也呈現出後繼無力，雖然，當有人在微信和其他社群媒體上分享，其報導的確也能在本土華語社區當中傳開到一定程度；中國和俄烏戰爭之間的關係，將進一步傷害到CGTN及其他官媒。英國境內有不少觀眾的華語講得流利，但有一份研究發現，只有極少數英國人收看CGTN──後來到了2021年英國政府才把CGTN的准播執照吊銷，因為該台在中國政府的壓力下沒有自主性。[152]而雖然CGTN在美國及加拿大觸及數較高，但這個數字統計的是有多少家戶能夠收看CGTN，不表示實際上有這麼多人把電視頻道轉到CGTN。自由之家的庫克仔細研究了美國境內的中國媒體，她認為，美國境內CGTN實際的觀眾人數甚至比新唐人電視台還要少，而能夠收看該電視台的戶數卻比CGTN要少得多。[153]同樣地，雖然CGTN在2019年透過設在倫敦的分部開設了CGTN歐洲分台，但是在歐陸市場並未取得什麼成績，歐洲許多國家原本已有國家廣播公司主導了市場，又有各式各樣的衛星電視服務，而歐洲各國的政府現在則對於CGTN和其他中國官媒所提供的服務愈來愈警醒，愈來愈會提出批判。[154]

同樣地，在整個拉丁美洲，包括其中幾個大型民主國家，過去十年來能夠收看CGTN西班牙語頻道的戶數提升了相當多，但該頻道實際表現仍然不佳。[155]有幾位專門研究中國與拉美關係的專家告訴我，中國的新聞報導在智利、阿根廷、巴西等等拉丁美洲國家並沒有廣大收視群。[156]葉培蕾和阿爾伯諾茲針對CGTN西班牙語頻道所做的全面研究更顯示出，該台的「觀眾群仍在少數、能見度仍然偏低」，而且中國政府釋出的資料往往只談到CGTN有可能觸及的觀眾數量──可以收看CGTN的戶數──並不揭露實際的觀眾數字，大概是因為數字太低，說來尷尬。[157]

CGTN一直有自我審查的風氣，而後來北京強推中國大眾所厭惡的COVID清零政策，還有俄烏戰爭讓全世界都要選邊站，也讓中國領導層變得更加疑神疑鬼，於是自我審查的風氣愈演愈烈，即使CGTN從自主的全球性媒體和本土媒體聘雇知名記者真的讓他們建立公信力，也隨時可能因此扣分。羅伊研究所的瓦拉爾曾研究CGTN，發現這家機構還是「封閉、內鬥，特別是工作人員都抱持著不信任感。……因為缺乏信任的緣故，大家幾乎完全沒有動機要挑戰邊界，包括報導哪些議題和哪些內容的邊界，以及如何處理特定議題的邊界。」[158]

是大鯨魚還是小蝦米？

另一方面，CGTN和其他中國官媒也在利用社群媒體表現出大鯨魚的架勢，但目前他們在這些平台上並沒有什麼真正的吸引力。（至於微信等等中國的社群媒體和訊息平台，情況就不同了；他們確實是愈來愈有用的工具。）

北京可能也從口袋裡掏出許多錢來幫官媒在全球性社群媒體增加追蹤者，以此提升CGTN、新華社等新聞媒體的知名度與公信力。在全世界的媒體企業裡面，中國幾家大型媒體的臉書追蹤者人數是最多的。截至2019年底，臉書追蹤者人數最多的前六家新聞媒體裡面有五家是中國媒體。[159]雖然中國政府在國內封鎖臉書，也就是說CGTN、新華社和其他官媒的追蹤者裡面很少有人IP在中國，甚至根本沒有，但他們還是取得如此亮麗的成績。[160]CGTN的英文頁面如今在臉書上的追蹤者超過11億，這是全世界最多人追蹤的媒體企業。[161][2019年、2020年，CGTN 臉書追蹤者增加的速率是CNN的四十倍──數字十分驚人，而CNN卻是更有全球知名度的媒體品牌。[162]《中國日報》、《人民日報》、新華社的追蹤者只略少於CGTN，重要西方媒體例如BBC、CNN、《紐約時報》則是望塵莫及。[163]

就連《環球時報》在臉書上也有超過6500萬追蹤者，比《紐約時報》還多，而《環球時報》是超級民族主義的鷹派報紙，跟新華社比起來走的是小眾市場。[164]然而全球新聞界的大鯨魚、到處都有分社的《紐約時報》，網站每個月造訪者約有2.4億人次，而以分社數目和員工總數來看都是小蝦米的《環球時報》卻有3000萬人次造訪。[165]

在東南亞也一樣，我自己的研究和其他分析師（例如海軍分析中心）的研究都顯示出中國官媒在某些國家累積了相當多臉書追蹤者，雖然實際與真人的互動似乎很少。[166]在菲律賓，CGTN和新華社等大型官媒的臉書頁面平均都有90萬名以上的追蹤者，在泰國，CRI的臉書頁面有250萬追蹤者，在印尼，大型官媒平均有65萬名左右的追蹤者。[167]（平心而論，比起《羅盤報》之類菲律賓和印尼大型媒體企業臉書頁面的追蹤者人數，上面的數字不算什麼，但那些媒體大部分使用當地語言，因此潛在的讀者群也更大。[168]）此外，中國官媒的報導在微信上則有巨大穿透力，微信身兼傳訊軟體、社群媒體、付款程式，在中國廣為使用，在北美洲和東南亞也愈來愈多人使用，不過華盛頓已經動手要限制美國境內可以使用的微信功能。

中國官方媒體在推特上的追蹤者同樣在增加。推特和臉書一樣在中國被禁，習近平政府還採取一些措施，讓中國公民要翻牆連上這兩個平台非常困難。然而截至2021年底，CGTN的官方推特帳號（@CGTNOfficial）卻有1300萬以上的追蹤者。[169]雖然數字少於CNN，但CGTN追蹤者每天增加的數量是CNN的兩倍。[170]CGTN的推特追蹤者也有半島電視台英文台的將近兩倍，而半島電視台在全球的知名度應該是高過CGTN。

如此龐大的數字也許有助於提升CGTN、新華社及其他官媒在國際上的形象。追蹤者人數眾多，代表官媒在社群媒體十分受歡迎，如此一來可能讓他們顯得更有權威，於是對讀者來說更有吸引力。

非自然生長（inorganic）的影響

雖然中國官媒追蹤者的數量龐大，但他們在臉書和推特發布的許多訊息都只帶來少量回應，讓人懷疑官媒實際上到底有多少真人追蹤，而且美聯社曾經報導，北京在推持上利用假帳號轉發中國外交官的推文。[171]CGTN北美分台儘管聘用了知名記者、製作出確實高水準的影片及短片，但影片在YouTube上吸引的觀看人次卻難以突破一兩萬。[172]對照而言，CNN的影片在YouTube則常常吸引到數十萬甚至數百萬人觀看。

我研究是哪些人在社群媒體上面與中國的大型官媒互動，當時發現，照片（而不是文章）在CGTN臉書頁面最常造成他們與臉書使用者互動。CGTN與追蹤者的互動大部分是由照片帶來的，這暗示（但並不證明）CGTN的文章不能在臉書上廣為流傳，儘管CGTN的臉書追蹤者人數似乎多得嚇人。除此之外，CGTN與臉書使用者的互動當中也有相當大一部分來自「加強推廣貼文」，亦即付費打廣告。[173]

那麼，雪梨大學的聶喬伊（音譯）與孫超（音譯）比較中美新聞媒體在社群媒體的影響力，所得到的結果也就不出意外了：他們發現中國的大型媒體雖有可疑的大量追蹤者和粉絲，但在臉書和推特上的龐大數字並未造成相應的效果。他們反倒發現在社群媒體上，「美國的新聞來源整體來說〔比起中國的〕更有影響力，能夠設定新聞議程，放大某些新聞事件。」[174]

不僅如此，中國官媒在社群媒體上的存在感更可能屬於一種非自然生長。雖然臉書和推特宣稱他們正在打擊這些平台受到的操弄，以便減少付費買來的「假按讚」和「假追蹤者」，但資安公司卻已說明，有心人士還是可以在社群媒體買到大量追蹤者和點讚。[175]雖然中國官方媒體追蹤數眾多，但他們臉書和推特的貼文確實只能激起很少回應，令人懷疑這些媒體到底有多少真實的追蹤者。[176]商業新聞網站《石英》的調查報導發現，中國官媒在臉書英文頁面的追蹤者，很少來自世界上說英語的主要國家，但這樣的國家應該才是英文追蹤者的自然來源。[177]該項調查顯示，相反地，這些頁面多數追蹤者所在的國家「點擊農場」氾濫，「企業行號可以向其購買」臉書的按讚、轉貼、追蹤者。[178]

確實如此，CGTN及其他官媒儘管利用社群媒體擺出大鯨魚的架勢，他們在這些國際平台上對使用者卻並非真正有吸引力。
CGTN的YouTube影片往往枯燥無聊，使得觀眾極少與之互動，
影片的留言也很少是熱門YouTube頻道常見的內容。[179] 而在美
國境外，CGTN和新華社的YouTube影片有相當一部分還是顯得
很生硬，偶爾甚至還令人有時空錯亂之感，或者充滿種族歧視。
澳洲廣播公司在2017年報導，正當新德里和北京為了邊界問題
劍拔弩張之際，新華社錄製了一段影片放上YouTube，其中對於
印度人和整個印度的描寫就有種族歧視之嫌。[180]

　　此外，CGTN與臉書使用者的互動有相當一部分是由付費貼
文達成──簡單來說，CGTN付錢給臉書，讓臉書把他們刊載的
內容放進使用者的「動態消息」，貼文會標明是由贊助商發出。
[181]（2020年，臉書開始禁止由國家掌控的媒體公司在該平台下
廣告。[182]）根據馬斯頓的調查，CGTN的臉書貼文有22%進行
加強推廣。相反地，許多大型新聞媒體並不願意如此頻繁地加力
推廣。[183] 之所以如此，可能是因為他們原本編寫的內容已經自
然會吸引使用者去分享，新聞媒體不需要付費來把這些貼文放到
使用者的動態消息當中。例如，在BBC、BNN、半島電視台的
臉書頁面，絕大部分的轉貼內容都是有機的互動所生。[184]

7 新華社與內容分享協議：成功經驗
Xinhua and Content-Sharing Deals: A Success Story

　　如今中國所有的官方媒體，要數新華社在國際上最有影響力，也最有潛力在未來影響到全球新聞業，藉此提升中國在全世界的軟實力。北京十分重視新華社的現代化，也很著意要讓外國媒體採用新華社的新聞，在這樣的過程中，讓新華社在某些編輯和讀者心目中有了正當性。北京還讓新華社與外國媒體積極簽訂內容分享協議，以便讓新華社更常出現在更多讀者眼前，讓這家中國通訊社更具權威。除了新華社之外，中國也有其他官媒跟外界簽署功能類似的內容分享協議，例如《中國日報》。

　　就像其他中國官媒那樣，新華社正在擴編。五角大廈在2018年底公布的研究指出，2017年新華社有162家海外分社，當時經歷了快速擴張，目標是達到約200家海外分社。[1]2021年初，據報導新華社在全球已開設181家分社，到2022年似乎又有增加。如此新華社的業務範圍將接近美聯社（在全世界有大約250家分社）或BBC（在非洲、亞洲及其他地區中業界獨大）。[3]

　　同時，新華社相較於大多數競爭對手，還有一大優勢，就是沒有一定得要營利。[4]新華社能夠免費將某些稿件提供給貧窮國家的新聞媒體，有時候也免費提供給較富裕而與中國關係良好國家的新聞媒體。[5]（美聯社雖為非營利組織，但沒辦法像新華社那樣虧錢運營。）新華社的財務優勢，讓許多開發中國家的新聞編輯部門愈來愈常採用其供稿，因為負擔不起其他通訊社的要價。[6]

在某些較貧窮的國家，當地新聞媒體都愈來愈仰賴新華社所提供的國際新聞稿。以相似的情況，中國環球電視網（CGTN）也與許多國家廣播公司合作，例如肯亞國營廣播電視台就播送CGTN的節目，包括新聞及連續劇。[7]這些國家廣播公司因為網路興起、衛星電視擴張，而受到嚴重打擊；他們很需要節目，而中國官媒則樂意出手相助。新華社特別瞄準要在非洲大肆擴張。如今在非洲大陸開設了約莫二十家分社，而CGTN在非洲各地總共以六種語言播放。[8]

專業燒冷灶

在東南亞及其他地理上接近中國的區域，以及社會大眾對中國看法相對較良好的地方，新華社也嘗試用另一種方法提高公信力。新華社投入大量資源在東南亞和非洲擴張，其他新聞媒體如路透社、美聯社、法新社以及大型國際報章雜誌並未提及的新聞事件，新華社卻能報導。（CGTN也開始使用這種戰術，嘗試報導大型廣播公司如BBC、CNN所忽略的事件，尤其是在東南亞這樣的地區，例如報導當地各種峰會的細節。）一位卸任美國官員分析中國官媒擴張情況時，把此一戰術稱為「超級本土化路線」，針對這些地區的中文新聞編輯認為許多國際媒體都不會仔細報導的事件，專門提供特別詳盡的報導。[9]

例如，在COVID-19之前新華社記者往往會追蹤東南亞各種地區性峰會，而東南亞國家協會（東協）及下屬的各種組織似乎一年到頭都要召開峰會高談闊論一番。[10]（疫情過後他們一定會再次追蹤這些峰會。）除非召開重大會議，有東南亞國家的高層與會，否則其他通訊社和全球媒體通常很少派記者去出席這些會議，甚至完全不到場。但是新華社卻幾乎每役必與。學者帕拉梅斯瓦拉曾經為亞洲時事的知名網站《外交家》工作，那時他偶爾會報導次要的東協會議。在這類會議上，往往只有他一位記者不是來自新華社。[11]因為新華社更常報導這些活動，所以比美聯社等競爭對手更能夠供稿給東南亞的新聞媒體。

搞合作關係

新華社及其他中國官媒還有一種方法來間接增進可信度，就是與其他新聞媒體建立合作關係，尤其針對已開發國家與其他具有高度新聞自由國家裡面，那些因自主報導而享有盛名的當地媒體。中共官媒往往試圖與全球性大型新聞媒體高調簽訂合作關係，聚焦在合辦活動或其他種類的公開合作。然而，這些合約往往並非銳實力性質的秘密策略。這種合作關係往往並不是要將新華社或CGTN的報導偷渡到知名新聞媒體，讓讀者和觀眾在並不知其來源的情況下取用該篇報導。如此的合作關係反倒是要讓全球各新聞媒體的編輯及其發行商注意到新華社（某種程度上還有其他官媒）的存在，促使對方往後更有可能採用新華社的報導。

有時候此類合作關係還牽涉到純屬意在與對方「並列」，例如舉辦一些峰會，讓中國官媒的標誌和民主國家大型國際媒體的標誌能在同一個舞台上亮相。例如2018年，新華社與美聯社發表聯合聲明，宣布兩社將在新媒體等多項領域上進行合作。[12]如果擁有175年老字號的美聯社願意和新華社合作——美聯社獲頒普立茲獎56次，總是嚴肅地捍衛新聞品質——那麼，新華社應該是一家挺像樣的新聞通訊社吧？（美聯社受到美國國會炮轟時，仍為雙方合作關係做辯解，稱該社「與新華社的商業關係，及〔該社〕對中國所做的新聞報導，兩者之間截然有分，並且也建立了使新聞報導不受影響的防護措施。」[13]）新華社還與其他大型全球性及區域性新聞通訊社簽訂合作協議，其中包括法新社。[14]

合作關係之外，北京也在中國舉行媒體高峰會，新華社往往是主要贊助商。目前中國暫停舉行這些高峰會，因為實施COVID清零政策，可以說是他們自絕於世，不過清零政策結束，中國一定會重啟這些會議，再度邀請記者與官員，以及舉辦各式各樣其他活動、開展各式各樣的運作，來籠絡外國的輿論領袖。這些會議——世界媒體峰會、金磚五國媒體峰會，等等——也可以表現出新華社及其他官媒是正當、重要的新聞媒體。有時候，中國會與歐洲和北美洲的國際夥伴一起舉辦這些會議，包括路透社、美聯社、新聞集團，而跟這些國際媒體廝混，更使得新華社像是個正當的新聞來源。[15]

區域性高峰會的出席者則有新華社與其他官媒，以及專門報導該區域（例如拉丁美洲、東歐）各國新聞的知名媒體。舉例來說，2018年新華社與阿根廷的國營媒體共同在布宜諾斯艾利斯舉辦高峰會，與會者有十三家中國新聞媒體以及拉丁美洲及加勒比海的新聞媒體約一百家，討論彼此可能合作的領域。[16]

內容分享協議

合作關係裡面也常常包含與外國媒體簽訂內容分享協議，外國媒體會同意採用新華社某些報導的稿件。內容分享協議未必屬於銳實力。如果根據協議，出自中國官媒如新華社的報導將公開標明來自新華社，那麼我們應該把這樣的協議當成軟實力工具——報導的來源並未被隱藏。然而，如果簽訂協議的結果是最後新聞稿件有可能在外國媒體刊登，卻沒有對其出處做任何標記（目前似乎已有這種現象），那麼我們應該把此類協議算成銳實力——其中涉及隱瞞，消費新聞的社會大眾懵然不知其新聞來源。[17]

新華社在各大洲都與新聞媒體簽訂內容分享協議。不僅如此，就連歐洲這樣大部分國家新聞環境相對自由的地方，也至少有六個國家的媒體與中國官媒簽有內容分享協議，包括新華社。新華社也跟許多國家的記者工會簽訂合作備忘錄，包括已開發國家及開發中國家。[18] 國際記者聯盟2020年的報告詢問了58個國家與地區的記者工會，包括許多已開發國家，報告發現，其中

36%的工會「曾有中方實體與其洽談簽訂合作備忘錄事宜，14%的受訪者已經簽訂。」[19]其中一些備忘錄的簽約對象是中國國家的「記者協會」，有些則是與新華社簽訂，用來支持新華社與特定媒體簽署的內容分享協議。[20]新華社與開發中國家某些規模最大的新聞媒體已簽訂了內容分享協議，例如肯亞的「國家媒體集團」。[21]

到了2010年代晚期，中國官媒與以下國家的華語媒體都已經簽了內容分享協議：澳洲、巴西、加拿大、法國、德國、匈牙利、印尼、愛爾蘭、義大利、日本、馬來西亞、墨西哥、緬甸、荷蘭、紐西蘭、葡萄牙、南非、西班牙、瑞典、英國、美國，還有另外至少十個國家。[22]也許隨著中國支持俄烏戰爭、中國官媒散布俄羅斯的假新聞，上述國家對那些協議的看法會有所轉變，但至今為止這種情況尚未發生。不僅如此，這些內容分享協議之中有相當一部分是簽在歐洲、東北亞、北美洲各國，當地的媒體市場是全世界最自由的。

《金融時報》深入研究這些協議，並建置了一個合作關係的資料庫。根據該資料庫，截至2010年代晚期，其他國家超過兩百家本土新聞媒體——這些媒體理論上來說是自主不受北京操控的——與中國官媒簽訂了內容分享協議。[23]相較而言，在2000年代晚期全世界只有不到50家媒體簽訂這種協議。[24]

內容分享協議涉及國數之多，令人震驚。AidData的研究顯示，中國在亞太地區優先簽訂內容分享協議的國家似乎包括人口最多的國家、中國在亞洲的鄰國、開發程度最高的國家。[25]例如，中國國際廣播電台（CRI）的子公司「環球凱歌國際傳媒集團」現在共同營運的包括馬尼拉一家最大的電台、另外一家向雅加達及其近郊廣播的人氣電台、仰光一家頂尖的電台、金邊的一家電台，並且與曼谷一個最知名的音樂及新聞頻道簽訂合作協議。[26]但出了亞洲，這些協議——從《金融時報》的調查和我個人的研究看來——似乎並不遵循特定模式，中國媒體只想要儘可能地簽訂更多協議。

許多這樣的協議都是由新華社簽訂，雖然並非絕大部分。正如中國官媒迅速展開與世界各地華語的合作，他們也與英語媒體和本土語言媒體擴大簽訂內容分享協議，這些媒體所在地包括：阿根廷、澳洲、孟加拉、白俄羅斯、德國、印度、肯亞、寮國、摩洛哥、緬甸、奈及利亞、泰國、美國，以及其他許多國家。[27]有了這些協議，由中國官媒發出的報導（尤其是新華社）就有可能傳播給全球數以億計的新聞消費者。[28]

新華社對於某些合作對象的招攬手法，是強調這家中國通訊社會讓他們不需要那麼依賴西方通訊社——我發現此事對柬埔寨、泰國之類的國家是一個賣點，當地政府和一些媒體主管或者認為西方新聞機構總是忽略他們的國家，或者認為他們用負面的有色眼光看待該國。當然了，新華社也告訴許許多多潛在合作對象，他們收取的費用將遠低於美聯社或路透社等競爭者——甚至可以免費。[29]新華社還說，他們正在投入新聞與科技的新領域，例如人工智慧，在這些領域他們可能相對於其他通訊社佔有優勢。[30]既然大部分新聞媒體都希望用最新科技來壓低預算、加速生產新聞報導，因此新華社對於人工智慧的嘗試儘管只是初試啼聲，卻有可能助其與更多外國合作對象簽約。[31]

與新華社等等中國官媒簽訂內容分享協議的公司，有許多是位於媒體環境自由或相對自由的國家，但即使在這種國家還是有一些新聞媒體刊載中國官媒的報導，雖然他們並不是像《紐約時報》、BBC那樣聲名遠播的全球性媒體。就以新加坡而言，政府對於北京的影響力活動十分警醒，採取積極措施加以防範，即使如此，華語新聞媒體還是愈來愈仰賴新華社的國際新聞報導。[32]

新華社在亞洲和歐洲甚至能與某些信譽卓著的新聞媒體、國家廣播公司簽訂內容分享協議——雖然這些協議目前主要是為對方提供中國商業、金融、經濟的相關財經報導。2017年，新華社旗下的「中國經濟信息社」就商業新聞的分享與多家新聞機構簽訂協議，包括：德意志新聞社、波蘭新聞社、義大利的克拉斯傳媒集團、比利時《日報》、希臘的雅典通訊社等。[33]2019年，新華社與「義大利國家公共廣播電台」以及「義大利全國報業聯合社」簽訂合約，三方合作開通新華社的義大利文服務，此後，義大利全國報業聯合社每天在其網站刊出約50篇該社的報導。[34]僅僅在2018到2021這幾年，新華社就已經和義大利、奈及利亞、阿曼、盧安達、塞內加爾、泰國、寮國、白俄羅斯、越南等等國家的報社、線上新聞網站以及其他種類的新聞媒體簽訂了內容分享協議。[35]新華社也和澳洲的新聞通訊社簽有內容分享協議，同時，澳洲廣播公司這家在全世界廣受尊重的電視及廣播電台還和《中國日報》以及其他中國官媒建立了合作關係。[36]如前所述，這些新聞媒體面對俄烏戰爭，是有可能重新考慮與官媒合作是否恰當，但目前為止他們仍然維持與中國媒體的關係，只是切斷了俄羅斯官媒進入許多民主國家的通道。

新華社與許多其他中國官媒不同的是，通常讀者無需主動選擇去閱讀新華社的報導。事實上，有幾位學者分析了新華社的內容分享協議，他們指出，在中國境外，少有人報導這些內容分享協議的消息，即使讀者所在地的媒體自由程度高，大部分人也不太會注意到文章註明來自新華社。[37]新聞消費者只是閱讀他們平常所讀的報章雜誌，或者瀏覽新聞網站——最後就會讀到新華社的通訊稿，因為各大媒體愈來愈常刊載這些報導。大部分新聞消費者並不特意檢查他們所閱讀的新聞報導所註明的文章作者，不研究哪一家通訊社撰寫了該份稿件；只要文章登在他們常看的新聞媒體、他們對文章主題有興趣，就會去閱讀該篇文章。兩相對比，其他國家的觀眾若要收看CGTN、聽眾若要收聽CRI，他們就需要把機器轉到該頻道，因此是主動決定要收看或收聽這兩家媒體，而非像新華社的新聞那些是被動地接收到；讀者在線上閱讀、搜尋新聞時，往往會被動接收到各通訊社的報導。

新華社的潛在作用

更有勢力、規模更大的新華社，比起所有其他中國官媒，更可能使得新聞業改頭換面。隨著海外分社擴張、記者人數增加，新華社有可能成為第一個針對事件發布新聞快報的通訊社，有機會引發全球新聞媒體業的大地震，從而改變一些重要議題的報導方式。

新聞通訊稿並不有趣，對一般讀者來說更是如此。稿件內容單純、長度短，往往不會像報紙、網站、雜誌裡的專題報導那樣說故事。2000年代初期我曾在法新社工作，那是全球性的一家大型通訊社，通常我們撰寫的稿件都遵循一份清楚具體的格式指引，文長很少超過六百字。另外我們通常每天撰寫十篇以上報導──在工作步步調較慢時。因為通訊社記者並不署名，媒體上又充滿了新聞通訊社的稿件，所以許多新聞消費者並不很明白通訊社在全球媒體報導之中所佔的角色。少有讀者會知道通訊社記者的姓名。

然而各項重大事件往往是由新聞通訊社頭一個報導，而通訊社所提供單純易懂的新聞稿往往就成了歷史事件的真正初稿。之後其他大型新聞媒體往往會直接刊載通訊社的稿件或者加以整合，而新聞通訊社因為具有率先行動的優勢，於是能夠主導事件報導的核心所在以及整篇報導的調性。有一些大型新聞媒體已經習慣採用新華社對於中國政經新聞的供稿，因為對於中國境內的政治會議、中國領導人出席的各項活動，新華社往往能第一個報導其相關發言。新華社簽訂了愈來愈多內容分享協議，如果他們能夠對於中國境外事件的報導也撰寫初稿，設定其他媒體對於國際新聞報導的調性和範圍，那麼就可以深遠地影響到全球公眾如何去理解新聞事件。[38]新華社將發揮美聯社和路透社長久以來起到的作用，對於新聞報導第一個去下定義，而許許多多國家的新聞媒體將採用其定義——電視台、報紙、線上媒體等等都一樣。

　　就寫作的筆調與格式而言，新華社許多稿件與法新社、美聯社、彭博社、路透社的稿件看來無甚差別。新華社的報導往往簡短，似乎只是陳述事實，就像其他通訊社一樣。因為新華社的供稿乃是通訊社稿件的經典風格，許多報章雜誌的編輯工作的時間又緊迫，所以他們更難分辨新華社的報導與競爭者的報導究竟有無差別（年青而歷練不足的編輯尤其如此）。而報導主題若是與中國無甚相關的事件——舉例來說，像是發生在非洲、歐洲、北美洲、拉丁美洲而不涉及中國之事，或者與中國關係並不密切的重大金融事件——新華社報導的內容與其他大型通訊社的文章內容往往無從分辨。即使報導的事件可能影響到中國、或者可能使中國的競爭對手顯得不好看，例如美國的政治動盪，但新華社的報導通常相對而言還是正大光明，只不過仔細閱讀之後往往會發現新華社會修飾這類新聞報導，負面描寫中國的對手，讓中國領導層顯出好的一面。然而新華社報導相對而言正大光明的這項性質，卻使得新聞媒體的編輯更容易覺得有理由採用新華社供稿，除此之外還有財務考量。[39]

　　新華社當然不會去報導那些有可能使中國顏面無光的主題，而對於讓中國出頭露臉的主題，新華社的報導並非不偏不倚、完全自主。過去新華社不只是一家新聞通訊社，還擔負著某些情報機構的職責。無國界記者組織稱，除了新聞報導以外，如今的新華社仍然提供機密的情報文件給中共高層，稱為「內部參考」。[40]

　　編輯若是身處於信譽良好、富自主性的全球性新聞媒體，就會知道新華社針對中國的報導往往有所偏差，他們也有辦法運用許多其他通訊社的供稿；他們審慎看待新華社的稿件，只在確有必要時才使用，例如當中國政府發布資料、中國領導人發表演講，只有新華社一家通訊社報導此事時。但許多其他新聞媒體會採用新華社供稿，尤其若該媒體資源較少、較不清楚新華社的報導偏差——而未來這些媒體將更常採用新華社的稿件，因為新華社還在擴編，反觀其他新聞同業整體都在面對財務壓力，於是新華社更可能和具備高度新聞自由的地方（如澳洲、義大利）的媒體簽訂更多內容分享協議。這樣的動作可能會讓這些國家的編輯們認為，新華社的稿件是可以採用的，尤其是考慮到其他通訊社收費較高的情況。[41] 按照自由之家庫克的說法，這種心態已經有跡可尋；她寫道，「義大利某家大型通訊社所提供的中國相關新聞，〔已〕有許多來自新華社。」[42]

「借船出海」與「中國觀察」

內容分享協議是一種典型戰略，要用來掩飾北京的手腳——讓外國人不自覺地攝取中國思想。新華社之類的新聞媒體靠著內容分享協議「借船出海」，此一說法原本出自 CRI 台長王庚年之口。[43] 記者米蓋・馬丁（他專門研究中國的影響力運作，筆名「飢腸轆轆」）提到，「借船出海」必然涉及「對全世界觀眾呈現中國政府的觀點……同時打造一套〔媒體傳播系統〕，並讓它與中國政府實體的連繫」保持一定的隱密性。[44] 此一策略可能讓中國借助其他國家新聞媒體的力量，這些媒體原本已被認為是值得信賴的新聞來源，往往擁有相當多觀眾、讀者與聽眾。[45]

與借船出海有異曲同工之妙的，是北京長久以來使用的經典策略「洋為中用」——讓外國人來推動中國政府的思想、政策、價值觀，如此表面上看來壓力並非出自北京。此時為中國所用的則是外國新聞媒體，而非外國名人（例如籃球明星詹姆斯）、外國政治人物、外國的跨國企業。

若要讓「借船出海」發揮作用，那麼新聞的內容就必須對聽眾有足夠吸引力，才能傳遞北京的訊息；中國也必須找到一些合作對象，他們不會針對播送中國官媒的新聞報導而問東問西。正如王庚年所說，中國官媒需要把「我們希望傳播的」和「海外受眾關注的」結合起來。[46]這代表要挑選那些願意配合 CRI、CGTN、新華社等等的外國媒體，向他們提供的新聞報導要量身打造，但又要足夠細緻，才能在各項議題插入北京的偏見。

北京利用英文版《中國日報》的引文發動另一種「借船出海」——中國付費，將這些摘錄內容刊登到許多全球首屈一指的紙本及線上媒體。這些媒體所在的國家，大部分在無國界記者組織的年度《新聞自由指數》被排在很前段。[47]然而北京的手段是付費給世界知名的紙本及線上新聞媒體，將官媒的選輯放在報紙中間、網站顯眼處，或兩邊都放。選輯的文章往往出自《中國日報》，做得很精緻，叫做「中國觀察」。舉例來說，大型報紙中間可能插入八頁「中國觀察」，排版美觀、看起來專業；其內容經常出現中國政府的文宣。裡面的文章就像真正的新聞報導，只不過往往有文字說明此乃廣編稿。因為說明文字很小、並不容易察覺，所以「中國觀察」既是公開的軟實力，也屬於銳實力性質的影響力。

「中國觀察」所收錄的宣傳文章大部分出自《中國日報》。舉個例子，2019年三月《華盛頓郵報》刊出的「中國觀察」其中一篇專欄談到西藏的「節慶氣氛」，但其實在這個地方西藏人沒有什麼好慶祝的；「人權觀察」指出，西藏的政治犯（包括許多僧侶）服刑期間漫長，他們下落不明，甚至是否還活著也不清楚。[48]（《華盛頓郵報》已經不再置入「中國觀察」選輯。[49]）

對於許多財務狀況日益艱困的新聞媒體來說，置入「中國觀察」符合經濟考量。自由之家的研究談到，《中國日報》曾經在2017年及2018年，各花費超過1500萬美元來影響美國輿論。[50]因為該報在美國境內聘用的編輯人員不多，所以上述金額大部分給了美國新聞媒體（包括《華盛頓郵報》、《紐約時報》這樣的媒體），付費讓他們刊出「中國觀察」。[51]根據美國司法部存檔的《外國代理人登記法》相關登記，《中國日報》每年在美國為影響力活動所花費的金額，要高出許多國家整個政府為影響美國所做的花費。[52]根據美國司法部留存的登記資料，整體而言，2016—2020年間，《中國日報》付給美國媒體的金額接近1900萬美元。[53]

雖然《中國日報》自稱與全世界四十家媒體機構簽有合約，但中國官媒在已開發國家受到愈來愈仔細地審視，已經使得一些知名媒體停止置入「中國觀察」及類似增刊，例如美國《紐約時報》、英國《每日電訊報》、澳洲《雪梨晨鋒報》及《澳洲金融評論報》。[54]北京方面稱「中國觀察」發行量有400萬份——可以假定這400萬讀者包含了一大批全球重要城市的輿論領袖，因為刊登這份選輯的新聞媒體多半都位於大城市。[55]

而即使已開發國家的一些新聞媒體停止與《中國日報》合作，其他媒體還是繼續刊出其廣編稿，這可以假定是因為他們需要錢。例如，日本《每日新聞》紙本的訂戶就會看到「中國觀察」。[56]而因新冠病毒大流行使得廣告收入劇減的《洛杉磯時報》曾經祭出減薪及無薪假，2020年六月，該報的週日報刊出八頁「中國觀察」廣編稿增刊，這樣的訊號顯示可能有更多新聞媒體因為實在無計可施而去拿北京的錢。[57]調查記者羅斯根據美國司法部2021年公布的檔案做出報導，持續收受《中國日報》經費而刊載其選輯的並不只有《洛杉磯時報》，還有《時代》雜誌、《芝加哥論壇報》、《休士頓紀事報》、《金融時報》，以及其他新聞媒體。[58]英國《每日郵報》的網站是全世界讀者人數最多的英文新聞網站，他們和《人民日報》這家大型官媒簽有另一份內容分享協議。[59]

有一些報章雜誌的確會特別說明這些新聞是由《中國日報》編寫與出版，說明《中國日報》具有中華人民共和國的政府背景，但這些說明文字還是不引人注意。而雖然《每日郵報》的「線上郵報」網站也說明相關文章由《人民日報》提供，但該份說明文字更沒有明白指出《人民日報》與中國政府之間的連結。[60]

新華社如何作祟

泰國在過去十年間多半由專制的軍政府統治，面對軍方、王室等位高權重的人物，深入挖掘其相關新聞可能會有危險，但在這樣的國家，《鮮新聞》已經擦亮品牌，成為備受尊重的一家媒體。其實，《鮮新聞》雖然是針對大眾市場的日報，但他們最有名的是積極報導泰國的禁忌話題，包括王室、包括政府的鎮壓手段。《鮮新聞》聘雇了知名記者，例如泰國一位最大膽的記者巴維。巴維在2015年向前東家《民族報》辭職，在那之前，泰國軍方將他拘禁在通風不良的囚室進行「態度調整課程」，以整治他針對軍政府寫出批評文章的「犯行」。[61]（巴維在推特上表示，他等於是被解雇的；他說主管要他辭職，以免《民族報》承受軍方更大壓力。[62]）《鮮新聞》還是聘雇了他。巴維在2017年獲頒保護記者委員會的「國際新聞自由獎」。即使如此他仍然經常受到騷擾、恐嚇。[63]

《鮮新聞》的讀者群一直很廣大。泰國版的日報訂戶據稱約有90萬人，而泰國全國人口約莫7000萬。[64]《鮮新聞》也有英文版網站，刊登辛辣的調查報導。該報所屬的「民意報系」也因出產高水準的自主報導而享負盛名。民意報系的週刊對政治多所著墨，是泰國政治人物與曼谷有力人士必讀的刊物，受重視程度有如Politico的頭條新聞之於華盛頓。[65]

高水準自主報導所帶來的盛名，並未阻止《鮮新聞》與「民意報系」與中國的官媒建立合作關係，雖然中國的新聞環境在全世界是數一數二的高壓。2019年，《鮮新聞》與「民意報系」宣布與新華社簽署內容分享協議，《鮮新聞》開始刊載新華社免費提供的文章。[66]即使是「民意報系」這樣一家知名而富影響力的企業，也不免採用新華社供稿，因為那是免費的。泰國媒體面對的情形和世界各地一樣，財務壓力愈來愈大，而有一家新聞通訊社能每天提供數以千計的報導，還不收費，這樣送上門的便利令人難以拒絕。[67]不過，至少《鮮新聞》還是標示出相關文章來自新華社，讓讀者可以知道文章的來源。有一些其他案例是中國官媒將稿件偷渡到本土媒體，完全不標明出處，也有一些是當讀者一口氣瀏覽多篇新聞時，會看不出那些文章出自中國官媒。

新華社在《鮮新聞》刊出的頭一批報導談的主題包括2019年的香港抗爭，把抗爭者說成受西方幕後黑手操縱的棋子；又說在中國的新疆省，「各個民族與各個宗教彼此平等、團結、和諧，人民享受著和平及穩定。」[68]上述說詞都不是真的。（人權團體稱，中國當局在新疆拘禁的維吾爾人多達百萬，還對維族婦女廣泛施行性暴力，並有其他各種嚴重侵害人權情事；美國政府將北京鎮壓維吾爾人的情況稱為「種族滅絕」。[69]）

新華社也持續向《鮮新聞》提供可愛的軟性文章，其主題與中國相關，例如報導四川省雙胞胎的大熊貓在野外出生。[70]

眾望所積的「民意報系」與新華社簽內容分享協議之後，泰國其他媒體跟進，新華社在泰國輿論領袖及社會大眾之間擄獲了大批讀者。（新華社的報導使用的語言包括華文、英文、泰文。）許多媒體的財務資源還不如民意報系，因此當他們想到一家巨大

的通訊社將免費供稿、或者以特別優惠的價格供稿，這樣的前景
令人垂涎。（新華社提供多種語言的報導，包括英文，但他們也
為泰國新聞媒體每天將最多百則的報導譯為泰文。）[71]與新華社
合作的泰國媒體多種多樣，有嚴肅的國家廣播公司，也有針對年
青人的線上出版品。其中包括泰國國家廣播電視台，他們可以觸
及全國觀眾；線上《經理人報》，這家媒體針對大眾市場，讀者
少於《鮮新聞》；Voice Online，這是泰國最進步派的電視台的網
站。[72]

　　《民族報》雖然經歷與巴維的風波，但在泰國這個英文新聞
網站的信譽仍然良好，他們也與中國官媒簽訂了內容分享協議。
《民族報》是「亞洲新聞聯盟」的一員，該聯盟包括二十間以上
的新聞媒體，能夠轉載彼此的報導——《中國日報》也在裡面。[73]
亞洲新聞聯盟的成員有許多是備受尊重的老字號，不只是《民族
報》，還有《雅加達郵報》、菲律賓的《每日詢問報》，以及其他
頗具知名度的媒體公司。[74]可是他們都經常取用《中國日報》的
報導，但《中國日報》是官媒，並不具有聯盟其他成員的那種編
採自主性。

　　截至2019年底，總共有十二間泰國新聞媒體與中國官媒簽
訂了內容分享協議。[75]其中一些媒體認為與新華社合作是為自
己增光，將新華社的報導公開陳列，如此一來這些報導等於是軟
實力活動——雖然，因為新華社的文章本來就有所偏頗，所以這
些泰國媒體仍然是透過中國的稜鏡去刊載相關報導。其他泰國媒
體如民意報系等，似乎並不願意高調宣傳其協議。當一些媒體

進行簽約時，泰中記者協會會長猜瓦（他是一位媒體人，服務於 Than Sethakit 商業新聞）在相關會議中表示：「泰國媒體將直接由中國通訊社接收到新聞，不必再靠西方媒體的二手消息。這樣的〔新華社和泰國媒體的〕合作我們十分歡迎。」[76]根據《鮮新聞》報導，與會的其他泰國媒體主管似乎也樂於見到中國官媒的報導在他們的媒體表現出色，他們說，自從開始刊登新華社的報導，泰國讀者已經表現出他們對中國的國內消息愈來愈有興趣。另一家開始與新華社合作的媒體是 Sanook，該公司的璞瓦德稱，至少有1400萬讀者曾在 Sanook 的網站上閱讀新華社的報導。[77]

《鮮新聞》記者堤拉奈談到，長久以來中國都試圖影響泰國媒體，而且，現在泰國境內的華文媒體大部分立場支持北京或對中國不偏不倚。[78]他寫道：「但2019年的改變是他們積極接觸主流泰文媒體，目標是要讓這些平台按照西方通訊社的模式定期轉載親中報導。」[79]雖然不可能斬釘截鐵證明讀過某些新聞報導的人會因而做出某些決定，尤其要考慮到泰國的新聞媒體多如牛毛，但堤拉奈和其他觀察家都指出，中國官媒的入侵已經造成一些效果。堤拉奈談到，曼谷的中國大使館透過內容分享協議以及他們與泰國媒體的其他關係，就連特別具有自主性的泰國媒體，也能讓他們刊出一些基本上在各種議題呼應中國政府立場的社論——這些社論可是刊載在泰國最出色的媒體，供泰國決策者閱讀。[80]堤拉奈又談到，中國外交官還會聯絡泰國記者（常常是透過傳訊軟體），找他們刊登中國大使館所推薦的某篇報導。[81]

不出幾個月，泰國大眾與專家就清楚看到這些協議影響了泰國媒體環境，尤其影響到一項對北京事關重大的主題。2020 年一月、二月，源自武漢的新冠病毒傳播到東南亞及全世界，此時泰國媒體與中國官媒之間的關係似乎就改變了泰國新聞企業如何詮釋疫情。泰國的「第三頻道」在國內有許多人收看，而他們竟然在疫情爆發初期宣布與新華社簽約，播送該社對新冠疫情的報導。[82]

雖然新華社的報導有時候只是陳述事實、表面上看來與其他通訊社的風格無甚差異，但他們更經常沖淡新冠病毒對於中國和其他國家的破壞力。《泰詢問者》新聞網站的記者吉亞提出，許多泰國媒體已將疫情相關報導「外包」，與新華社合作並經常採用新華社反映中國政府立場的報導；這些媒體傳送給泰國大眾與興論領袖的新聞，使得他們以中國眼光、中國角度來看待新聞事件。[83]「外包」的報導經常描寫醫生及普通公民挺身抗疫的英勇事蹟（這些都是真的）——接著第三頻道會在社群媒體刊出這些報導，傳播給大量泰國民眾。[84] 相關報導也經常強調中國政府希望其他國家不要禁止中國公民入境。新華社與路透社、美聯社等通訊社的報導有一點不同，他們漠視北京在事件初期蓄意遮掩傳染病的爆發，一位早期出來吹哨而後來身亡的醫師〔李文亮〕提出的警訊亦遭消音，還有，中國人民當時對於政府的反應措施也愈來愈不滿。

到了 2020 年三月、四月，病毒在歐洲和美國肆虐，中國政府信心大增，開始自誇他們在公衛方面——也許還有在許多其他議題上——已經成了全球的領導者，因為中國表現得這麼好，美國卻左支右絀。[85]中國官方媒體，包括泰媒所轉發的那些媒體，都熱切鼓吹此一敘事，預測新冠病毒大流行將是史上第一次由中國來領導國際的全球危機，而美國撒手不管，對國內疫情的處理也有失妥當。[86]當時世界上某些領導者心裡正累積一種看法，即中國一開始辦事不透明的狀況，使得疫情在全世界無法得到控制——累積的怒氣最後引爆，使全球對中國的輿論評價遽降，而後來中國的封鎖政策時間又拉得太長，讓中國公民也開始埋怨——這時候，新華社等媒體大肆宣揚世界上其他領導者如何感恩戴德，例如塞爾維亞總統武契奇，當他宣布全國進入緊急狀態時，也宣布：「沒有什麼歐洲團結，這都是紙上的童話。我相信我的兄弟、我的朋友習近平，我相信中國的援助。」[87]

後門隱攻

但中國的企圖並不僅止於讓官媒走前門進去，不僅止於以相對公開的方式把新華社、CGTN 及其他官媒帶到國際媒體消費受眾的眼前。他們還透過後門以更加隱晦的方式操作，這種方式更具有銳實力性質。

8 銳實力工具箱：走後門偷溜進來的媒體與新聞

The Sharp Power Toolkit: Media and Information
Slipping Through the Back Door

　　正如在澳洲和紐西蘭，中國也把銳實力施展於全世界──其效果還往往比軟實力更加成功。走後門的中國銳實力操作和較為透明的軟實力操作有一點不同，就是此類操作往往設計成要隱藏幕後黑手──要讓外國的人們取用中國媒體、消化中國思想，而對自己究竟吸收進什麼東西毫無頭緒。

　　這種走後門的媒體新聞銳實力戰略，中國運用得相當廣泛，所以，本章我們會概述北京所施展的銳實力當中與媒體直接相關的部分：包括中國為了要把新聞偷渡到外國讀者的螢幕、平板、手機上，正對大量海外華文媒體攫取實質控制權，有時則與其他媒體簽訂內容分享協議，這類內容分享不會顯示文章出處；中國試圖讓許多獨立報導而批判到中國的重要華文媒體及其他語文媒體封口；此外北京正協助其他國家模仿中國受到高度管控的媒體，來創設本國的新聞媒體。

　　至於那些與媒體本身尚有一步之遙（或者至少也是半步之遙）的銳實力工具，將留待下一章來檢視。這些工具包含了不直接屬於媒體的潛在武器，例如校園中的孔子學院、或是將金錢輸送到外國政治人物及政黨的華商之類輿論領袖。另外還包括用來控制全世界的新聞規範、控制新聞流通「管線」的銳實力工具，例如電信網路、社群媒體、搜尋引擎、網路瀏覽器。控制這些管道之後，就可以用來放送中國官方媒體以及親北京的民營中國媒體。或者，這樣的工具將運用中國由新聞媒體所建立的優勢來達成非常明確的特定目標——放送某一類假新聞，或是對別國的商界、政界領袖加以獎懲。

後門偷渡

確實，中國官方媒體的報導可以從後門走進來，中國政府所控制或引導的其他媒體也一樣可以。當新聞報導由後門進入，沒有明言該條新聞的來源或製作方式，讀者就有可能不會知道他們所讀、所聽、所看的媒體其實受到北京引導或管控。

所以，雖然大型官方媒體常常被用作軟實力工具，但他們也執行銳實力運作，這種情況比起 1990 年代、2000 年代初那段魅力攻勢的時代來說，更是常見許多；當年比較沒有辦法操作銳實力。有時候，大型官媒會在全世界散布假新聞、促進新聞審查，以及進行相當不透明的運作。這種運作，民主國家的知名私人媒體不會允許，甚至美國之音等國家出資的廣播電台也不允許。

北京將親中媒體透過後門挾帶的方式有好幾種，早在魅力攻勢年代，這些方法幾乎還不存在。當北京與外國新聞媒體簽訂協議，讓中國的新聞報導被轉載，而沒有清楚說明來源，這些報導就是從後門偷偷進入。

透過借船出海所提供的報導往往包含假新聞和政治宣傳，此外，這些報導有時候沒有標明它們來自中國官方媒體。讀者不會意識到該篇報導是假的，因為把報導傳遞給他們的是可靠的本土新聞品牌——當該篇報導並未標明轉自中國官媒，讀者就更不會注意到。在公民的媒體識讀能力本來就低的地方，讀者特別難以分辨「借船出海」的假訊息和宣傳，因為他們的國內媒體本來就不太自由。

北京和外國新聞媒體除了簽訂內容分享協議，也透過短期合約，讓外國的本土媒體公司與中國官媒合作報導——這樣的報導往往並不揭露中國有參與合作。例如在阿根廷，全國第二大媒體集團「美洲集團」與中國環球電視網（CGTN）合拍了一系列紀錄片，主題是阿根廷與中國的外交沿革。[1] 阿根廷根據無國界記者組織的年度新聞自由排名，只在中等程度，但CGTN也會跟德國的電視台合拍節目，而德國可是被無國界記者評定為全球數一數二、最自由的新聞環境。[2] 菲律賓的新聞自由在全世界排名居於末段，該國政府所營運的廣播電台與中國國際廣播電台（CRI）簽訂了合製廣播節目的協議，結果在社群媒體上招來菲律賓人痛罵，因為裡面充斥中國政治宣傳；不過，自由之家的研究顯示，菲律賓的社會大眾對中國高度警戒，社群媒體和某些中國官媒的聲浪穿刺不了菲律賓的公共論述。[3]

鳳凰衛視與香港媒體

有時候，北京無需依靠合作協議來掩飾新聞內容來自中國官媒；他們可以採取更直接的路徑，買下表面上屬於本土或全球性的媒體，這樣的媒體號稱比官媒更自主，但其實還是傳遞強烈親中的訊息。或者北京還可以用金錢誘因來取得媒體實際上的控制權。

取得媒體的所有權，是北京在香港散播親中報導的主要手段——而在澳洲、北美、東南亞各地，此一手段也愈來愈重要。[4] 在香港，北京透過中聯辦基本上已經持有《大公報》、《文匯報》，對鳳凰衛視（在香港及深圳設有總部）也有相當的控制權。現在透過新推出的國安法，他們對香港新聞媒體可以施加更多管控，國安法已經實際上幾乎摧毀每一家真正自主的香港媒體，也已經把許許多多駐港的外國記者、外國媒體分社，都逼得撤離香港。[5] 國安法很可能最後會粉碎香港所有的獨立媒體，讓香港的新聞報導變成和其他中國城市無甚差別。

鳳凰衛視的觀眾不只在香港和中國，他們還開設頻道特別瞄準歐洲、北美洲等地華語觀眾，做得很成功。[6] 無國界記者組織在分析中國全球媒體足跡增加的一篇報告指出：「某些華語媒體位於香港、而受到北京的部分控制或完全控制，例如《大公報》、《文匯報》、鳳凰衛視，這些新聞媒體對於向海外華人社區散播中國的宣傳，扮演重要角色。」[7] 鳳凰衛視在使用華語的美國人及加拿大人之間已經贏得廣大的觀眾，所以對北美洲具有相當影響力。[8]鳳凰衛視各台，包括面對國際的美洲台和歐洲台，號稱在全世界的觀眾總共有3.6億，雖然他們並沒有提出收視的統計數字來支持此一說法。[9]鳳凰衛視的節目包括高水準的短篇影集、電影、談話節目、政經新聞，一般來說製作預算都不少，所以它能夠吸引觀眾。而鳳凰衛視並不是中國的正式官媒，這一點使外國觀眾更容易接受它。有幾次，鳳凰衛視還播出在官方媒體顯然不可能出現的題材，例如2005年報導趙紫陽過世的新聞；趙紫陽曾經擔任中國總理、中共總書記，天安門屠殺後趙紫陽被清算，自此他的名字基本上官方媒體不會提及。[10]

貼上了這一層「有反抗過」的外皮，讓鳳凰衛視在全球更有吸引力，如此，就更可以用來散播親北京的新聞報導。鳳凰衛視的創辦人劉長樂在文化大革命期間及其後曾經擔任解放軍軍官，在政治宣傳部門工作，雖然他在1980年代也因為中國的審查制而吃過一些苦頭。[11]他的立場一直明顯是支持北京。中國國營的電信巨頭「中國移動」、以及中國銀行的一間子公司，都是鳳凰衛視的大股東。鳳凰衛視有在中國播出，所以北京對這家電視台能施加相當大的壓力。他們在中國累積了大量觀眾，其中一個原因是節目的製作預算高，此外鳳凰衛視之前一直不是真正的官媒；在中國播出所帶來的營收，已經是鳳凰衛視極重要的財源。但就算是劉長樂，對共產黨而言還是不夠支持北京；或許他過去那幾回稍微試圖製作的自主報導，替他惹來麻煩。

2021年四月，北京對鳳凰衛視實施更嚴密的控制，同時劉長樂將他的持股出清給兩間公司。其中一家新股東〔紫荊文化集團〕由中共的前幹部〔毛超峰〕領導，根據調查報導網站《亞洲守望》的說法，該媒體公司由北京的中央政府直接管轄。[12]另一家新股東〔信德集團〕則由何超瓊掌管，她是親北京的一位主要大亨。[13]何超瓊手中並沒有其他媒體公司，她對媒體界也沒有經驗，根據《亞洲守望》的報導，這代表她的集團之所以收購鳳凰衛視的部分股票是「中國高層的意思」。[14]

　　無論鳳凰衛視過去到底是有心或無意製作自主新聞，特別是在較為自由的江胡年代，到了習近平年代，鳳凰衛視總之是變得更加卑屈，因為中國本身的新聞環境已淪為數十年來所未有的壓抑、限縮。舉例來說，2010年代中期開始，鳳凰衛視播送了一系列令人發寒的影片，片中曾經批評過中國的人士認罪，他們遭到野蠻拘禁，例如被綁架到中國大陸的那幾位香港書商；這些認罪影片幾乎百分之百可以肯定是逼供而來。[15]雖然鳳凰衛視的節目做得又炫又潮，但這些認罪「報導」如果放到最賣力宣傳的中國媒體去，也可以融入原本的內容，不令人感到違和。

　　在這段時間裡面，CRI正默默投資世界各地其他電台，然後讓這些電台播放親中訊息。[16]路透社的調查報導發現CRI悶聲不響地透過投資掌控了全世界至少33家電台（美國也有），令這些電台播放親中的內容，廣播的語言往往並非華語而是當地語言——如此一來，他們可以接觸到更廣泛的聽眾。[17]這樣的內容播送出去的時候，聽眾並不知道這些電台受到CRI投資，這就是不透明的銳實力。

　　北京更進一步攫取了世界上許多華文媒體的實質控制權，其做法並不透明，基本上是秘密行動。何清漣是一位研究華文媒體最知名的學者，她針對此議題做了深入的研究，範圍涵蓋許多不同國家。在中國之外，華文媒體還有很大一片版圖：全世界擁有華裔血統而並不居住在中國大陸的人口，有六千多萬。[18] 據何清漣所言，她書中所述的十年之前，中國大陸以外的華文媒體相對而言具有自主性，但是大部分的華文媒體都已經成了「紅色」或「粉紅」媒體──「紅色」指的是新聞報導明顯親中，「粉紅」則是相對親中。[19] 換言之，北京想要控制多數外國華文媒體的這一項目標，大致上已經成功了。[20]

對於許多中國的領導人和官員來說，全世界這麼多華文媒體都採取了親北京的編採立場，這樣的事實是再自然也不過了，因為北京認定四海之內的華人天生就心繫中國。北京用了幾項做法，來達成這種對全球華文媒體的控制。在某些案例當中，他們不動聲色地將金錢誘因提供給那些偏袒北京的華文媒體。在別的案例當中，北京對華文媒體執行「負向」影響力運作──例如懲罰大膽批評北京的媒體，或者個別記者和編輯。

在許許多多國家，都有支持北京的企業──可能是中資企業，或者出於商業利益等考量而支持北京的本土企業──利用投放廣告，來影響本國華語媒體對北京的報導方式。例如泰國的華文媒體，他們在過去二十年間已經明白，如果報導內容做得大部分偏向北京，他們就可以吸引到那些在中國境內有大量商業關係的泰國企業，以及那些仰賴中國消費者、中國投資人的泰國企業。中國是泰國最大的雙邊貿易對象，最大宗的遊客來源，對泰國的企業、房地產、建設來說，中資是最重要的資金之一；需要在某方面依賴中國的泰國企業，數量一直增加。[21] 雖然在泰國最多人閱讀的是泰文媒體（不過如前所述，泰文媒體也受北京影響，因為雙方簽署了內容分享協議），泰國還是有說華語、讀中文的社區，他們對政界和商界的高層能夠發揮相當作用，而也有愈來愈多泰國人學中文，使華文媒體在泰國的讀者愈來愈多。[22]

東南亞之外，其他地方也有支持北京的企業主威脅到媒體的自主報導；此情此景逐漸成為流行現象。例如，澳洲的華文媒體就面臨這樣的挑戰，加拿大的華文媒體亦然。澳洲記者加諾特發現，刊載對北京友好的新聞、社論那些媒體，支持中國的澳洲本土企業會予以鼓勵，或者是由中國大陸的企業來給他們鼓勵。對北京持守批判態度的少數華文媒體，廣告會被華裔人士營運的本土企業抽走，許多跨國企業也是一樣——雖然與此同時，整體而言，無論是自由黨—國家黨聯合執政或由澳洲工黨來組閣，澳洲政府對北京的態度都趨於強硬，同時澳洲的輿論也轉向強烈反中。[23] 像這樣的本土媒體，沒了廣告大部分支撐不下去。而雖然澳洲華人會閱讀非華文的新聞媒體，華文媒體對於形塑華人社區的輿論還是扮演著重要角色——前文已經講到，華人社區的搖擺票對於澳洲政治所起的作用日益重要，他們在商界和學術界也愈來愈有份量。

在其他國家裡，則有個別的親中商人買下本土的華文媒體，改變其報導方式。其中一些人是出自商業關係或者其家族歷史上和中國有淵源，因此對該國抱持著友好的看法。另外也有人是支持中國的意識形態──他們喜歡的未必是中國所謂的共產主義，反倒是中國的專制國家資本主義引起了他們的共鳴。還有一些去買媒體的商人，他們可能有統戰部背景，在購買、營運新聞媒體時也有統戰部的組織和金錢支援。

以馬來西亞為例，華裔大亨張曉卿靠著伐木業累積了他的資產，這個產業在馬來西亞一直腐敗不堪惡名昭彰，據說張曉卿從國家的財庫吸走了幾十億，他給政府各部門首長的回扣金額也令人瞠目結舌。[24] 幾十年來，張曉卿給人留下的印象不只是他十分支持長期執政、專制的馬來西亞政府，還有他通常都支持中國的外交政策和管治方式，他也定期會見中共高層。[25] 例如2016年在香港的一場媒體高峰論壇上，張曉卿嚴辭批判那些認為香港獨立於中國之外的香港人，警告他們應該排除一切港獨的相關討論。[26]

過去二十年間，張曉卿買下了馬來西亞大部分的華文媒體；華人是馬來西亞的第二大族群，該國最具影響力的新聞媒體當中，有幾家就是華文媒體。這段期間，馬來西亞的華文媒體原有的多元立場，逐漸轉變成廣泛的親中立場，張曉卿正是此一變化的主要推手，雖然他並非唯一的因素：馬來西亞的華語電視台當中，中國官方電視台，以及中天亞洲台、鳳凰衛視等立場較支持北京的民間電視台，逐漸佔到優勢地位。[27] 但他手中的新聞媒體合計佔有平面媒體發行量的七成，其中包括馬來西亞最大華文報紙《星洲日報》。[28]

張曉卿在馬來西亞及東南亞其他地方的報刊，對中國境內事件的報導方式強烈支持北京，其中有許多內容與中國官媒簡直無法區分。戰略暨國際研究中心的東南亞專家希伯特提到，有一位曾在香港《明報》（張曉卿媒體集團的旗艦報紙）任職的編輯說，張打算把《明報》變成「支持大陸的報紙」。[29] 此外有許多馬來西亞記者表示，張曉卿手中媒體的報導，對馬來西亞的其他華文媒體也會造成跟風效應。因為這些報刊的市佔率高，《星洲日報》更是馬來西亞最大的華文報紙，因此，當他手中的媒體刊出兩國關係的報導或是其他與中國有關的主題，其他媒體往往會感到有必要針對相同主題進行報導。[30] 他們往往也就這樣執行了，雖然，原本刊登於《星島日報》等報、而他們想要與之相比的報導，不會對中國有任何批評。

近年來張曉卿歲數漸高，也傳出健康惡化的消息，於是試圖將媒體的股權賣出一部分。[31] 在 2016 年他曾尋找買主接手他媒體王國的一部分，那就是萬華媒體集團，該集團在香港出版數本雜誌。後來他將萬華媒體集團的大部分股權賣給某一間中國國企。[32] 既然有此先例，不禁令人揣想張曉卿的媒體企業最後是否會把旗下別的公司轉讓給中國大陸的國營或民營企業。

馬來西亞只不過是整個更大趨勢當中的一例。在台灣，北京已經對國內媒體取得一定的控制權，其手法大部分屬於銳實力性質——而且這還是在台灣政府並不允許中資直接持有台灣新聞媒體的情況下。[33] 因為華語是台灣主要通行的語言，所以只要控制了華文媒體，就可以接觸到幾乎所有的台灣人——不過，對於受中國影響的媒體，台灣也已發展出高度韌性，其中一部分是因為中國對他們攻勢如此猛烈，一部分則是因為台灣政府以嚴格的措施來應對。

新聞媒體等同遭到中國收購的情況當中，最出名的一項案例就是2008年旺旺集團收購中時媒體集團；旺旺這間食品公司屬於台灣首富之一蔡衍明。[34]該集團的主要收入來自中國，而蔡衍明對北京極盡奉承之態，早已為人所知；2012年他對《華盛頓郵報》記者表示，1989年的天安門並沒有發生大屠殺。[35]蔡衍明買中時的做法也很有蹊蹺。旺旺提出的價碼比競爭者〔壹傳媒〕高出兩倍有餘，許多台灣媒體專家都推測，中國政府提供了資金來協助旺旺的併購。[36]其中一位專家許建榮寫過詳盡的分析，他認為，中共中央宣傳部與國台辦涉入並協助了此一併購案。[37]台灣的另一家大報《蘋果日報》（屬於香港壹傳媒集團）在2019年報導，旺旺集團子公司「中國旺旺」歷年來收受中國政府的補助金高達一百五十多億台幣，雖然這筆錢並沒有說是酬庸特定新聞報導。[38]

除了透過支持北京的外國企業家，有時候中國的國企和民企也會親自投資海外的華文報刊和廣播公司。例如，鳳凰衛視的一部分股權就屬於北京組建的企業〔紫荊文化集團〕。[39]中國的民營企業在習近平時代已經愈發聽命於北京，所以投資海外華文媒體的究竟是中國國企或民企，兩者之間的區別已經縮小。在香港，即使2021年甚至2022年都還有極少數新聞媒體持續發表自主報導（雖然他們不太可能有什麼未來），然而，保護記者委員會和香港記者協會在2019年的報告指出：「由中國大陸當局或由中共黨員領導的企業，控制了香港二十六家主流媒體中的九家，包括香港無綫電視台TVB和香港〔當時的〕主要英文報紙《南華早報》。」[40] 史拉德曾為保障民主聯盟及華府智庫德國馬歇爾基金會撰寫一份報告，報告中提及「持有香港新聞媒體的人士，大多具有中國政協或人大代表的身分。」[41] 請注意這種現象的存在早於北京在2020年利用國安法強力鎖死香港、將大部分獨立媒體逼得關門大吉。

我們可以再看看泰國的例子，前文談到，就全世界來說，泰國的華人族群佔比很大。泰國的華文報紙《星暹日報》長久以來都對中國做出公道的批判性報導，已經成為它的一項特色。但該報的20%股權已經賣給中國的南方報業傳媒集團，這家媒體集團的母公司是廣東省政府。[42] 南方報業原本能在中國國內做出相對而言還算獨特的自主報導，因此享有盛名。但近年來隨著習近平大權獨攬，據稱南方報業內部已採取一系列措施讓集團各媒體減少「負面」報導——我們可以假定，就是那些使北京或各省領導有失顏面的報導。集團已經表明要「緊緊圍繞省委省政府中心工作，唱響主旋律，傳播正能量，發揮……引領輿論的作用。」[44]

《星暹日報》將股權賣給南方報業之後，對中國各項議題的報導方式變得十分諂媚。[45] 與此同時，泰國也出現了新成立的華語媒體。無國界記者組織的研究指出，《泰華網》、東協商業台、東協財經台之類的新媒體「似乎彼此之間都有不為人知的連繫，他們和中國官方媒體也有這樣的連繫。」[46]

美國的華語衛星電視台「天下衛視」也經歷了類似的轉變，

易主之後他們播報北京的方式發生極大變化。記者潘文針對天下
衛視進行調查發現，2009年某間中國公司從原本的台灣業主手
中買下了這間電視台。[47] 他寫道，三年後該公司又將天下衛視
賣給中國國有的媒體企業〔廣視傳媒〕。天下衛視過去所播送的
中國主題報導較為自主，而現在他們在美國播出的報導與CGTN
可說毫無差別。同樣地，潘文也發現，《世界日報》（*World Journal*）
這一份在舊金山灣區和全美華文讀者之間享譽已久的大報，以往
對中國以及其他許許多多議題都做出自主報導，近年來卻將可能
破壞北京形象的事件淡化處理，而對於南中國海等議題則採取支
持北京的態度。[48] 胡佛研究所針對《世界日報》以及美國境內其
他華語媒體進行調查（由潘文主持），進一步指出可能是該報社
的老闆推動此一改變，因為他們要保護他們在中國的商業利益；
調查報告也認為，駐美的中國使領館有對他們施加壓力。[49] 在
北美有讀者的華文線上媒體如《多維新聞》等，隨著立場強烈親
中、在中國有重大商業利益的人士將其一一買下，也都放軟了他
們對中國的批判性報導。不僅如此，胡佛研究所這篇美國華文媒
體的研究報告還說「中國一方面收編、一方面積極建置自己的新
聞媒體，透過這種手段，幾乎已經完全消滅了曾為美國華人社區
提供服務的獨立華文媒體。」[50]

　　有時候，中國政府實質控制華文媒體的方式並不是讓支持
北京的人士買下該報、或讓中國公司收購該媒體，而是讓親中的
重要基層組織（有些具有統戰部背景）在報刊編輯高層的身邊建
立起關係網。這種團體運用的是他們本身在當地的重要性，以及

其成員對報刊直接下廣告的能力。戰略暨國際研究中心的報告談到，在菲律賓，當地親中組織與華文報紙《世界日報》（World News）建立了密切連繫，這樣的關係影響到該報的新聞報導。[51]澳洲則有許多華人團體的代表與華文大報的管理層會面，影響這些媒體的報導，其中包括了中國學生學者聯誼會（學聯）在澳洲各地的分會，學聯是全球性的組織，用來服務在外求學的中國公民。鮑威（曾經任職於美中經濟暨安全檢討委員會）寫道，雖然學聯做了許多良性工作，例如協助中國留學生尋找住處等等，但學聯往往與中國使領館保持密切連繫。事實上，對於在外國影響華人社區、華語新聞媒體以及其他行動者的統戰工作來說，學聯是重要的一環。[52]

中式口徑的新聞來源

北京控制了全世界華語媒體市場的一大片還不滿足，他們也協助其他國家以中國官媒為榜樣來建置國內的新聞媒體。在柬埔寨，北京投資了高棉語的 NICE TV，2017 年開播，內容包含親中的報導及各式各樣其他題材。[53]北京也強力支持柬埔寨的另一家電視台，叫做 Fresh News，該電視台現在已經與中國官媒十分相近，而且它確實有能耐打造柬埔寨新聞所使用的論述。主要以高棉語播出的 Fresh News，可能已經是柬埔寨最有實力的媒體（遠超過 NICE TV），它與洪森總理關係密切，常常把反對派描繪成歹徒。[54]柬埔寨大眾喜歡 Fresh News，這一點是它與中國官媒的差別；蓋洛普民調顯示，中國官媒在柬埔寨觀眾絕少。[55]
Fresh News對社會大眾源源不絕地放送支持洪森的報導，以及環
繞著反對派的誇張陰謀論，但是其聳動辛辣的風格大受歡迎。不
只是這樣，Fresh News的網站已經進入柬埔寨最有人氣的前五十
名，排在它前面的是Facebook、Google等巨頭，還有各種視訊
及色情網站。[57]

　　而在寮國，北京也出資贊助一家新的電視台，就是寮國軍
方電視第七台。[58]根據自由亞洲電台的報導，寮國國防部長占
沙蒙說這間電視台是中國「送給寮國軍隊、政府、人民的一份厚
禮」。[59]

　　Fresh News的老闆讓該電視台採取了中國國內媒體的路線，
具有專業的外表，內容則混搭了軟性報導、支持政府的新聞，以
及認為西方民主國家正在干預中國內政的一種陰謀論型民族主
義。Fresh News的新聞很生猛——當然也很新鮮——但他們絕不
會犯禁，對洪森和執政黨作出批評。該媒體用許多文章來高調讚
美中國，有許許多多的報導將中國的援助、中國的外交、中國的
投資用正面方式來表述。[60]Fresh News的老闆將員工送去中國旅
遊，費用由中國政府負擔；他們對於國際事務的報導則大部分來
自新華社供稿。[61]2018年，Fresh News的網站開始提供華文版，
以服務柬埔寨逐漸增長的華人族群。柬埔寨政府在過去五年間強
迫許多自主媒體關門，例如《柬埔寨日報》及多家廣播電台，但
他們顯然把Fresh News當成柬埔寨媒體界的好榜樣。[62]另外該
國政府也下令驅逐美國國家民主協會等民間社會組織，以及採取

各種愈趨嚴厲的措施。[63]

　　北京努力地要在外國創設更多這樣的新聞媒體，為外國的國家廣播電視台提供建言，指導他們該如何設置貌似專業、相對精采的新聞台——然而這種新聞台的立場其實是偏頗的。雖然中國目前暫時停止一些這類運作，因為他們在國內需要應付其失敗的抗疫策略所造成的結果、以及隨之而來的民怨，不過，在不久的將來他們應該會重啟這些行動，在外國創設中式新聞媒體。

負面手段

　　北京一邊取得許多華文媒體的實質控制權，一邊對尚未控制的報刊採取行動壓制他們對中國的負面報導，這明顯是一種銳實力。以前中國順利地施展了各種負面措施，但現在可能比較困難，這有幾項原因：在烏克蘭發生了戰爭；中國和俄羅斯有一些明確的連繫；中國有可能提供武器給俄羅斯，供其運用於烏克蘭；北京經常以強烈的語言來支持莫斯科。（不過中國確實還保留了一些餘地；對於全球制裁俄羅斯一事，中國各大銀行不太可能逃避，因為中國並不想被踢出世界金融體系。）就像澳洲遇到的情況一樣，位於中國的企業可以針對批評中國政府的新聞媒體撤廣告，也可以對不批評的媒體下廣告。而北京近年來也讓駐在中國的外國記者的處境變得十分困難。外國記者遭到拒發簽證或驅逐出境；官方針對替國際媒體當翻譯或助理的中國人進行騷擾；國安對外國記者的監控升級了；中央政府可以說已禁止記者進入西藏、新疆等地區。如果中國當局發現本國記者與外國主流媒體的記者合作，提供資料給他們寫報導，中國當局往往會拘留這些本國記者。[64]

　　北京也懲罰了作出批判性報導的國際新聞媒體，例如《紐約時報》、澳洲廣播公司、《衛報》，他們的網站在中國境內遭到封鎖；到2022年，更封鎖了幾乎所有的外界新聞，這樣的審查愈演愈烈，是因為俄烏戰爭，也是因為北京的封城及整體防疫政策不得人心，使得中國境內愈加不平靜。（我所任職的智庫「外交關係協會」網站目前在中國被封，還有許多其他智庫與研究機構的網站也是一樣。[65]）愈來愈多記者被擋在境外。北京在2018年驅逐了長期擔任《BuzzFeed新聞》中國分社社長的李香梅，原因是李香梅就新疆所發生的暴行發了深入報導。[66]然後2020年，中國將《紐約時報》、《華爾街日報》、《華盛頓郵報》的好幾位記者驅逐出境；這波打壓使得《華盛頓郵報》在2020年九月底已經沒有任何記者駐在中國，此事乃四十年來首見，雖然該報最後派了另一位記者到中國，但似乎之後又將他的工作基地轉移到台灣。[67]2020年八月，澳洲媒體駐在中國的最後兩位記者居然必須由澳洲政府來撤離，在此之前因為CGTN澳籍主播〔成蕾〕遭到拘留一事，兩人受到中國當局盤問，澳中政府的外交對峙長達五天。[68]北京也在2011年驅逐了《經濟學人》的駐香港記者。[69]然而，中國對記者執行這些嚴厲行動，往往會激怒相關國家，因為是這些國家的公民被迫離開中國；這些行為實質損害了北京在世界上的形象。

近年來，北京也加強壓制、懲罰流亡者的新聞媒體，這些媒體報導了中國的少數民族和宗教信徒所受的暴行。這些媒體記者是西藏人、維吾爾人以及其他流亡海外的少數民族，例如位於美國的自由亞洲電台對於新疆等地的事態詳盡報導，而這些地區外國記者大部分都無法進入。雖然記者本身是流亡人士，他們還是要依靠身在國內的線民關係網。大部分流亡人士在中國不只有線民，還有家屬，而習近平政府張牙舞爪地整治他們的親屬，以懲罰他們做新聞報導——大概也是要讓自由亞洲電台之類的媒體閉上嘴。顯然有中國的駭客對流亡者組成的新聞媒體發動網路攻擊。（此外，具有中國背景的駭客也試圖癱瘓國際大報的網站，例如《紐約時報》和《華爾街日報》。[70]）有報導指出中國當局將流亡記者的一些親屬安置在短期拘留場所，但其他人應該是被判處了較長的刑期。[71]自由亞洲電台的幾位記者發現他們在中國境內的親戚就此失蹤，下落不明。[72]

自由之家的庫克指出，總體而言，北京運用多種手段「使中國境外的媒體老闆及媒體企業習於自我審查。」[73]她說，北京也誘使個別記者進行自我審查，方法是讓外國記者只能拿短期簽證，而又可以拒絕續簽，並且對大部分國際媒體的中國分社可以維持的駐員數目設下嚴格限制。[74]另外她還寫道，「中國外交官、地方官員、公安人員，以及中國境內境外的監察人員……妨礙新聞採訪，阻撓其不樂見的報導之發表，懲罰不遵守其限制的海外新聞媒體，〔利用〕經濟的「紅蘿蔔」和「大棒子」驅使中國境外的媒體老闆及媒體企業自我審查。〔包括〕透過代理人間接施壓，代理人包含廣告商、衛星公司、外國政府，由他們採取行動，對於批評北京的報導得以發表一事加以預防或懲罰。」[75]

企圖對中國做批判式報導的華文媒體，北京經常是完全不准他們在中國營運，甚至也不允許這類媒體在其他國家接觸中國的外交官及官員。2017年，新唐人電視台（一家較為自主的華語電視台，本部位於紐約）表示，該台一位資深記者申請聯合國大會記者證遭拒，原因是北京施壓。[76]

中國官員也對境外媒體施加愈來愈多壓力，要懲罰那些撰文批判中國領導層或中國政策的記者。有時候，這樣的壓力「只是」對該名記者進行監控或者激烈恐怖的口頭攻擊，而沒有明確嘗試肢體攻擊或意圖促其去職。2019年初，《溫哥華星報》記者趙淇欣發表一篇獨家報導，稱加拿大駐華大使〔麥家廉〕說，要是美國政府別再要求引渡華為高層孟晚舟，那「對加拿大來說就太好了」。當時孟晚舟已在加拿大被捕，美國即將起訴她銀行詐欺、電匯詐欺、竊取商業機密；這位大使很快就捲舖蓋走路了。[77]趙淇欣的報導刊出後，《環球時報》等官方媒體運用其廣大的社群媒體平台來炮轟趙淇欣，她筆下提及感覺自己並不安全，雖然她人還在加拿大。[78]約莫同時，《華爾街日報》揭露了中國的安全部門向馬來西亞政府提出，他們可以監視人在香港的《華爾街日報》記者，包括實體跟監以及竊聽其通信設備。[79]

在其他一些案例中，中國官員、親中的民眾或依賴中資的外國企業疑似直接推動要讓記者離職。2015年，《加華新聞》（加拿大的華文報紙，立場一向支持北京）的主編〔王贇〕遭到解雇，是因為她刊發了一篇專欄，該文的內容可以解讀為對中國政府有批評之意，以及批評中國政府和加拿大某位重要政治人物〔陳國治〕的關係。[80]2016年和2017年，同樣位於加拿大的《環球華報》解雇了兩位記者〔高冰塵、金雷〕，他們說原因是兩位記者所寫的內容可能有批評到北京或可能「冒犯」北京。[81]2018年，南非記者羿沙在《獨立線上》的專欄突然被撤，下手的是母公司「獨立媒體公司」，這是南非最大的媒體公司之一。[82]在無國界記者組織的排行當中，南非在非洲的新聞自由度名列前茅，並且還優於美國。[83]但是羿沙的專欄批評到北京對待維吾爾人的方式，他的專欄幾乎立刻就被停掉了。

後來羿沙寫道，專欄叫停一事，他並不特別感到意外。某間中國國企持有獨立媒體公司兩成股份，在南非、在整個撒哈拉沙漠以南的非洲地區，中國公司都已經是媒體界的大玩家，是主要投資者。[84]落筆該篇專欄以前，羿沙已經見識過獨立媒體公司旗下的媒體如何盛讚中國對南非和整片非洲大陸的所作所為。他的專欄停刊後，這些媒體依然如故。

有時候記者甚至會面臨暴力威脅，雖然要把這樣的攻擊追溯到中國政府並不容易。BBC記者在中國試圖採訪抗爭者時，曾經有安全部門人員與之針鋒相對；他們也經常騷擾BBC、《紐約時報》等許多媒體的記者。[85]2014年一月在香港，劉進圖（《明報》前總編，作風犀利）被兩名男子砍了六刀，身受重傷。像這樣的暴力，對香港的華語媒體記者來說，已經不令人意外了。根據保護記者委員會的紀錄，在2013這一年，有兩名手持警棍的男子在柴灣街頭襲擊《陽光時務週刊》出版人陳平。六月，一名歹徒駕駛一輛偷來的汽車撞進黎智英住宅的大門，在現場留下一把斧頭和一把砍刀。幾天後，《爽報》的一名記者遇襲受傷。此後不久，三名持刀蒙面男子對幾名發報人進行威嚇，並燒毀 26,000 份壹傳媒旗下的《蘋果日報》。香港記者協會在 2013 年記錄十八起針對記者（包括在中國內地工作的香港記者）的襲擊或騷擾案件。[86]

2019 年黎智英的住宅遭投擲汽油彈，該年度在香港華文媒體人所受的許多攻擊中，這只是其中之一。2020 年他遭港府逮捕，理由是在 2019 年的反送中運動涉嫌組織「非法集結」。[87]當年稍晚他再度被捕，這次是觸犯北京新頒布的嚴苛國安法，警方搜索《蘋果日報》新聞室，該報最後被迫停刊。[88]香港幾乎每一家獨立媒體都關門了，黎智英則因參與民主示威活動而被判十三個月徒刑。

在 2015 年底的三個月間，專門出版中國高層相關書籍的香港巨流傳媒及其書店〔銅鑼灣書店〕的五名人士神秘失蹤，據稱是遭到中國安全部門綁架。[89]其中桂民海被判監禁十年，罪名是「為境外非法提供情報」。[90]2019 年一月中國當局拘押澳籍華裔的楊恆均，當時他赴中國旅遊，被控以間諜罪。[91]據新聞報導，楊恆均被拘留時一直無法見到家人和律師，手腳遭到銬鎖，日日接受審問，一週只准沐浴一次。[92]次年中國當局拘押了另一位澳籍華裔人士，即是北京 CGTN 的主播成蕾，說她涉嫌某些危害中國國家安全的犯罪活動。[93]

在某些案例中，北京透過與他們關係緊密的其他政府，來向批評中國的記者施壓。土耳其政府過去十年來已經對獨立媒體發動戰爭，另一方面他們與北京的關係也愈來愈融洽，土耳其官員已經公開表示他們會「消滅一切針對中國的新聞報導」。[94]2019年，尼泊爾的官方通訊社對自家的三位記者提起調查，顯然出於中國大使館施壓的結果，因為這些記者翻譯、發表了一篇關於達賴喇嘛的報導。[95]同年，泰國當局逮捕了一位台灣人士，因為他對中國境內放送獨立新聞媒體的廣播。[96]

美國共和黨國際事務協會針對中國對民主國家及混合政體產生的效應做過研究，研究發現，整體而言有某一些國家投入愈來愈多精力，要讓本土新聞媒體對中國做出逢迎的報導。[97]例如在厄瓜多，科雷亞總統的政府對新聞媒體和公民社會實施控制，其程度足以防止他們和北京所簽訂的許多經濟及國防協議遭到廣泛而深入的負面報導。[98]尚比亞國家廣播公司與中國公司「四達時代」合作，用中國的貸款來升級國家廣播公司的系統。[99]在雙方合資成立的公司當中，四達時代的持股較多（六成），這等於把廣播系統的控制權割讓給中國，如此一來，對於北京及其在尚比亞境內的影響力，可以保證只會有正面報導。對於政府並不直接控制的新聞媒體，倫古總統的政府也實施審查，要促使這些媒體不發表任何對中國的批評。[100]

相反地，正如多位東南亞記者在我們的談話之間所說，新聞媒體只要穩定產出支持中國的報導，就會看到新世界的大門向他們敞開。他們的記者和編輯要拿中國簽證，相對而言容易許多。可以採訪到中國官員、採訪到駐東南亞的外交官——而在澳洲、拉丁美洲、紐西蘭、北美洲，支持中國的新聞媒體也都能享受到如此待遇。

　　但是，北京使某些媒體消音的企圖失敗之後，他們也嘗試用另一種方法來控制新聞的流通——那就是掌控把關鍵報導帶往全世界的網路本身。

控制管線

Controlling the Pipes

　　即使是在中國企圖運用他們對媒體與新聞所累積的控制權之際,他們同時也努力要主導新聞賴以流通的「管線」,還要用「老派」的方法來施展影響力,例如控制外國境內的留學生團體、政治人物、智庫,以及其他組織。我所謂「管線」指的是支撐全球新聞網路的廣泛基礎,包括實體的基礎建設,以及用來管理新聞如何流通的規則與慣例。說得更仔細一些,這些管線包含了以有線或無線傳輸資料的實體電信網路;行動電話等能夠顯示新聞的設備;用來創造物聯網的工具;用來實行監控的工具;各大搜尋引擎、網路瀏覽器、社群媒體;管理網際網路的規範。(「物聯網」指的是以網路彼此連接的各項設備、各項設備之間的連線,以及使這些連線得以出現的服務及網路。)

　　如果中國對這些領域的影響力擴大,他們就不必像現在這樣倚賴其他國家來傳播新華社、中國環球電視網(CGTN)、中國國際廣播電台(CRI)的報導,也不必像現在這樣倚賴受北京控制的本土華文媒體。到時候他們就可以運用自家的管線,更積極、更隱密地把官媒的報導散播到網際網路、社群媒體、手機等設備、網路瀏覽器,以及中國政府所控制或與之關係密切的電視集團,這樣會使得許多國家的新聞讀者讀不到對中國的自主報導——而在某些國家，中國官媒並不報導該國如何專制，這些國家的讀者也會吸收不到對本國的自主報導。如果北京能控制新聞管線，他們就可以在外國國內輕鬆審查新聞報導及社群媒體的對話，更容易地散布新聞、謠言、社論、控訴、吹捧，以及各式各樣的假新聞，這些都明顯屬於銳實力。[1]到最後，他們還可以利用這些管線來協助外國政府模仿中國的監控策略，輸出讓國內網路閉鎖受控的中國模式，這就是北京整體「高科技威權主義」的其中一環。

中國國有企業正在鋪設新聞流通全球所需的許多新管線，有實體的、也有虛擬的。例如中國電信，就在菲律賓架好了全國第三大的行動電信網路，雖然已有國安專家及某些立法者提出警告，因為這使得北京主宰了菲律賓電信基礎建設的一部分。[2]中國電信的夥伴是切爾西物流，這是大亨黃書賢家族的企業，他本人是菲律賓前總統杜特蒂的親密戰友，憑藉與之合作，中國電信取得牌照、架設了電信網路。[3]此一策略，中國的國有企業在很多國家都使用過。中國國有企業與許多和當地政府關係良好的富豪合作，往往因此可以敲定合約，去建置行動網路與固網設施，有時候甚至無需經過透明的競標流程。在非洲、至今為止，北京已是新設實體網路基礎建設最大的承建方。中國電信及中興（其最大股東是國有企業）正在非洲四處建置行動網路與光纖網路的核心設施，他們的競爭者往往是華為，這一家中國公司雖為民營，但是和人民解放軍有歷史淵源。[4]

雖然這樣的中國公司並不完全都是國有企業，但他們的資金依靠中國的國有銀行及主權基金，他們的董事會充滿了中共幹部，他們與中共高層又有許多深入的連帶關係。說到底，這些企業的營運必須符合中國中央政府設定的規則。[5]

　　相對地，他們會得到支援。中國的一帶一路倡議底下有一個項目是「數字絲綢之路」，靠著這一個項目，在非洲及其他地方建置電信網路基建的許多中國企業，都以極其優厚的條件從中國的銀行得到融資。[6]中國以外的競爭者面臨巨大的障礙，既沒有辦法從本國政府擠出同等的外交支持，也難以像中國公司那樣得到優惠的金援（往往由中國國有銀行提供）。截至2020年，至少有十六個國家與中國簽訂協議，要就數字絲綢之路進行合作，或者要由中國方面提供相關資金。[7]但是實際簽約的國家應該更多，因為其中許多案例並沒有被報導出來：中國與其他國家所簽訂的合作備忘錄未必反映出中國與該國是否在數位領域開始密切合作。有人估計，參與一帶一路的國家（2021年共139個，數字來自外交關係協會的工作小組）裡面有三分之一都在數字絲綢之路之下進行合作，雖然，因為新冠病毒的疫情，許多國家已經無力償還一帶一路的借款，而且因為中國將精力放在處理國內問題，北京以一帶一路進行的外交活動有所萎縮。[8]

　　截至2020年，華為已在全世界簽訂了超過五十份商業合約，要建造次世代的5G網路，只不過在已開發國家的市場腳步較為遲緩──歐洲許多國家禁用華為，澳洲、美國及各大民主國家亦然──而隨著俄烏戰爭的爆發，他們很可能在許多市場都會遇到更大的阻礙，因為戰爭已經使各個民主國家對中國和俄羅斯的企業都更有戒心。[9]話雖如此，華為還是可以在撒哈拉沙漠以南的非洲地區（該地對俄羅斯譴責聲浪小，地理位置遠離戰事）成為5G服務的主要供應商，競爭者追趕不上。同時在東南亞，華為已經鋪設了許多短程海底纜線，用來連接東南亞的不同電信網路；華為已經簽下合約，要在柬埔寨、菲律賓、泰國建設5G網路──可能還會跟印尼簽約；這些國家似乎並不介意華為造成的安全問題，俄烏戰爭也無涉其利益。[10]而在太平洋群島──近年來北京在此地區策略性地施展愈來愈多影響力，企圖與太平洋諸國簽訂一項條約，若能成事，北京在此的存在感將大大增加──華為與中國各大科技巨頭積極地要和澳洲等西方公司競爭，在斐濟等地爭奪新的合約。華為在全球正動手建造的海底電纜長度總共有幾千公里，而大部分的電信訊號都要透過這些線路來通行。[11]另外在中亞，華為也已經成了5G新科技的主要供應商，對象包括中亞人口最多的烏茲別克，以及最自由的吉爾吉斯。[12]

　　某些民主國家的領導人對於容許中國公司建置電信設施一事相當有戒心，但，即使是在這些國家，華為也已有所斬獲，雖然如今他們的努力將會受挫，因為較為富裕、民主的一些國家看到依賴華為等中國科技公司所造成的壞處，也開始擔憂。然而華為的價格優惠、在科技界經驗老到，這些特色往往能助他們一臂之力，使其贏得基礎建設的合約，尤其是在開發中國家。華為也愈來愈有創新的能量，在全世界的科技企業當中，華為在研發上的投資已經名列前茅。[13]

　　中國企業同樣也在贏得物聯網的合約。至少從2000年代晚期開始，北京已將物聯網領域放在優先地位，時任總理的溫家寶稱物聯網為國家重點產業。曾任職於「長期策略小組」顧問公司的布盧耶爾與皮卡斯克撰寫文章說，中國的企業已（在中國）打造了「銜接各個感應器的一張網路——這些感應器包括、但不限於：監視攝影機、車輛導航系統、智慧型電力量表。」如此收集到的一切資訊都傳送給中國科學院，這是中國的一間頂級研究機構。[15] 布盧耶爾與皮卡斯克寫道：「中國科學院說該系統是『一張全球性網路的試驗場』。」

物聯網在中國國內的大規模應用已是人盡皆知，透過物聯網，國家創造了一套「社會信用體系」，隨著這套體系不斷進化，將提供給掌權者足夠的資料，讓他們能對每一位中國公民打出一個社會信用評分。雖然此一項目還在開發中，其先行部分仍在創建，但在某些地方，例如西部的新疆省，北京已經實施了大範圍的高科技威權，以便控制維吾爾人的少數族群。[16] 如果中國境內的其他地區也變成像新疆一樣，這種老大哥式高科技威權主義可能帶來巨大的嚴重後果。布盧耶爾與皮卡斯克談到：

> 不良駕駛行為可能讓人被扣分。還有打太多電動、從公廁取用太多衛生紙——還有說政府的閒話。分數太低是有實質後果的。黨可以因為一個人分數太低，限制他們出外旅行、求職就業、網路速度，甚至不准豢養動物。[17]

社會信用體系的功能，也不完全是反烏托邦的。迄今為止，中國政府主要利用社會信用體系來改善商業環境，對黑心企業實施懲罰。但是它可以轉變成一套歐威爾式的大計畫，這樣的潛力十分危險，即使目前這一套體系還很受限。[18]中國大企業正以他們在國內的經驗為基礎，包括運用資訊做監控、密集的社會性監視，用這些基礎在世界各地贏得物聯網的大型合約以及合作型合約——甚至在歐洲也一樣，而歐洲各政府已經是最努力保護隱私權的政府。[19]2018年，歐盟通過了保護線上隱私權的嚴格立法，其中的一項改變是讓歐盟的網路使用者對他們自己的個人資料有更多控制權。[20]不過許多歐盟國家還是信任中國公司，讓他們建造本國的資訊基礎建設，包括物聯網的設施——已經發生俄烏戰爭的此刻，或許有一些國家會撤消這樣的合約，但有一些國家並不會。[21]波蘭等歐洲國家將物聯網合約給了中國企業，例如監視攝影機的巨頭海康威視，它的母公司是一間大型國企〔中國電科〕。[22]中國製的監視攝影機甚至已經被運用到歐洲和北美的公務機關，包括英國的政府部會以及美國的軍事基地。[23]2019年，美國政府將海康威視和其他幾家中國企業列入經濟黑名單，其中一個原因是這些公司涉入新疆發生的暴行。[24]（在此項禁令之前，美國軍事基地一直都使用海康威視的攝影機。[25]）但即使是美國出手，也無法阻止這些公司在全球擴展。

社群媒體與行動電話

社群媒體也是一種新聞的管線。十年前，社群媒體界可以說

並沒有中國公司。到了現在,微信、微博、TikTok等中國企業
在國內和海外都快速擴張。

　　發布短影音的程式TikTok現在使用者增加的速度已經比美
長久以來佔據市場的社交媒體,例如Twitter、Instagram,在全
世界的兒童、少年、青年之間,TikTok有廣大的文化影響力。
本書能夠收集到年度完整資料的最近年份是2021年,在這一年,
TikTok是下載次數最多的應用程式,而該程式2017年才對全球
開放。[26]（若您不知道TikTok,容我介紹:這個應用程式在年輕
人之間紅到突破天際,它的特色在於可以上傳、觀賞影片,每支
影片最多長達三分鐘,內容通常是音樂,也有各式各樣的舞蹈、
迷因、挑戰,並且有「合拍」功能,也就是把你的影片和別人的
影片組合起來,如此一來就和原有的影片能夠互動產生新的影
片。）在高中生、大學生的手機裡面,TikTok已經成了一個必要
的存在,據估計,使用者當中有四成的年齡落在十六歲到二十四
歲。[27]TikTok造就了世界各地新世代的網路紅人,洛杉磯等城
市有一些年輕人還搬進「內容屋」來合作拍影片,也有一些明星
最初成名是因為他們的TikTok影片。[28]

　　TikTok的母公司位於北京,叫做「字節跳動」,他們以國
際企業的姿態面世,也說TikTok和美國企業營運的Facebook、
Twitter等並沒有不同。字節跳動甚至還說,北京對TikTok上面
的內容完全沒有司法管轄權。[29]但我們在後文將會看到,這樣
的說法不盡不實。

　　位於中國的微信以及微博也已經開始往海外散播。微信是

騰訊這個大集團所有，它的功能涵蓋了傳訊、社群媒體、叫車、線上購物、支付……等等。在中國國內，微信這項工具無所不在：許多中產階級的中國人要依靠它來處理家事、公事，以及社交生活。（國際上其他大型的傳訊軟體在中國受到封鎖，例如WhatsApp、Facebook Messenger、Line，這樣的情況使得微信可以獨占市場。）《紐約時報》的科技專欄作家袁莉住在香港，她寫道，中國境內的微信使用者當中，有三分之一的人每天花在它上面的時間超過四小時。[30] 她還談到許多中國人已經用微信來代替名片——大家只要互加微信好友就成了——中國的行動支付能普及到農村，那也是微信的功勞。[31] 每一天透過微信所傳送的簡訊合計將近四百五十億條。[32]

在全世界的各個角落，都有愈來愈多講華語的人在使用微信——它的使用者有12.4億人，也拓展到東南亞和南亞。[33] 同時，據估計美國的微信使用者數目是世界排名第二多，僅次於中國。[34] 微信的使用量在北美洲也有爆炸性的發展：川普政府試圖以行政命令來打壓微信及其母公司騰訊——但既然拜登撤銷了原訂進行的封鎖，現在微信在美國仍然可以使用。[35]

微信在其他國家同樣大受歡迎。泰國有將近兩成人口都在使用微信。[36] 馬來西亞的人口約有三千兩百萬，據報該國的微信帳號有兩千萬個。[37]（不過，一個人可以使用多個帳號。）微信的群聊功能可容納五百人共同聊天，透過這個管道，可以散布支持中共的新聞，而在群聊中提出的批評性發言則會被審查過濾掉。[38]（雖然微信並不以新聞功能為主打，但是上面的內容往往包含新聞報導、通向報導的超連結、關於新聞報導的討論，因此，對於中國的內政與外交相關資訊，微信是一個主要的傳播者。）在東北亞的蒙古，微信已經是第二多人使用的傳訊軟體，日本和南韓也有很多人使用微信。[39]

當然，騰訊、字節跳動等等中國公司在技術上來說是民營企業。但是，即使像這兩家規模如此巨大的中國民營企業，終究還是得聽從北京的規範──尤其習近平已經明白表示，民營企業必需完全服從愈發專制的國家。（此外，某公司監管字節跳動在中國境內的營運，而中國政府直接持有該公司一部分股權。）他們的高層會與中國領導人見面，這些人並沒有第二個選擇，只要是中國境內的中國企業，就要遵守中國對網路內容的管制。無論字節跳動怎樣強調他們是民營企業、強調他們只不過是TikTok的母公司，但說到底，字節跳動終究可以透過TikTok來取用世界各國使用者的個人資料，TikTok的離職員工也說字節跳動嚴密控制TikTok在美國等地的營運。[40]

中國社交媒體拓展之時，中國的手機製造商也大獲成功，尤其是在開發中地區，例如非洲、南亞、東南亞。在這些地方，便宜的中國手機吃下了大片市場，競爭者如三星、蘋果的產品則較為昂貴。中國有許多手機廠商都在競爭超級激烈的國內市場磨鍊過，在中國市場，各公司為了智慧財產權、行銷等等大打出手，相形之下，美國科技巨擘之間的磨擦簡直溫和得就像彼此是在喝茶談天一樣。而因為中國較早採用智慧型手機的各種新特色，例如預先安裝好一項「超級應用程式」，像微信，所以中國的公司才會領先中國以外的競爭者而開發出各式受人喜愛的程式，也能針對非洲等開發中地區的市場設計出特別的創新功能。[42]例如，微信的支付功能既容易使用、設計得也很仔細。[43]

數字不會騙人。如今，非洲每年所購買的手機有一半以上來自位於中國的手機廠，這裡面包括了智慧型手機和平價手機。[44]中國製手機在東南亞也愈賣愈好，在地緣競爭對手印度占下了三分之二的市場，也占據了中國國內市場的一大部分。[45]設在香港的市場分析公司Counterpoint Research所蒐集的資料顯示，印度國內使用的前五大手機品牌當中有四個品牌是中國製手機——他們的價格及相對的品質實在太有吸引力。[46]

許多中國製的手機都預先安裝了中國各大社群媒體、各大網路瀏覽器的程式，讓使用者可以馬上開啟這些程式，無論是在非洲、東南亞、南亞，或其他地區；雖然，也有人批評中國製手機，指責裡面預先安裝了間諜軟體。[46]印度政府在總理莫迪領軍之下，對中國的態度愈發鷹派，他們十分介意中國手機軟體在印度既流行又受歡迎，因此2020年莫迪政府禁止了TikTok、微信等許多位於中國的應用程式，此舉呼應了川普政府2000年對TikTok、微信施壓的行動。[48]（關於美國採取各種措施來反制TikTok、微信的細節，我們將在下一章探討。）但在南亞其他地區，針對中國程式的措施仍然流於零散或付之闕如，中國手機在南亞次大陸還是賣得很好。

衛星電視與有線電視

中國企業在全球的數位電視市場當中也有斬獲。他們已經不再只是拷貝外國的技術，而是能夠創新、有競爭力。例如中國的付費電視公司「四達時代」現在是非洲最大的幾家數位電視營運商之一。[49] 他們提供的電視合約方案價格優惠、硬體容易安裝，從肯亞到奈及利亞到盧安達，都有從前無法看到數位電視的觀眾接受了他們的服務。[50] 位於南非的「中非項目」的創辦人歐瑞克寫道：「該電視公司正率領非洲大陸從類比電視向數位電視轉型，他們提供的有線／衛星電視方案在全世界是最優惠的，費率可低至每月四美元。數位電視領域正蓬勃發展，而四達時代是市場的領先者，將競爭對手遠拋在後。該公司播放的訊號能觸及非洲大陸九成人口。」[51] 根據「數位電視研究」，目前四達時代在非洲有一千萬左右的客戶，但是在接下來的四年到五年之間可望成長到超過一千六百萬。[52] 四達時代在東非已經擁有最多的付費客戶，在非洲南部和西部也慢慢成為主要業者。[53] 該公司已經宣布將業務拓展到拉丁美洲的初步計畫。[54]

中國其他的大公司也逐步進入非洲、東南亞、南亞的數位電視與衛星電視市場。[55] 中興在巴基斯坦啟動了數位電視服務，也探索其他的市場，而中國的省政府電視台和國家電視台正打入東南亞鄰國的有線電視市場，例如寮國、東帝汶、越南。[56]

壓制、監看、中國模式

北京控制了新聞管線之後，可以透過「省略」來發揮他們的影響力。換句話說，外國媒體上「哪些關於中國的主題並不出現」可能和「哪些關於中國的主題會出現」一樣重要。美國國家民主基金會的沃克和卡拉提曾經好幾次與我談到他們的看法，而其他分析師也抱持相同觀點：要弄清楚中國影響力作戰是否發揮作用，有一項特別好的辦法──可能也格外困難──那就是評估一下，在外國的商界、政界、媒體界、輿論界的領導人之間，哪些關於中國的討論已經消失了。[57]

有很多主題，北京希望相關的討論能安靜下來──新疆、西藏、南中國海、中俄之間的關連、中國在 2021 年和 2022 年對 COVID 極盡失敗的應對，等等。北京希望讓這些尷尬話題消失──憑空消失。而如果這些議題在外國媒體和公共對話裡面真能消失一段長時間，這樣的沉默會帶來更多沉默，讓中國更加輕鬆愉快。一開始，社會大眾和輿論領袖對於這些中國的敏感話題會無法得知相關新聞；慢慢地，他們對這些議題的瞭解變少；而在瞭解較少的情況下，他們自然只能愈來愈少談到、寫到這些主題。

只要這些主題能受到公開和公平的報導，在相關新聞裡中國幾乎不可能以正面方式曝光。當然了，中國可以用清楚的公開威嚇來達到此一效果，例如說威脅其他國家要施加經濟制裁、外交制裁、或其他制裁。雖然這種方式對外國公司有用，也曾讓一些外國政府屈服，因為他們害怕被踢出中國市場或遭到別的什麼制裁，但惡霸作風也有嚴重缺點。沒有人喜歡被恐嚇，人類自然的反應就是要回擊。中國的威嚇讓他們顯得很兇惡，如此一來往往引發民主國家的輿論領袖以憤怒來反應。公開威嚇很容易引起外國高層政治人物等輿論領袖的注意，他們不得不回應，否則就會顯得太過軟弱。

比起威嚇外國，北京更常引導他們去自我審查，其手法混合了利誘與威脅，威脅的方式往往難以預測、模稜兩可。利誘的內容很明顯：對企業來說，中國有廣大的市場；對官員和記者，則提供培訓課程和豪華旅遊；對鑽研中國問題的學者，他們讓這些學者有機會進到國內；對海外的政治領導人可以提供中國的外交支持和金援；對民主國家的大學，中國的留學生往往是外籍學生的最大宗，因此是重要的財源；對外國公司提供中國融資；以及其他的誘因。而他們的威脅，則往往故意說得曖昧。北京會宣稱某些國家、公司或個人冒犯了整個中國，理由卻只不過是他們在地圖上標註台灣、強調新疆的暴行，諸如此類的行為。有時候，中國政府一聲也不吭。但是又有時候，北京會對他們感受到的侮辱大力出手——採取的措施包括：封殺需要鎂光燈的個別外國人，例如電影明星；突然斷絕重要的經濟關係；不再容許外國公司進入中國市場等等。[58] 要預測違反哪一項規定會惹得中國政府發作，並不容易。

將利誘與混亂、嚴厲的懲罰結合起來，可以十分有效地培養出自我審查。中國問題專家林培瑞（普林斯頓大學榮譽教授、加州大學河濱分校校長特聘講座教授）寫過一篇有名的文章，論中國政府如何限制言論自由及其他自由。文章寫道:「模糊不清的指控會對個體造成壓力,讓他收斂許許多多的行為。如果我不明白我到底哪裡『犯錯』,這會導致我花更多注意力去觀察政府在每一方面的界線。」[59]

林培瑞談到,這種恐懼的對象並不是一個隨時呲牙裂嘴、動手傷人的強權,而是安靜等待的政府,偶爾才會採取行動,但是要誘發人們自我審查。「總而言之,中國政府的審查部門現在並不像吃人的老虎、噴火的龍,卻像一隻巨蟒,蜷曲在人們頭上的水晶燈內。」[60]他解釋道,大部分時間裡,吊燈裡的巨蟒並沒有動作:「牠不需要。牠覺得沒有必要挑明牠的禁區。牠一直安靜地發送一項訊息:『你自己決定吧』,然後,在牠陰影底下的每個人往往就做出或多或少的調整——這些都是相當『自然』的。」[61]

微信給了北京又一個機會來限縮外國新聞報導所呈現的中國相關內容。因為這個程式及其傳訊服務吸引了許多中國之外的使用者,對很多身在大陸之外但讀華文的人而言,微信已經是新聞報導的主要來源。雪梨科技大學的孫皖寧發現,澳洲的華文使用者雖然多半不直接看中國官媒的報導,但是大部分都會上微信,從微信獲取新聞報導,例如閱讀其他人在群組和訊息分享的報導。事實上,孫皖寧還發現澳洲有六成華文使用者主要透過微信來獲得新聞報導。[63]

然而,在微信上被人分享出來的報導有許多都源自新華社、《環球時報》、CGTN等官方新聞媒體,這些媒體由北京控制,對中國政府從不批評。有一份研究調查了澳洲的華文使用者及他們使用微信的習慣，研究發現，華文使用者閱讀的頻道在某一段時期內，完全沒有中國政治的報導。[64] 使用華文、依靠微信來接收新聞報導的澳洲人，常常接收不到任何有關中國政治的報導。[65]

監看審查社群媒體

然而中國政府卻會收到許多報導，告訴他們微信等各大社群媒體的使用者對什麼事情有興趣。微信並不提供保障隱私的功能（例如點對點加密），而且中國政府廣泛地監測和審查微信的內容。[66] 德州大學聖安東尼分校的薩伊爾以及長期為中國人權工作的韓連潮這二人寫道，微信上的所有資訊「中國當局都加以監測、收集、儲存、分析、審查、取用。」[67] 確實如此；微信（以及其他的中國社群媒體）很樂意把資訊分享給北京。據報，微信每日蒐集數百萬條訊息，將其中一些訊息標記為包含敏感內容，並儲存這些訊息的相關資料；透過微信發送的一切訊息都會送往位於中國的騰訊伺服器，中國當局可以取用、監測、審查這些訊息。[68] 國際特赦組織曾經評估全球各大傳訊軟體的加密保護功能，而微信的母公司〔騰訊〕的得分是100分當中的0分，在該研究評估的十一個傳訊軟體當中，分數最低。[69]（臉書73分，蘋果67分。[70]）騰訊似乎一直在改進他們監測、審查內容的能力，每一年這些「技能」都有顯著的提升。事實上，資安專家發現微信已經發展出社群媒體和傳訊服務業界當中最精細的審查規則，而且還不斷演化，而這些規則可以運用到源自中國境外的訊息。[71]

在中國境內，監視攝影機本來就到處都是，社會大眾數十年來都活在專制政權統治之下。網路自由近年來逐漸消減，尤其在2022年政府採取打壓資訊業大企業等作為，於是許多人採取認命的態度，接受了微信的訊息、群聊以及各種服務就不是保密的此一事實。（打壓資訊業也讓中國付出代價，因為企業逐步受到政府主導，同時中國對COVID採取嚴格清零政策，社會所受的控制日漸增加，資訊產業的人才於是流失，他們覺得創新並不帶來收獲，害怕成立新創公司。[72]）《紐約時報》的袁莉說，中國公民在微信上「面對審查和監控，往往覺得無力、認為此乃宿命」。[73]此外，袁莉也提到中國的年輕人對現在的政府十分幻滅，尤其是足以成為資訊業生力軍的那些青年。[74]

然而，中國境外的消費者則不然；雖然他們對西方科技大企業不謹慎處理他們資料的情況有所警覺，但他們並不習慣讓社群媒體和搜尋網站像微信那樣全面地監視他們，也不習慣他們寫在網路上的東西受到審查。每當資料外洩的新聞出現，例如位於美國的WhatsApp在2019年傳出有漏洞，讓人可以在裡面安裝間諜軟體，像這樣的新聞爆發時，總會激起大眾相當的憤怒，因此西方的科技大企業必須回應。[75]

有證據顯示出目前微信在中國境外運用像境內一樣的手法，如此一來可能會壓縮到已開發民主國家對北京的批判式討論，例如在美國、澳洲、歐洲諸國。自由之家的庫克指出，微信「系統性地監測中國境外使用者的對話，標記政治敏感的內容，以便進一步做某種檢驗……」，這包括以英文、中文發送的訊息，以及用其他語文發送的訊息。[76]在2010年代中期，微信會告知使用者他們所傳送的訊息遭到封鎖——原因可能是該訊息包含某些關鍵詞，例如「習」或「中共」，或者其他牽涉到中國政治、社會、人權、外交的各式各樣關鍵詞。現在微信居然連這個步驟也省略了。該程式會直接過濾、阻擋訊息，使用者甚至不知道自己被審查了，包括一些源自中國境外的訊息。[77]多倫多大學公民實驗室的研究發現，「完全由中國境外註冊帳號所進行的微信通訊內容受到廣泛的監測，像這樣的監測，過往認為只有中國境內註冊的帳號需要面對。」[78]中國境內的微信使用者可能有許多人知道這些監測的存在，而境外的使用者往往並沒有做好準備——無論如何，微信在華文世界的市佔率實在太高，因此大家還是會繼續使用。

微博是一個迷你網誌平台，類似推特，北京對它的監察控制比微信更加深入，應該是因為微信已經成為中國時事的主要討論網站。根據《大西洋月刊》的一篇研究，2010年代初中國的微博用戶常常在這個網站譴責地方政府，甚至中央政府。[79]但到了2010年代晚期，北京已弭平微博上面的討論，也更仔細監測中國境內和境外的微博用戶。單單是2018年秋天的四個星期，政府就關閉了中國各大社群媒體約一萬個帳號，又約談微博和微信，對其「主體責任缺失，疏於管理，放任野蠻生長，造成種種亂象」提出警告。[80]中國官員對《南華早報》表示，這次整治只是開頭，要「用新辦法、新舉措管理新業態、解決新問題」。該官員稱，這樣子的嚴格管理，包括從嚴查處利用社群媒體進行批評的某些人士，將成為工作常態。[81]次年，北京封鎖的微博帳號包括中國社科院的著名知識分子于建嶸，以及其他許許多多逃過2018年地毯式搜索的微博使用者。于建嶸在微博上吸引了七百萬人關注，是網路上的知名人士，其中一部分是因為他以前曾發文呼籲政治改革。[82]雖然他已不再貼文談政治，而是謹守不具政治色彩的主題，例如藝術，他的帳號還是被封了。[83]

模仿封閉網路

中國也為其他國家提供了一個經過檢驗的模式，示範要如何透過封鎖內容、監測和處罰使用者，來控制國內的網路。北京用了幾項做法，來推廣他們封閉、受監測、受過濾的網路模式。北京培訓外國公務員，並且與外國國家級和地方級領導人舉行高層會議，對象遍及俄羅斯、非洲、東南亞，而中國官員和企業主管則推銷用來控制網路的科技。這一類資訊管理培訓課程的數量自2010年代中期已有增加，課程的重心往往放在中國如何封鎖某些社群媒體，如何強迫國內的社群媒體遵守政府規範，如何利用一系列過濾法則來整頓社群媒體及傳訊網站。[84]根據自由之家的估計，中國為36國的公務員提供資訊管理方面的培訓課程及研討會。[85]派員前往中國學習資訊管理的國家總數應該遠超過36個，因為自由之家只分析了65個國家的情況。（聯合國的成員共有193個國家。）

有許多培訓課程並不明白表示課程將著重於資訊管理及控

制。但是參與過此類課程的人士提出，即使課程的重心放在警察、司法、一般網路等領域，也往往會討論到中國的管治模式，甚至談到北京如何管理中國的網路。北京所提供的這項協助包括延請理解中國模式的網路顧問，以及吸引中國各大科技公司的投資。在上述工作以外，北京也對外國的低階公務員傳授中國的網路策略。[86] 例如，中國在國內設置培訓中心以供外國公務員使用，主要針對開發中國家的公務員。[87]（有些培訓中心利用了中國訓練各省幹部的原有場地。）這些培訓中心教授的不只是網路；其中也包含了輿情管理和資訊管理的課程及討論，來自越南等地的官員曾在這些地方接受指導，研究如何控制網路和社群媒體。[88]

自由之家對這些培訓課程的研究顯示，許多國家派員參加這類培訓課程（類似於開設給東南亞國家的培訓課程）之後，就會輸入特定的中國資源，並通過網路安全的相關法案，以便運用類似中國的做法來控制網路。[89] 在俄烏戰爭期間，俄羅斯自絕於世界，現在俄羅斯幾乎已完全封鎖外界的網路，包括Facebook、Twitter、Instagram這些社交媒體界的巨頭，所以他們的網路在許多方面都跟中國很相似，幾乎全面由政府控制。

近年來，東南亞國家例如越南、柬埔寨、泰國，有些仿效中國控制國內網路的企圖，讓本國的網路安全法律益發嚴苛，其中的條款容許大規模的封鎖資訊，容許政府廣泛地監控國內網路，容許政府採取措施強迫企業在本地端保留資料；有些則派員前往中國修習網路安全的實務，然後把這些實務帶回本國。[90] 緬甸軍方在2021年二月政變奪權之後，很快動手訂立一部牽涉廣泛的網路安全法，許多方面與中國的法律類似，該法案強制網路服務供應商必須用某種方式儲存消費者資料，如此一來這些資料讓人可以監測，也讓政府可以出於各種理由而對國內的網路實施大規模監測。[91] 幾乎同時，柬埔寨也通過了一部嚴苛的新法律，其目標在於控制國內網路，做法類似於中國對國內網路的控制。[92]

日漸上手的假新聞

隨著北京愈來愈有能力影響搜尋引擎、社群媒體、網路瀏覽器，他們在過去幾年也更常運用假新聞，而這個戰術他們原本只在國內使用，以及一些鄰近的地區例如台灣。整體而言，直到不久之前，北京的經驗還是太少，不足以放送假新聞報導以造成其他國家的社會分裂，操弄搜尋引擎呈現出的結果，或者用網路上的空頭帳號來干預外國政治。北京之所以沒有興趣在海外使用假新聞，其中一個原因是中國希望能被看成是負責、穩定的世界性大國；因此，中國的新聞工作有一大部分都是為了要推銷北京對世界的正面影響，而若被人發現中國做出像克里姆林宮那樣的瘋狂行為，可能就會動搖到他們要傳達的正面訊息。[93] 同樣重要的是，北京還是比較專注於壓制或過濾網上的內容，而不是像莫斯科那樣直接投入炮製真正的假新聞——至少在俄烏戰爭之前是如此。牛津網路研究所所長菲立普・霍華德對記者表示：「說到利用社交媒體來操縱輿論，俄羅斯一直是最有創意也最有耐性的，但是他們多年來針對的國家各有不同。」[94] 當然，因為烏克蘭的慘狀受到廣泛報導，俄羅斯操縱外國輿論的成功率有所下降，儘管在某些國家他們仍然得逞。

但是，至少從2018年開始、而在2019年更可以肯定地說，北京已經有意在鄰國及（某程度上）其他地區干預全球性的網路平台，例如Facebook、Twitter、YouTube，也有意運用莫斯科積極使用的戰術，使外國社會分裂和兩極化——現在他們要分享莫斯科對烏克蘭和其他主題所發送的假新聞。[95] 看來，北京正向莫斯科討教假新聞戰術和官方媒體的技巧，大概是克里姆林宮在西方四處干擾選舉，又能在遠至非洲、拉丁美洲的地方令假新聞發酵，使得他們印象深刻。獨裁兩大國也比過去更加同心，要從內部削弱特定的民主社會，要打擊美國在全球的影響力，要在其他民主的行動者（例如歐盟）內部播下分裂的種子，要聯手發揚假新聞。[96] 智庫「新美國安全中心」2020年的研究發現「中國正在汲取莫斯科的各種最佳實務，開始運用克里姆林宮的某些戰術」，例如以彼此協調而足以引發對抗的虛假敘事來淹沒社群媒體平台（這是莫斯科的強項），而不是較有分寸地利用社交媒體，例如審查過濾掉北京不願為人所知的新聞。[97]

兩個獨裁國家似乎也開始利用假新聞來放大彼此對某些主題的敘事，在俄烏戰爭當中這樣的情況顯而易見，雖然在許多假新聞的運作上，中國的技藝尚未超越俄羅斯。俄方用假新聞抹黑美國等民主國家，如此一來就為北京的新聞運作打好地基，能夠把北京的治理模式描寫成優於民主制度。[98]

我們可以注意到，北京已經不只是操作新聞和假新聞來干預外國政治，還開始用這些戰術來對付惹惱北京的企業。例如2021年，流行服飾界的巨頭H&M、Nike等一些廠商公開表達他們關切在新疆用強制勞動生產棉花的狀況，因為這些棉花會用來製成他們的服飾產品；北京隨及祭出新聞和假新聞攻勢，來打擊瑞典的H&M。[99] 此一手法顯然生效，因為H&M很快退讓了。該公司在2021年三月發表當季營運成果時，也以一篇新聞稿提出他們「對中國的長期承諾依然堅定」，將「致力於重新獲得中國消費者、同事和商業夥伴的信任和信心」。[100]

另一項策略北京也愈來愈常使用，那就是臉書的內容農場，裡面的文章其實只有一兩個來源，但特意設計成看起來彷彿是大量的單篇貼文。在馬來西亞，近年來有幾個團體在創造假帳號、假頁面、假社團——俄羅斯經常採取這樣的行動——然後利用來傳播假新聞，針對的主題是美國政壇與美國政治，以及整個民主政體。在臉書上的這些虛假頁面有一些源自中國，他們相當有技巧地提出對馬來西亞生活見聞和政治的評論，把這些評論攙入親中訊息、以及關於美國及民主國家的假新聞。[101] 此外，具公信力的「當今大馬」調查發現，馬來西亞的大型華文媒體輸入了許多假新聞來談論香港、香港抗爭者以及香港的各個面向，這些假新聞應該是來自中國官方媒體。[102]

隨著中國和俄羅斯在假新聞和其他新聞運作方面的合作增加——他們透過聯合論壇、高峰會等許多方式交換知識——幾乎可以肯定兩國會愈來愈協調。這兩個獨裁國家可能也與其他專制政體在假新聞方面進行合作。有一項研究首先由新聞網站Politico

曝光，是由美國國務院的「全球參與中心」進行，該項研究追蹤
假新聞及政治宣傳，發現中國、伊朗、俄羅斯針對美國的假新聞
敘事愈來愈一致，尤其是針對美國對新冠病毒的反應。該報告也
提出，北京容許莫斯科進入中國的國內網路，以便向中國人民散
布更多假新聞，主題是北京和華盛頓對COVID-19的反應。[104]
他們對COVID-19日趨一致的敘事內容是說，獨裁國家對應疫情
有方（而事實上，伊朗的不當措施令人髮指），美國對瘟疫的反
應則導致災難。[105]（中國在2021年和2022年對疫情採取的措施
同樣是災難收場。）

　　當然，中國在自家對假新聞是有經驗的。哈佛大學的研究者
下的結論是，北京多年來都在國內主導一場規模浩大的假新聞作
戰。金恩等人寫道：「中國政府每年捏造、張貼4.48億條社交媒
體留言」，其中充斥著假新聞，「以轉移〔中國國內〕大眾注意力，
改變對話主題」，使其不再專注於敏感議題。[106]

　　微信等平台既然在全世界流行，而操作假新聞的人又總是在
尋找新的平台，這兩項事實結合在一起，使微信未來有可能變成
承載假新聞的媒介；或許現在已經如此。北京，或者並非直接由
政府控制、但支持中國的個人，可以利用微信散播假新聞。此外，
微信在中國國內已經是大規模承載謠言的媒介，雖然往往難以確
定這些謠言的背後究竟是與北京無關的個別用戶、或者其實是由
國家所策動。[107]雖然微信聲稱要對抗假新聞，也推出了事實查
證機制〔微信闢謠助手〕，但這個平台顯然是北京可以操縱的。
而要全面研究微信如何對抗假新聞幾乎是不可能，因為微信的管

理作風十分神祕。程式會列出微信上面流傳的最新謠言，據說這也是對抗「假新聞」的一個方式。[108] 但是好幾位資安專家都提出，既然北京對微信握有大權，那麼上述作法就使得中國政府得以將真實的新聞（例如涉及中國政策、中國政治等敏感議題的真實報導）在微信上說成是謠言——然後再加以「闢謠」。[109]

台灣是最清楚受到假新聞影響的地方，其來源主要是具有中國背景、官方及非官方的行動者；數十年來，台灣公務員曾經面臨北京秘密金援本土政治人物、影響或控制台灣新聞媒體，以及其他的干預手段。但是最近這幾年，台灣所面對的中國假新聞攻勢愈演愈烈。這場攻勢比過去更加成熟，與俄羅斯的戰術相似——包括操縱搜尋結果、在台灣的社交媒體植入假的新聞報導、透過機器人發送迷因。或許在全世界，中國的假新聞作戰運用最成熟的地方就是台灣。

中國對台灣運用的作戰方針似乎目的是要為特定親中候選人造勢，還有要分化其社會。曾怡碩（國防安全研究院網路作戰與資訊安全研究所助理研究員）對記者表示「中國正在走俄羅斯的道路」，台灣的其他研究者及情報人員也持相同看法。[110]

中國對台灣放送愈來愈多假新聞，其中一起值得注意的案例是在2018年燕子颱風期間，中國一個內容農場發表文章，據稱描述颱風時受困於日本關西機場的台灣旅客。[111] 後來該篇文章被發現子虛烏有，作者的IP位址則在中國大陸。文章提出，中國駐大阪領事館派遣專車前往救援機場內的中國人，但台北駐大阪經濟文化辦事處（實質上就是台灣在當地的領事館）卻無法做到。[112]《環球時報》和《觀察者》——這兩個網站的作用之一是把假消息洗白，以便打進較為可靠的新聞媒體——刊載了這篇報導，然後就廣為傳播，也登上了具公信力的媒體。[113]但這篇新聞並不是真的：中國領事館沒有派車，救援旅客的巴士全部是關西機場安排的。[114]然而，台灣駐大阪代表〔蘇啟誠〕深感羞愧，因為該篇文章指責駐大阪辦事處對台灣人不理不睬；結果他自殺了。[115]

另一方面，根據台灣民主實驗室的研究，中國原本在台灣嘗試的假新聞作戰當中有愈來愈多戰術被搬到東南亞使用，有時也在全世界使用。[116]他們發現，有時候假新聞的傳播是透過人在台灣的東南亞華僑移民名下社群媒體帳號；原先在台灣流傳的假新聞，被他們有意或無心地傳開了。[117]

自從新冠疫情從中國出現又擴散到全世界之後，北京似乎又發動了一場俄羅斯風格的假新聞全球戰，重點放在傳播各種謠言、假象、陰謀論，混淆外國大眾，隱瞞北京首先放任疫情擴大的罪責，埋下互相猜忌的種子，抹黑美國、歐洲、澳洲、台灣及各大民主國家——還要更加寬泛地把民主政體本身描繪成無法應對人民最迫切的需要。這一套假新聞作戰在俄烏戰爭期間不斷出現。（過去幾年來，中國和俄羅斯已經公開聲明兩國的官方媒體將「合力講好中俄故事」；顯然這一步驟已經展開。[118]）例如《人民日報》等官媒、中國的公開聲明以及中國在境內境外社群媒體所發動的攻勢（往往隱瞞其背景）都在傳播一種假新聞，說美國政府隱匿了COVID-19在美國流行的程度（雖然實情的確嚴重），甚至說是美國造成新冠病毒大流行，說世人可能永遠不會知道病毒真正的來源。[119]中國的資訊操作將美國及許多歐洲大國對新冠疫情最初反應不過來的狀況加以放大，而對於台灣、日本、南韓、澳洲、紐西蘭早期即有效應對一事則予以忽略──又對台灣投放大量假新聞，以證明「民主是失敗的」，無視於台灣對COVID-19的早期策略十分高明。[120]

華盛頓的海事分析中心研究了疫情爆發以來中國的假新聞戰術，發現北京環繞著COVID-19展開的「假新聞作戰」，其廣度和深度都「前所未有」──彷彿就是莫斯科的大規模假新聞作戰──而且擴散到全球。[121]同樣地，美國國家民主基金會分析中國與俄羅斯假新聞的合流，發現在兩個專制國家新聞合作的這個大趨勢當中，新冠病毒敘事的合流顯示了雙方的官媒、官員及社群媒體的作戰（有些是透過機器人、假帳號）互相放大彼此關於疫情釋放的假新聞，其中牽涉到的假象包括病毒的起源以及民主國家的反應。[122]

北京是否會繼續走這條路？這取決於他們的新冠病毒新聞戰所得到的結果──目前為止，他們並不是太成功，尤其是因為北京在國內對疫情處理不當。換言之，如果中國目前所採取的俄國風格戰術證明是有用的，北京很可能將來會更想再度施展這些策略。

10 老派影響力
Old-Fashioned Influence

　　我在第一章已經提到，本書探究的重點不在於「老派」的影響力，也就是透過實際的人際關係來影響：包括文化外交、教育外交；金援外國政黨；控制外國境內的學生團體；利用外國商界和政界的盟友，來改變外國政策；利用統一戰線工作部（統戰部）；以及其他戰術。（當然，中國已經把這類影響力中的許多方式都大幅更新了；稱之為「老派」只是藉此簡單地跟新聞媒體類的工具區分開來。）

　　老派的工具當中有一些比較偏向軟實力，例如文化外交、教育外交。而又有一些工具，如同我們討論紐澳時已經討論過的那樣，顯然屬於銳實力，譬如統戰部在外國華僑社區的工作，還有對政治人物獻金以直接干預外國政治。前面章節裡我已經多次談到老派的影響力，那是為了說明中國如何在1990年代施展魅力攻勢、魅力攻勢何以失敗，以及解釋中國現今如何在紐西蘭這樣的國家結合使用老派影響力與新聞管控。我們得要回顧一下中國如何強化了這些老派的工具，他們又可以在哪些方面反過來強化北京的新聞作戰——雖然中國運用的老派影響力，也如同其訊息戰的策略一樣，有時候會失效。

連綿不斷的出招

首先，如今中國的訊息作戰和老派影響力之間，有其一貫性。在1990到2000年代中國運用的銳實力有限，一部分是因為當時他們的銳實力並不足以廣泛觸及全球；相形之下，今日的中國則企圖在全世界施展銳實力的老派影響力——其範圍與他們企圖在訊息領域所施展的控制一樣廣泛。舉例來說，北京在習近平時代擴大了統戰部的編制，賦予更大的權力，使統戰部更有權限可以在外國施展政治影響力——尤其是針對華人、大學團體、政黨和學生組織。[1] 統戰部的行動大部分是祕密進行，屬於操縱性質，試圖去影響外國國內的華人社區，以及外國政府和公民社會當中的華人，並且在非華人的社區當中揮舞其影響力，按照鮑威（前任美中經濟暨安全檢討委員會分析師）針對統戰部所寫的報告所言，其目的在於「令對方採取行動或抱持立場來符合某些北京所偏好的政策」。[2]

總體而言，在習近平時代統戰部已經擴編，也更賣力試圖打進並且操縱華人社團、各政黨，以及中國境外的其他組織，尤其是在東南亞以及亞太其他地區。[3] 北京一直認為華裔群眾天生就支持中國，也就是說他們到頭來一定會支持中國共產黨——雖然事實與此相去甚遠。總之，北京認為他們是所謂僑務工作的現成目標；紐西蘭的政治科學家杜建華將僑務工作定義為「透過各種政治宣傳、各種思想管理技巧，在中國境外的華人之間為北京招攬支持者」，以及監測海外華人動向的工作。[4] 統戰部的相關組織運用其影響力改變外國華人的投票方式，在紐西蘭等國家他們可能還派遣具有相關背景的人士投入競選政治，如前文所述。[5] 具統戰背景的人物在這些國家的政治當中扮演相當重要的角色，他們是捐獻的金主和活動的組織者，他們把影響力逐漸深入到別國的州政治、地方政治，以及個別選區的競爭。澳洲一篇針對統戰部影響力運作的研究報告指出：「2019年澳洲聯邦選舉當中，兩大黨為某一席國會議員所推出的候選人，其中一位有報導指出他是統戰團體的成員，另一位則參加過統戰部門贊助的中國行。」[6]（後來澳洲嚴格收緊了針對外國政治干預的法律，這一定是考慮到中國之故。）具有統戰部背景的組織也已經穿刺了東南亞許許多多華人公民社團與商業結社。[7] 在美國，中國的這些活動同樣也打進了地方級政治、州級政治以及一部分的全國性政治。[8]

在教育界也一樣，魅力攻勢年代的軟實力策略已經換成銳實力與軟實力的結合。如前所述，近年來中國加強吸引外國留學生，而他們也送出更多中國留學生到海外，這樣的軟實力運作可以提升未來的輿論領袖對中國的看法，從而結出豐碩的成果。來到中國的留學生目前有50%以上來自中國在亞洲的鄰國，但也有相當多人是來自非洲以及歐洲（包括俄羅斯）。[9] 來自開發中國家的學生，有一些人一定是受到獎學金等就學援助的吸引；過去十年來北京大幅度增加了這類的援助。[10] 他們要來到中國也可能是因為亞洲各學府與中國大學建立了新的夥伴關係，以及因為華語學校在全亞洲與其他區域的成長。[11]

華語學校的校方往往會鼓勵學生到中國就讀大學，另外北京也經常招待東南亞及各地區的華語學校校長等校務人員。[12]校務人員的中國行,重點並不是完全放在高中生前往中國大學的好處,但這確實也是中國大學重要的招生管道。校務人員回到東南亞及其他地區之後,往往會對學生宣導未來有機會就讀中國的大學。[13]

COVID-19結束之後,到中國留學的學生人數可能會增加,因為中國大學積極吸引亞洲以外的留學生,包括非洲和拉丁美洲學生,而對許多開發中國家的學生來說,可以在中國建立人際關係、學習華語,這些事情還是很令人嚮往。然而中國對CO-VID-19採取清零政策,他們在2021年到2022年之間與世隔絕,這可能會讓學生增加的速度放緩。中國愈來愈被看成是一個留學的好地方,尤其是在南亞和東南亞的鄰近國家之間,至少,在2021年到2022年之間的清零政策和與世隔絕之前,情況是如此;中國還是很可能再度被視為適合留學的地點。隨著美國令外國學生難以就讀美國大學,若是中國妥善處理其防疫政策,到中國接受高等教育一事可能會顯得更具吸引力。[14]原本會赴美留學的學生,一定有許多人改成前往澳洲、加拿大、紐西蘭,但中國應該也會招徠到其中一些學生。[15]

而中國用來討好其他國家裡地方級和省級輿論領袖的軟實力運作,也有所拓展。北京擴大了他們締結「姊妹市」的計畫——如今他們在外國有超過2,500個姊妹市和姊妹省州。[16]計畫中締結為姊妹市的雙方往往會送出交換學生、提供輿論領袖交流的機會、提升彼此的商業關係。締結姊妹市往往也讓中國和外國的地方政治人物能夠建立連繫，這是一個寶貴的機會。中國特別積極地與東亞及太平洋地區的國家締結姊妹市。[17]

　　同時，他們對非洲及拉丁美洲國家也加強了官方的訪問及互派代表團，交流的代表當中有許多地方級和省級政治人物。聖母大學的艾森曼發現，中國與非洲國家的此類交流，數量由2006年的26項成長到2008年的41項；他尚待出版的研究當中還寫到，在2010年代晚期，此類交流的數量已增加到每年超過60項。[18]

　　然而這種活動有時也可以用來施展銳實力，由中國官員來注意參與交流的政治人物或學生，然後透過駐在他們本國的中國使領館向他們施壓，來審查當地新聞媒體對中國的報導，以及關閉可能批評到中國的地方性藝文展覽。[19]

　　這樣的軟實力已經產生效果。AidData的研究發現，提倡到中國留學的工作卓有成效，至少在疫情爆發之前是如此——在中國留學的國際學生當中超過三分之一的人表示，他們是從公告當中得知獎學金的訊息（往往是在本來的學校裡），另外也約有三分之一的人表示是透過人際關係得知，這個選項包括了學校的教職員。[20]AidData發現，去到中國留學的男男女女，以及留學海外的中國人，兩者加起來成為中國的一種品牌代言人，留學生會將他們對中國的正面觀感帶回家鄉。[21]在另外一篇研究當中，咸命植和杜連迪諾則發現，拿中國政府獎學金來到中國就讀大學的外國留學生，他們回國之後對中國的看法往往比起他們出國前來得更加正面。[22]

學生、大學、銳實力

然而留學生、尤其是留學海外的中國學生，也愈來愈被當作銳實力工具來使用。透過統戰部及相關組織、透過駐外使領館，中國政府加緊監視海外的中國留學生，加強利用學生社團在美國及許多國家的校園建立共黨組織，恫嚇大學校園裡批評中國的人士。[23]

《外交政策》調查發現，美國境內的中國學生組織——在澳洲等其他地方也是一樣——「經常收受當地〔中國〕領事館的贊助，許多社團在正式的說明當中自稱為接受大使館的『指導』或『領導』。」[24]美國境內的這種組織常常利用其影響力來審查對於北京的批評、控制涉及中國的學生活動，而對於公開表示批評中國內政外交的中國籍學生，則向其施壓。[25]除此之外，戰略暨國際研究中心的一篇研究也顯示，統戰部在澳洲利用某些學生團體及華人組織，協助支持中國外交政策的人士「登上地方性重要地位」，在大學和當地社區施展影響力。[26]（澳洲的大學十分依賴外國學生所帶來的收入，特別是中國學生，他們似乎並不願意調查、打壓那些疑似具有統戰部背景的學生團體，不過狀況已有改變，因為澳洲的公共輿論逐漸對北京強硬，各大學也認識到這些學生團體對學術自由所造成的傷害。）

在美國、澳洲、歐洲，以及其他地區，這些學生社團及社區組織透過舉辦活動來鼓吹北京對中國內政外交政策的敘事，也透過他們在大學及華人社區內的人脈，壓制對於北京的批評觀點，甚至企圖在批判性的活動舉辦之前就迫其停辦，在澳洲、美國，及許許多多其他地方都發生了類似情況。[27]不但如此，北京還愈來愈常利用外國校園的中國留學生社團（其中有一些從屬於統戰部、由中國政府贊助）來控制校園內對中國的討論，來審查批評北京的學生和教授，以及在校園中發動抗議，反對校方邀請具有西藏、台灣背景、或與批評中國政府的各組織有關連的講者來演講，甚至發動抗議反對校園中的海報，因為這些海報提起中國在新疆、香港等地侵害人權的事例。[28]（習近平本人在2015年的講話中提出留學生將是統戰工作新的著力點，而中國政府也曾公開表示主要的留學生團體〔中國學聯〕應該由北京及中國大使館直接指導。[29]）澳洲戰略政策研究所的研究發現，在澳洲及其他國家，這些學生團體曾經監視海外的中國籍留學生，「偕同中國政府」策動「集會和宣傳活動」，對中國留學生施壓不許討論北京的敏感話題，有時甚至還向其他國籍的學生施壓。[30]與此相似，華盛頓的威爾遜中心曾對美國大學裡中國政府的影響力進行研究，他們發現中國學生的團體以及美國境內某些中國外交官曾經監視美國境內的中國留學生，影響其過濾某些對中國的評論，還針對批評北京者施加財務上的報復。[31]

有許許多多的報導都曾提到，駐在美國的中國大使及中國留學生會對美國大學進行報復（因為他們邀請講者就北京的敏感話題演講），他們迫使教職員撤掉涉及敏感主題的研究及教材，還騷擾、威脅、欺負中國籍留學生，不許他們批評北京，或者針對敏感話題發言。[32]這樣的行為已經帶來寒蟬效應：石宇研究美國大學裡中國影響力運作產生的效果，發現許多大學裡面的中國籍學生以及非中國籍學生都愈來愈趨向自我審查，不在課堂上談論與中國有關的主題；愈來愈少大學邀請曾對敏感話題（例如台灣、西藏、新疆）發言的人士演講；連學界的菁英，也對於公開批評中國政府的任何一點，變得更加戒慎恐懼——此項發現與我蒐集到的許多軼事吻合。[33]

就像石宇所說的，這個效應有一部分很明顯，例如像北卡羅來納州立大學、哥倫比亞大學等校，當他們遭受中國運用影響力壓制而取消達賴喇嘛到該校訪問、取消針對北京的敏感話題所舉辦的講座，其效應清楚可見。但這種寒蟬效應所造成的，更常是少有人會去報導的事件，例如中國籍學生在社群媒體上受到騷擾、欺負，要迫使他們自我審查；或教授為了避免受到中國外交官、中國官員、中國學生團體的壓力，而自我審查。[34]

「人權觀察」針對中國對海外學術自由造成的效果所做的長篇報告更仔細描述了，中國政府透過孔子學院、外交官、留學生團體等等方面所施加的壓力，已經威脅到許多國家的學術自由，包括美國、澳洲等國家。[35] 不僅如此，人權觀察還記錄到中國官員曾經在海外直接威脅學者，使他們不敢在課堂批評中國政府；學者開始自我審查，以免因為學者本人或其中國學生發表批評北京的意見，而對其學生或學生家屬造成困擾。[36] 該研究也顯示出海外的中國留學生應該有監視同校的其他中國學生。[37] 具體而言，其中有人會追蹤批評北京的學生，接下來可能呈報給中國留學生團體，而這些團體和中國外交官、統戰部有連繫，之後這些人就可以向學生及其家屬施壓。

人權觀察的調查還發現，有幾所大學在招聘人員的面試過程中詢問面試者對孔子學院的看法，這應該是要確保面試者贊成設置孔子學院；美國某所大學則有「一位學者的課程標題被同事們認為太過『敏感』而要求他修改」；另外也有美國大學的「高級管理人員取消了可能被中國政府視為『敏感』的人物到校，其中一例，院長向一位教員解釋說學校不想失去人數日增的中國學生。」[38]

孔子學院

校園裡對中國的批評言論之所以沉寂，有時候是因為北京願意發簽證給不批評中國政策的外國研究者、對批評北京者則將簽證扣住不發；有時候則是因為孔子學院，也就是北京設立在外國大學校園的語言文化中心。[39]美國國會稽核處對孔子學院進行研究，發現在開設孔子學院的學校當中，有許許多多的學校行政人員、研究者以及其他教職員擔心此一機構將縮窄校園裡關於中國的對話，並且限制學術自由，使人無法自由探索北京認定為敏感的主題。[40]

美國參議院國土安全小組委員會所提出的報告令孔子學院更加難辭其咎；該報告的研究主題是孔子學院對美國學校及大學所產生的作用，結果發現，在一百所以上的美國大學裡面，孔子學院都威脅到學術自由，因為對於中國的敏感主題，這些學院不但遏制學院內部予以討論、更遏制整個校園之中的討論，他們還刻意營造出一種自我審查的文化。[41] 人權觀察的研究還發現，許多學者對於孔子學院進入校園感到不滿，他們認為有一些孔子學院企圖打壓對於中國的批評——例如，澳洲的維多利亞大學曾取消一部批評中國及孔子學院的紀錄片放映，原因有一部分是受到中國外交官施壓，另外大概也是因為維多利亞大學害怕孔子學院被撤。[42] 尤有甚者，人權觀察在2021年的後續研究調查北京對澳洲教育的影響力，發現就讀澳洲大學的約莫十六萬名中國籍學生之間，一直瀰漫著恐懼的氣氛，他們不敢批評北京，也不敢批評中國的外交與內政。[43] 研究報告指出，這樣的恐懼氣氛、以及顧慮北京而自我審查的文化，源自幾項因素：中國政府監視澳洲大學的學生；外交官對學生施壓要求舉報同學；大使館、領事館主導了校園內的學生團體——但還有一項原因，就是孔子學院等合作計畫所造成的效果。[44]

關於孔子學院對美國大學校園所產生的作用也有一篇類似的詳細報告，由美國全國學者協會提出，該報告發現，針對中國所審查的主題，例如1989年天安門大屠殺等等，美國境內各孔子學院的院長，正力圖使相關討論成為禁忌。[45] 該研究也顯示，孔子學院似乎對院內教師提供標準答案，用來回應對於中國敏感議題的提問（例如被問到天安門事件時，以天安門廣場是古蹟來回答），同時他們在學校教授之間營造自我審查的風氣，這甚至也涵括與孔子學院並無直接關連、只是研究中國議題的教授。[46]

這些報告問世之後，許多國家的國內聲浪變得反對孔子學院，中國要利用孔子學院來施展軟實力愈來愈困難，也許只有在亞洲一些地方例外，因為當地的社會大眾對北京的看法仍然相當友善。2020年，美國國務院致函美國各大專院校的董事會，說明美國政府已將「孔子學院美國中心」列為外國代表機構，一部分原因是孔子學院「受到中國官方的長臂管轄，放任其無視學術自由」。[47]列為外國代表機構之後，美國政府就可以要求孔子學院就其運作提出更多資料，強制孔子學院（或許再加上這些校內設院的大學），都要定期報告孔子學院在美國境內的活動。[48]

孔子學院的爭議愈演愈烈，以致於美國和其他民主國家的某些大學顯然開始感到，無論孔子學院帶來了多少資金、其間建立的關係又如何能幫助大學在中國開設課程，接受孔子學院已經變得不太划算。[49]

光是在2018、2019、2020這三年，美國境內關閉的孔子學院至少有40所，而截至2022年初，在美國至少有100所孔子學院關閉。[50]有更多大專院校已經表示他們在接下來這幾年裡，即將關閉校內的孔子學院。如果說到了2020年代中期，美國境內再也沒有一間孔子學院，那是完全有可能的；這代表中國的軟實力遭遇重大失敗，某程度而言也是他們銳實力運作遭到的挫折，因為有些證據表明美國境內的孔子學院被用來暗地裡削減學術自由。首先開設孔子學院的美國大學是馬里蘭大學，而他們在2020年關閉了孔子學院。[51]雖然如此，這些已經關閉孔子學院的大學當中，有一些還是與中國政府合作開設其他課程，或者從具有中國國家背景的機構接受資金；但是這些大學受到嚴格的審視，包括美國國會、社運團體，以及專門研究美國校園中孔子學院及中國影響力運作的研究人員，都正在留意其相關活動。因此，美國各大學若要與北京或相關行動者合作，以類似的大型計畫來取代孔子學院，將會遇到困難。[52]

在世界上的其他地區，孔子學院也逐漸受到促其關門的壓力。既然澳洲政府密切審視澳洲境內為了中國政府宣傳工作而注入的外資，以及中國政府為澳洲境內許許多多活動所提供的資金，假以時日在澳洲設立的所有孔子學院可能都會關閉。[53]

歐洲各國也在關閉孔子學院，儘管這樣做有可能使北京震怒；中國還是一個外交上的強權，也是歐洲國家的主要貿易對象。在歐洲首先開設孔子學院的瑞典，已經關閉了國內所有孔子學院。[54] 德國有幾所主要的大學即將關閉孔子學院，挪威、法國、加拿大的學校亦然，這個趨勢擴及其他民主大國境內的學校。[55] 在英國，政府及社運人士對大學施加愈來愈大的壓力，要中止孔子學院的合約，所以大部分英國院校應該也會採取行動；而日本與南韓的政府同樣也受到愈來愈多要關閉孔子學院的壓力。最後中國大概只能在開發中國家維持孔子學院，大部分是專制國家，這種情況應該會限制中國在全球施展影響力，也反映出中國軟實力及銳實力的失敗。

11 中國有成有敗
China's Mixed Effectiveness

台灣在2020年舉行總統大選，但在那之前的兩年，北京似乎已經對台灣愈來愈能施力，尤其是透過新聞和媒體。台灣國內的媒體幾乎全部都使用華語，如此一來十分適合讓北京施加影響，再透過其影響力干預政治。

事實上，北京看來是設法要讓他們的自己人登上台灣總統大位。兩年之前的2018年，國民黨內原本比較名氣稍遜的韓國瑜贏得南部大城高雄的市長選戰，期間中國控制的媒體為他提供了重大的協助。[1]韓國瑜提倡加強與中國的連結，這是國民黨的正常立場。他到大陸去訪問中國高層；他同意中國和台灣基本上屬於同一個國家，而這樣的說法當時執政的民進黨並不認同。[2]之前韓國瑜在國民黨黨內的政治生涯普普通通。1993年到2002年間他是一位並不特殊的立法委員，後來任職於台北農產運銷公司，2017年角逐國民黨黨主席失敗。看起來，他的政治生涯到這邊就要結束了。

因為他的進展最多只能說是原地踏步，而民進黨控制高雄已有二十年，所以若要賭誰會贏得2018年的市長選戰，韓國瑜實在不像一個可靠的下注對象。可是他獲勝了，他的靠山是親北京的台灣媒體。(但說句公道話,韓國瑜那種直率、想到什麼說什麼的風格——類似菲律賓的杜特蒂等民粹主義者——為他在2018年市長選舉中博得媒體報導的版面,也推動了他的選情。[3])他似乎也贏在社群媒體上有一波大型造勢支持他當市長,而這波造勢是由中國精心策畫。[4]韓國瑜不知何故竟然還在所有市長候選人當中募到最多政治獻金,儘管他所屬的國民黨並沒有提供太多支援。[5]當時《南華早報》一篇記錄韓國瑜崛起的報導寫道:「他〔從黨內〕既沒有拿到錢,也沒有拿到人——韓國瑜被當成只是〔市長〕選戰的炮灰,他的黨並不期望獲勝。」[6]在2019年,一名自稱中國間諜的男子〔王立強〕向澳洲尋求庇護,他說曾經協助中國大陸方面將兩千萬人民幣資金捐給韓國瑜市長的選舉陣營。[7]韓國瑜否認收到此筆款項。

中國為韓國瑜撐腰的運作持續到次年,此時,這位東山再起的政治人物要競選的是總統,對手則是執政黨民進黨的蔡英文。北京明白表示厭惡蔡英文、憎恨民進黨。畢竟就是蔡英文痛批北京對待香港的手法,推動台灣與該地區其他國家加強連繫以維持台灣的自由現況。[8]

韓國瑜靠著似乎是從天上掉下來的高雄市長勝選,拿下國民黨的總統候選人提名。總統選戰緊鑼密鼓之際,台灣的國家安全局在2019年揭露有幾家台灣新聞媒體與北京合作。《金融時報》報導,中國國台辦直接對台灣新聞媒體發號施令,涉事者包括旺旺中時集團,這家媒體公司勢力不小,而他們支持韓國瑜。[9]旺旺這家公司介於「借船」和「買船」之間——旺中集團並不是由一家中國公司直接持有，但該公司老闆明顯支持北京，或許也收受北京的資金。據報，旺旺中時集團的記者表示他們每天接到國台辦的電話，告訴他們要怎麼寫總統選舉的相關報導。[10]（該公司否認此事。）

還有別的台灣網站直接轉載中國的宣傳材料，主題直接就是韓國瑜、蔡英文，中國將這些宣傳材料配合其他的假新聞戰術，成為特調的選舉雞尾酒。[11]大選在2020年一月舉行，而那之前幾個月，在YouTube上有可疑的影片（看起來由中國發出）散布關於選舉的假新聞，而Facebook上則有假貼文在流傳謠言謊話。[12]其中一些假新聞的設計似乎是要讓選民變得冷漠；有一些假新聞則特地為韓國瑜造勢。

但是最後韓國瑜輸掉了選戰──輸得很慘。中國官員似乎並不明白，當他們在台灣加強銳實力運作，這樣的運作可能曝光，隨著台灣大眾得知中國的干預行為，最後這些運作會讓北京收到反效果。事情確實就這樣發生了。當國內外的新聞報導都揭露了中國對台灣媒體的大規模影響力，社會大眾怒火中燒，正好趕上總統選舉的時間。（中國自己的官方媒體也過分大膽地報導北京對台灣及其他地方所揮舞的訊息作戰及傳統影響力。[13]）選戰期間，數千名台灣選民上街抗議「紅色媒體」，也就是從北京接收指示的本土新聞媒體。[14]這些抗議活動進一步促使台灣對中國的假新聞愈來愈有抵抗力，公民更能意識到北京的手段，政府則採取許許多多措施來提升公民的數位識讀能力。

揭發中國企圖宰制本土媒體以及其他業界的，往往是台灣的小型新創媒體公司。這在當地已經習以為常：台灣和亞洲各地一直都有些鬥志昂揚敢作敢為的新創媒體持續對中國形成威脅。例如在台灣，近年來崛起的幾家新媒體填補了高水準報導付諸闕如的狀態，因為先前既有的報章雜誌已經放棄對中國做批判報導。台灣的《新頭殼》就是一家這樣的新媒體公司；其公司性質往往屬於非營利範疇，上頭沒有會受到北京所影響的老闆。[15]

隨著台灣及外國的新聞報導了中國如何干涉台灣媒體及其他領域，社會大眾群情激憤，蔡英文則嚴正譴責中國的干預行為。[16]總統選舉投票前夕她再三強調中國如何干預香港和台灣，在最後一場造勢晚會她對支持者說：「香港的年輕人用他們的生命跟血淚，為我們示範『一國兩制』不可行。」[17]

此話觸動了台灣大眾的心弦。2020年一月，蔡英文在總統連任選舉中大勝，獲得壓倒性的57%選票，總票數是台灣在1996年實行總統直選以來各候選人當中得票最多。[18]民進黨也在台灣的立法院保住多數席次。是次選舉的觀察者提出，中國的影響力運作、再加上當時對香港進行鎮壓，造成了反效果，投票率創下歷史新高，使得蔡英文大勝。[19]到了2020年底，韓國瑜甚至保不住市長職位；連高雄市民也對他怒火相向，以罷免公投使他離任。[20]一開始，北京並沒有仔細思考蔡英文選上連任的意義，至少他們沒有公開表明。但總有一些中國官員會注意到，在台灣施展銳實力可能帶來反效果，或至少可能無法令事態變得有利於北京，即使北京持續提高對台灣的軍事壓力也是一樣。

蔡英文的連任選戰，以及我們在之前幾章探討過的案例，都顯示出北京影響媒體及新聞以便獲取政治成果的這些作為，未必能夠取得令人驚艷的成功。沒有錯，中國對許多台灣新聞媒體動手動腳，中國可以在台灣放送假新聞。像韓國瑜這樣相對平凡的人物，中國可以把他推上大舞台。但是，中國企圖利用官方媒體、企圖以銳實力控制新聞媒體以收取實際成果一事，遇到了巨大的阻礙——在台灣如此，在其他地方亦然。

總體而言，中國的媒體及新聞戰確實不一定成功——在台灣和其他地方，目前是這樣；在台灣這樣的作戰大體而言是失敗的，台灣對中國的新聞及假新聞發展出相當的抵抗力，而且還為其他地方提供了一個典範。

本書英文版付梓前夕，中國進一步對台灣採取侵略性的軍事動作，使得台灣人民更感到彼此之間的隔閡，永遠斷絕了台灣與中國大陸和平統一的可能性，台灣的任何政黨，例如國民黨（他們是比較支持中國的），只要繼續支持北京，就不可能活下去。（幾乎可以肯定在英文版編務結束之際，中台危機仍將持續，但重要的是記下這一條痕跡，它呈現出使得全世界對北京轉為不信任的種種因素以外，中國對台灣的軍事恫嚇是又一個因素，使其更難發揮舉凡外交、媒體、新聞、老派影響力，各方面的戰術。）

美國眾議院議長裴洛西訪台之後（她是二十五年來訪問台灣的最高層級國會議員），中國來勢洶洶地回應。[21]他們在台灣四周試射飛彈，也波及日本主張的專屬經濟區——此舉必定使日本輿情更加惡化，堅定日本保衛台灣的決心——並在台灣近海舉行軍事演習。[22]中國企圖透過軍事演習來表示他們可以封鎖台灣海峽，他們還停止進口台灣某些農產品等等商品，但這些只佔台灣經濟總量的一小部分。

事實上，這些禁令只是讓台灣政府更努力實行他們的計畫，為台灣產品找出中國以外的替代市場，禁令也促使該地區的其他國家尋找替代市場，因為他們知道，若中國對台灣進行更加嚴重的軍事行動，那也會威脅到他們對中國的出口。[23]（中國無法切實打壓台灣最珍貴的出口產品，也就是半導體，因為中國急需半導體，又無法生產出品質相仿的產品。[24]）中國原本可能希望靠軟實力打動台灣人、使其願意與中國統一，現在中國已經徹底毀滅了這個希望。早在 2015 年，台灣年輕人已有 90% 認為自己是台灣人，不是中國人。[25] 現在面臨北京日益高張的經濟及軍事脅迫，很可能台灣整體人口都已經抱持那樣的觀點，一點也不願意成為中華人民共和國的一部分。

不僅如此，還有很多中國完全失敗的案例。更應該說，習近平在全球發揮媒體與新聞實力的雄心──此事已寫入中國共產黨的五年規畫，其中特別表示中國要打造旗艦媒體，加強國際傳播能力建設──收效甚微。[26]

舉例而言，中國的軟實力無法阻止許多國家的民眾開始厭棄北京在國際上日益強硬的「戰狼」外交以及運用經濟威脅的手法；避免不了眾人對於中國隱瞞 COVID-19 的起源，如今又實施自絕於世的清零政策，傷害全球經濟，感到憤慨；當他們面對中國侵害香港的自由，沒有不感到震驚的；當中國偶爾藉著其他國家面對 COVID-19 的軟弱來推進北京在地區內和全球上的企圖，眾人並沒有看在中國軟實力的份上而不發怒；眾人對於中國威嚇台灣的方式並沒有不驚恐——他們實施的這類威嚇，很容易套用到與中國有爭議的四周國家，例如菲律賓、日本、越南等地。

事實上，近年各項民意調查（例如皮尤研究中心的報告）顯示，許多國家對中國的看法急轉直下，從澳洲到德國到南韓到瑞典都是如此。澳洲、日本、南韓以及其他國家都痛斥中國在裴洛西訪台之後採取的侵略性軍事動作。[28]

雖然某些東南亞國家在中國對台灣採取此種行動之後的第一時間似乎並不確定該做何反應，不願意公開站出來表示若北京侵台他們將切斷與中國的經濟連繫——中國是他們最大的市場——但是在越南、印尼、菲律賓以及其他與中國有爭議的東南亞國馬可仕就任時對中國看法友好，但他與美國國務卿布林肯會面時似乎釋放出訊號，表示他會拉近與華盛頓的距離，而這兩國原本就是訂有條約的盟友；小馬可仕似乎因為中國對台灣的舉動而感到錯愕。[29] 另一方面，中國正在威嚇台灣時，印尼與美國聯合舉行了盛大的軍事演習（也是首次與日本、澳洲、新加坡這些區域強國聯合演習），雖然這場演習是按照預先排定的時程，仍然能夠對北京送出訊號。[30]

皮尤的研究發現，受調查國家的受訪者對中國的負面看法創下了歷史新高——皮尤研究中心十餘年前開始詢問外國大眾對中國的意見，而2020的看法是歷年來最差。[31] 皮尤隔年再做的研究顯示出，在接受調查的大部分國家，對中國還是抱持類似的負面看法。[32] 中國在口頭上支持俄羅斯，透過假新聞及官方聲明來鼓吹俄羅斯的觀點，他們總體上對莫斯科的支持——即使北京選擇不要直接替莫斯科補充軍火，也不要為莫斯科在經濟上輸血——以及中國對台灣的威嚇——不只使中國的鄰國擔憂，也引起世上許多小國家的共鳴——這些行為只會使歐洲民主國家對中國觀感更差，在許多其他地方大概也是如此。在2021年皮尤研究中心的調查當中，就連數年前仍然對北京觀感正面的國家，例如英國和西班牙，如今也相當不喜歡中國。

同樣地，新加坡尤索夫伊薩東南亞研究所2021年對東南亞進行調查，發現在大部分東南亞國家，社會大眾對中國及其區域影響力愈來愈感到疑慮——雖然東南亞人大部分都同意，在應對COVID-19時提供最多協助的大國就是中國。[33]2022年的調查得出類似結果——東南亞各地都對中國的區域影響力抱持高度疑慮。[34]雖然大部分東南亞國家在川普執政期間對美國的信心並未增加，但2021年尤索夫伊薩東南亞研究所對該地區的研究顯示，如果一定只能在美中雙方之間擇一支持，會選擇美國而放棄中國的東南亞人有增加將近10%。[35]

該項調查當中將近半數受訪者同意這項陳述：「中國是國際現狀的挑戰者，他們打算把東南亞拉進影響範圍。」極少有人同意（包括北京相當賣力施展軟實力的國家）「中國是友好、良善的勢力。」以及「中國是國際現狀的維護者，他們會繼續支持現在的區域秩序。」[36]2022年的研究得到類似結果。更進一步來談，我們幾乎可以確定，中國在台灣四周進行那些侵略性的動作之後，更少受訪者會認為中國是友好、良善的勢力。東南亞原本就是全球軍火貿易的一個中心，我們也幾乎可以確定，許多國家將快速升級他們的軍備，台灣亦將如此。

在世界上的許多國家，北京還遠遠不能全面壓制網路內容，不能使批評北京的討論從本土媒體消失，不能塑造輿論領袖與社會大眾對於中國內政外交的日常對話。要判斷對話是何時停止出現、哪些主題不再有人討論，並非易事；整體來說，要觀察北京媒體新聞運作的直接效應，可能是比較難的。沒有一項民意調查可以量度大家嘴上都不談的事，研究大家所討論的事，要簡單得多。

儘管如此，我們在前文和此處都可以看到，至今為止，北京的媒體新聞戰所得到的結果，最多只能說是勝負參半。他們所借的船、所買的船——也就是刊登中國官媒出產內容的本土新聞媒體，他們或者是簽訂了分享報導的合約，或者是整個賣給了中國公司或親中的老闆——已經打進本土新聞界，在某些國家則是主導了本土新聞界。但這些船也激起了社會對北京戰術的反彈，雖然買來的船還是能比較有效地塑造關於北京的敘事，減少本地對中國的批判式報導。

同時，中國的大型官方媒體，除了新華社成為一項有力的武器，其他媒體在大部分國家讀者群並未明顯增加；在大部分地區，這些媒體的讀者極少，甚至在東南亞的菲律賓和泰國也是一樣。另一方面，在歐洲、在北美、在世界其他地方，對俄羅斯的官方媒體都愈發反彈，這種情況可能造成後續效應，影響到社會大眾對於中國官媒的看法。中國對記者提供的培訓課程雖然快速拓展到各個開發中國家及已開發國家，但這些並不必然使得外國記者對中國的觀感和報導產生戲劇性的轉變。近年來中國自我封閉，於是這些培訓課程受到限制，也使得許多長期駐在北京的外國記者必須離開，而他們離開後只會把報導中國的工作基地轉移到其他地方，例如台灣；這絕對不是中國樂見的——由人在台北的記者來報導中國，而這些記者現在可是親歷第一現場，體驗到中國對台灣的威嚇。直到不久之前，北京的假新聞操作往往粗糙，對台灣的手法亦然——往往只能動用政治宣傳，在外交場上發一些了無新意的牢騷。不過，中國正快速成熟、變得愈發危險，尤其是因為俄烏戰爭以及中俄高層加強連繫的緣故，雙方的合作快速增加。

最後，中國對新聞管線的控制力正在增強——買船出海、控制新聞傳遞的方式、主導新聞的治理機構——此事已顯示出高度有效，能幫助北京控制世界各地眾人獲取新聞報導的方式。不僅如此，北京控制新聞管線，又輸出中國對於監控審查新聞、監視公民的各種概念，如此一來他們可以向其他國家提出一整套控制人民的模式，而東南亞國家如柬埔寨、緬甸、泰國、越南，非洲國家如衣索比亞、盧安達等，中東國家如埃及等等，還有許多其他國家，都採用了中國的專制模式。最引人注意的是，中國密集控制的各種手法，尤其是壓制、過濾網路內容，由俄羅斯在2021年快速地採用，在2022年實施的速度甚至更快。

借船出海遭逢逆流

　　台灣並非特例，北京在其他地方也利用他們對本土新聞媒體的影響力來控制一些本土華文媒體，以及商界社群的一部分，諸如此類——然後企圖運用這種力量來支持他們屬意的輿論領袖，摧毀中國的敵人。雖然正如 AidData 的報告所顯示，透過內容分享協議等作法借來的船，理論上來說可能是中國的一大助力，因為如此一來中國媒體公司基本上就可以借用本土新聞媒體的公信力。[37]然而台灣的案例當中還有一個現象是共通的，那就是北京下手愈重（下手最重的確實就是中國在2022年夏季、秋季對付台灣的方式），就愈可能招致在地反彈——而且，各國政府往往比較容易查出中國的內容分享協議等借船的資料，要確認親中的老闆確實取得新聞媒體的所有權則比較困難。

　　除了前面討論過的澳洲與台灣，別的地方也在醞釀反彈，針對的是中國利用借船來控制一部分本土媒體，歐洲各國、東南亞某些國家，以及世界上的其他地方，都在研究台灣如何揭露「借船出海」的案例。東南亞國家如新加坡，已經開始考慮採取嚴格措施來審查中國在新聞界的活動。例如，新加坡官員曾對許多當地報社表示關切，因為新加坡的華文報章愈來愈常採用新華社及其他中國官媒的供稿——基本上就是借船出海。與此同時，新加坡也加強審查中國在該國以及針對該國所進行的傳統影響力運作——最近一起是在2020年，一名新加坡男子在美國被捕，檢方起訴他為中國做間諜，該嫌承認犯案。[38]之前他就讀於新加坡國立大學，在當時被中國吸收為特工。[39]

中國企圖影響媒體、新聞等工具而引起反彈的地方，並不僅限於與中國接近的國家。在美國，北京透過借船等種種方式已取得大部分華文媒體的實質控制權，但他們得到的影響力不會太多，因為華文報章在美國媒體市場上仍然是極小的一塊。此種情況不會造成衝擊還有一個原因，那就是美國大眾對中國已經變得十分反感，就算華文媒體的市佔率更大一些，對美國整體的輿論仍然起不了什麼作用。即使如此，美國國會及行政部門也開始行動，審視中國的內容分享協議等借船手法，建立防火牆以預防中國官方媒體在美國可能造成的後果，以及採取一系列其他措施來防堵中國在國內的軟實力及銳實力。

美國的親密盟友如加拿大及英國也跟進，英國吊銷了中國環球電視網（CGTN）在英國營運的執照。[40]英國政府對CGTN及其在英國的運作進行了長期調查，在2021年表示英國的各電視公司必須對節目負起編輯責任才能持有執照，同時公司不得接受政治組織控制——在英國為CGTN持有執照的公司並不管控編輯政策，該頻道也與中共有密切連結；儘管CGTN透過電視及行動裝置裡面迂迴的入口，勉強還算是能在英國播出。[41]

從2019以來這幾年，美國境內所實施的打壓大為增加。聯邦調查局成立了工作小組來調查中國對美國國內政治所施加的影響力，也對中國的間諜活動加強調查，五角大廈則提出一份草案，按此計畫，美國必須以整個政府的規模來回應北京日益增加的全球影響力。[42]然而，這樣的調查有時候似乎走偏，變成針對中國研究者漫無邊際的搜查，致使拜登政府叫停了司法部的中國行動計畫。不過，美國司法部和調查局還是把中國間諜活動及影響力運作列為重點。

美國的重量級眾議員及參議員也呼應這樣的嚴加檢查，我們在之前的章節已經看到，國會對於孔子學院、對於中國以其他形式來贊助美國境內的教育、中國對於大學的其他影響力運作，已經實施密集的管控。非但如此，孔子學院的計畫也在美國以外的地方受到仔細審視，包括在澳洲、歐洲、日本及許多民主國家，隨著孔子學院一一關閉，對於拓展中國在民主國家的影響力，該計畫大部分是失敗了。

美國政府亦開始強制中國官方新聞媒體登記為外國代理人。國務院宣布現在開始九家中國官媒將被列為美國境內的外國代表機構。[43] 此項認定使得新華社、CGTN 等媒體必須納入美國政府更嚴格的審視之下，超過了向美國司法部登記為外國代理人所需受到的（普通）審視。基本上這等於宣布這些新聞媒體不再被當作媒體組織，而是中國國家機關的分支。他們必須向美國政府提供在美國境內為這些機構工作者的姓名及個人資料。[44] 2020年夏，川普政府發布幾道行政命令，針對兩間中國社群媒體的巨頭微信和 TikTok。其中一道行政命令以國安為由針對騰訊旗下公司，等於是不准微信軟體透過美國境內的任何應用程式商店進行更新。[45] 與 TikTok 相關的行政命令則結合了行政部門方面對母公司字節跳動施壓，最後使得川普政府以國安理由命令字節跳動脫手 TikTok，方式可能是將 TikTok 在美資產出售給美國公司。[46]然而，這些行政命令因遭到提起訴訟而暫停實施，而拜登政府撤回了涉及TikTok和微信的行政命令，不過，本書寫作之時拜登政府正在考慮對TikTok實施更嚴格的限制。[47]

這些行動是在雙邊關係逐漸惡化之時，川普所在的白宮整體更加強硬作風的一部分，此種強硬路線明顯延續到拜登時代，拜登政府一開始就採取了比美川普政府、對華強硬的言辭和行動。國會議員，不管是共和黨也好、民主黨也好，都強烈支持這樣的強硬路線。川普主政的白宮關閉了休士頓的中國領事館，稱其為間諜活動的中心；北京的報復是關閉美國在成都的領事館。[48]當中國在香港大肆侵害人權、拘押示威者、箝制新聞自由，美國政府對香港和中國大陸的十一名高級官員施以制裁，包括香港行政長官。[49]拜登政府進一步對中國各家監控器材公司及生物科技公司實施制裁，稱這些公司涉入新疆的大規模暴行。[50]另一方面，美國國會後來通過一個長篇法案，用以提振美國國內的半導體生產，強化供應鏈的安全，減少美國對於中國的依賴。[51]

北京毫不遲疑地回擊，對好幾位美國官員及外交專家實施制裁，其中包括民主倡議組織的領導人，以及對中國抱持鷹派觀點的參議員和眾議員。[52]

之後，中國在俄烏戰爭當中站到俄羅斯那一邊（據說美國官員曾就戰爭的可能性向他們示警，而他們完全沒有嘗試要阻止普丁發動戰爭），拜登政府則提出了更加嚴厲的警告。總統本人警告北京說，在這個全球地緣政治變動的歷史時刻，他們應該遠離俄羅斯。報導指出，拜登親自與習近平通話，告訴他如果中國堅定支持莫斯科、助其抵抗全球聯合對莫斯科的制裁，美中關係以及北京本身都會面臨嚴重的後果，例如，如果中國的金融公司在制裁實施後持續與莫斯科合作，或如果中國的大企業違反了制裁，或是中國為俄羅斯提供大量的經濟及武力支援。[44]（中國的大銀行、大企業應該都會遵守制裁的規定，因為俄羅斯對他們來說是個小市場。）台灣危機期間，拜登與習近平長時間通電話，他公開表明，儘管與十年前相比，在假定的台灣戰爭裡面中國的戰力已大大提升，但是，如果台灣遭受攻擊，美國將馳援台灣。[54]

即使不是美國的親密盟友例如英國，其他的民主國家也開始對中國的銳實力提出疑慮、採取強硬措施，因為他們已經見識到北京如何利用借船出海及其他戰術來試圖塑造新聞報導，有時候是打算捧高特定政治人物而打擊其他政治領袖。在這裡只舉其中幾個例子：如前所述，印度封鎖了TikTok、微信等將近60個中國應用程式；歐盟執委會主席范德賴恩透過歐盟—中國的線上高峰會譴責中國在香港的壓迫行為及施加其影響力；德國政治人物促使前任總理梅克爾及現任總理蕭茲（眾人皆知他對中國的觀點是相對較有彈性的）對於中國管控新聞一事採取更加嚴格的作法。[55]

不只是這樣，在美國以外，各大民主國家如德國、法國、澳洲、加拿大，面對中國都逐漸強硬起來，而他們原本並不願意對北京採取類似的嚴格措施。

在歐洲，許多政府要比美國和英國更慢才瞭解到中國正把手伸進媒體並施加影響力，然而各國也已經採取了更強硬的措施來應對——因為歐洲國家突然意識到專制國家有可能在本國媒體市場大舉投資，或是將其官方媒體散播到本國媒體市場，抵抗上述活動的行為於是驟然加速。歐洲國家正在衡量採取何種措施來有效監察或預防中國國家資本進入媒體新聞領域，因為他們愈來愈理解到這些領域的戰略價值。[56]（然而，歐盟裡面有十國尚未提出有效的機制來過濾外資，因此遭到歐盟其他成員強烈批評。[57]）中國在外交場上愈來愈兇惡，威嚇台灣，而且他們在新冠病毒流行的早期試圖隱瞞，而此舉有可能牽涉到隱瞞病毒乃是由中國某實驗室外洩，這些情況令歐盟國家更加感到不是滋味。隨著在西歐、中歐、東歐各地輿論都對中國日趨惡化，包括一些小國家，他們不只是氣中國支持俄羅斯，也對台灣的遭遇感同身受，於是各國領導人變得較為公開批評中國的外交，也呼籲要設立更好的安全機制，不只是用來應對中國在某些領域的投資，還要抵抗中國施加各種影響力。

對於充滿貪汙的不民主國家，中國要控制媒體界和社會當中其他寶貴的施力點是比較容易，只要跟一小撮最高領導人打好關係就行了。而在民主國家，就算是對於外來影響和貪汙舞弊的安全機制相對較弱的民主國家，隨著中國的媒體新聞操作曝光，遭到一般大眾的唾棄，決策者也開始提出更有力的回應。我們已經看到，在捷克，中國企圖影響高層政治領袖。但儘管北京對許多捷克領袖相當有影響力，也嘗試對捷克媒體施力，還是醞釀出一場反彈，捷克的公民社會和領導人都憤憤不平，仔細審視中國在操弄資訊及發揮影響力上的運作，並且採取行動去發掘並且制止。即使親中立場在主要政治人物之間蔓延，但捷克的媒體「是一粒審慎的解毒劑，專解鼓吹拉近捷中關係之毒」；此語出自國際事務協會所做的一項研究，該智庫位於布拉格，這項研究是和美國國家民主基金會、中東歐亞洲研究中心、亞洲研究中心合作的產物。[58] 他們發現，就在北京打點捷克政治人物、影響本土報章雜誌來推動中國利益之際，捷克媒體還是「對中國抱持著相當警醒的看法，往往公開出言批評。」[59]

就像台灣和香港等地的情況一樣，新創的捷克新聞媒體往往嚴格批評中國所施展的影響力；新創媒體當中的一部分較無黨派色彩、沒有樂於偏袒中國的管理高層來限制、較不依賴廣告收入。國際事務協會的研究顯示，總體而言，只有14%的捷克新聞媒體以正面形象描寫中國。[60] 這個數字還是在俄烏戰爭前統計出來的，到如今捷克媒體裡面對中國的描寫應該會更差。

媒體堅定的審視使得許多捷克人的心目中產生了連結，把中國施加的影響力和捷克的貪腐聯想在一起，而中國在此地的形象從2019年開始大壞。（北京曾經許諾對捷克大舉投資，後來食言，這對他們所獲致的評價毫無助益。[61]）捷克的海盜黨嚴厲譴責中國所施加的影響力，從而在2019年的歐洲議會選舉創下佳績。[62]

軟實力廣泛落敗

大型官方媒體的失敗（這些大致上就是軟實力的載體），許多民主國家對中國的輿論整體上翻轉，歐洲和東北亞對中國的態度變得強硬，孔子學院的關閉——這些失敗都反映在研究當中，也就是對於亞洲及世界各地的軟實力調查，例如皮尤研究中心就各國對中國的觀點進行的民意調查，中國在這些研究中都表現淒慘。對情況同樣沒有幫助的是中國私部門的文化輸出品也因為中國限縮人權和自由而受到壓抑，例如電影、藝術、音樂、文學、電玩，以及各種文化產品，這些東西原本也可提高軟實力。

北京仍然具有大量的私部門軟實力文化輸出，或者至少可以說他們有這個潛力。雖然波特蘭公司最新發布的軟實力指數在三十個國家裡面將中國排在第二十七名，但在文化次指標方面中國排名第八，波特蘭提到中國在世界各國當中擁有最多的聯合國教科文組織世界遺產，他們持續吸引到大量遊客，在夏季奧運的表現亮眼，也吸引了相當多留學生——或者應該說，當中國再次開放邊界之後，大概會繼續吸引到旅客和學生。[63] 但在某些領域，中國境內對言論及藝術逐漸收緊管制，削弱了中國的私部門文化輸出。

舉例來說，中國電視劇的魅力能夠輸出到全世界。而南韓這個國家雖然比中國小得多，影集輸出的總值卻一向能超越中國。不僅如此，南韓在文化界已經成了全球的重量級玩家。他們輸出的韓國電影和影集愈做愈成功，其中包括了2020年奧斯卡最佳影片得主《寄生上流》、Netflix的熱門影集《魷魚遊戲》及許多其他韓國影集，他們也輸出了韓國流行音樂的超級巨星，例如BTS。

雖然羅伊研究所最新發表的亞洲實力指數將中國排在第二名（美國排在第一名），但北京得到高分主要是因為他們在「經濟能力」、「軍事能力」、「未來資源」這三方面排行第一。[64] 至於中國對亞洲的資訊空間有多少影響力，包括由官方媒體帶來的影響力，亞洲實力指數的測量結果就顯得不盡如人意。其中一位主要研究人員柏里在研究摘要中表示，亞洲實力指數乃是運用基於網路搜尋熱門度所繪製的「影響力地圖」來衡量亞洲人對該地區新聞媒體感興趣的程度。[65]影響力地圖顯示，CGTN在亞太地區的電視頻道中熱門程度排行只在第十位，它的得分只是CNN的一小部分。柏里寫道，由影響力地圖看來，CGTN「的觸及率相較於美國的CNN而言是無足輕重；CNN以78分的差距大幅超前CGTN。」[66]中國的新聞媒體在影響力地圖的表現都不好，只有新華社例外，而中台危機之後該區域對中國已不信任，所以這些媒體的得分應該會更加落後。

中國應對失當

當中國利用新聞媒體等企圖獲取戰果而失敗的時候，以及當孔子學院等影響力運作難以進行的時候，北京往往只會亂罵一通，或者加強施壓。

如前所述，隨著習近平在中國境內增加中共對各方面決策的控制力，他也讓中共（尤其是高幹）對境外施加影響力時有更多控制權，其中包括媒體新聞戰。如此集權使得習近平能夠塑造他的個人崇拜，但是也抑制了外交官與情報人員，使他們難以在外國活動，進行各種可以幫助中國深入理解其他社會的工作——以及，在媒體新聞活動曝光時巧妙地回應。雖然中國以極快的速度開設大使館、領事館，但這些駐外機構當中瀰漫著恐懼北京的氣氛。恐懼會使得外交人員以及其他人員變笨——他們會在自己和本土輿論領袖之間築起一道牆，在正式場合以外都迴避記者，放棄與當地人進行任何真實的對話。相形之下，俄羅斯的情報及外交人員似乎對各個社會已經達到細膩的理解，從北美洲到非洲皆然。[67]我們可以看到這樣的理解對俄羅斯官方媒體和假新聞作戰來說是一項利多，因為即使在俄烏戰爭期間，俄羅斯官方媒體及其他假新聞媒介還是可以把他們的訊息傳送到各大社群媒體，即使社群媒體封鎖了俄羅斯官媒，他們還是可以透過各式各樣的中間管道來傳訊。

當中國在媒體、新聞及其他方面所施加的影響力曝光時，他們總是粗魯地回應——北京渴望讓其他國家認為他們是負責任、穩定的夥伴，但上述回應適得其反，往往只是造成當地人對中國反彈。雖然，中國對某些國家的經濟來說實在太重要，以致於當他們的影響力活動曝光之時，只要利用經濟的強勢，就可以把外國的領袖逼到對北京的行為不置一詞。

但是即使是經濟實力，也無法讓中國每次都得逞。事實上，中國經常無法用經濟力量去嚇阻其他國家，這不只是台灣的情況（中國對其出口產品的禁令可以說不產生影響），也是歐洲大型國家的情況，例如法國。中國甚至也沒有恐嚇到較小的歐洲國家，例如立陶宛（受到大規模的經濟壓迫）與捷克，而隨著這些小國目睹北京如何對付台灣，要恐嚇他們將更加困難。因為捷克對其加強審查，北京取消了布拉格愛樂交響樂團赴中國的巡迴演出，並公然威脅布拉格市的領導人士。[68]但是直接的惡霸行為只使得捷克人進一步寒心，這也不難理解。樂團成員宣布，他們寧可割捨（收益豐厚的）中國巡演，也不要屈從政治壓力而棄布拉格市長於不顧。[69]捷克的平民百姓和某些高層領導人都公開對中國施加的影響力進行抗議。

不僅如此，皮尤研究中心的調查還發現，如今捷克在所有受調查的歐洲國家當中，對中國的看法是最差的，只有瑞典對中國的看法比捷克更糟——瑞典也有一波針對北京的反彈正要達到高峰。[70]瑞典政府曾召見中國駐瑞典大使，予以譴責，因為他公然恐嚇瑞典的新聞媒體，另外也有中國施展的其他影響力曝光；大使本人則痛斥瑞典政府，因為他們將人權獎項頒發給桂民海，他是一位瑞典籍出版者，目前被拘押在中國。[71]中國大使桂從友彷彿自以為是《教父續集》片中的麥可·柯里昂，而不是一位資格齊備、經驗豐富的外交官，他在瑞典的公共廣播節目上聲明：「對朋友，我們〔中國〕待以美酒，但對敵人，我們用霰彈槍伺候。」[72]然而這種兇惡的外交姿態只會讓瑞典的公共輿論更加反對中國。

中國假新聞的學習曲線

而中國的攻勢並不是在所有地方都失敗——中國正在記取教訓，未來十年他們的作法會更加有效。中國對假新聞的運用一開始很笨拙，但它現在已開始變成一項有用的武器。北京顯然已經對台灣、香港、東南亞某些地區擴大其假新聞運作——而現在也要對全世界這麼做。

北京還沒有取得像莫斯科一樣豐厚的假新聞戰果。在 2020 年台灣的總統大選，中國結合了媒體影響力和假新聞，但是未能幫助韓國瑜。相反地，普通台灣人都很容易發覺到中國粗糙的假新聞，引發了大規模抗議。[73]台灣政府引進更嚴格的新法律來控制假新聞，與臉書合作打擊假貼文。這些措施都有助於台灣在最近的中台危機當中抵抗假新聞。

同樣地，在 2019、2020、2021 年的香港，中國針對抗爭者和一般大眾進行大規模的假新聞戰，具有中國背景的假帳號在 Facebook、Twitter、YouTube 等平台散播關於香港抗爭的假新聞。[75]這些帳號試圖把所有抗爭者都抹黑成暴力的激進分子，沒有明確目標，只想要脫離大陸獨立。[76]然而實際上，大部分抗爭者並不暴力，也沒有提倡港獨。

香港網民對中國及其戰術有深入瞭解，但中國在此地的假新聞操作卻還是粗糙。其中一部分原因可能是，北京在中國國內已經習慣於有辦法控制社群媒體，在那種情況下，無論是政府或個人要發動作戰都輕而易舉。[77]中國初步在海外發動假新聞與影響戰時，採取了類似在國內形塑公共輿論的作法，而國內的操作是在一個受到審查的網路環境中發生，敘事只有一種：中共的敘事。但在海外，網路上會出現與其相競爭的其他敘事，而北京還沒有學到如何有效地摸索這種環境——在社群媒體上浮濫貼文，對於形塑或影響輿論所起的作用不如國內那麼好，因為

Facebook、Twitter等平台上面有別的敘事，至少，在北京大力鎮壓香港，迫使其他敘事消失之前是如此。[78]

澳洲戰略政策研究所的一篇分析大力批判了北京的假新聞策略及其在香港遭遇的失敗；此一挫敗可能使得北京對香港施加更嚴格的直接管治。沒有錯，北京針對抗爭者的假新聞在社群媒體上是鋪天蓋地，但這些運作進行得既無技巧也不協調。報告寫道：「這回施加的影響力乃是以蠻力進行，透過大量創建的帳號，利用『付費租用影響力』的既有網路散播訊息。」[79]研究認為，這場活動所傳遞的訊息並不協調，主事者似乎不理解如何針對香港內外的不同社區——如何在線上贏取盟友、分化敵人，像俄羅斯的社群媒體戰士一樣。[80]其中一些用來在香港散布假新聞的帳號，似乎是透過黑市向Facebook和Twitter使用者購買，而這樣的帳號使人在這些社群媒體上面更容易感覺到是假的。

相形之下，俄羅斯的假新聞專家往往在Twitter等平台從頭開始註冊假帳號，如此一來他們可以把這些帳號培養得看來很像真實用戶。此一過程讓帳號在社群媒體的其他使用者眼中看來更逼真。澳洲戰略政策研究所的報告寫道：在香港的「操作明顯不同於俄羅斯『網路研究社』2015-2017年間針對美國政治論述而進行的工作。」[81]「俄方的工作顯示出詳盡規畫的協調性」；在美國還被許多新聞媒體加以報導；他們理解當地群眾，包括美國使用的口語；在美國不同的社會群體之間十分有效地造成分裂。研究發現，俄羅斯的成功有一部分是因為他們從頭開始創建帳號，學習瞭解美國社會與政治，創造出仿真、可信的假帳號——這些操作帶來了真正的結果，觸及大量目標群眾。[82] 俄羅斯成功了，至少在俄烏戰爭之前是成功的，還有另一個原因：因為他們的假新聞運作重點放在凸顯西方的負面情勢、以社論批判，以及蘊釀普遍的混亂，對於俄羅斯則儘量避而不談；北京直到最近才開始採用這個策略。[83]

胡佛研究所也有一項研究是在比較俄羅斯與中國的假新聞運作，得到了類似結果。研究發現「俄羅斯在社群媒體的新聞秘密操作往往運用到精細的假人格，建構過程歷時數年。他們進行了民族誌研究（網路研究社的人員探勘了美國各地），深入與社區結合，例如『黑人的命也是命』社區，假裝成社區的一分子……。他們用心與網紅建立關係，好讓真正的網紅去擴散他們〔俄羅斯〕提出的內容，例如對於粉絲眾多的帳號加以註記或回覆，希望如此一來對方會轉發他們的推文。」[84] 但研究者認為：「中國〔在假新聞上的〕所作所為完全沒有用上這些技巧……。他們的帳號只能吸引到很少真人追蹤者，甚至一個也沒有，真正的網紅也極少擴大其聲量……。中國的操作者似乎並沒有進行相關的心理學或民族誌研究，以期在西方網路平台創造出可信的帳號。」[85]

因為中國在香港施放的假新聞相當粗糙，很快就引來各大社群媒體及搜尋引擎安全部門的關注。Facebook、Google、Twitter 關閉了許多頁面及帳號，因為它們涉及北京針對香港抗爭者所製造的假新聞。[86]

近來北京開始改變策略，特別是在COVID-19流行時及俄烏戰爭期間，中國開始模倣俄羅斯的進攻技巧，對於傳播混亂的假新聞發展出更高明的技術，也更願意直接攻擊其他國家的政治及政治領袖。因為中國有適應能力，我們可以合理假定北京炮製假新聞會愈來愈有技巧，也更有效果——雖然在目前的台灣危機中尚未表現出這一點。

一開始，就像中國在台灣總統選舉時運用假新聞失敗一樣，中國針對COVID-19釋放的假新聞流於粗糙，很快遭到揭發，激怒了其他國家。中國的運作仍然比俄羅斯來得粗糙—— Twitter在2020年封鎖了許多中國帳號，他們認定這些帳號涉及CO-VID-19相關的假新聞作戰，這一類的帳號當中有許多容易追查，因為做得並不精緻，背後似乎全無真正人格，這就代表不是真的帳號。[87]根據史丹佛大學的一項研究，中國早在2020年一月即對海外散布病毒相關的假新聞，但假新聞作戰在二月、三月更加強化，當時中國開始要控制國內的疫情，美國也與他們國內的傳染情況奮戰，而北京開始利用COVID-19來提升他們在全球的實力。[88]中國再三否認他們隱瞞最初的疫情，也否認他們低估中國境內的死亡及感染人數。[89]北京試圖讓人揣想該病毒是否其實並非源於武漢。《人民日報》刊出匿名社論稱COVID-19「並不一定發源於中國」，CGTN的記者提出該病毒可能起源於別處，更有許許多多中國社論主張是中國嚴格的防疫政策（當他們承認疫情存在之後才實施）為世界爭取到反應時間。[90]這些陰謀論當中有許多可以肯定是假的。[91]

但隨著新冠危機持續，北京為此安排了更多資源，而有一段時間他們對於疫情相關的新聞及假新聞操作也顯出比以往更有技巧。雖然Twitter等社群媒體關閉了散布陰謀論的中國假帳號，但中國已經重新整隊，執行更加細膩的運作，如今他們有辦法將散布假新聞的帳號偽裝得更好。（ProPublica的調查指出，北京至少操控著一萬個疑似虛假的Twitter帳號，首先用來散布關於香港的假新聞，後來則針對COVID-19。[92]在2020年六月，Twitter關閉了大約十七萬個假帳號，這些帳號涉及一場線上影響力作戰，也就是中國要針對COVID-19、香港抗爭等議題操作大眾的認知。[93]）

　　有時候，北京的網路作戰會因應各國國情進行細微調整。[94]曾任職於「保障民主聯盟」的史拉德寫道：「中共也展現出他們可以根據目標群眾關切的議題來訂製他們的訊息。〔例如CO-VID-19期間，〕北京駐歐盟使團最熱門的推文即是針對歐洲面臨美國似乎要退出各種重要的組織所產生的焦慮，強調中國願意進行國際合作。」[95]

　　對於美國可能進行的動作、美國所發生的問題，產生這些認知並不是沒有道理——川普政府確實讓美國在COVID-19流行期間從世界衛生組織抽離，拒絕與全球共同研發疫苗，美國的死亡人數也是全世界最高的。[96]但是，即使中國的新聞有時候準確描述了美國應對疫情的混亂，更經常的情況卻是變成假新聞，聲稱美國涉嫌製造病毒以當作生化武器，並且利用許多中國的社群媒體、機器人等工具來散播這個謠言。[97]中國如此傳播假新聞的時機就是全球公共輿論因為北京面對新冠病毒的第一波處理方式、因為「戰狼外交」和對台行動，而對其變得逐漸強硬之時。

中國新聞媒體及其外交官在Facebook、Twitter等平台上有大批追蹤者，雖然過去他們不太能夠讓這些數字帶來真實的互動，但是在他們主打陰謀論之後，將來應該就會發生真實互動，並引起外國使用者注意，儘管在疫情期間這樣的轉向並沒有給中國帶來太大幫助。曾任職於華府智庫德國馬歇爾基金會的羅森柏格提到，無論訊息是否來自中國，陰謀論的訊息都會吸引更多讀者，幾乎在任何社群媒體都是如此，而北京也愈來愈熱衷鼓吹陰謀論，他們可以自己來、也會和莫斯科聯手。畢竟Facebook等平台就是靠著陰謀論式的極端說詞在討生活——這些網站的演算法往往造成網站不斷推送一些最瘋狂、最誇張的陰謀論宣言及發言者。[98]

長遠來說，北京或許無需在Facebook、Twitter等平台發揮效率，這些網站在中國都被封鎖，許多中國的工作人員對此不太有經驗。如果位於中國的社群媒體，例如TikTok，在全世界能更受歡迎（請記住TikTok已經是全世界最熱門的網站，也是全世界最多人造訪的社群媒體），北京就可以利用這些平台廣為散播假新聞，或許還能蒐集外國用戶的資料。[99]

看起來，中國正在與其他行動者合作，以便提升造假的品質，中國的外交官也在社群媒體變得更加活躍。保障民主聯盟的評估顯示，在2019年和2020年間，使用Twitter的中國官員增加了300%；假帳號的品質似乎也有所增進。[100]

美國情報人員也曾提出，中國特工或相關人員似乎利用手機簡訊和加密的傳訊軟體在美國製造COVID-19的恐慌，凸顯美國社會的裂痕，以至於散布一種特定敘事，稱美國政府抗疫失敗。
[101]從前美國官員不曾面對中國特務人員試圖將假新聞簡訊傳送到美國公民的手機，這又進一步顯示北京運用的假新聞戰術已經更積極、更細膩、更有俄羅斯風格。[102]

如此的積極作風，在中國對COVID-19釋放出的許多訊息都可以見到。保障民主聯盟研究中國的COVID-19相關假新聞，發現北京很快就不再使用此次危機之初他們所傳遞的訊息，也就是強調中國在國內如何因應，並強調中國盡力與國際合作；他們轉而採取「對抗性的姿態……明顯與他們過去的行為不同，代表他們轉而採取另一種操縱新聞的方法，要與俄羅斯更加類似」，包括在全世界散播陰謀論，稱新冠病毒為美國製造的生化武器。[103]另一方面，北京也愈來愈常運用新聞戰來強調美國國內的系統性問題，這些問題與COVID-19不同，與中國完全無關，例如美國種族正義的問題。

轉趨兇惡令人膽寒

話雖如此，中國對COVID-19採取的新聞及假新聞作戰，以及一開始隱瞞疫情一事，還是激怒了許多國家。在美國國內，憤怒的絕不限於川普主政的白宮。民主黨的領袖痛斥中國，2020年的民主黨總統候選人（最後勝選總統）拜登在競選活動期間刊登廣告，指責川普總統對中國過度軟弱。[104]在2020及2021年對美國大眾進行的民調顯示，民主黨人和共和黨人都對中國抱持著強烈負面的看法，2022年這個趨勢想必還會繼續。[105]

歐洲、澳洲、亞洲部分地區的領袖和社會大眾都日漸不滿，因為中國企圖粉飾COVID-19危機——同時也更常運用強硬的外交作風與軍事行動，包括持續嘗試主導南中國海，對印度張牙舞爪，以及富侵略性、甚至充滿仇恨的外交語言。[106]正如法國總統馬克宏接受《金融時報》專訪時所說，「我們不要傻到以為〔中國〕處理得有多好。顯然有發生一些事情，是我們不知道的。」[107]義大利「北方聯盟」黨魁薩維尼對義大利國會表示，中國對COVID-19最初的處理方式可說是等同犯下了「反人類罪」。[108]

不僅如此，這場瘟疫危機——隨之而來的是中國對疫情最初的處理方式大受批評——引發中國外交官及官方媒體激烈的反應。所謂的「戰狼外交」（此一名稱來自中國動作片《戰狼》、《戰狼2》）從COVID-19之前已經開始，隨著病毒擴散愈演愈烈，中國外交官透過社群媒體和官方聲明，以挑釁甚至侮辱的語言攻擊其他國家，還利用外交官之間舉辦的大型集會和閉門會議去侮辱、欺負同儕。[109]例如，外國政府就注意到趙立堅這位中國外交官，當他駐在巴基斯坦時，經常提出瘋狂激憤的陰謀論觀點，但是他不降反升，被提拔到中國外交部最高的職位，而北京還有一群年輕外交官為他舉辦了盛大的歡迎會。[110]他們還注意到，華春瑩這位同樣積極執行戰狼外交的外交官，能夠出任外交部新聞司司長；痛罵外國的其他高層外交官也都升職，例如前任駐加拿大大使盧沙野；還有愈來愈多中國外交官開設Twitter帳號，以便散布陰謀論、斥責外國、趾高氣揚地吹捧中國。[111]（還有，記者彼得‧馬丁在他談當代中國外交的新書中提到，2019年習近平曾鼓勵這種作風，他告訴中國外交官要「發揚鬥爭精神」。[112]）他們看見中國外交官在現實世界的公共場合也愈見激烈、憤怒：在2018年九月舉辦的太平洋島國論壇上，中國的與會代表一直試圖打斷其他人發言。[113]至於私下一對一的會議，在胡錦濤時代其他國家的外交官可以對中國外交官較為坦率直言，但如今他們發現這些中國同業只會三緘其口、責罵外國外交官、贈送給他們習近平的著作，或者吹捧習近平。[114]正如馬丁所說，習近平政府知道北京需要大量的外交工作；如今中國在全世界的駐外機構數量已經超越美國，而習近平政府也一直在增加外交方面的預算。[115]然而外交官的挑釁行為、對習近平的奉承，以及就連私下都不能進行任何真實對話，這些都打擊了中國在其他國家心目中的形象，也阻礙外交官個人與其他國家一同工作、在世界性組織中進行工作。

外國政府更注意到枱面上明擺出來的戰狼外交，在COVID-19爆發後幾個月，其程度愈趨激烈。例如澳洲曾呼籲對新冠病毒大流行進行獨立調查，當時駐坎培拉的中國大使館就斥之為「聽命於人、缺乏獨立的悲哀」，中國外交部則罵澳洲政府懷有「意識形態偏見」，說澳洲呼籲獨立調查是「政治操弄」。[116]除此之外，中國為了報復，還禁止澳洲幾家大型屠宰場的牛肉進入中國，又對進口的大麥課徵關稅，使得澳洲輿論對中國的看法跌到新低點。[117]

到了2021年，更多人探討新冠病毒是否並非在中國的生鮮市場由動物傳染給人類，會不會其實是由武漢某實驗室外洩，於是一些國家的社會大眾和領導者對北京感到更加憤怒。外交關係協會的黃嚴忠在《華盛頓郵報》寫道：

> 若有證據顯示此一病毒來自實驗室，而非（例如）生鮮市場，這樣的發現將會在全世界登上頭條新聞。那樣也可能使得中國與外部世界的關係直線下跌——儘管情況只是各國權衡證據之後，認定中國掩瞞實驗室的意外事故，還是會變成那樣（因為直接的罪證可能永遠不會出現）。對病毒起源看法的改變，將嚴重打擊中國的軟實力。[118]

中國的軟實力本來就已大受損害，因為各國認為北京一開始隱瞞病毒由動物傳染給人類，加劇了病毒的散播。早在流行病學家、全世界領導人及輿論領袖尚未嚴肅看待實驗室意外一說以前，民調已經顯示，全球對中國的看法之所以變差，一大部分是因為社會大眾感到憤怒，認為北京最初掩飾了由動物傳染到人的病毒。皮尤研究中心在 2020 年底及 2021 年發表的民調顯示，包括英國、荷蘭、德國、法國、加拿大，各國的大多數民眾對中國懷有強烈的負面看法——比起 2010 年代差很多——而其中一部分負面看法是北京應對疫情的方式所致。[119] 事實上，皮尤研究中心針對十四個先進經濟體所作的調查顯示，這十四個國家對中國都抱持負面看法；而在美國，芝加哥全球事務委員會定期進行民意調查，2020 年發表的數據顯示，自從該委員會在 1978 年開始實施民調，2020年美國人對中國的看法是最負面的。[120]

中國在輿論場域的名望在2022年可能又再下跌，因為北京在2022年第二季公布的成長率幾乎是零。[121]由於中國發展模式的一個前提，是北京能夠持續帶來高成長，所以成長率的暴跌（習近平錯誤的COVID清零政策毀了中國經濟）可能也會減損中國的軟實力。還有，台灣危機使得許多國家的社會大眾對北京更加反感，因為他們看起來就是個惡霸。

有一項更近期的研究是由「歐洲智庫中國研究網」進行，這個聯合組織包含了來自歐洲各國、歐盟各機構共十七所智庫，其中涵括了最富裕的歐洲國家及一些較貧窮的國家；研究報告提出，「中國在歐洲的軟實力——我們將之定義為透過吸引力或說服力來影響眾人偏好的能力——遭遇重大挫敗。」[122]該報告論定2020年「對中國在歐洲的形象來說是恐怖的一年」，還談到「華語邊界地帶」研究計畫對十三個歐洲國家進行民意調查——其中有許多東歐國家——他們發現，十三國當中有十國的社會大眾現在對中國的看法相當負面。[123]華語邊界地帶調查了十三個國家共19,673位歐洲人，詢問他們對中華人民共和國的看法，結果，只有在俄羅斯、塞爾維亞、拉脫維亞，有較多受訪者對中國看法正面，而較少看法負面。[124]皮尤研究中心在2021年再度調查全球輿論對中國的看法。該項研究發現，受訪者大多並不認為習近平會「就全球事務為所當為」，他們對這位中國領導人本身的看法極其惡劣。[125]

正如黃嚴忠所說，若是病毒由中國實驗室外洩，北京加以隱瞞，全世界對這種事情的看法將比中國遮掩動物傳人之病毒更加糟糕；這種事情將讓中國政府直接背負罪嫌，類似車諾比事件——這種程度的隱瞞會是災難性的，足以使北京在世界上的公信力崩潰。（此外，若最後有可信的報導流入中國網路，說明病毒確實由武漢某實驗室外洩、只是遭到隱瞞，將會釀成中國國內對北京高度不信任，進一步妨礙中國對全球的企圖。[126]）雖然在瘟疫之初大部分研究者都認為病毒乃是由動物傳染給人類，但是到了2021年中，情報機構、新聞媒體、流行病學家已經開始更認真思考病毒是否有可能由武漢某實驗室外洩，只不過大部分研究者仍然認為此病毒是在市場或其他什麼地方由動物傳染給人類。[127]

另一方面，中國輸出的疫苗（有時候以優惠價格甚至免費提供給開發中國家）實在也沒有提升他們在世界上的形象，儘管截至2022年中國已經輸出了大量疫苗。[128]中國並不容許其疫苗的療效試驗結果完全透明地發表出來，當各國開始輸入、運用中國疫苗，往往發現相較於BNT和莫德納，這些疫苗的效力甚差。[129]科興疫苗的試驗資料顯示其有效率約51%，而中國醫藥集團的試驗資料則顯示其有效率約79%。[130]（試驗資料顯示，BNT疫苗有95%的保護力。[131]）中國疾控中心主任〔高福〕2021年四月提到，中國製疫苗對COVID-19的保護效力不高，中國官方正在考慮混合施打疫苗以提高保護力；這樣的發言實在難以鼓舞中國公民，還有仰賴中國疫苗的各國民眾；中國製疫苗與BNT和莫德納不同，它們並不是mRNA疫苗。[132]智利等仰賴中國疫苗的國家爆發了新疫情,這樣的報導同樣無法振奮人心。[133] 同樣地,以中國製疫苗為其防疫對策核心的阿拉伯聯合大公國,官員鼓勵民眾在最初施打疫苗僅數個月後即接種追加劑[134]——等於需要提升防護效果——而馬來西亞原本採用中國疫苗,後來卻決定改以 BNT 等 mRNA 疫苗為主力。

東南亞許多國家的外交人員表示,在 COVID-19 肆虐之際北京卻擺出戰鬥姿態,這只會讓東南亞國家的官員和領袖更加懷疑中國。一旦官員產生疑心,他們就可能儘量加強防衛,反對中國的一切,包括他們的軍事動作、銳實力以及官方媒體。

新加坡尤索夫伊薩東南亞研究所每年對東南亞的輿論領袖進行意見調查,他們發現東南亞的受訪者認為,在主要強權中,中國(以及印度)是該地區最不值得信任的夥伴,其次依序是美國、歐洲、日本。[135] 該研究顯示,在東南亞全境對中國的不信任感自 2010 年代末顯著提高——可能如同已開發國家一樣,其中一部分要歸因於北京對 COVID-19 最初的因應方式。不信任感在2022年持續增長,又因台灣危機而惡化。

中國的挑釁式外交引發嚴重的反效果,似乎連習近平都瞭解到,這種作法其實是損害北京在區域內和世界上培養實力的企圖。新華社特別提出習近平 2021 年六月在中共中央政治局會議的演講,他宣示,北京需要「努力塑造可信、可愛、可敬」的形象,擴大「朋友圈」。他說,中國要「既開放自信也謙遜謙和」。這場演講似乎是習近平向外交官釋放的明確訊號,要他們放緩其挑釁之舉,至少在枱面上這麼做,雖然並不一定包括中國積極的假新

聞活動和秘密的影響力作戰。究竟習近平能不能夠改變中國的外
交風格，這個問題仍然沒有答案——我們很快會再次討論。而習
近平本人也讓「謙和」的訊號打了個折扣，因為他對台灣採取強
硬的行動，他沒有降調作風最挑釁的外交官，而且他還在共產黨
成立百年的大會上發表了戰意濃厚的演說，痛斥不知名的「外來
勢力」；他保證，要是有人妄想「欺負」中國，「必將在14億多中
國人民用血肉築成的鋼鐵長城面前碰得頭破血流。」[136]

中國假新聞進退兩難

就在北京運用的假新聞逐漸往俄羅斯模式靠攏，又與其他專
制國家合作的同時，他們還是面對著一個重大困境。中國假新聞
愈類似於俄羅斯亂扔炸彈、精心操控的作風——而其他國家也會
揭露愈來愈多這樣的假新聞——北京的作法就一定會與其總體目
標相扞格，也就是，即使在「戰狼外交」年代，北京還是要把中
國塑造成世界的領導者，成為足以代替美國和其他民主大國的另
一個選項。我們已經看到，北京在官方媒體和其他新聞工具上面
所要傳遞的訊息一直以來都將重點放在讚揚中國在國內和國際的
領導能力，而不是破壞其他國家的形象。保障民主聯盟的研究顯
示：

迄今為止，CGTN 和 CCTV 的影片，約 50% 的主題是中
國。相較之下，今日俄羅斯（RT）美洲台和英國台的影片只

有4%的主題是俄國，幾乎完全不報導俄羅斯的國內議題、
文化、政治。[137]

北京要在這兩者之間取得均衡，雖然並非不可能，但確實是
個困難的挑戰：一方面是俄羅斯風格的假新聞，這樣的假新聞常
常遭到揭發，會使其他國家寒心；另一方面則是要持續推動中國
在區域、在全球的領導權——特別是如今、全球輿論對中國的看
法已經暴跌之際。

買船出海有效

在其他領域，北京則較為成功。此時已經顯示出，把船給買
下來對北京來說是比借船出海更加有效；各國政府要追蹤、管控
中國對本土媒體的所有權，是比管控中國借船更難。中國對國際
各大媒體的威脅同樣顯得愈來愈有效。當然，某些借來的船還是
能協助把中國官媒的報導刊登到本土新聞媒體，似乎改變了某些
針對中國的論述。前文談到研究機構 AidData 的一項分析，該篇
分析發現，至少在東亞及太平洋國家，中國媒體與本土媒體的內
容分享協議以及社會大眾對中國領導權的贊同程度之間，有其相
關性，這是打動東亞各國、特別是東南亞各國領袖的一項重要工
具，讓他們至少願意接受中國對區域性機構日漸增長的控制權，
願意在貿易協定上與中國合作，對中國的其他目標願意順服。[138]

然而買船出海對中國已經顯得更加值得，因為買來的船讓

北京更好應用，既能夠當傳聲筒、也能夠當成棍棒，以此來形塑公共輿論。透過內容分享協議所借的船可以一部分採用中國的內容、同時也產出別的報導，而買來的船往往整批整批採用親中報導。

北京「買船出海」所及範圍遠遠不僅止於亞洲。買船的幅度之大在今天已經形成這樣的局面，即使一般而言享有新聞自由的地區，例如澳洲、加拿大、紐西蘭、英國、美國、（以及享有部分新聞自由的）馬來西亞、泰國，都很少有華文媒體會仔細審視北京的內政外交。如前所述，像澳洲、紐西蘭、馬來西亞、泰國這些地方，雖然閱讀華文的人口在整體成年人當中只佔少數，但華文讀者在政界、商界等菁英團體中具有深入的影響力。他們所取用的新聞媒體變得愈來愈支持北京，中國也利用其他方式來影響這些人，同時在地方政治逐漸取得影響力。

在華文讀者佔總體人口比例較少的國家，他們的影響力較為薄弱，因此即使中國對華文媒體的控制力增加，產生的效果也會較小，無論是對全國政治或地方政治的影響力。例如在美國，華文媒體大部分由強烈親北京的個人或公司持有，又或者是由中國國營企業持有，或是由中國政府在幕後直接操控。[139] 雖然CGTN等大型官媒在美國的觀眾並不多，但是「買船出海」而來的華文媒體讀者真的不少。美國的華文讀者若是想要在北美洲找到一家媒體，以便接收對中國和對世界的自主報導，基本上只能選擇紐約的新唐人電視台和《大紀元時報》（這是由法輪功贊助的媒體，提供線上直播、報紙及網站）。可惜，《大紀元時報》雖然有一些針對中國的調查報導水準很高，但近年來產生了巨大的質變，嚴重損害其公信力。[140]《大紀元時報》仍然大量報導中國新聞，但是《紐約時報》、《新共和》以及其他媒體的調查顯示，該報也轉而大量報導（並在網站和臉書上分享）新聞戰式的陰謀論，主題涉及美國、歐洲及其他地區，如此一來他們在北美洲和歐洲累積了可觀的讀者，但同時該報也變成各種陰謀論的一座重要擴大機。《大紀元》旗下報刊所編寫的陰謀論有許多與中國毫無關係，而是談論「匿名者Q」（一種右翼陰謀論）、關於美國選舉做票的謠言，諸如此類的主題。[141]

儘管新唐人電視台和《大紀元時報》有其缺點，但至少對中國還有一些自主報導。然而相較於CGTN和鳳凰衛視，美國的有線電視系統很少納入新唐人——鳳凰衛視是「買船出海」的一例，在美國和世界上其他說華語的地方都廣受歡迎。自由之家的庫克估計，鳳凰衛視在美國能觸及的觀眾接近八千萬戶。[142]相形之下，新唐人電視台只能觸及六百萬戶的美國觀眾。

美國境內的中國領事館人員對有線電視公司施加直接和間接的壓力，促使他們不要播放新唐人等等批判性的頻道——至今為止，這樣的施壓極其成功。庫克提到，新唐人的發言人曾經說，好幾家美國有線電視公司甚至不願意與之會面洽談，這很可能是中國官員施壓所致。當RCN這家有線電視公司在考慮播放新唐人的時候，中國外交人員對RCN主管做出威脅，使得RCN打消念頭。[143]

如此施壓，再加上親中的老闆買下美國媒體的買船出海、北京簽訂內容分享協議以借船出海，都使得美國的華文使用者閱讀中國相關自主報導的總人數受到限制。胡佛研究所對美國境內華文媒體市場所做的全方位研究指出，整體來說，「在這場戰役中北京似乎佔了上風，而表達異議的華文媒體則居於劣勢」，這包括美國的華文線上媒體，以及僅在社群網站發行的媒體；北京透過某些施力點，以其意識形態在新聞報導和社論文章方面，規訓美國境內許多華文媒體。[144]該篇分析提出，在美國境內真正自主的華文媒體，已經減少到只剩下幾家媒體企業。[145]而雖然美國華文使用者在接收新聞報導上的改變，對全國政治的影響並不會像澳洲、馬來西亞、紐西蘭、新加坡、泰國所遭遇的「借船出海」及「買船出海」那樣嚴重，但還是會影響到可觀的部分人口——儘管此時此刻他們所受到的影響難以衝破美國整體對中國抱持的極負面看法。美國境內在家中說華語的人口約有三百萬，在加州、紐約、德州等大州，許多華文使用者對地方政治、本州政治、國會政治能發揮重大影響。[146]

在歐洲和世界上其他地區，北京也愈來愈能夠透過買船出海去控制華文媒體。前文談過，北京已經控制了澳洲和紐西蘭的許多華文報刊。北京也控制了法國既有的華文出版品，而中國官方的電視頻道和鳳凰衛視（半官方的電視台）是法國境內華語觀眾唯一能夠收看的華語電視台。[147]加拿大華文平面媒體界的主導者是《星島日報》加拿大版，該集團總部位於香港，普遍被認為強烈支持北京；《星島日報》的所有人〔郭曉亭〕是中國某家大型房地產商〔佳兆業〕的主席之女。《星島日報》加拿大版的退休記者何良懋說，雖然加拿大的華文出版品對加拿大新聞的報導相對持平，但對於中國的報導則直接取自香港和中國大陸《星島日報》——那是高度親北京的。[149]

北京也逐步控制英國境內的華文媒體，雖然英國政府已開始反擊。根據《金融時報》報導，中國似乎對於英國的華文大報《英中時報》已經相當有影響力，他們和《人民日報》簽署了內容分享協議，從《人民日報》摘用數十則新聞報導。[150]

中國透過「買船」使其「海軍」日益壯大，限制了世界上許多地方對北京的論述。此事在東南亞及非洲最嚴重，但是拉丁美洲和東歐也出現了這樣的情況，針對中國的批判性討論似乎愈來愈沉寂。因為「買船」、「借船」和傳統影響力運作生效，泰國的輿論領袖變得很不願意討論中國的勢力如何在泰國增長，以及各種會讓北京難看的議題，而十年前這些東西在泰國都還是很常見的討論主題。當然泰國一定還是有某些領導者對於泰國在經濟和戰略上變得過度依賴中國感到疑慮，還有北京在湄公河上游興建水壩將對泰國造成何種結果，或者擔憂中國的特定工程，例如在一帶一路之下，由中國往寮國建造高速鐵路、最後通往泰國的工程計畫。其中特別是泰國的軍官，有些人顯然因為泰國過度依賴中國援助和中國軍武而感到憂心。還有一些年輕、進步的泰國社運人士公開表示他們支持香港的抗爭者反對中國政府之舉，此事更大的背景即是「奶茶聯盟」這一項該區域民主運動人士的團結運動。即使如此，現在在泰國媒體對於中國的負面報導少得多，泰國輿論領袖也比較不去談論他們對中國政策的擔憂。

　　整體來說，比起過去，泰國新聞媒體不只是把中國描繪得更正向（這是許多泰國記者的看法），而且許多泰國媒體已經不再對中國做出嚴重批評。而社群媒體上的泰國社運人士就不是這樣了，此點我們已經談到——投入奶茶聯盟的網民經常批評中國外交政策的各方面、中國的基建工程等等議題。[151] 但是就廣泛的泰國媒體而言，對於中國的辛辣批評、犀利調查，大致上已經消失無蹤。這樣的變化並非單一因素所致。泰國的聲浪之所以消寂，一部分是因為中國在泰國國內的經濟及戰略力量成長，一部分是因為泰國新聞自由整體的消減，一部分則是因為北京對泰國媒體的某些部門愈來愈能直接控制。

　　北京在印尼也取得類似的成功。對中共最為敏感的某些議題——最值得注意的就是在新疆對維吾爾人實行種族滅絕，印尼是全世界穆斯林人口最多的國家，討論此一話題原本是很自然的——在印尼新聞媒體的能見度降低，也從印尼輿論領袖的討論場上消失。這些話題的能見度之所以降低，是因為北京積極遊說印尼穆斯林組織的領導者、以及印尼著名記者，要他們對新疆的暴行保持沉默。中國當局安排了嚴格控管的新疆行程，邀請穆斯林領袖、政治人物、記者、學者參加，展示北京所謂「再教育營」的情況（他們說這些地方是讓穆斯林進行技能培訓）。[152] 中國招待印尼記者和網紅到中國其他地區參訪，鼓勵他們對中國整體發表正面的敘事。[153] 一邊影響輿論、一邊控制在地敘事——包括對於維吾爾人的遭遇，以及對於更廣泛的中國整體——這樣的作戰已經獲得成果，印尼媒體往往正向報導中國，而印尼某些穆斯林大型組織和新聞媒體經常複述北京的台詞，說必須以「再教育」在新疆對抗所謂的極端主義——那些再教育中心其實就是集中營。[154]我們經常可以看到，印尼媒體的社論以及菁英的輿論領袖根本完全不去討論新疆的暴行。[155]研究東南亞的學者希伯特指出，印尼輿論領袖並不吝於批評緬甸政府大規模壓迫洛興雅人，也不忌諱批評緬甸軍方政變奪權——緬甸在印尼並沒有什麼軟實力和銳實力——但是同一批輿論領袖，卻為中國對待維吾爾人的手法粉飾太平。[156]

泰國和印尼的情況可能是該地區大趨勢的一部分，即是在東南亞媒體以及更廣泛的亞洲媒體，對於中國的負面報導正在消失——其中一部分原因是中國愈來愈常買船出海，雖然北京因此贏得的形象有一部分在台灣危機當中又崩壞了。AidData在2019年研究中國與東亞國家、太平洋國家的關係，他們發現，儘管東亞及太平洋各國的新聞媒體如今對人權的報導多於2000年代中葉，但是對於中國境內人權的報導頻率比起當時並沒有任何增加。[157]換言之，這些媒體比起從前投入更多版面來刊登人權新聞。但是這些增加的版面並不用來報導北京侵害人權之舉，儘管自2000年代中葉至今，中國國內的情況已經變得更為壓迫，也更積極在海外協助侵犯人權。

同樣地，雖然2020、2021、2022年中國的輿論形象在亞洲許多地區、在歐洲、澳洲、紐西蘭、北美洲都呈現暴跌，但是在某些開發中地區，中國還是博得新聞媒體的正面報導——雖然，中國與俄羅斯的關係傷害了他們在東歐等地的形象。國際記者聯盟（一個記者工會的聯合會）2021年公布的調查發現，接受調查的各國記者當中，一半以上國家的記者說他們認為「自從疫情爆發以來，國內媒體對中國的報導變得更加正向。」[158]極少數國家的記者甚至提到，北京被「當作是新冠病毒最精準相關新聞的提供者，顯示出北京對全球話語的影響力正在成長。」[159]不過，國際記者聯盟這項調查的受訪者有許多人位於開發中國家，在這些地方，中國的疫苗外交成效較為顯著，對於北京一開始隱瞞疫情的作法也較少有負面報導——在這些地方，北京透過買船出海、新華社以及其他工具形塑在地媒體生態以及對中國的觀點，已經獲得一些成功。

威脅也是一途

中國對全世界新聞媒體企業露骨的威脅，也已經發揮作用。致力於保障新聞自由的「美國筆會」發表的完整報告指出，全球規模最大的一些媒體企業，例如彭博新聞、路透社，似乎對其華文網站的內容進行自我審查，應該是為了討好北京。[160]該報告也提到有人指控澳洲廣播公司為了保持中國市場，而對北京敏感的政治新聞進行自我審查。[161]另外，紐西蘭讀者最多的報紙《紐西蘭先驅報》的中文版曾經修改新聞的譯文以及將某些報導整則省略，因為這些報導所描述的中國政府並不好看——其中一次，《先驅報》中文版以不知名的某中國新聞社的供稿替換掉原本的新聞報導。[162]

彭博新聞也在別的方面明顯屈服了。彭博2012年發表一條重大報導，主題是習近平家族當中某些成員的財富，之後該公司面臨到中國政府來的沉重壓力。北京指示中國國營企業不得就訂購「彭博機」簽訂更多合約，而彭博機是公司經營模式的核心。後來，彭博新聞社砍掉了後續的長篇調查，原本調查的主題是習近平本人及家族與中國富豪王健林之間的連結。[163]「這個〔關於習近平家族財富的報導〕一定會，你知道吧，讓共產黨把，你知道吧，我們整個運作給關掉、踢出中國。」美國全國公共電台按照他們獲得的錄音檔揭露，時任彭博新聞總編輯的溫克勒曾發言如上。[164]「所以說，我真的不覺得這樣子一篇報導值得。」美國全國公共電台寫道，彭博社砍掉該篇新聞之後，據說還想方設法使進行該次調查報導的記者封口，甚至要求其中一人〔傅才德〕的配偶封口，那就是研究中國的知名學者洪理達。[165]彭博社否認他們有施壓逼迫任何人簽署保密協議，但從美國全國公共電台所取得的文件上看來，事實與他們那番說法有所牴觸。

還是有一些例外。《紐約時報》並未屈服於中國的施壓手段，包括令該報的網站在中國多年受封鎖，拖延或拒發該報記者在中國工作所需簽證，將該報通訊記者逐出中國。[166]《紐約時報》仍然積極報導新疆的暴行等敏感話題；2019年該報刊出長篇報導，透過外流的中國文件，揭露中國如何系統性安排大規模拘留維吾爾人。[167]《紐約時報》也針對習近平家族與王健林之間的連結發布了報導，作者正是那位報導遭彭博新聞撤稿的記者，基本上他為《紐約時報》重新撰寫了這份報導。[168]《華爾街日報》及《華盛頓郵報》雖然承受類似壓力，包括一些記者被逐出中國，但他們也持續針對中國的監控技術、人權侵害等等話題刊出堅實而仔細的調查報導。儘管北京將好幾位《華爾街日報》記者趕出中國，《華爾街日報》還是在2021年入圍普立茲獎國際報導決選，入圍原因即是該報對中國和習近平的報導。[169]北京也同樣無法讓自由亞洲電台等流亡人士的媒體靜音，不讓維吾爾或西藏記者去報導中國的暴行，雖然他們已經懲罰、拘留了這些流亡人士的親屬。[170]

雖然我不在本書深入探討好萊塢——市面上已有數本傑出書籍專門研究中國對美國電影業所造成的影響——但好萊塢是一個清楚的案例，顯示北京如何運用林培瑞所說「吊燈裡的巨蟒」，加上豐厚的誘因，來使其目的得逞。[171]為了對付好萊塢，北京利用了兇狠但模糊、前後不一的威嚇——吊燈裡的巨蟒——以及各種誘因，確保創作、投資、發行電影的幾乎每一個人，內心都有所恐懼。二十年前，中國電影市場比今天小得多，北京在外交上較為弱勢，中國也還沒開始投入好萊塢合拍片，那時候好萊塢生產的電影仍然談到中國侵害人權、西藏等等對北京十分敏感的議題。史柯西斯執導的電影《達賴的一生》主角是第十四世達賴喇嘛，該片以負面角度來描寫中國入侵西藏一事以及毛澤東本人。1997年，在北京的反對之下，迪士尼還是發行了《達賴的一生》。[172]同年，業已成名的布萊德彼特在《火線大逃亡》這部影片中，飾演一位奧地利登山家，親眼目睹1950年中國入侵西藏。[173]

但是時代不同了。好萊塢的大片幾乎不會去碰台灣、西藏、新疆、中國政府的人權表現、毛澤東年代的飢荒和暴行，以及許許多多其他主題，雖然某些串流服務抵擋住這樣的潮流，我們也可以注意到音樂家往往會抵擋這樣的潮流。漫威電影宇宙最近在開發超級英雄電影《奇異博士》時，編劇將「古一」這位要角做了更動，讓他從原著漫畫中的西藏人變成凱爾特人。(此一角色由白人女性蒂姐史雲頓出演。[174]) 其中一位編劇承認，該製片廠抹去電影中一切提及西藏之處，是因為害怕北京的反應。同樣地，2012年《紅潮入侵》〔1984年版原譯《天狐入侵》〕這部電影翻拍，原作是一部（相當爛的）冷戰片，講美蘇衝突的故事，而翻拍時原本要用中國人做反派。雖然2012年版的《紅潮入侵》幾乎可以肯定拍出來也是一部爛片，但是如果要和原作一樣描繪美國和超級強權的爭鬥，那麼把中國寫成反派是有點道理。但是電影拍完之後，發行商卻突然決定用數位後製來把反派角色改成北韓人，以免惹毛北京，或者打壞中國市場。[176] 而當湯姆克魯斯與派拉蒙影業開拍1980年代賣座鉅獻《捍衛戰士》萬眾期待的續集時，一點也不顯老的男主角穿上了原作的同一件飛行夾克。但是那件經典夾克卻有一個小小的不同——夾克徽章上面的台灣國旗不見了，原因大概是投資本片的中國科技巨頭騰訊反對。[177]

　　某些畫面即使並未明確地對中國做負面描寫，還是有可能被放棄。北韓駭客洩出的電子郵件顯示，索尼影業的主管阻止《世界大對戰》——這是亞當山德勒的無厘頭喜劇，獲金酸莓獎提名為2015最差電影——這部電影的製作團隊創造一個非常白爛的畫面，那就是讓外星人炸毀萬里長城。[178] 蕭培寰是某間製作好萊塢與中國合拍片的電影公司創辦人，他對路透社表示：「我覺得這些製片廠已經變得很精了。講到某一種電影，尤其是全球的大片，他們是不會去搞一些中國人會用社會或政治理由拒絕的東西。這已經是常識了。」[179]

中國領導階層並沒有打電話給《奇異博士》的編劇要他們更換角色，也沒有叫《紅潮入侵》的製片改動反派的身分。好萊塢的資深編劇與導演承認，吊燈裡真的有巨蟒：拍完《火線大逃亡》之後，布萊德彼特顯然被中國禁止入境將近二十年，而該片的製片公司則被封鎖五年，又有某些好萊塢大片在中國遭到禁映，而原因並不總是很清楚。[180] 而中國提供的巨大誘因，例如合資拍片、可以進入中國的電影市場，這些都讓自我審查成為好萊塢的常態，尤其是遭受到全球疫情影響以及 Netflix 等串流服務興起造成的產業典範轉移，電影業正賣力要由谷底反彈。[181] 中國公司已經是好萊塢最重要大片的合資對象，這可以追溯到 2010 年代中期。不僅如此，2014 至 2018 年好萊塢票房金額最高的一百部電影裡，四十一部有中國投入的資金。[182]

這樣的自我審查特別引人注目還有一個原因，那就是好萊塢經常自詡他們致力於言論自由，長久以來好萊塢也被看成是美國軟實力的一項重要工具。但好萊塢的編劇和製片卻說，人人都在進行超前自我審查，以致於一個想法只要讓北京在任何方面顯得不好看，就一定無法通過編劇初期的會議。[183] 編劇知道電影製片廠和製片會拒絕這種負面描寫，因此在製作電影的流程中很早就針對中國自我審查。捍衛言論自由的組織「美國筆會」就北京對好萊塢影響力所發表的完整報告寫道：「好萊塢的決策者以及電影製作的其他專業人士對電影所下的決定——內容、選角、劇情、對話、背景——愈來愈奠基於他們的一項努力，即是努力避免激發中國官員的反感，這些官員控制了電影能否進入日漸蓬勃的中國市場。」[184]

有一些電影甚至還插入親中的概念和語言。2019年的動畫電影《壞壞萌雪怪》由夢工廠（多媒體巨頭美國國家廣播環球集團／康卡斯特持有該公司的一部分）及中國的東方夢工廠聯合製作，電影中出現的地圖對南中國海呈現的是中國的領土主張，而這些主張受到該地區其他國家激烈反對。[185]該片選用了這幅地圖，然而電影本身與南中國海毫無關係——故事講的是勇敢的青少年想辦法拯救一隻雪怪。

COVID-19的大流行雖然使全球對中國看法變差，卻讓好萊塢更加依賴中國市場。許多已開發國家的電影院都關閉了，中國在2020年、2021年卻還是少數的大市場之一，民眾繼續到實體電影院看電影，讓好萊塢的製片廠能夠把電影放上院線而不必採取其他措施，例如延遲推出、把電影賣給串流服務供應商，或者以自家的串流服務播出。中國在2020年超越美國，成為電影票房最大的市場，部分是因為2020年有一大段時間中國許多電影院繼續營業。[186]疫情對串流服務來說是一大福音，可能許多國家都有大量影迷從此之後改變習慣，再也不踏入電影院，而對於美國的全球影業巨頭來說，中國有可能成為更加主要的收入來源。

同時，中國製作的電影在中國影迷之間愈來愈受歡迎，而此一事實似乎只讓好萊塢更加絕望地要抓住龐大的中國市場。[187]
《中國製造好萊塢》這本傑作的作者、維吉尼亞大學的孔安怡對
CNN商業台表示：「如果中國不需要美國電影，那麼好萊塢的電
影製片廠必須大量削減高預算票房片所花的費用。現行的預算，
不進入中國市場的話是不能維持的。那樣一來，可能使美國電影
業的運作模式出現基本變化。」[188]同樣地，遊戲業也向中國的壓
力屈服，現在中國已是全球營業額最高的遊戲市場；整個遊戲業
在疫情期間大量成長，因為大家不得不留在家裡；而遊戲業也像
好萊塢一樣，常常表現得像是言論自由的代言人。[189]美國的遊
戲公司Riot Games〔代表作《英雄聯盟》〕2019年曾審查其線上討
論區，封鎖「維吾爾」等中國政府要求審查的詞彙。[190]

控制新聞管線與網路治理

　　北京控制新聞管線之後，能夠更加確保其他國家內部不再去
討論某些議題。例如，雖然有線電視和衛星電視公司並未明顯提
升中國官方媒體的觸及率，但這些公司可以決定不去播放哪些頻
道，以此改變中國的形象、針對中國的敘事。中國的有線電視和
衛星電視公司運用這種方法，清除可能批評到北京的節目內容。

　　業務遍及非洲的中國衛星電視公司「四達時代」就呈現出這
種模式，該公司確保關於中國的某些主題在非洲的電視上消失。
當然，非洲有許多人渴望收看四達時代優惠的電視頻道，其中有
許多原因與北京並無關係。該公司提供的節目套餐水準高、價格

便宜，這是大家想要的。非洲大陸瘋迷足球，而四達時代播放的內容包括英格蘭足總盃、義大利甲級足球聯賽、世界盃足球賽、國際冠軍盃、德國足球甲級聯賽和法國甲級足球聯賽。[191]然而該公司也讓非洲人較難收看BBC等對中國做出批判、自主報導的頻道，因為在四達時代提供的方案當中，包含BBC及其他國際頻道的方案價格高於包含中國官媒和本土媒體的方案。[192]

對於中國的批判報導（例如我們在BBC可以看到的那些）愈少出現，其他國家的人就愈有可能對中國的內政外交並沒有全盤的理解。而在四達時代可能對國家廣播公司更有控制權的地方，例如尚比亞，本土的媒體監督團體已發出警告，稱四達時代把更大的優先權放在集中提升北京形象的頻道。[193]尚比亞的媒體監督團體主張，四達時代在該國的合資公司利用原本為國家廣播公司設置的額外頻寬，將這些頻寬用來播送中國的電視頻道而不是本土頻道。[194]四達時代的操作似乎已經成為一種模式，即是中國公司與外國的國家廣播公司合夥，包括柬埔寨、寮國、東帝汶等國家。如同尚比亞的情況一樣，當這些國家的國家廣播公司與中國公司合作，經常會把批判性的內容排擠出國內最多人收看的電視網。

另外，中國輸出其監控技術及其他類型的管線，也有助於北京輸出其新聞管控模式。例如，辛巴威的專制政府不只輸入了中國的監控科技，也派遣許多官員前往中國學習資訊管理。[195]

在其他一些案例中，各國並不直接輸入中國的專業，但仍然採取了彷如中國的網路控制措施，如此一來便推動了北京的目標，即是把「封閉主權網路」的理念傳播出去。換言之，中國對網路的管治擴散到其他專制政體或混合政體，雖然北京並未直接指示這些國家如何去做。例如，前文已經談到泰國在2019年通過新的網路安全法，類似於中國對網路的法案，雖然目前仍然不清楚泰國領導者是否有明確地向中國官員尋求建言。[196]越南政府與北京時有磨擦，但近年來政府也訂立了新的網路空間法案，與中國模式相近，此法案使國家更容易過濾、監測線上內容。[197]緬甸軍政府在2021年二月政變奪權，他們很快就試圖訂立新的網路空間法案、法規，這些都與中國的網路法條類似。[198]柬埔寨政府則制定了一系列新規章以管理國內網路，這些規章基本上複製了中國模式。[199]

中國對各國國內網路造成影響的範圍，遠遠不限於亞洲。新美國基金會所做的研究發現，整體而言，愈來愈多國家「開始在國內對網路施加更嚴格的控制」，原因往往是中國的影響力；全世界最積極提倡國內網路封閉的就是中國。[200]這些國家基本上複製了中國封閉網路的模型，讓中央政府有權力對國內網路發號施令、審查網路上流通的資訊、監視公民。[201]

辛巴威正在複製北京的模式，也就是經過審查的封閉網路，他們正在推動立法，此一法案給予辛巴威政府廣泛的權力，可以對網路使用者加以監測，或許還加以審查、逮捕。[202]同樣地，衣索比亞政府不只輸入了中國的監控科技、派員前往中國學習，他們也日益按照中國的範例來打造國內網路。中興通訊協助衣索比亞國家的網路公司建造新世代網路，過去五年間阿迪斯阿貝巴一再監控、審查社群媒體。[203] 烏干達也採取了類似措施，看來他們是靠中國顧問幫政府判斷如何才能更有效地控制社群媒體以及整個國內網路。[204]

同時，土耳其也採取行動，建置一套與中國類似的體系，以之控制網路。[205] 近年來埃及與中國的連結益發緊密，他們同樣建置一套中式的網路控制體系，另外還有多個中東國家派員參與中國研討會，主題包括網路安全以及中國如何試圖控制網路。[206] 在中亞，無國界記者組織指出塔吉克已採用中式網路控制體系，而中亞其他國家（全屬高度專制，除了吉爾吉斯以外）可能也會走上這一條路。[207]

如前所述，俄羅斯正在複製中國的網路模式。俄烏戰爭使俄羅斯國內網路遭到強力壓制，但即使在此之前，克里姆林宮就已經找北京幫忙，要關閉、監測俄羅斯的網路。多年來，雖然普丁牢牢掌控著政治，但俄羅斯網路仍然比中國網路來得自由，網上可見有人公開批評政府、甚至批評普丁本人。[208] 但是在2019年，俄羅斯實行新措施來建置克里姆林宮所謂的「主權網路」，這樣的字眼很像北京對他們國內封閉網路的稱呼方式。[209] 主權網路法案讓俄羅斯可以設置國家的國內網路，此一網路可以與世界隔絕，也讓克里姆林宮可以更輕易地監測網上的論述、審查用戶。[210] 該法案實施之前，中國網信辦的代表團曾與俄國官員會面，討論到國家的網路戰略以及雙方如何就全球網路議題進行合作。[211] 當時中國代表團也與俄羅斯規模最大的數間網路公司主管會面。[212] 後來在2022年，普丁對國內網路施加了嚴苛的限制，並封鎖許多國外網路平台，使其無法在俄羅斯境內運作。

北京與莫斯科合作，愈來愈常利用國際上的網路研討會提倡受控、封閉的中國網路模式，由政府來營運，而不是由私人公司、公民社會、（相對有限的）政府彼此之間的互動來決定。其他專制國家如伊朗、沙烏地阿拉伯，他們也比較支持這樣由國家來控制的封閉網路，而不是基本上開放的全球網路。[213] 不過目前提倡封閉網路模式的主要還是中國及俄羅斯。[214]

北京愈來愈強勢地在輸出其治理模式及發展模式，所運用的戰術包括了高層的演講、對外國官員的簡報、就中國網路模式提供訓練課程，以及許多其他方式。雖然與此同時，其強硬的外交最終遭遇困難，因為全球對中國的不信任逐漸增長，理由包括中國在COVID-19初始階段的不透明，他們與俄羅斯的連繫，台灣危機，還有一部分也是由於某些中國外交官過度好戰的作風。[215]

封閉網路模式的擴張，使北京一箭三鵰。如果專制國家套用了中國模式之後可以預測、打壓異議人士，那麼其他專制國家可能也會尋求北京的指引。這些政府將求助於中國科技，某些中國公司將從快速成長的經濟領域賺到錢——北京認為這些經濟領域的中國公司應該要在全世界有競爭力，國家投入大量資金支持這些公司的成長，儘管同時習近平政府也在駕馭中國各大企業與企業家的言行。而若是有更多政府購買中國公司的產品和服務，他們就能在不同的商業環境累積更多經驗，使產品更加成熟，開發出更有效的科技。

中國企業在海外汲取的經驗或許也有助於他們發展應用於國

內的科技——如此一來可以提高中共對人民的控制，而現在他們社會控制的程度已經明顯收緊，這是由於北京的COVID清零政策之故。除之此外，中國監控科技所包含的安全漏洞，加上許多監控器材公司與中國政府的連結，形成了確實存在的可能性：北京是否能夠祕密取得外國公民的個人資料？如果一個國家向中國監控公司購入器材，北京可以透過這樣的設備獲取重要的個人資料，包括企業高層、政治領袖、公民社會領袖，以及任何一個受到這些器材觀察、監測的人。這對其他國家而言可能形成重大國安風險，更不用說對個人隱私是何等嚴重的侵犯。

　　這樣的做法也有助於各專制政權存續，不管是在非洲、拉丁美洲、中東或東南亞——而專制政權的存續對北京來說可能是一件好消息。北京與某些民主國家已經建立了穩固的關係。但整體來說，中國最親近的夥伴大多還是獨裁或混合政體：柬埔寨、衣索比亞、緬甸、巴基斯坦、俄羅斯、泰國，諸如此類。如果這樣的做法可以幫助專制政府維持他們對人民的控制，就會讓他們更容易與北京合作——不只是針對經濟問題、戰略問題，還包括容許北京主宰該國的新聞管線。專制或混合政體的在公民社會和自主新聞報導的方面都較為軟弱，其中有許多國家比民主國家更有可能與北京簽訂合作協議，讓中國公司來建造一部分衛星網路或有線網路，建造電信網路的大部分，以及透過別種方式控制其新聞管線。所以，北京眼前有大好機會，可以拓展其新聞管線。進一步控制新聞管線，則有助於將來傳播中國的官方媒體，如四達時代偏袒中國官媒的電視頻道一樣。

　　除此之外，若是有更多專制政府能持續掌權，而混合政體的國家如厄瓜多、尚比亞往專制的方向偏斜，此種事態發展將侵蝕民主在全世界的傳播。若是較多國家的民主停滯或無法開展，北京就更可以宣稱民主的治理模式即將面臨失敗。當然了，民主政體的成敗大部分涉及各國的國內因素。但如果北京高科技威權主義的模式侵蝕了民主，將加速今日的全球民主退潮。

　　話說回來，各國也可以針對如何實行壓制產生出自己的想法。而在非洲以及拉丁美洲、東南亞等地區，有許多人樂見中資投入行動網路、固網、物聯網，雖然他們也擔心北京是否會利用這些基礎建設來窺測其他國家、審查在地媒體、散播假新聞，以及輸出中國對網路和監控的專制手法。

　　牛津網路研究所的賈格利阿朵內研究了中非關係以及網路在非洲的未來，他談到，專制的非洲政府並不需要由中國來提醒，他們自己就會想到利用高科技威權主義來壓制新聞流通、封閉國內網路。（非洲以外的專制國家也有他說的這種情況。）他談到，許多專制政體或者混合政體的非洲國家，多年來都試圖封鎖新聞；對於查德、厄利垂亞、衣索比亞、馬利、蘇丹、坦尚尼亞、辛巴威——其中有幾個是全世界最專制的國家——這種做法並不新奇。其中不少專制政府拿美國發動的反恐戰爭做理由，在國內實施壓迫性措施，這還早於中國開始對他們提建議、更新他們的新聞管線。[216] 儘管如此，中國的技術和概念，加上北京在國內的成功，使得這些國家更有辦法主導新聞。北京在控制網路方面的成就遠遠超過任何其他專制國家，而中國的科技賦予各專制政體更大的能力，得以審查其國內網路。

網路治理

除了實體管線之外，北京（以及莫斯科）在另一方面也取得戰果，他們在全球性的網路論壇累積了實力，但他們影響力的擴張也是因為民主國家在這些領域變得較不肯定。回到2012年，國際電信聯盟（處理全球資訊議題的聯合國機構）一次大會當中，中國、俄羅斯及其他幾個國家企圖通過一項決議案以支持「網路主權」的概念——也就是各國的封閉網路。[217]該項決議未獲通過，因為各大民主國家一同阻止。

但莫斯科和北京沒有放棄。中國加強利用與別國的雙邊會談來提倡封閉的主權網路。[218]這兩個專制大國也在中國每年舉辦的「世界互聯網大會」同意合作對抗他們所說的「非法線上內容」。[219]何為兩國認定「非法」的內容仍然不太明朗，顯然有可能包含各式各樣線上言論。世界互聯網大會已經成為一項盛大活動，中俄兩國透過每年的大會遊說其他國家的官員，要他們支持受到高度控制的封閉網路。[220]習近平曾親自出席，呼籲與會人士支持「全球互聯網治理體系變革」。[221]

兩國在國際電信聯盟的影響力亦有提升；該聯盟2014至2022年的秘書長是趙厚麟，他是中國公民，進入國際電信聯盟任職以前曾為中國政府工作。[222]近年來，專制兩巨頭在國際電信聯盟獲得愈來愈多支持者，推動有利於主權網路的提案。這些提案往往也會要求國際電信聯盟和聯合國對於設定全世界的網路規則與規範擔負起更大的責任。[223]北京之所以能在國際電信聯盟成功進行遊說，是因為他們十分注意該聯盟、注意其他設定電信標準的組織，以及聯合國負責技術的各個機構。（聯合國有十五個特殊機構，中國國民現在主掌了四個，其中部分原因是北京派出高級官員推動其目標。[224]）外交關係協會的西格爾寫道：「過去十年來，北京派駐〔網際網路及行動網路〕標準機構代表團的能力、成熟度、規模都有所提升」，現在他們的代表團往往是各國當中人數最多的。[225]他提到：「中國的決策者認為，如果聯合國對網路治理扮演的角色更加重要，那麼中國對於規範資訊科技、定義全球通用的網路規則，就會更有發言權。」[226]

這樣的想法有其道理。至少在俄烏戰爭以前，中國和俄羅斯已在國際電信聯盟累積了不少盟友，尤其是開發中國家的盟友，而許多開發中國家似乎並不關心俄烏戰爭，願意繼續支持俄羅斯和中國。北京和莫斯科比較容易在國際電信聯盟裡面遊說各政府，卻比較難撼動一直以來由下而上共同決定網路治理的各個組織形成的組合，包擴私人企業、技術組織、公民團體，以及某一些政府。

如果國際電信聯盟和聯合國對於網路治理享有更大的權力，北京將會發揮更多影響力——其網路模式將更上層樓。[227]北京已經利用這些治理架構，一方面促成全世界區分為兩種國家，即是網路開放的國家與網路封閉的國家，另一方面讓更多國家轉而信奉中國的網路模式。2020年初，全世界的注意力都放在新冠病毒，此時中國（與俄羅斯、沙烏地阿拉伯聯手）默默地開始利用國際電信聯盟來推動全球網路治理大洗牌。華為、中國工業和信息化部以及幾家中國大型國營科技企業，在國際電信聯盟一同提案倡議網際網路科技的一項新標準。[228] 這些中國機構和公司提議的改變，有可能將全世界的網路切成兩半，使國家的網路供應商──因此也就是國家本身──對於人民如何使用網路、對於其個人資料，得到大量控制權。[229]

新華社有其成效

我們已經用許多篇幅討論了新華社的觸及率和潛在實力。在中國的大型官方媒體裡面，只有新華社在劇烈擴張的同時也拓展了全世界的讀者群，獲得相當的公信力。新華社簽訂了許許多多內容分享協議，包括分享非華文的新聞報導。很可能在往後十年，因為COVID-19已迫使某些媒體裁員，也因為新聞媒體的廣告營收大不如前所造成的財務衝擊，與新華社這樣價格優惠（甚至免費）的通訊社簽約一事吸引力只會增加。[230] 不僅如此，新華社可能會變成中國威力最強的新聞武器。

在2022年，新華社與各大國際報刊的編輯群培養的關係尚不足夠，還不能穩定地為全球新聞提供他們的第一手報導。因為許多國際媒體，例如BBC、《紐約時報》，不常使用新華社供稿（他們並不信任該社的自主性和準確度），所以新華社的報導在國際媒體上流通的程度不如美聯社、路透社。但是隨著新華社擴編，事態可能迅速改變。有時候，在新華社佔有顯著人力優勢的地區，例如東南亞，當然還有中國本身，他們的報導會領先於競爭者，或者報導出競爭者的資源不足以涵蓋的事件。隨著新華社擴張、其他通訊社面臨財務困難，新華社很可能在愈來愈多新聞報導能夠領先──也可能贏得編輯和出版者的信任。

若是各政府、各新聞機構不在他們的道路設下阻礙，到了最後，新華社的供稿會登上愈來愈多新聞媒體，形塑各國社會大眾和菁英的輿論，而在泰國等地情況已是如此。許多證據顯示新華社的編制和影響力都在增加。羅伊研究所的亞洲影響力地圖表明，新華社在亞洲四處攻城掠地。這些地圖更進一步顯示，新華社已經成為該地區影響力排名第二的新聞機構，僅次於美聯社；新華社在東北亞、東南亞幾個國家媒體圈所獲得的影響力明顯增加。[231]

有件事情值得注意，即使一個國家裡面有美國政府以及各民主國家的諸多非營利機構大力培養活躍本土媒體，新聞媒體仍然會與新華社簽約，接受其供稿。例如在阿富汗，美國等捐款者投入資金耕耘本土媒體，但是國際記者聯盟的報告顯示新華社與阿富汗的25至30家新聞媒體簽有合約。其中包括該國規模最大的一些電視台和網站。[232]

國際記者聯盟的報告談到，與中國簽訂的內容分享協議在一些國家促使記者針對北京所傳達出的訊息有所改變，甚至一些擁有強韌本土新聞專業的國家也是如此。報告中訪談了菲律賓記者，發現中國透過內容分享協議以及培訓課程，與菲律賓的國營新聞事業建立了緊密連結，包括國營電視台、菲律賓通訊社、菲律賓新聞局，這種情況已經影響到菲律賓新聞媒體對中國的報導，儘管菲律賓社會大眾對北京很不信任，而且該國國內的媒體仍然相當茁壯。[233]

不僅如此，中國與菲律賓新聞媒體的連結，以及新華社新聞在菲律賓愈來愈常被人援用，使得菲律賓的新聞讀者難以接觸到對中國的自主報導。菲律賓讀者難以接觸到自主報導的同時，北京正在南中國海壓制菲律賓，而且，菲律賓民眾整體來說並沒有明顯變得比較支持中國。一位〔菲律賓〕記者對國際記者聯盟表示：「他們現在寫報導的方法，就反映出新華社或是中國官媒在中國寫報導的方法。一般來說都是政治宣傳。」[234]另一位記者告訴國際記者聯盟：「他們〔菲律賓的記者〕不往自由國家去學習新聞業的做法，好比說美國、英國、西歐，就算是學日本也好，結果反而去學怎麼做國家控制。」[235]

在許多國家，新華社都透過此種內容分享協議擴大讀者群，另外也有愈來愈多新聞媒體選擇刊載新華社供稿。隨著新華社買通門路，登上愈來愈多網站、報紙、雜誌，新華社的報導會變得像美聯社那樣無處不在。如此一來，新華社就可以在全球形塑更多的新聞報導。

一路向前：力抗中國
控制資訊及施加影響力

A Path Forward: Pushing Back Against China's
Information and Influence Activities

變動中的任務

2017 年我開始為本書做研究之時，中國在控制資訊及施加影響力之上的所作所為還少有媒體報導，決策者對這個議題也不怎麼有興趣。新聞報導與決策者關注的焦點是全球政治的板塊移動，舉其犖犖大者包括英國脫歐、川普勝選、美國對許多傳統盟友的態度改變，以及俄羅斯重新活躍起來試圖影響全球政局。

但是過去五年間，從美國到澳洲、德國、新加坡、台灣，各國都愈來愈關切中國在媒體資訊戰的策略。中國在施展傳統影響力上的著墨也讓各國愈來愈擔心，包括：統一戰線工作部（統戰部）籠絡華人；北京以付錢等方式拉攏外國政治人物替中國辦事；中國與俄羅斯關係強化，並使用俄式戰術；中國對台灣日益強硬；中國在各種場所形塑針對中國的論述，在大學校園、在好萊塢、在各大跨國企業、在主要的多邊組織，而形塑的手法一部分是透過大把追加的開支。[1]如今美國對外施加影響力的開支被國會要求必須高度透明，而「響應性政治中心」以這些相關資料為基礎寫成的報告指出，美國境內中國代理人的開支——包括官方媒體及其他新聞機構、遊說人員、其他代理人——卻由2016年的一千萬美元左右成長到2020年的六千四百萬美元左右，如此一來，中國在美國境內施加影響力所費的開支，在世界各國中一躍為最高。[2]

在2022年，也就是本書的寫作期間，美國國會通過一項法案，並由總統簽署，該法案目的在支持美國半導體產業，也因此或可消減北京對新聞管線的控制力。[3]

如前所述，與此同時，幾個歐洲國家的政府交待情報機構去調查中國如何控制資訊及施加影響力，因而對這些相關活動的掌握程度頗有加強。2021年三月，歐洲議會當中最大的黨團（歐洲人民黨黨團）針對歐洲與中國的關係發表一篇戰略報告，其中提出多項議題，也談到必須對抗中國在歐洲的影響力操作，必須用更有效的方式過濾進到歐洲來的外資（包括中國投入歐洲媒體企業的資金），必須設置「一套涵蓋全歐盟的管理體系，以防止各國出資或控制的媒體公司來併購歐洲媒體公司。」[4]該篇戰略報告也建議採取一些其他措施，以制衡中國製造的虛假訊息，使中國的「借船」和「買船」透明度提高，並且抗擊中國所施展的影響力。[5]某些歐洲國家已經把這些建議付諸實施。

歐洲也暫緩與中國的一項重大投資協議，原因是有幾方面的疑慮：中國的外交作風愈來愈強硬；中國對台灣的各項作為；必須審核中國投入歐洲的投資；北京在香港、新疆等地侵犯人權。

中國在歐洲還開始流失傳統盟友的支持，例如德國以及其他國家的商會。某些歐洲國家和美國及台灣一樣，著手限制中國購買某些種類的半導體──2022年夏、秋的中台危機之後，這樣的動作更形加速。

　　COVID-19危機是北京的一個機會，可以在國際上展現領導能力──但是也讓許多外國領導人愈發懷疑，中國究竟正以哪些危險的方式在運用資訊。[6] 不僅如此，中國領導層似乎覺得，COVID-19危機和美國反應上的差錯，以及後續因系統性種族歧視在美國境內引發的混亂不安，這些都是全球事務的一個轉捩點，讓別國可以見縫插針、取代美國，於是中國崛起到全球領導地位一事將牢不可破。但我們已經看到，在COVID-19期間中國本身的行為嚴重損害了他們在全球的名聲──散播誤導資訊、隱瞞最初的疫情、利用「戰狼外交」痛斥其他國家，除此之外，還有經濟上的威逼、讓其他國家無力償還的「一帶一路」所導致的重大問題及不公，接著還有中國在2021、2022年間災難性的COVID清零政策。俄烏戰爭以及中國在其間扮演的角色，加上台灣危機，更使許多國家對北京的觀感進一步惡化。

　　到了2022年本書寫作即將進入尾聲之時，許多國家已經對中國影響力之深入深感震驚，他們理解到北京大力投入軟實力與銳實力兩方面的工具，理解到中國的公關訊息已經比起1990年代和2000年代成熟許多。如同之前的章節所述，許多國家開始對中國的所作所為強勢因應。

　　因此，針對中國控制資訊及施加影響力所進行的評估，已經與2016年、2017年的情況有些不同。北京在媒體資訊以及傳統影響力方面都更加大張旗鼓，許多地區的決策者開始認知到其威脅所在。於是著手以某些行動對抗中國，例如英國及一些歐洲國家停播中國環球電視網（CGTN）等新聞媒體，澳洲對中國投資國內的媒體新聞部門加強審查，美國強制中國官方媒體登記為外國代理人，歐洲議會的主要黨團呼籲以強硬措施應對中國施加的影響力與資訊新聞活動。[7]

　　然而這些國家大多數對中國控制資訊的工具分布之廣只有粗略的掌握，對北京是否能恰當運其資訊並發揮影響力，只瞭解一點皮毛。更重要的是，這些國家往往其實是高估了北京至今為止所取得的成功，卻又對於中國在未來的適應與進化毫無準備。本書一方面檢視中國針對亞洲近程目標所運用的資訊及影響力，一方面觀察北京如何把這些運作擴張到全球，為的是提供路標給政治領袖和公民社會領袖，讓他們看清應當如何回應中國在資訊和影響力方面的戰術。

　　就外國政府而言，對於中國的資訊戰、媒體戰及影響力作戰，他們必須建立起廣闊而深入的知識庫。但是他們也應該要提升一項能力，那就是評估北京的工具哪些在目前無效、哪些有效，然後嘗試預測中國的圖謀未來會在哪些方面奏效。如前所述，中國目前的媒體與新聞運作常常失敗（雖然不是每一項都失敗），而且激發出反彈。但是某些國家的決策者似乎並沒有看到中國在控制資訊和施展影響力方面多有失敗之處。沒有任何國家可以打擊中國的每一項工具，若把大量資源用於對抗目前並不產生作用的工具，那並不上算。

因此，決策者與其他輿論領袖應該更精準地分析，中國的資訊戰略裡面目前哪些有效、哪些無效，並且要能夠彼此交流中國在許多方面確切的失敗。他們也應該加強「預防」中國散布的假新聞，類似於拜登政府預測、預防克里姆林宮尚未散布的假新聞，因為他們認為俄羅斯即將散布這些假新聞，以證明入侵烏克蘭有理。同時，決策者與其他輿論領袖應當瞭解北京正如何適應環境，為何中國未來會更加精於利用那些資訊及影響力工具，以及要如何對於中國的進化做好準備。各國應當提高防禦，以便因應中國未來在這些方面更加得逞，而同時也要發揮本身的軟實力——有時候還要加上銳實力——去迎擊，因為目前中國在資訊及新聞上還有許多可以補強之處。

從美國到歐盟、日本、菲律賓，這樣的迎擊需要動用的工具可能包括國家出資的新聞媒體、外交團隊、開放給外國輿論領袖的交流計畫，以及近年來預算遭到刪減的其他領域。最後，對抗中國運用資訊及其影響力的各國，應當把本身的長處拿出來因應中國各項長期的弱點。

建立更好的知識庫

世界各地的政界、商界領導人都還需要更深入瞭解北京如何控制媒體資訊以及發揮傳統影響力。具體而言，在回應中國的這類作為時，民主國家的政治人物與公民社會領袖需要與其他民主國家的同儕並肩合作，彼此交流針對中國這些行為所做的研究、分析和回應。既然中國許多銳實力運作與俄羅斯愈來愈相似，在民主國家之間挑動分裂、在民主國家之內引發不和（俄烏戰爭爆發之後還變得更像俄羅斯），那麼對於中國控制資訊並施展影響力的反應，理想上來說，民主國家應該共同合作。此類合作將加強民主國家對銳實力的抵抗力，對於軟實力和銳實力的運作和成效，彼此也會更有默契。[8]

　　首先，各國應該更加深入理解大型官方新聞媒體如何運作，包括北京的指揮以及外國分社內部的營運——尤其是如何與本土媒體簽訂內容分享協議，讓新華社、CGTN、中國國際廣播電台（CRI）的報導登上當地的中文報章和本土語言刊物。其中特別要把焦點放在新華社，因為這是北京最有潛力可以成功的部分。他們也應該針對中國最大的全球性官方媒體的觸及率和收看率，定期進行完整的評估。評估的結果應當公開。就美國而言，這樣的評估結果可以納入美中經濟暨安全檢討委員會所發表的年度報告之中，或者由美國國際媒體署每年發表。本書撰寫期間，美國國會所提出、用以對抗中國的法案〔2021年戰略競爭法案〕裡面包含一筆基金用來反制中國的影響力運作，但該基金將會如何運用——如果真能撥款的話——目前尚未明朗。[9]在法案的某些草案版本之中，美國國會提議要在國家情報總監辦公室下設立「社群媒體資料暨威脅分析中心」，以偵測、研究中國在官方媒體和社群媒體的新聞及影響力活動，也提到支持美國政府的其他機構進一步研究北京在全球的官方媒體及社群媒體活動。[10]這樣的威脅分析中心以及此類研究可以發揮一種作用，就是基於他們的研究每年發布報告，揭露中國的大型全球官媒的觸及率以及受歡迎的程度——或者說不受歡迎的程度。研究成果可以和民主夥伴分享，其他民主大國則可以評估中國各大官媒在本國的觸及率和受歡迎程度。這樣的研究將會涵括一系列完整的變項，用以分析中國媒體活動的深入程度，評估這些活動已經（或尚未）用哪些方式改造了外國的本土媒體環境、影響到政治與公民社會，把這些研究綜合起來，對於中國官方媒體的操作方式，以及他們是否在全球產生拉力，將會得出更完整的圖像。[11]

此類研究——它們將呈現出事實上中國官媒在各個國家究竟獲得多少讀者群——對於瞭解北京的軟實力運作是否吸引各地區的人群，乃是一項關鍵；如前所述，目前除了新華社之外，官方媒體大部分產生不了拉力，而北京在國際舞台上對COVID-19的反應、國內防疫政策的失敗、侵略性的外交作風、對俄羅斯的支持、對台灣的行徑，這些都只是進一步削弱了北京的軟實力，儘管在東南亞等地，許多人過去對北京抱持正面看法，至今情況仍然如此。[12]這些研究應該在民主國家之間廣為分享，研究裡面應當也要評估大型官媒的報導在微信及其他社群媒體之間轉傳對官媒帶來多大的幫助，以及，各國用搜尋引擎查詢中國官媒新聞的次數在多大程度上能代表各國對於官媒新聞報導感興趣的程度。

目前，許多國家的輿論領袖焦慮地談論中國官方媒體傳播的情況，而他們的討論奠基於新聞報導和一些學術研究。然而他們往往拿不出確實、具體的研究，能夠說明官媒的讀者人數，或是各國的讀者往往並不信任 CGTN、CRI 或其他中國官媒。由美國國會、日本國會、歐盟、個別歐洲國家、加拿大政府以及其他民主政體的行動者提供基金來進行此類深度研究，對於瞭解中國的官方媒體將是一項關鍵，也可以釐清北京如何運用社群媒體傳播官媒報導。這些基金可以用來支持政府對中國官媒進行研究，也可以投入已經針對官媒發表詳細研究的公民社會組織。

認清無效的運作

然而我們已經見到——若有更好的研究，應該也會顯示這一點——除了新華社之外，多數中國官方媒體在世界大部分地區產生不了拉力，而且中國的軟實力（以及某些銳實力）至今為止往往是無效的。當然，中國在大多數媒體市場的存在感日漸明顯，在 2020、2021、2022 年更是加速擴張。由世界各地的記者公會所組成的聯合會——國際記者聯盟，2021 年的研究發現 2019 到 2020 年間「回報中國在該國媒體生態系明顯占有一席之地的國家比例由 64% 上升到 76%」，儘管這些調查所涵蓋的許多國家，其媒體環境比較沒有那麼自由。[13] 當然，他們的運作無效並不表示各國應該避免投注費用來研究中國的官方媒體及各種新聞操作；反而應該大力投入這樣的研究。

不過，正如前文所提蓋洛普民調及其他的分析所顯示，雖然中國官方媒體在許多媒體市場的存在感變得鮮明了，但並沒有吸引太多觀眾或讀者。CGTN和CRI在許多媒體市場戰果不彰，進一步的研究幾乎可以肯定會確認這一點。CGTN和CRI目前為止的狀況，表示其他國家無需對這兩家媒體過度擔心，也不用害怕他們威脅到本國新聞報導的精確性——即使十年之後也是如此。

雖然CGTN和CRI坐擁大量資源，但是在大部分國家、甚至開發中國家，他們都難以累積到足夠規模的觀眾，而他們在臉書等社群媒體所擁有的眾多追蹤者，似乎並不會因此養成收視習慣。例如，史丹佛大學網路政策中心利用CrowdTangle分析工具研究中國主要官媒的臉書專頁，發現CGTN及其他中國官媒臉書的頁面合計按讚總數驚人——在2019年12月31日到2020年3月16日之間，各官媒頁面總共有將近一億個按讚數。[14]然而即使有這麼多讚，中國官媒還是付費刊登許多廣告，以便在臉書提高曝光次數和按讚數，這令人懷疑這些媒體與社群媒體上活生生的用戶之間到底有多少真實互動。[15]（同一篇研究發現，大部分美國主流媒體的按讚數量比起中國官媒少得多，因此他們在臉書上的讀者看似較少，但是本書之前提過的研究顯示，這些主流新聞媒體一般來說與讀者的真實互動頻率更高。[16]）就連專制的開發中國家的人民都顯得對於CGTN、CRI沒什麼興趣；這兩家媒體是可以調適，得到更多觀眾，但是如前所述，他們要做出這些調整並不如新華社容易，即使在未來十年也是如此，所以，他們很可能在中國的媒體新聞工具當中，仍然會是比較難用的。

有一些中國學者、甚至是官員，似乎注意到即使北京試圖提高話語權，卻還是沒有接觸到足夠多的聽眾：外交部發言人華春瑩在中共中央黨校《學習時報》撰文提到，中國在全世界的「話語權」尚屬微弱，無法與其他國家相比。[17] 華春瑩的文章發表時間早於習近平在 2021 年 6 月語氣較為軟化的演講，該篇演講似乎代表北京並沒有因為在新聞和外交方面手段日益激烈而獲得什麼話語權，可能還因此得罪了外國的聽眾；不過那之後中國還拿出更富侵略性的外交來對待民主國家，習近平好像也贊同繼續戰狼下去──台灣危機期間，這樣的情況愈演愈烈。

沒錯，CGTN、CRI、《中國日報》都是官方新聞媒體，其內容大部分像政治宣傳，讓他們按照美國的《外國代理人登記法》或其他國家的類似法案進行登記，是有道理的。持續評估其觸及率，以確認他們的讀者群是否增加，這也是有道理的──但是各國的資源最好還是用於抵抗中國的其他工具，那些工具如今已經發揮效果，未來也應該同樣有用。

除此之外，這些大型官媒的活動大部分──但不是全部──都是外顯的，比起中國的「買船」、「借船」和假新聞戰，要來得透明。大型官方媒體的收視率可以測度，讀者人數也可以評估；他們的預算有一部分可以查閱；他們播出的節目可以清楚標示為國營媒體的內容。

這些中國官媒至今為止，對外國觀眾顯然產生不了吸引力，而若有進一步可靠的定期調查，找出究竟有多少讀者、聽眾真正用心聽取中國官方媒體，美國和其他國家就可以更準確評估 CGTN、CRI 對於形塑海外公共輿論，到底有沒有發揮真正作用。針對 CGTN、CRI、《中國日報》的這些報告，應該要公開。

美國以及投入這些研究的其他民主大國，例如加拿大、澳洲、歐洲國家，若把報告公開，就會幫助到其他國家；其他國家也許想到分析 CGTN、CRI 或其他中國官媒的觸及範圍，但缺乏資源，或者缺乏付諸實行的政治意志。

因此，如果前述的研究確認了 CGTN、CRI 目前不發揮效果，決策者就可以把精力投注於北京已經取得成功的領域，包括：新華社、新華社簽訂的內容分享協議、北京對本土華文媒體的實質控制權、中國使用的其他工具，例如北京企圖控制新聞管線一事，以及與俄羅斯聯手打造國內封閉網路，以及利用國際會議、網際網路的治理標準等等，打造更廣泛的高科技威權主義。

專注於有效工具

各國迫切需要的是，對於中國已經生效的工具，必須要去弄清楚其中奧妙；去打擊這些已經生效的工具；對這些工具來日更加有效時做好準備。中國領導層是專制主義者，但這並不代表他們就完全不面對行動的反饋。中國里程碑的「一帶一路」已經隨情況進行適應，這說明了事實上北京有時候是可以對於政策的失敗、外界的批評做出反應，調整其政策。[18]北京調整了針對一帶一路所釋放的訊息，以淡化他們在國際上的企圖心，轉而強調一帶一路工程對所在國帶來的當地利益，這特別是因為某些研究（例如 AidData 發表的研究）顯示，中國許多一帶一路合約所包含的條款令人憂心。[19]AidData 寫道：「中國的合同包含非比尋常的保密條款，禁止借方披露條款內容，甚至禁止披露該債務的存在。其次，中國貸方尋求相對其他債權方的優勢，使用了擔保安排，例如貸方控制的收入賬戶，並承諾債務不計入集體重組中（『不通過巴黎俱樂部處理』條款）。第三，中國合同中的債務解除，提前收回以及穩定條款能讓貸方影響債務方的內政外交政策。」[20]

一帶一路的某些計畫和工程本身也有所改變，原本把重點放在基礎建設的大型工程，現在則轉移到衛生援助（顯然有一部分是COVID-19疫情所致）、教育（包括職業訓練）、科技（「數字絲綢之路」的一部分），以及其他硬體基礎建設之外的領域。[21]

而一帶一路絕不是中國進行調適的唯一案例；北京會進行調適由來已久。當中國的軟實力魅力攻勢在2010年顯出遲滯不前，北京隨即改轅易轍，把重點放到銳實力。不僅是這樣，正如這整段歷史回顧當中我們一再討論到的，在2020年代末北京在東南亞施展的影響力和訊息控制很可能會更加成功，在世界其他地區也是一樣。

因此，當中國領導者認識到哪些媒體訊息工具最為有用，同時某些別國對這些工具開始有所回應，此時中國很可能就其資訊戰略進行調整，將重點放在最有用的工具上，拋棄那些失敗並造成其他國家離心離德的工具。

當然，至少在2020年代早期，要如何迅速調適，以恢復中國的軟實力、提升其國際形象、使新華社以外的官方媒體吸引讀者、將其新聞操作升級，這對北京來說仍然是有待克服的難關。習近平2021年六月的演講等於是承認了中國的國際形象已經一瀉千里：對COVID-19的處理失當、戰狼外交（包括極具侵略性的外交部發言人趙立堅）、在台灣周邊以及南中國海的軍事冒險主義、露骨的新聞及虛假訊息作戰，這些都令許多國家對北京心生不滿，至少目前是這樣。如前所述，上述情況除了使全球輿論對北京的觀點變差，也帶來實實在在的後果，包括中國企業在海外失去重大合約、中澳戰略經濟對話暫停、中國與歐盟及其他實體的貿易協議暫停、東南亞各國增加軍備、一些東南亞國家轉向華盛頓，以及許許多多其他後果。

不但如此，中國的外交官、網路戰士、官方媒體會不會適應情況而再次得以提振中國的國際形象，這都還在未定之天。習近平仍繼續發表強硬的演說，而他們與俄羅斯之間的合作只差沒有結成同盟，同時中國實施的COVID清零政策等於是自絕於全世界。多位分析家都指出，戰狼外交在中國大眾之間十分受歡迎，這種現象可能只是強勢的、甚至富侵略性的中國民族主義所造成的自然結果；要去拘束戰狼外交，就代表要去批評在中國享有廣泛公眾支持的一條路線。[22]除此之外，戰狼作風、以及往往過度直接的新聞和虛假訊息作戰，都已經擴散到中國的整個外交團隊、網路戰士、其他官員之間，使得習近平很難迅速改變。戴遙遙和閭丘露薇的研究顯示，從2012年到2010年代末，中國外交部的「戰鬥式」發言比例提高到兩倍以上。[23]這套理念在中國外交官的心目中已經是根深柢固——在2021年初、拜登新政府上任後首次美中雙邊高層會談，他們就在阿拉斯加炮轟美國的高級官員；他們已經瞭解到，這種外交作風能夠博得中國高層領導人的青睞。[24]

　　畢竟，一切大型官僚體系——中國也好，民主國家也罷——本質上是難以改變的。而在專制政體當中，對低階官員來說政策可能突然改變，並不會有人認真諮詢他們的意見，在這樣的環境中，即使習近平已經講話了，許多官員還是寧願不要改變路線，除非他們能完全肯定風向不會又吹往另外一邊。再怎麼說，1949年後的中國政策也不是沒改變過，而且一改再改，按照政策最初的改變去行事的人遭到殘酷懲罰，例如在「百花齊放、百家爭鳴」期間公開提出建言的官員就落得這種下場。

　　但往後這十年裡，中國還是有可能適應形勢，尤其如果最後全世界的疫情能控制下來，中國在疫情之初所扮演的角色被人淡忘，如果習近平政府投入更加隱微的假新聞和訊息操作，如果北京撤回作風特別具侵略性的外交官，以及如果俄烏戰爭過後中國的形象沒有徹底崩毀。之前已經討論到，雖然習近平把控制權集中，而這的確妨礙了中國的外交以及媒體新聞運作，但是他們在其他政策領域仍然顯示出有適應的能力。北京大概會投入更多時間與金錢來操弄資訊及施展影響力，俄羅斯應該會提供協助，而北京愈來愈大的經濟實力將使其有辦法建造——以及控制——世界上更多的新聞管線。

　　除此之外，世界由民主轉向專制，而各大民主國家又專注於國內的挑戰，應該會讓北京更容易在屆時到2030年之前增強他們的訊息及影響力作戰——也更容易提倡高科技威權主義的中國模式。北京也會繼續向俄羅斯學習更加細膩的誤導訊息策略。（遺憾的是，民主國家在俄烏衝突中所顯示的團結，遮掩不了各國國內的重大問題，例如在美國、法國、南韓、英國等地。）而全世界多數新聞媒體所面臨的財務壓力，無論是在已開發或開發中國家——當然，除非有人為其提供重大財務支持，不管是由美國、歐洲，或其他方面的基金來支持自主媒體，又或者是他們有辦法另覓財源——讓北京有更多機會遊說編輯群及出版者，去使用新華社所提供的免費或優惠供稿。媒體的財務困境也為具有中共背景的企業或個人提供了絕佳機會，能夠買下無力償債的本土媒體企業，然後改變其報導方式。

買船出海與培訓課程

各國及各獨立研究人員應該把重心放在調查「買船出海」——事實上是哪些人持有本國的大型國內媒體，包括本土語言媒體及外文媒體——以及設計一些方法來防止中國買更多船。華語族群人數可觀的地方——澳洲、紐西蘭、歐洲、北美洲、東南亞——也應該分析中國將如何透過買船出海適應環境並擴大對本土華文媒體的控制，以及北京在世界各地主導本土華文媒體的訊息及報導方面有可能取得多大的進步。

如此密切調查的對象不能只限於華文媒體。這樣可能會被當成種族歧視，也可能會忽略掉重大訊息，因為各國應該想要知道各家大型媒體的老闆是哪些人，知道是否有具中國國家背景的公司、與中共關係深厚的個人投入愈來愈多資金到華文之外的媒體企業。

今天在大部分國家，如果決策者要知道哪些人持有國內媒體，只能依靠拼湊：有商業授權合約、有企業和監管機構的檔案、有學者和智庫的研究、有新聞媒體本身對媒體所有權的報導。然而北京就是靠這些買來的船主導許多國家的華文媒體市場，並且以之打入本土語言和英文的媒體市場。例如澳洲，國內主要華文媒體已由個人與中國國營企業合夥收購，以及華文媒體與中國國營媒體簽訂了供稿合約，這些事實是由澳洲媒體的調查報導所揭露。[25] 即使是像台灣這樣相當瞭解中國的地方，也往往是研究者（例如媒體專家何清漣）最會深究中國對本土媒體的持有權。[26]

各政府應該為了更加清楚現在是哪些人持有國內主要新聞媒體，投入更多資源研究國內百大新聞媒體的持股結構，按營業額排名，當然要包含華文媒體。執行時可以將研究外包給針對這些議題已經獨立運作的研究人員，以借重他們的知識，也可以確保政府不會被當成在窺探國內媒體企業。而美國（和各大民主國家）也可以在每間美國大使館裡面指派至少一位外交官專責處理中國的訊息及影響力運作，另外也應該更樂意與各大民主國家分享相關報告。

簡而言之，各政府應當把媒體新聞部門當成對於國安至關重要的領域，對相關企業仔細調查，如同對待航空及國防部門一樣。此種調查將使主管傳播的國家機關（若有法律許可）要求新聞媒體企業明白披露外資的股份。[27] 畢竟如前所述，在澳洲、香港、台灣、泰國、美國等地，中國的國營企業不一定會直接投資本土媒體，雖然有時候他們的確這麼做；他們往往是透過特定人士取得本土華文媒體的實質控制權，這些人具有中共背景，而進入了該媒體的董事會，或者屬於編務管理的高層。即使各政府最終沒有在媒體新聞領域對外資設下更多限制，這樣的研究至少也有助於提高透明度，讓大眾更加意識到實際上是哪些人在控制華文媒體及其他新聞媒體。大部分民主國家並不能阻止這些媒體對中國做正面報導以及撰寫支持北京的社論，就像他們不能阻止媒體發表批評或讚美任何國家的社論一樣。[28]但至少可以把哪些人實際持有新聞媒體的情況攤在陽光下。

如何提高透明度與相關意識？若是政府已經設有委員會評估投入國內的外資——例如美國海外投資審查委員會以及澳洲的外國投資審查委員會——應該責成委員會仔細調查媒體新聞領域的新進投資。[29]如果該委員會尚未對媒體新聞領域的外國持有權及外國投資訂定嚴格審查標準，將來應當納入這樣的標準。還沒有成立此種委員會的國家則應該成立——不只是為了媒體與訊息部門，也是為了對國安具有重要性的其他領域。俄烏戰爭使得許多國家認識到俄羅斯官方媒體與其他新聞操作的觸及範圍之廣，另外還有中國對台灣的行為，這些當然都有可能使得各國成立委員會來主管對於國安意義重大的相關部門。

除了美國、澳洲以及少數幾個國家，似乎已有更多民主國家瞭解到他們必須把媒體及訊息領域當成一個關鍵部門，對外資實施嚴格審查。不但如此，許多歐洲政治人物也談到歐盟及個別歐洲國家應當採取這種措施；2021年歐洲議員的團體提出一份報告，鼓勵歐盟「設置一套涵蓋全歐盟的管理體系，以防止各國出資或控制的媒體公司來併購歐洲媒體公司。」[30]

但在許多案例中，媒體及新聞企業已經是由外資持有，或者持有者是強烈支持中國政府的本土人士。這種情況在任何地方都沒有違法，但是它對於北京的相關報導可能形成問題。所以，只有靠公民社會——其他新聞媒體、媒體監督團體、個別政治人物、學者——來檢視本土報刊（無論是華文的或本土語言的）如何報導北京，以及其報導模式是否逐漸改變，以及改變的原因。決策者若要促進此種檢視，可以提供研究基金——透過大學或其他研究機構來提供——來調查本土媒體（包括華文媒體）如何報導中國的內政外交。各大民主國家可以支持其他國家的公民社會、監測本土媒體的研究機構，以及報導本土新聞（包括中國在當地發揮其影響力之下）的獨立媒體。

新媒體與不對稱的媒體反應

決策者應當也要支持把目標放在中國的「借船」與「買船」的新媒體——他們對中國新聞提供了自主報導，有時候還揭露中國在各國以何種做法控制了新聞媒體。民主國家，例如澳洲、新加坡、台灣、美國，可以透過廣播——其他國家可以收聽收看的獨立華語廣播節目——在北京的官媒以及受北京收購、收編的本土華語媒體以外，提供另一個選擇。

設置獨立的華語媒體，是以不對稱的方式對抗中國的「借船」、「買船」，這種方式不只能夠避免中國主宰華語媒體，更可以對北京主導華語媒體的情況提供具體而主動的額外選擇。除此之外，美國和其他國家還可以在中國影響力特別大的亞洲國家和其他地方設立基金，以支持調查報導及一般的獨立媒體，例如研究中國影響力運作的數位新創公司。[31]

就美國而言，有一個做法是讓美國國際開發總署設置支持獨立媒體的大型國際基金，將重點放在開發中國家的獨立媒體。[32]美國國際開發總署及其他捐款者也可以加強支持外國群眾，宣導他們對國內的媒體識讀能力，藉以幫助新聞讀者瞭解他們所接收的報導源於何處。[33]歐洲各國同樣也應該大力支持這樣的基金。不僅如此，就像某些歐洲政治人物所建議的那樣，歐盟應該成立「歐洲民主媒體基金」以支持世界各地的獨立記者，包括調查中國侵害人權狀況、其影響力活動及訊息活動的記者。[34]

如前所述，在台灣等地只有少數幾個這樣的獨立媒體，但已經顯示出他們的重要性，能夠針對中國提供基於事實的強硬報導，這點已經證明在2022年對台灣的發展至關重要。[35]若是美國、歐洲或其他民主大國提供可觀的基金給獨立媒體，即使這些新聞媒體並不特別針對中國進行檢視，也會降低媒體企業的財務負擔，從而讓他們可能不需要轉而利用新華社或其他源自中國的報導。[36]確實，諸如日本或澳洲等主要捐助國，更應當投入一項全球性的基金，以支持開發中國家的獨立媒體。

除了調查內容分享協議之外，還可以對中國的新聞運作培訓課程進行透徹的研究；培訓課程至今為止所發揮的功效還不太明顯。研究的內容可以包括：對於在中國受訓的外國記者人數予以量化，以及詳細列出培訓課程真正的授課內容。由民主政府支持、公民社會組織進行的這種透徹研究，將有助於決策者評估培訓課程是否真的驅使外國記者與編輯做出對中國更有利的報導，是否真的對外國國內的新聞自由產生作用。喬治亞州立大學的雷普尼科娃在《華盛頓郵報》刊載了對培訓課程的初步研究，由參與培訓課程學員的報告看來，中國的培訓課程對記者回國之後所產生的效果很小，但是，一旦中國重新對世界開放、再次啟動培訓課程之後，進一步的研究有其必要，因為也有報導顯示印尼記者上過培訓課程之後，改為採取更為親中的觀點。[37]

新華社

各國也應該加強瞭解新華社如何透過簽訂內容分享協議，在別的國家贏得讀者群。如前所述，新華社已經做得相當成功。比起其他中國大型官方媒體，新華社更能接觸到廣大的讀者群，外國的決策者應該要更詳細地認識新華社在全球擴張的相關資訊。

新華社的勢力在往後十年，幾乎可以肯定將會更為龐大。據我的推估，大型中國官方媒體裡面，最容易對外國產生作用的就是新華社；這家通訊社的影響力可能愈來愈大，因為其內容愈來愈能登上許多本土新聞媒體，其人員在增加，也與外國的高水準本土媒體簽訂更多內容分享協議。

開發中國家，尤其是在非洲、東南亞、部分東歐，最容易受到新華社影響，因為這些國家對於內容分享協議所設的限制極少，而且該地的編輯與出版者似乎很樂意與新華社簽訂內容分享協議。新華社對這些國家的新聞報導很可能成為一根重要支柱，因為愈來愈多的新聞媒體會在許多主題的報導上仰賴新華社——
而新華社在北京面前根本沒有自主性。這些國家的政府、本土媒
體機構、編輯和出版者需要以更加嚴格的審查標準去檢驗與新華
社所簽署的內容分享協議，必須得要三思，這些國家是否希望本
土新聞媒體日益仰賴新華社供稿。

因此各國應當嘗試阻止新華社對其他通訊社占到上風，阻止
他們取得正當性，被看成是有公信力的新聞來源，跟其他確實具
有編輯自主性的新聞通訊社一樣。各國應該盡其所能限制新華社
的擴張，限制其內容分享協議，限制其作為高水準新聞來源的正
當性。當然，決策者沒有辦法阻止新聞媒體接受新華社供稿，尤
其是在開發中國家，這些地方新聞媒體可以取用的來源較少，而
新華社的稿件可能是免費供應的。但是決策者可以嘗試讓新華社
喪失正當性——去提醒全世界的人，新華社並不是具有自主性的
新聞來源。其他國家的官員及外交官應該強調新華社具有國家背
景，而且還身兼中共的情報機構。

中國問題的專家和新聞自由的專家也應該投入這場戰役。媒
體監督團體，不管是在德國、在泰國、在美國，都應該強調新華
社的背景，揭露有哪些新聞媒體與新華社簽訂了內容分享協議。
他們更該進一步對這類新聞媒體施加壓力，促使其放棄協議，並
且呼籲編輯群不要聘用曾經任職於新華社的記者。

強調新華社具有國家背景，有助於防止該社聘雇高水準的本
土記者，或許也會使編輯群不願採用該社供稿。自由之家的庫克
曾經分析中共在國際媒體間愈來愈強的存在感，她寫道，當中國

官方媒體的背景被揭露出來,「許多國家的專業記者及知情的讀者」並不會受這樣的媒體所吸引。[38]她提到:「在祕魯,新華社向該國媒體(主要是民營)推銷其服務而遭到拒絕,據報導,這是因為祕魯人覺得由外國國營的新聞通訊社供稿並不恰當,即使是免費也一樣。」[39]與此相似的情況,較為自由的一些東南亞國家,例如印尼,其新聞媒體不願意刊載新華社的報導,是由於編輯群並不信任新華社的背景。另一方面,在業界居於領導地位的獨立通訊社,例如美聯社,應該拒絕與新華社合作,除非報導的主題至關緊要。

新聞管線與治理

中國透過控制新聞管線以及影響國際網路會議,控制新聞的流通以及對於中國的敘事,在某些國家已經取得一定成功。因為北京有可能在世界上架設更多的新聞管線,他們使用此種管線打造論述的權力將會增加,決策者要做好準備,以便對抗中國控制新聞管線的局面。

各國應該採取幾項步驟,以降低新聞管線受到中國控制的程度,這包括了無線網路、衛星電視網、社群媒體、網際網路組織。平心而論,許多政府在應對中國控制管線方面所採取的步驟,已經多於用在應對中國新聞操作的其他面向。美國,以及一些對於華為在全球影響力擴張有所疑慮的國家,投入相當多情報資源及司法資源去研究這家公司。[40]聯邦調查局(FBI)以及其他執法機構把中國當成「傾國而出」(whole-of-state)的威脅(按照FBI局長瑞伊的說法），這裡面也包括了中國可能控制新聞管線；即使FBI的中國行動計畫已經完結，仍然會密切注意中國。[41]此外，許多政府也開始仔細觀測中國輸出監控用科技的情況。美國已經通過法案，限制向華為等中國公司購買科技，又進一步限制美國科技及設備公司向各家與華為往來的公司所做的銷售，並且責令聯邦機構的採購對象，必須排除任何採用華為等幾家中國公司設備的企業。[42]國會該項立法也能支持美國公司不再依賴任何中國科技，因為政府將對半導體的研發和生產提供大量援助，也要援助其他中國正在取得優勢的各項新科技研究。

美國政府也引領一項活動，要說服許多盟友在5G網路中禁用華為元件。本書寫作之時，上述活動在全球的收效不一，但是在歐洲、在亞洲的部分地區、在世界上許多民主國家產生了顯著的作用，如此一來嚴重限縮了華為在許多重要市場的商業空間。英國已經禁止了為了5G網路而採購更多的華為設備。[43]歐盟對華為提高審查標準，有幾個歐洲國家已經在網路中禁用華為、或正在考慮5G網路中禁用華為。（華為在非洲及一些開發中地區還是比較順利地繼續贏得合約，雖然2021、2022年間他們在東南亞的幾個關鍵國家也失去了合約。）這些措施雖然嚴厲，卻是合理，因為讓華為建造電信網路的話，安全上將有龐大的潛在問題。不僅如此，有一份分析還提到近年來在歐洲新的5G合約，華為的競標大部分都輸給愛立信──並且在全球的電信設備市場和智慧型手機市場，他們都流失了相當多。[44]華為旗下的晶片設計公司也陷入苦戰，因為在美國設下出口限制後，他們不再能夠買進某些台積電生產的晶片，而最先進半導體的生產設備是由某家荷蘭公司製造，美國也敦促該公司不要將設備賣給中國。[45]華為可能是察覺到這些困難，因此將平價手機品牌〔榮耀〕賣給另一家中國公司，嘗試提高其國內晶片生產能力，而在歐洲則將重心轉往其他開發中的領域。[46]雖然如此，華為在網路設備方面獲得的合約減少，仍然顯示出提高審查標準已經發揮顯著作用。

同時，川普主政的白宮展開行動，要在美國國內消除微信和TikTok的勢力。雖然拜登政府撤回了涉及TikTok和微信的行政命令（原本因案件起訴而暫停實施），不過，根據科技新聞網站The Verge，白宮發出一道命令，要求商務部進行廣泛的調查，對象是「具有敵國背景而可能對美國的資料隱私權或國家安全形成風險的應用程式」。一位美國官員對The Verge表示，如此的調查顯然一部分會針對中國，他說：「我們透過這份行政命令所要處理的挑戰是，某些國家，包括中國，並不抱持這種承諾和價值，相反地，他們利用了數位科技和美國的資料，而利用的方法造成了不可接受的國安風險。」[47]

因此，微信和TikTok仍然可能被禁，或者TikTok可能被強制轉手，脫離中國的母公司字節跳動；拜登政府似乎愈來愈不相信TikTok真的沒有受到中國政府影響。川普政府也發起「淨網計畫」，以防止美國的電信網路動用到任何中國的科技。[48]川普主政的白宮對其行為所提供的理由是，TikTok和微信可以收集美國人的個人資料，然後交給中國政府。川普政府也提到一項疑慮，即是這些應用程式可能遭人利用，在美國國內散布誤導資訊。如前所述，其他民主國家有的也擔心中國社群媒體造成的影響，例如印度，他們禁掉了TikTok和微信。[49]

即使有這樣的壓力，在提供5G技術方面也對華為設下了嚴重的阻礙，很多時候民主大國還是難以說服開發中國家、甚至說服某些已開發國家，讓他們採取強硬措施，對抗中國對新聞管線的控制權——但並不是因為我們對北京的行為所知太少，雖然，我們確實還有進一步瞭解的空間。對開發中國家之所以有這種困難，具體而言是因為中國提供的科技——5G、監控、以及其他領域——便宜又有用，另外也是因為像美國這樣的國家，在與中國無關之處浪費了他們的外交資源。如今華為已在超過170個國家營運，根據報導，他們在研發方面的投資比全球任何其他公司都更多。[50]儘管華盛頓、倫敦及其他首都對其施壓，華為仍然持續簽訂建構各國5G設備的新合約，儘管在世界上規模較大的市場裡他們已經被削弱了。[51]

不過，決策者不應該停止檢驗、監管中國的衛星電視網、無線網路、社群媒體，尤其是因為中國在往後十年對新聞管線的控制將愈來愈有力；另外也應該提出產業政策，以協助產生出5G及其他領域所需的高科技。美國決策者應該持續嘗試限縮華為擴張5G網路的能力，例如切斷全球晶片生產商對華為的供應，禁止其他中國科技產品在美國軍隊中的應用，向外國軍隊施壓，要求不得使用中國的監控器材、在軍事通訊設備中不得安裝中國的社群媒體應用程式。

決策者也應該注意中國（往往協同俄羅斯）如何利用國際的

網路會議和聯合國來提倡其概念，即是封閉的、受到過濾的網路。幾乎可以肯定，未來十年間中國和俄羅斯在這些論壇上的合作將會增長，因為這兩個專制大國在俄烏戰爭爆發之後對於網路的處理手法漸趨一致，在散播誤導資訊上也愈來愈密切合作；我們已經看到，中國積極地轉發俄羅斯對烏克蘭的假新聞。[52] 美國國家民主基金會有一份報告研究了中國和俄羅斯對網路的處理手法，其中談到這兩國在聯合國及相關組織中密集合作，提倡他們對封閉網路的規範也提倡網路主權，兩國很可能在這方面的合作會繼續增加。[53]

民主國家若要回應，則必須提高他們對主要網路論壇的參與程度，在聯合國的其他論壇也是一樣。民主國家過去經常忽略國際電信聯盟等組織，坐視中俄這樣的專制國家利用這些組織提倡他們對於封閉主權網路的觀念。華盛頓往往沒有對開發中國家提供一幅清楚的願景，描繪未來網路治理的情境，而國際電信聯盟的一大部分成員都是開發中國家。各大民主國家若要在國際電信聯盟及其他論壇與之競爭，就必須通力合作，仔細注意這些組織所做的決定，並且設定共同目標，例如確保提倡主權網路的決議案不會通過。這些國家也應該在外交政策上、在權利倡議的方面，把維護自由開放的網路當成一項主要目標。

另一方面，民主大國可以在國內樹立自由開放網路的模範，對抗誤導資訊的同時也保持自由的論述。如此一來，就可以讓世界各國看到（他們可能受中國或俄羅斯所惑），為什麼自由開放的網路對於商業和文化是最好的。自由開放的網路有助於催生創新，讓不同國家的企業得以連結，對於商業環境也能提高總體的可預測性。[54]

因此，對於提倡網路自由，民主國家應該要停止破壞自己的努力。有幾種做法，可說是民主國家自己破壞了提倡網路自由的努力。老牌民主國家的領導人，例如法國總統馬克宏，曾經呼籲以控制網路來對抗極端主義──馬克宏透過一個全球性網路論壇提出主張，而他似乎在呼籲在網路上實施更多監管。[55]孟加拉、印度、印尼、新加坡，以及一些開發中的民主國家曾經封閉國內一部分網路，或者對網上內容施加新的限制──當民主國家對抗新冠病毒大流行之時，這些限制只有愈來愈嚴格。因為民主國家自己也對網路自由愈來愈懷疑，所以就妨礙到他們鼓吹全球開放自由網路的能力；他們應該反其道而行，彼此合作，以支持自由開放的全球性網路。

在美國也一樣，華盛頓破壞了自身推廣全球網路自由的努力，因為在其掌控之下，國內的網路自由日漸降低。按照自由之家的說法，美國的網路自由在2016到2019這三年連續降低。[56]報告提到，降低的原因在於執法機構在網路上對社會大眾加強監控，以及美國的社群媒體上散播愈來愈多虛假訊息，來源不只是外國，也包括了本國的散播者。[57]我們要再說一次，民主國家如此自傷，使得中國（和俄羅斯）更好宣揚封閉網路的模式，更容易透過網際網路和社群媒體施展銳實力。

誤導訊息

各國應該作好準備，北京在未來十年將會更徹底採用俄式誤導訊息戰術——在疫情、烏克蘭戰事以及台灣危機期間，中國已經試演了這種戰術——總體來說，他們使用的誤導訊息會運用得比較不那麼笨拙、更有機靈動、更熟門熟路。此時此刻，對於中國誤導訊息的情報分享仍屬零散，特別是那些受到這種戰術影響最深的亞洲國家很少分享（新加坡和台灣是值得注意的例外）。大多數國家極少分析微信和TikTok上面的誤導訊息。美國和其他國家也只是剛剛開始研究中國和俄羅斯的誤導訊息如何相互為用彼此配合，雖然自從烏克蘭衝突爆發以來，這類分析已有增加。

美國可以帶頭鼓勵，就中國散播的誤導訊息彼此分享情報，然而在實務上，就有賴各國傾力（但可以低調地）合作，包括澳洲、印度、印尼、日本、馬來西亞、新加坡、南韓、台灣，以及其他國家。這些國家暴露在中國誤導訊息之下的程度和美國一樣，甚至猶有過之。有幾個國家（包括新加坡、台灣）已經對於中國的假新聞運作累積了許多情蒐方式，所以他們提供的資訊將是關鍵，因為他們對於中國這些運作已經有大量瞭解，可以分享給盟友。[58]

各國也應該積極對抗中國愈來愈廣泛散播誤導訊息的情況。面對北京愈來愈常利用具有攻擊性質的誤導訊息，各政府應該向社群媒體施加壓力，要求他們調查背後有國家支持的誤導訊息來源究竟如何運作，並且將這些誤導訊息的相關資料公開發表出來。臉書、推特以及各大社群媒體已經增加研究誤導訊息的人員編制，也封鎖了某些國家的散播者（例如俄羅斯），但是這樣還遠不足以擊退國家支持的代理人傳播誤導訊息，尤其是源自中國的活動。政府無法強迫私人公司聘用員工，但如果各大社群媒體不對有國家在支持的誤導訊息進行更透徹的研究，不把相關活動報告公布出來，不積極禁止這樣的活動，那麼政府可以透過公聽會以及立法手段，讓社群媒體蒙羞慚愧而採取這些行動。[59] 雖然社群媒體資本額龐大、觸及人口眾多、遊說活動積極，但他們顯然擔心政府會加強管制，所以他們有可能對公聽會做出回應。

推特和臉書都已經採取了一些重要步驟來自律。推特已經禁止國營媒體付費推廣貼文以及利用該平台的其他廣告，而推特和臉書都針對俄羅斯官方媒體採取了引人注目的行動。[60] 推特也禁止該網站上全世界的政治廣告，他們特別提到的原因是有些媒體受到操縱，以及虛假訊息廣為流傳；另外，推特嘗試要把政治人物所貼出的錯誤訊息或有爭議的訊息加以標記。[61] 自從 2020 年八月開始，推特在國營媒體的帳號和推文上加註「政府關聯媒體」。[62] 臉書也禁止了國營媒體在美國境內投放廣告。[63] 臉書也宣布即將把國家控制的新聞媒體所發表的內容註記為「國營媒體」，以便讓這些媒體的貼文來源更加透明。[64] 不過臉書還是應該和媒體專家密切合作，以確保受到限制的是真正由國家控制、編採作業受到外國政府控制的媒體，例如 CGTN，而排除接受國家資金但享有編採自主權的媒體，例如美國之音、法新社。

臉書似乎仍然會容許國營新聞媒體（俄羅斯媒體除外）在平台上買廣告，對美國境外的大眾推廣其內容。這樣的區分──

禁止投放到美國境內、卻容許投放到境外——實在沒什麼道理，而且如此一來，國營媒體就很容易在發展中的民主國家推廣其內容，而在這些地方，CGTN和新華社等媒體所獲得的觀眾、讀者，其實比美國境內來得多。

民主國家也應該支持種種研究，來提升公民的數位識讀能力，讓他們更能夠發覺誤導訊息。例如，芬蘭和台灣已經發展出提升公民數位識讀能力的示範性計畫。芬蘭早在2014年即投入這項工作，當時只有很少國家在關心線上誤導訊息的問題。[65]已有研究顯示，芬蘭所做的努力顯著提高了公民辨識誤導訊息的能力。[66]其他民主國家應該效法芬蘭和台灣的數位識讀能力計畫：各教育部應該設計數位公民課程，以供學校、大專、社會大眾使用。在台灣，政府派出卡車進到鄉間，讓官員可以接觸到民眾，進行辨識誤導訊息的講座。[67]各大民主國家也應該支持促進提高數位識讀能力的公民社會組織，尤其是在亞洲。各國應該學習台灣政府對抗誤導訊息的方式，他們有效地按照新聞媒體發布的節奏公布正確訊息，如此一來，就像美國外交官黃博倫所說，可以「確保澄清的訊息比誤導訊息散播得更快、更遠——這樣，事實就能搶在謠言之前佔領訊息空間。」[68]

除美國及印度之外的各國政府應該警告位於中國的社群媒體（例如TikTok），如果他們要繼續在該國接觸消費者，就必須積極增加人員來處理由國家支持的新聞報導，並且公布其對國家支持散播的誤導訊息所進行的內部調查。這些應用程式當然有可能強化北京在全球的誤導訊息運作，因為可以提供媒介讓中國穿刺其他社會，蒐集其他國家人民的資料，以及散布誤導訊息。
TikTok比起微信更要依賴全球市場，他們至少在表面上願意就
虛假訊息進行對話，也願意轉換成全球性的媒體公司，讓其他國
家的立法者對其實施真正的檢驗。例如，TikTok在2020年七月
簽署了《歐盟對誤導訊息的行為守則》，保證要採取更多行動以
打擊該平台上的誤導訊息。[69]

　　許多國家的決策者同樣可以嘗試對微信施壓。但是目前沒有
什麼證據能夠顯示該公司將會有所回應，因為其商業模式仍然十
分倚賴他們在中國境內的營運。

　　如此說來，其他國家是否應該追隨美國的腳步，禁用 Tik-
Tok、微信等中國應用程式呢？與此同時並沒有一個更廣泛的計
畫來保障美國境內的數位隱私權，對於社群媒體公司及平台也沒
有更廣泛的監督。當然，民主國家對於 TikTok、微信以及其他
中國社群媒體應該保有最嚴格的檢視；這些平台顯然可以用來散
播誤導訊息、執行審查、竊取資料。例如蒐集了大量使用者資料
的 TikTok宣稱他們沒有把任何使用者的資料交給北京，但美國
政府正在調查該公司是否已將一部分資料偷回中國。[70]（字節跳
動旗下的另一個程式「抖音」基本上就是TikTok的中國版，而抖
音顯然對使用者進行審查和監測。[71]）

　　但也有一些好理由讓我們不要全面禁止中國的應用程或。
首先，像微信這一類工具對於中國境外的人要與境內親朋好友聯
絡，是不可或缺的，而禁用微信可能會斬斷人與人交往的這一條
重要線路。另外，這樣的禁令是否有可能執行仍然不明，除非民

主國家一個個都像中國一樣築起防火長城，而對網路自由的概念來說，如此前景實屬可憎；但不這麼做的話，民主國家的人們很可能仍然會透過遠端伺服器等工具使用這些應用程式。[72]

有兩個更重要的理由，促使我們不要倉促禁用這些應用程式。封鎖 TikTok、微信、以及其他一些程式的行為，可能加速全球分裂為網路開放國家和網路封閉國家，而且可能讓民主國家顯得是去加深了這樣的分野。當然，中國企圖輸出封閉而受監測的網路模式、在國內封鎖許多應用程式，他們對於促成這樣的分裂，責任最大。但若是民主國家實施嚴苛的禁令，將把整個世界推往「數位柏林圍牆」的景況，這樣的未來將打擊到全球網路自由的願景。[73]

最重要的，正如維吉尼亞大學的孔安怡指出，即使各國禁用 TikTok 和微信，中國公司還是有各式各樣方法能夠從美國或其他國家竊取資料。任何一間在中國營運的公司——不管是中國企業，例如電子商務巨擘阿里巴巴，或者像 Zoom 這樣的外國企業——都可以按照中國法律被強制蒐集全世界使用者的資料，[74]更不用說位於民主國家的應用程式，例如 Facebook 旗下的程式，一樣大量蒐集使用者資料，雖然他們會主張他們只把這些資料用於投放針對性的廣告和提供客製化服務，而不會把資料交給專制政府。[75]設於民主國家的平台，例如 Facebook，一樣充斥著來自民主國家居民的誤導訊息——某方面而言，Facebook、Twitter以及其他美國平台如今最大的問題其實就是來自國內的誤導訊息。

數位隱私權的保護

因此，對於中國應用程式和社群媒體在全球散播的情況，最好的回應是由各國發展出完整的制度來保護消費者的資料。可以說，這是針對中國所作所為的一種不對稱反應。點名中國的誤導訊息、對社群媒體公司施加壓力以遏制誤導訊息，這只是針對誤導訊息這種威脅的反擊，相較之下，由各民主國家來發展完整的隱私權制度，則會共同創造出一套體系，既能使線上資料的透明度提高許多，也能提供更嚴格的保障來防範各種誤導訊息。這樣的策略有一部分在歐盟已經實施，其中包含一套完整的計畫來保障使用者資料，而無需針對特定國家的公司，其規範將強制所有公司，包括中國公司，公開他們如何運用所取得的使用者資料。於是，如果某公司將使用者的資料偷到中國（或是可以將該資料作為武器運用的其他專制國家），民主國家就可以封鎖該公司。

傳統影響力與不對稱反應

各國也應該密切注意北京如何發揮傳統影響力，領域包括教育界、政界、華人組織。他們這類運作已經取得一些成功，在往後十年作用很可能更大。澳洲在2018年針對外國影響力運作通過的新法案是一個模範，可以在政治領域中提高對外國影響的警覺心，並且與之抗衡。[76] 按照通過的一系列新法案，澳洲禁止了外國人的政治獻金，啟用類似美國《外國代理人登記法》的系統，並且將任何人在知情狀況下「為外國委託人」干預或企圖影響「澳洲政治」列為非法。[77] 該條法案刻意從寬制定，其中除了增列危害國家安全的事項，也將「為外國政府進行任何企圖影響澳洲政治程序的祕密活動」列為犯罪，判處的刑期最高可達二十年。[78]

　　雖然該項立法受到一些批評，包括有論者認為規範過於廣泛，可能侵害到正當的政治言論，但是這條法律可以起到典範作用，讓其他民主國家開始處理外國影響及干預的問題，尤其是西歐和中歐國家在理解、處理外國影響力活動這一方面，進度遠遠趕不上澳洲。不僅如此，富裕民主國家的政界領袖和公民社會領袖應當彼此合作，既要進行非正式的合作，也要在 G7 等正式會議上合作，以訂立類似的完整法案，用來防止本國政治體系受到外國影響。民主國家這樣合作，訂立類似的標準，就會顯示出他們的抵抗力，也可以讓中國不容易軟土深掘，針對防禦機制較弱的國家下手。[79]

　　各國也應該要求司法單位設置因應團隊，專門針對統一戰線工作部（統戰部）的行動，提高相關活動的透明度，並且促進大眾的認知——特別是常常被當作目標的華人社區，以及大專院校以及研究機構這些目標。在美國、澳洲及許多歐洲國家，多年以來學術機構都樂意設置孔子學院、樂意與中國的類似機構訂立合作關係，而沒有確實深究合作對象的治理方式，或者該項合作關係或孔子學院將如何運作。換言之，他們的調查進行得並不夠盡職。[80] 學術機構的調查已經開始加嚴，但還有進步的空間，而司法機關的因應團隊一定要與這些統戰部的對象機構緊密聯繫。司法因應團隊認真調查之後，就應該把統戰部活動的相關資料交給州級與地方級的執法單位；統戰部往往在地方層級以及州（或省）的層級進行工作。戴雅門及夏偉針對如何回應中國的影響力運作寫了一篇傑出報告，如其所述，司法因應團隊應當與華人社區以及大專院校密切合作，確保他們的工作不會被看成針對華人（包括中國籍學生）的獵巫，確保這些國家華裔公民的權利受到完整保障。[81]但是美國和其他各國也應該對統戰部予以反擊，動用情報與外交資源追蹤統戰部在全世界對各機構提供資金的情況，並且著手催促私人機構停止向統戰部相關團體收受資金。

更廣泛地說，民主國家必須投入更多資源到情報機構、執法機構、外交機構、研究機構，供其探索統戰部活動，讓這些組織可以辨識出統戰部活動的早期跡象，包括針對大學校園、決策當局，以及其他團體。民主國家同樣應該考慮對中國國內的統戰部高層領導人實施制裁，雖然，在對抗統戰部的種種措施中，這不會是第一個步驟。[82]

各國也應該十分仔細地審查源自國外而投入教育機構的資金，把資金的透明度當成最重要的事。各政府與公民社會領袖也應該要求大專院校完整揭露孔子學院協議的相關事項，以及其他超過美金五萬元（或等值貨幣）的外國資金；目前需要提出報告的是二十五萬美元以上的捐款。政治領袖和公民社會領袖同樣應該向出版社施壓，特別是學術出版社，要求他們揭露這樣的外國資金。中國對出版業施加愈來愈多壓力，令其在北京認為敏感的主題上自我審查，根據美國筆會的說法，已經有好幾家學術出版社服軟低頭。[83]

　　各政府不應該針對特定外資來源予以封鎖，也不應該強制關閉孔子學院、孔子教室。畢竟，哈佛大學的格林萊里所進行的研究顯示出，開設給中小學生的「孔子教室」並沒有太影響到來上課的美國學生，對孔子學院的觀點大概也是如此；研究發現「美國學生——即使是高中的低年級學生——有其判斷力，他們可以處理〔孔子教室〕學習環境中相互矛盾的訊號。」[84] 但是各政府可以立法來確保校園中的孔子學院遵守國內法律，完全由設院的機構來管理，並且公開他們在北京的治理方式，以及他們是否如同澳洲戰略政策研究所及其他方面所說的那樣，具有統戰部背景。[85] 如果孔子學院無法相當透明地公開其協議，無法接受教職員的完整監管，則應該予以關閉。很可能在各大民主國家，孔子學院沒有辦法這麼透明地運作，無法接受設院機構這種程度的管理，因此大部分會被關閉。

　　其他國家也可以仿傚美國國會的作法，議員在所屬選區積極檢視孔子學院，而國會向孔子學院加強壓力，要求他們在設院機構的管理之下運作，完全遵守當地法規，證明他們與統戰部無關，也沒有任何傷害學術自由的行為。[86] 更進一步來說，各國應該考慮採用美國的策略，將國內的孔子學院總部登記為外國代表機構，以強制他們提高其活動的透明度。[87] 確實已經有其他民主國家開始執行上述步驟，這是許多孔子學院關閉的原因之一，但是亞洲、歐洲、拉丁美洲和世界上其他地方的更多民主國家都應該採取這樣的行動。

避免過度浮泛的反應

打擊中國已經產生效果的操弄，是非常重要的。但是目前中國在控制訊息及發揮影響力方面都還有許多失敗之處，此時外國需要瞭解北京的失敗處和成功處，不要過度渲染中國的成效，要強調北京許許多多的策略是何等失算。

如同剛剛所討論的，各國應該密切注意新華社這一類已經發揮效果的工具。但是不應該對於中國控制訊息及發揮的影響力發出過度浮泛的反應——尤其是對他們目前並未產生效果的操弄。過度浮泛的反應其實會削弱民主國家自身的力量所在——開放性、自由的新聞環境、透明度，以及在許多方面而言多元文化的社會，華人在這其中也是具有平等地位的公民。

例如美國政府在 2020 年決定驅逐中國官方媒體的許多員工，調低可以在美國境內為官媒工作的中國籍人士總數，然後大幅限縮發放工作簽證給在美國境內從業的中國籍記者，即使他們並非為北京官媒工作也會遭到相同待遇。[88] 採取這些行動之前，已經下令中國官方媒體登記為外國代理人——這是合理的決定——並登記為外國代表機構。如前文所述，雖然中國官媒有時候確實會變成情蒐據點，但新華社之外的官媒其實並沒有在許多國家贏得大量觀眾、聽眾，而他們在美國的影響力還是相對有限。又例如聯邦調查局「中國行動計畫」的失敗，該計畫往往顯得像是針對美國華人或者永久居民，而所謂的案件並非間諜活動，甚至只不過是正常的科學研究。

華盛頓的決定基本上等於強制中國官方媒體裁員，這可能在許多國家眼中看來，是華盛頓在打壓新聞媒體，與限制程度數一數二的中國政府你來我往地封鎖媒體；而決定限縮發放給中國籍記者的工作簽證（即使他們並非為北京官媒工作），只可能讓各國更覺得美國的行為涉及種族因素。而且這項決定也是漏洞百出，因為中國官方媒體當然有可能把中國籍人士換成美國居民或公民，只要這些人的觀點是支持北京，或者受到官媒聘雇之用願意把觀點變成支持北京，那樣就行了。而「中國行動計畫」的失敗使得美國在某些人眼中看來有種族歧視，為中國外交官和官媒提供了一個明顯的話題。

華盛頓對待官方媒體的作法，也讓北京有機會還以顏色。中國很快驅逐了《紐約時報》、《華盛頓郵報》、《華爾街日報》的記者，還有另外一些他們已經看不順眼很久的媒體記者，並要求上述媒體（以及 CNN 和美國之音）開除中國籍人士。[89]接著，北京按住大部分中國境內美國記者的工作簽證，不予核准。[90]中國驅逐記者，以及其他的行動，使得全球新聞讀者及世界上的領袖失去重要的新聞媒介，在一場源於中國的瘟疫期間，無法讀到北京對 COVID-19 有何反應的相關報導。[91]即使是嚴厲批判北京的記者——甚至是本身因為報導敏感話題而被禁入中國的記者——都有人說美國的決定是錯誤的。李香梅是《BuzzFeed 新聞》的通訊記者，她報導了新疆的暴行，在 2018 年基本上被趕出中國，她對《紐約時報》表示：「既然由於新冠病毒的緣故，此時此刻報導中國的可靠訊息十分重要，美國竟做出這樣的決定，從時機上而言可謂相當糟糕。」[92]

　　身兼記者和作家的潘文提出或許有道理的意見，美國應該對
境內中國官方媒體的雇員人數設定明確上限，並請北京同意為中
國境內的美國境者人數訂立差不多的上限。那樣一來，美國就會
讓北京可以派遣任何一個他們想派遣的人為官方媒體工作，也同
意讓美國媒體企業派遣他們所選擇的任何記者到中國。[93]（拜登
政府和中國協商，希望某些外國記者可以回到中國，但是中國國
內的專制氣氛日益高漲，已經使得外國記者放棄原本基地，轉而
立足於台灣和新加坡去報導中國。）

強調中國的失敗

　　各大民主國家若要撼動中國操弄的資訊及影響力運作，也應
該採取堅定的步驟，在全世界面前揭露中國媒體的失敗，北京在
政治上、外交上、經濟上的弱點。

　　不僅如此，各大民主國家要是凸顯中國何處失敗，並以之對
照民主國家持續提供重要的全球性領導力、以及國內的公共財，
如此一來就能在正式外交與公共外交上挫傷中國，多方面呈現其
弱點。首先，雖然的確有些國家從某些角度歡迎中國的高科技威
權主義，但大部分國家還是十分抗拒中國模式的許多元素。當一
帶一路的各項計畫受到嚴格檢視——例如使得小小的寮國債臺高
築而引發財政危機，以及害斯里蘭卡債負過重以致政府垮台——
當中國外交官與官方媒體對其他國家公開採取兇狠姿態，當中國
最初隱瞞COVID-19的作法引發外國社會大眾不滿，全球輿論對
中國的評價就下跌了，前文已經仔細探討過。[94]

　　中國模式的另一項基礎是北京要維持相對而言的經濟高成長率——數十年來他們都維持住了，直到2020。COVID-19疫情在2020年重創中國經濟，該經濟體在第一季收縮，這是數十年來頭一遭。[95] 雖然中國比大部分國家更快復元，但現在他們已經面對明確而長期的經濟停滯，這是清零政策造成的。如果中國的成長停滯或倒退，將嚴重打擊他們的發展模式，以及他們在海外推廣此一模式的能力。[96] 中國在疫情期間似乎朝內收斂，因為他們是唯一還在採取清零作法的國家，讓外國人幾乎不可能入境，同時嚴格限制出國旅遊，這樣的事實也可能會使中國更難向外推銷其發展模式。

　　就算是在COVID-19爆發以前，中國經濟就已經在與重大的結構性問題纏鬥，這些問題很可能牽累經濟成長好幾年，也會讓北京難以在海外鼓吹中國模式。民主大國應該運用公共外交和正式外交來凸顯中國愈來愈「向內看」的政治作風，中國長期的經濟、政治問題，以及中共內部隨處可見的貪汙。如前文所述，抑制中國經濟成長的結構性因素包括：習近平政府把國營企業置於民營企業之前，而民營企業才是中國成長真正的發動機；相對於國內生產毛額，中國揹負的債務十分龐大；人口老化及減少；隨著薪資提高，中國經濟體的各部分生產力都降低；政府及大企業之間貪瀆橫行；打壓創新企業；愈來愈與世隔絕；不平等的情況持續高漲；供應鏈的長期問題；隨著北京與華盛頓的貿易緊張加劇，某些跨國公司與中國脫鉤。[97]

　　北京既然不再強調高成長率乃是其正當性來源，那麼他們將會持續催動民族主義，就像我們看到在台灣危機期間北京具有強烈民族主義的宣傳，另外也會擴展對於習近平的個人崇拜，以使民心統一。這些決定可能使中國模式對其他國家民眾的吸引力進一步降低，民主國家應該把握每一次機會來凸顯中國欺人太甚的民族主義戰狼外交；中共對私人企業的嚴密控制；侵害人權；在俄烏戰爭中支持俄羅斯；威脅小國；在商界和政界缺乏性別平等。[98]不僅如此，憤怒又仇外的民族主義（北京為之煽風點火）使中國難以推銷其模式，也難以表現得像個全球的領導者。

習近平以極度的專制主義牢握權力，動搖了中國內部的集體決策模式，從公衛到經濟領域都排擠專家，這可能進一步危害北京長期的繁榮昌盛。對習近平的個人崇拜妨礙了中國政府的理性決策，使得各層級的決策者形同癱瘓難以動彈，無法進行理性分析，因為太多的決策權都壟斷在最高領導手中。[99]他也使得未來任何可能的接班規畫變得更複雜，而由江澤民到胡錦濤時期，北京卻能平穩過渡；習近平使得他的死亡或暴病對中國形成潛在危機——這樣的危機可能在某些方面會類似於毛澤東死後的年代。[100]

除此之外，當習近平對經濟政策施展更多控制力，他就冒著忽視專家意見的風險，如此一來將進一步打擊中國的成長率，而成長率乃是其發展模式的關鍵，這一點顯而易見，其他學者也都提到了。而且他用更大的力道把中共插入私人企業之中，如此可能會扼殺中國國內的創新能力，傷害到提供大多數新工作機會的私部門，驅使有創造力的中國企業家離開。[101]中共以及許多中國的大公司、大機構還一直嚴重歧視少數民族及女性，結果，中共高層性別不平等的情況泛濫，原本可以提振經濟的人才遭到浪費，也使得中國國內的女權運動日趨激憤。[102]

中國的對手如美國、日本，應該動用各種外交工具來凸顯中國外交的粗野及其他方面的缺失，強調中國官媒往往是宣傳工具，難以吸引真正的讀者。決策者應當透過像本書所蒐集的這些資料，公諸於世，指出目前只有極少人在收看或信任CGTN、CRI等諸多中國官媒的內容，決策者也應該把握所有機會來凸顯、宣傳北京憤怒的戰狼外交每一次發作。

美國和盟友應該要支持澳洲、台灣、立陶宛這一類國家，他們面臨到經濟的逼迫、外交的欺壓——更不用說直接軍事衝突的威脅了。美國官員及其他民主國家的領袖應該在言辭上譴責這樣的行為，透過高峰會及其他會議以及社群媒體，強調中國愈來愈在經濟上及外交上欺壓各國。美國及其夥伴也應該採取行動，對於中國以各種方式限制產品進口的國家，例如台灣、澳洲，開放其市場。至於面對中國壓迫、而本身並不富裕的國家，美國及盟友應做好準備，對其提供特定用途的補助金及貸款，就像歐盟之前提供給立陶宛的類似安排。[103]

除此之外，對於民主國家在支撐全球治理、提供全球公共財方面勝過中國的那些領域，上述國家應該予以強調，說明中國的全球領導力與民主國家持續領導的能力之間，有哪些差距。舉例而言，美國和歐洲國家不應該嘗試直接挑戰中國補助基礎建設的能力——因為一帶一路規模之大，這樣的挑戰註定失敗——而是學習日本應對一帶一路的方法。日本可能是在已開發民主國家裡面對於在戰略上與中國抗衡最有經驗的一員，他們正在挑戰中國基礎建設方面的推進，但不是與一帶一路拼總量。相反地，日本致力於支持東南亞的脫碳以及其他綠色基礎建設，投入數十億美元提倡潔淨能源，而中國持續在該區域補助汙染的火力發電計畫，對此許多在地公民與公民社會團體並不樂見。[104] 要是日本的投入受到東南亞國家歡迎，他們很可能會把這一項重點推展到世界各地。日本在脫碳方面的作為不只凸顯其科技先進、向各國展現出日本嚴肅看待氣候變遷的重大議題，同時也對中國持續支持不受歡迎、汙染環境的火力發電一事引發了大量討論。其他民主國家應該與日本一起支持這方面的基礎建設，而且，拜登政府似乎已經有其條件，至少可以讓這樣的基礎建設成為他們和開發中國家彼此關係中的重點。[105]

　　各大民主國家也應該指出中國的疫苗沒有對 COVID-19 提供足夠免疫力，並且對全球性的計畫慷慨捐獻，以免費或便宜的價格對全世界的貧窮國家提供他們亟需的疫苗。[106] 已開發國家已經往這方面進行，七大工業國保證要向貧窮國家捐出十億劑 COVID-19 疫苗；其中約有半數疫苗將由美國提供。[107] 但是早在 G7 做出這樣的保證之前，就應該捐贈疫苗了。[108] 美國及其他民主國家可以用此次全球性的疫苗工作為基礎，深入投注在影響貧窮國家的全球公衛議題，在這個領域許多民主國家也可以贏過中國。另外，民主大國應該讓國內的大學繼續對外國學生開放——通常優秀的外國學生還是偏好到富裕民主國家的大學就讀，而非留學中國，雖然中國在這方面有所進展——如此一來就是投注在民主國家的強項，和基礎建設不同，北京在這方面還瞠乎其後。[109]

民主大國的領袖在演講時、大使及官員在發言時，以及在其他資訊傳導的場合，都應該積極強調中國模式潛在的弱點，以及中國在許多國家是多麼不受歡迎。他們應該強調，中國輸出的監控設備可能如何使得買進中國科技的國家形成類似新疆的監控國家。他們應該強調COVID-19爆發之始，北京的反應是多麼差勁，強調此一反應顯示了黑箱而不自由的中國模式內建的失敗之處，而且此一反應使許多中國公民寒心、驅使他們出走海外，同時也傷害中國經濟。他們應該強調中國長期經濟模式之脆弱所在，因為黨主導了私部門，單一個人的統治則使他們看來更像毛澤東時代，而不是胡錦濤、江澤民的技術官僚時代；應該展示北京粗魯、暴怒、盛氣凌人的外交作風；應該討論中國如何缺乏性別平等；應該凸顯民主國家政經系統的韌性及生命力。[110]

美國及其夥伴也應該掌握現今的機會，在北京不受歡迎之際，在其新聞操作失敗、政策錯誤的時機點上，建立新的夥伴關係，也深耕既有的夥伴關係——尤其是在台灣危機這個關鍵時刻。相關作為包括讓「四方安全對話」（該組織成員括美國、印度、日本、澳洲）變成更紮實的國防夥伴關係，可能未來還要加入新成員。說到利用中國政策失誤的良機，這也一定包括在東南亞與美國有簽約的盟友，也就是泰國、菲律賓，重建原本逸散的國防與戰略夥伴關係，儘管泰國的政府屬於半專制，而菲律賓選出了小馬可仕當新總統。

經濟方面的作為應該要包括把新成立的印太繁榮經濟架構變成不只是高談闊論的場合——這個協議要讓參與的國家最終能進入美國市場，以便讓他們在數位貿易、供應鏈等議題上同意採用區域標準。提供美國市場，將使更多國家堅定地加入此一協議，能夠強化這個架構，形成對抗中國的堡壘。[111]

針對習近平

美國及許多國家的領袖在譴責中國時，所用的惡語往往過度廣泛，以致於讓人覺得他們對習近平、對中共、對中國一般大眾都有意見。[112]但是把這三者打包在一起會把事情搞砸。就算中國社會大眾的民族主義日漸高漲，民主國家還是應該把目標放在中共和習近平本人。這樣的作法可以避免中國人遭到汙名化，不管是在中國國內還是在其他國家皆然。[113]同時，如此一來牽涉到中國的各種人與人之間的連繫也比較容易維持，而在高層地緣政治關係冷卻下來之時，這種連繫對於建立關係可能是重要的工具。

而當中國給其他國家的援助，其設計方向看來主要只支援中國公司——或者支援中國公司及外國的少數在地領袖——民主國家應該指出這些缺陷，協助別國重新談判。川普政府為此事提供了模範，他們派遣美國專家到緬甸，協助他們就一系列爭議性中資工程的規模重新談判，其中包括深水港及工業區。[114]

門戶自清

　　各國評估中國哪些戰略不用太擔心、預測中國未來的動作和強項並加以準備之時，也應該要提高本身的軟實力——以及銳實力——資源。為了顯出民主國家與中國的差別，也為了更有效使用不對稱措施，民主國家必須重建自身的政治體系和軟實力工具。如果各國重建自己的軟實力工具，就可以更清楚顯示出他們與中國在媒體訊息工具上的對比。

民主國家的新聞媒體

　　美國由政府控制的大型新聞媒體，例如自由亞洲電台、自由歐洲電台／自由電台、美國之音，以多種語言向許多國家提供基本的新聞報導，在許多專制國家這些媒體提供的是僅有的自主報導。自由亞洲電台、美國之音以及其他美國政府資助的新聞媒體比起中國在國際上推出的官方媒體，在許多國家受歡迎的程度還是高出許多，也更加被人信任。他們所作的努力傳遞出「新聞自由」和「信實可靠」的美國價值。

　　遺憾的是，川普政府卻辱罵美國之音以及主管這些媒體的美國國際媒體署。川普主政的白宮多次力推要讓美國國際媒體署砍預算，不過多半都被國會斷然拒絕。[115] 川普（錯誤地）指控美國之音放送中國的政治宣傳，而美國之音只不過是報導了武漢市在中國政府控制住國內病毒傳播之後，解除封城。[116] 白宮網站在 2020 年五月貼出一則聲明，其中川普政府稱：「美國之音經常為美國的對手發聲——而不是為美國公民。」[117]時任美國之音台長的班尼特對此回應，她說，美國之音本於事實報導，在COVID-19疫情相關事件當中，對中國也有許多負面披露，包括北京散布的誤導訊息，以及針對病毒在中國傳播初期，北京欠缺透明度的情況，也有多次提及。[118]

　　同時，美國國際媒體署署長（名叫派克的紀錄片製片人）似乎打算把美國國際媒體署主管的各廣播電台變得更接近宣傳機關，而不是具自主性的新聞組織。派克的提名2020年六月在參議員通過後不久，他就開除了美國聯邦資助的大型廣播電台的管理高層及理事，例如自由亞洲電台、自由歐洲電台／自由電台，以及其他多所機構的人員。[119]（一名吹哨者不滿地表示，他顯然還花了兩百萬美元的稅金蒐集這些人士的相關訊息建檔，以便據以執行解僱。[120]）原本的理事會由區域專家及廣播專家組成，而派克換上的理事眾所皆知對川普政府忠誠，但對廣播別無經驗。[121]幾位遭到開除的人士提起告訴，他們主張派克摧毀了這些廣播公司自主性所受到的聯邦保障，讓政治干預得以進入新聞室，等於是把公司變成做政治宣傳的媒體。[122]後來他們發出聯名警告，稱派克對於美國的各個國家廣播電台「公信力和專業能力是長期的危脅」。[123]後來派克又開除了幾位美國國際媒體署的主管，而他們認為自己之所以遭到排除，是因為他們發聲指出管理失當之處，以及用來保障這些新聞媒體自主性的防火牆遭到侵犯，而派克似乎也批准了一項調查，也就是針對《美國之音》知名記者赫曼的調查，據稱赫曼對川普政府素有偏見。[124]根據美國全國公共電台報導，派克還「暫緩續發簽證，要求身為外國公民〔而為美國國家新聞媒體工作〕的記者返回本國。」[125]

後來在派克任職末期，更多醜聞爆發出來。哥倫比亞特區檢察長起訴派克，說他從非營利機構違法挪用約四百萬美元，將這筆錢轉移到他的紀錄片公司。[126]

研究美國國際媒體署以及新聞戰的一些專家支持派克的種種決定，但這些決定在國會招來跨黨派的批評，在國會外的決策者之間也是如此。[127]任職於美國外交政策協會的新聞戰專家柏曼主張，白宮必須讓美國之音等媒體更明確地負起傳遞政府訊息的責任，因為「過去幾年來產生了一種新現象，或可稱為『專制媒體』，其中對我們有敵意的行動者將新聞報導變成武器，有真實的報導、也有捏造的報導，用來推動一組具體的外交及國防目標。」[128]派克表示，美國的某些國家新聞媒體蓄意妨礙川普政府，而有人則認為他打算讓這些媒體變得更像宣傳機構。[129]

美國國際媒體署是軟實力的一項重要工具，而白宮和國務院對待這間機構應該反其道而行。（拜登在2021年1月20日宣誓就任總統之後不久，派克真的就按拜登要求而辭職了，接著拜登政府讓美國國際媒體署旗下新聞媒體某些遭開除的主管恢復原職，例如自由亞洲電台。[130]）他們應該凸顯這些媒體的報導公正又中立，例如在美國之音、自由亞洲電台等等——儘管這樣的報導有時讓美國政治顯得非常難看——與中國宣傳式的官方媒體，實有霄壤之別。華盛頓不要削減他們的預算，也不要試圖把美國之音和自由亞洲電台變得明確發聲支持美國，反而應該提高對其資助，以及確保派克想要趕走的那些外國公民會繼續為這些媒體工作，其中有許多人對於像柬埔寨、寮國、越南、西藏、新疆這些仍然處於高度專制政權之下的地方，是最好的溝通者。[131] 其他國家若是擁有政府資助、在全球能接觸到許多人的大型媒體，例如法國，他們應該也都認識到，投資這些媒體企業而且同時讓他們保持自主性，這其中有其價值。

讓美國政府資助的這些新聞媒體降低自主性，只會傷害他們在海外的公信力，也就是傷害美國的公信力。這種轉變只會讓這些美國媒體在其他國家變得更像柏曼描述的「專制媒體」。[132]（派克的決定似乎也一時癱瘓了美國國際媒體署旗下的「開放技術基金會」，該基金會支持其他國家及地區的反審查、反監控工具，包括陷入重重難關的香港；開放技術基金會所受到的影響，引發跨黨派的嚴厲批評。[133]）而其他國家的公民並不一定能清楚分辨美國政府資助媒體（例如美國之音）以及不受政府資助的媒體（例如《紐約時報》）所作的新聞報導。所以，如果美國國家媒體進行親美宣傳，那可能使得外國公民以為《紐約時報》之類的私人媒體也會有這種行為。

捍衛新聞自由

同時，具有深厚新聞自由傳統的民主國家的官員應當避免攻擊記者。雖然很不幸地，口頭攻擊記者在美國國內政治界──以及某些其他民主國家的政治界──已經變得見怪不怪，但這種尖酸刻薄的語言只會讓人難以相信這些國家確實擁有自由公正的媒體。此類攻擊讓各國領袖及外交官更難分清楚民主政府對待媒體的方式和中國有什麼區別，也打擊到為其他國家的新聞自由挺身而出的努力。

相反地，美國官員應該用言語去支持新聞自由，不只是在政治上有好處的時候──例如批評古巴、伊朗、委內瑞拉等國缺乏新聞自由──是要一以貫之。如此的策略，同樣能顯出民主國家與中國的強烈對比，因為中國對待媒體和新聞充滿審查，有時甚至作風粗暴。

同時，美國及其他國家應該在中國已經取得影響力的領域要求互惠。例如各國應當繼續容許孔子學院開設，只要求他們遵守學術自由的基本規範並接受校方治理，但是相對地，堅持要中國不能設限規範外國大學在中國開設的分校數目，也不能設限控制其他類型的公共外交。（美國參議院常設調查小組委員會對孔子學院所做的研究，其中另外也發現到，近年來中國妨礙美國在中國境內公共各種外交計畫的次數超過八十起。[134]）

恢復其他類型的軟實力

除了加強投注資源在美國之音、自由亞洲電台，美國政府還應該採取行動，恢復積極性軟實力；其他民主國家亦應重建其積極軟實力，因為各個民主國家應該儘可能合作，來回應中國的行為。請記住，積極軟實力來自政府的行動，消極軟實力則源自私人公司在海外的營運、文化輸出品、國際上對某國價值觀的認知，以及其他不由政府控制的活動。

雖然美國國內陷於混亂，消極軟實力仍然維持在比想像中更高，雖然全球擔心美國對人權的支持是否有所動搖、擔心美國國內的動盪，顯然因而有損。但美國並沒有完全喪失消極軟實力。對美國的整體評價在歐洲受到最嚴重的衝擊，而歐洲以外的地區，對美國看法正面的情況仍然相對普遍。皮尤研究中心2017年的民意調查發現49%受訪者對美國抱持正面看法。[135]正面看法在2018年上升到50%，而2020年的後續調查顯示54%受訪者對美國抱持正面看法，在2021年美國在外國受正面評價的比例上升到62%。[136]

美國的文化及商業輸出品仍然佔全世界主導地位，也還是全球新聞報導的中心；需要有一個國家出來統領對烏克蘭突發狀況做出回應時，還是必須仰賴美國。美國國內的經濟、社會、政治缺陷現在已經為世人所見，而如果美國可以處理這些問題，還是會有儲備的消極軟實力可資運用。而美國新聞仍然維持核心地位一事，則讓美國得以在全世界的注視下重建其形象（如果辦得到的話）。2020年「黑人的命也是命」街頭抗議激起了各地的類似活動，從德國的柏林到澳洲的伯斯都有；而伯斯應該是世界上距離美國首都最遠的城市。如此一來，就顯示出美國國內事件仍然引發全球共鳴。[137]

華盛頓同樣可以恢復積極軟實力。或許現在加強投注資金於積極軟實力顯得太過奢侈，因為COVID-19危機使得美國政府的資源緊繃。但是相對於美國整體預算與其他民主大國投入的預算，提高軟實力的代價是物超所值。遺憾的是，2020年美國突然中止了和平工作團以及傅爾布萊特計畫在中國境內的長期交流。[138]即使這個時代的中國愈來愈專制，上述機構仍然提供機會讓當地人以非政治方式與美國人互動，看見美國社會的一些價值。川普政府還動手試圖削弱美國軟實力的其他一些來源，包括多次嘗試砍國務院預算、砍整體經援預算，以及阻止美國國際開發總署在海外分配援助款。[139]雖然刪減預算的提議大部分被國會擋下，卻流露出他們瞧不起軟實力。

然而，川普政府並非第一任輕率對待軟實力的白宮；歷來許多政府都忽視了這項工具。國會授權的美國公共外交諮詢委員會2019年的報告提出，美國政府投入公共外交（積極軟實力）的經費從1980年代以來幾乎完全沒有增加，而全世界的人口卻成長了許多，新聞工具的種類也變得相當繁多。[140]整體而言，美國公共外交的支出佔美國聯邦政府可裁量支出不到0.2%，而積極軟實力和消極軟實力卻幾十年來都是美國在世界上影響力的重心。[141]

除了提升美國政府資助的廣播公司，如美國之音、自由亞洲電台，美國和其他民主國家還有幾種方式來重建積極軟實力。華盛頓若是稍微提高預算，就可以推展越南傅爾布萊特大學的模式；該校設於越南，而美國政府提供部分資金。這間大學在越南社會大眾之間很受歡迎。國會可以協助提供資金，在世界上其他地方設立傅爾布萊特大學。[142]傅爾布萊特大學的拓展在此時特別寶貴，因為北京也正在東南亞出資設立大學與研究中心。[143]美國政府也應該增加投入各種記者交流計畫的經費，重新審視和平工作團遭受到的刪減，以及考慮在國務院設立一項新計畫，將更多各國外交官帶到美國接受培訓、就讀美國的研究所。[144]更加廣泛來說，民主國家應該擴大各種交流計畫，這些計畫會將多種專業人士——醫生、教師、以及許多其他行業——帶到各國，進行短期教育課程，以及其他型態的人際交流。[145]其中一些計畫可以參照美國的「東南亞青年領袖計畫」，該計畫由2013年開始，至今已經讓許許多多東南亞的輿論領袖去到美國，進行專業與學術交流以及其他種類的接觸。[146]

　　民主大國若要維持高等教育的相對優勢，也應該重新考量其日益嚴格的移民規則，因為這樣的規則使得許多外國學生卻步不前。[147]外國學生往往會變成民主國家最有效的軟實力大使。[148]然而近年來，美國和幾個民主國家都加強了用來限制外國學生人數的措施。[149]其中一些限制可能是合理的。就硬科學的敏感領域——可以直接應用到軍事及國防科技的領域——對外國學生嚴密控制有其必要。當然，就算外國學生（包括中生）去到美國及其他民主國家，他們回國時還是可能像出國時一樣抱持民族主義——甚至可能更嚴重。易明提到，許多中國的男女就讀了美國或澳洲的大學，而他們回到中國之後，一樣支持專制統治，一樣敵視各大民主國家。[150]

　　但是把限制範圍擴大，而不是只應用於研究敏感領域或者明顯有軍方背景的少數外國學生，則會讓民主國家適得其反。下令全面禁止外籍學生、全面撤銷簽證，尤其是針對中國學生，這只會讓民主國家看起來有種族歧視、輕忽知識交流，從而削弱其銳實力。[151]而且，雖然有些從中國等專制國家前往民主國家留學的學生對於社會和政治的看法完全沒有改變,其他人卻真的因為留學海外的經驗而轉化了他們的世界觀。除此之外,許多專制國家出來的學生,包括中生,畢業後最終留在美國,成為美國社會充滿生產力的一員。

強化民主本身

歸根究柢,提高軟實力的工作應該要配合對於民主國家外交政策的重新思考,以及用來改善民主國家本身的社會的重大變革。如果民主大國的公民社會軟弱,政治領袖看來對民主缺乏決心,新聞媒體不再提供客觀報導,那麼個別國家內部的民主將受到損害。同時,這樣的國家——包括美國——會更容易受到外在的銳實力和軟實力影響。[152]

美國及其他民主大國應當向全世界再度保證他們會重新矢志維護全球治理的機構和常規,矢志強化國內的民主,矢志展現出民主國家可以供應全球性的公共財。重新建設國內的民主,對於重建民主國家值得仰望的全球形象,是最重要的一步。拜登政府似乎明白這項挑戰;拜登多次講到恢復美國的民主,以及讓全世界看到民主不但對於提供自由「有用」,對於管理一個穩定的社會、對於促進成長,民主同樣「有用」。[153]而美國與其他民主大國能否承擔得起這兩項任務,尚有待觀察。

今天中國模式(他們愈來愈積極輸出此一模式)對某些國家顯得有吸引力,一部分原因是現在太多的民主國家陷入困境——經濟停頓、國內領導無方、黨派爭鬥、公民社會日益軟弱、新聞業萎縮、經濟不平等，使人對政治體系失去信心。[154] 也許上述問題在某些民主國家更為嚴重，例如在巴西、法國、印尼、英國、美國。但是整體而言，近年來民主的招牌嚴重生鏽。自由之家的《全球自由報告》測量民主國家的自由程度，給予零到一百的評分；美國本身在過去四年得分下跌。美國在2017年的得分是100分當中的89分，而2021年則下滑到100分當中的83分，分數低於蒙古、克羅埃西亞、阿根廷、聖多美普林西比，以及其他幾個並不令人覺得民主充分成熟的國家。[155] 經濟學人資訊社發布的年度民主指數已不再將美國列為「完全民主」。美國反而滑落到「有瑕疵民主」的區間，如此一來便與阿爾巴尼亞、巴拿馬、摩爾多瓦等國分到同一類別。[156] 皮尤研究中心2021年的研究顯示，德國、紐西蘭及其他民主國家的社會大眾不再把美國的民主看成可供其他國家學習的典範，而且還對美國的民主表現出強烈憂心。[157]

冷戰期間蘇聯曾經強調美國國內的種族歧視，以便打擊美國的軟實力，同樣地，中國政府也透過正式外交及新聞媒體工具來渲染民主的失敗。美國在2020年六月陷入街頭示威的情況（有一些是暴力示威），此時中國官員及官方媒體經常強調警察如何鎮壓抗爭者。他們利用美國政府對抗爭的反應來譏笑美國官員，以此做為藉口，強調中國專制政體所謂的長處以及美國的衰微，指責美國批評中國鎮壓香港的民主抗爭一事乃是偽善。[158]

本書涵括的範圍不足以對民主國家該如何恢復其常軌及機制提出詳細建議；近年來已有大量書籍探討如何重建民主，處理許多民主社會的沉痾，為了製造印刷這些書籍所需的紙張，成片成片的森林必須被砍倒。但是各大民主國家當然必須處理自身的各種問題，這不只是為了修復他們的社會和政治，也是為了提供可信的、不同於中國的模式。說到底，如果民主國家不能自我糾正，中國就有更廣大的空間來施展軟實力及銳實力——而且還會更加得手。

注釋

Notes

本書所有參考到我先前研究的部分，均已一一標出，但本書還有一小部分參考了一份在外交關係協會尚未出版的論文。

以星號標注之參考資料為左岸編輯部所整理。

CHAPTER 1 │ 大有斬獲——還是大敗一場？

1. Lidiana Rosli, "China Remains Malaysia's Largest Trading Partner, 10 Years Running," *New Straits Times*, January 30, 2019, https://www.nst.com.my/business/2019/01/455955/china-remains-malaysias-largest-trading-partner-10-years-running. 關於馬來西亞大亨長期在中國活動的歷史，一個重要案例請見 Wei Gu and Wayne Ma, "Kuok Cools on China as Tycoon Exits Hong Kong Media," *Wall Street Journal*, December 15, 2015, https://www.wsj.com/articles/kuok-cools-on-china-as-tycoon-exits-hong-kong-media-1450179228.

2. OECD, *China's Belt and Road Initiative in the Global Trade, Investment, and Finance Landscape* (Paris: OECD Publishing, 2018), https://www.oecd.org/finance/Chinas-Belt-and-Road-Initiative-in-the-global-trade-investment-and-finance-landscape.pdf.

3. Mary Kozlovski, "Sea Dispute Lingers at ASEAN Summit," *Deutsche Welle*, November 22, 2012, https://www.dw.com/en/sea-dispute-lingers-at-asean-summit/a-16397985; Manuel Mogato, Michael Martina, and Ben Blanchard, "ASEAN Deadlocked on South China Sea, Cambodia Blocks Statement," *Reuters*, July 25, 2016, https://www.reuters.com/article/us-southchinasea-ruling-asean/asean-deadlocked-on-south-china-sea-cambodia-blocks-statement-idUSKCN1050F6.

4. "Opinion of China," Global Indicators Database, *Pew Research Center*, last modified March 2020, https://www.pewresearch.org/global/database/indicator/24/.

5. Teck Chi Wong, "Playing the China Card Is Unlikely to Save the MCA," *New Mandala*, May 8, 2018, https://www.newmandala.org/mca-china-card. Also, "Chinese Propagandists Court the Southeast Asian Diaspora," *Economist*, November 20, 2021, https://www.economist.com/asia/2021/11/20/chinese-propagandists-court-south-east-asias-chinese-diaspora.

6. Tom Wright and Bradley Hope, "WSJ Investigation: China Offered to Bail Out Troubled Malaysian Fund in Return for Deals," *Wall Street Journal*, January 7, 2019, https://www.wsj.com/articles/how-china-flexes-its-political-muscle-to-expand-power-overseas-11546890449/.

7. Wright and Hope, "China Offered to Bail Out Troubled Malaysian Fund in Return for Deals."

8. Teck Chi Wong, "Playing the China Card Is Unlikely to Save the MCA." Also, Murray Hiebert, *Under*

Beijing's Shadow: Southeast Asia's China Challenge (Lanham, MD: Rowman and Littlefield, 2020), 366–67.

9. Wong, "Playing the China Card Is Unlikely to Save the MCA."

10. Richard Javad Heydarian, "Malaysia's New Government Is Pushing Back Against China," *Al Jazeera*, September 4, 2018, https://www.aljazeera.com/indepth/opinion/malaysia-government-pushing-china-180903094313472.html. Also, Liz Lee, "Selling the Country to China? Debate Spills into Malaysian Election," *Reuters*, April 26, 2018, https://www.reuters.com/article/us-malaysia-election-china/selling-the-country-to-china-debate-spills-into-malaysias-election-idUSKBN1HY076.

11. 他們打敗的不只是納吉；許多外國觀察家，包括我本人，都以為納吉的勢力十分穩固，不可能選輸。

12. Peter T. C. Chang, "Ethnic Chinese in Malaysia Are Celebrating China's Rise—but as Multicultural Malaysians, Not Chinese," *South China Morning Post*, May 11, 2018, https://www.scmp.com/comment/insight-opinion/article/2145521/ethnic-chinese-malaysia-are-celebrating-chinas-rise.

13. Praveen Menon, "Attack on Chinese Billionaire Exposes Growing Racial Divide in Malaysia," *Reuters*, March 9, 2018, https://www.reuters.com/article/us-malaysia-politics-kuok-analysis/attack-on-chinese-billionaire-exposes-g rowing-racial-divide-in-malaysia-idUSKCN1GL0OM.

14. James Chin, "The Malaysian Chinese Association, Set Adrift in Need of a Direction," *Channel News Asia*, October 30, 2018, https://www.channelnewsasia.com/news/commentary/mca-malaysian-chinese-association-party-election-results-shift-10875556.

15. Lucy Hornby, "Mahathir Mohamad Warns Against 'New Colonialism' During China Visit," *Financial Times*, August 20, 2018, https://www.ft.com/content/7566599e-a443-11e8-8ecf-a7ae1beff35b.

16. Joseph Sipalan, "China, Malaysia Restart Massive 'Belt and Road' Project After Hiccups," *Reuters*, July 25, 2019, https://www.reuters.com/article/us-china-silkroad-malaysia/china-malaysia-restart-massive-belt-and-road-project-after-hiccups-idUSKCN1UK0DG.

17. Trinna Leong, "Malaysian Police Seize 284 Luxury Bags, 72 Bags of Cash and Valuables from Najib-Linked Apartments," *Straits Times*, May 18, 2018, https://www.straitstimes.com/asia/se-asia/dozens-of-hermes-birkin-bags-and-other-items-seized-from-najib-linked-apartment; Tashny Sukumaran, "From Malaysia's 'First Lady' to 'Bag Lady': Why Rosmah Mansor's Vast Collection of Hermes Birkins Caused a Social Media Storm," *South China Morning Post*, May 24, 2018, https://www.scmp.com/week-asia/politics/article/2147614/malaysias-former-first-lady-becomes-bag-lady-why-rosmah-mansors.

18. A. Ananthalakshmi, "Malaysia's First Lady Linked to $30 Million Worth of Jewelry Bought with 1MDB Funds," *Reuters*, June 16, 2017, https://www.reuters.com/article/us-malaysia-scandal-rosmah/malaysias-first-lady-linked-to-30-mln-worth-of-jewelry-bought-with-1mdb-funds-idUSKBN1970YK; Hannah Ellis-Petersen, "Najib Raids: $273 in Goods Seized from Former Malaysian PM's Properties," *Guardian*, June 27, 2018, https://www.theguardian.com/world/2018/jun/27/najib-raids-273m-of-goods-seized-from-former-malaysian-pms-properties.

19. Richard C. Paddock, "Najib Razak, Malaysia's Former Prime Minister, Found Guilty in Graft Trial," *New York Times*, July 28, 2020, https://www.nytimes.com/2020/07/28/world/asia/malaysia-1mdb-najib.html.

20. Elizabeth Economy, "Exporting the China Model," Prepared Statement Before the U.S.-China

Economic and Security Review Commission, March 13, 2020, https://www.uscc.gov/sites/default/files/2020-10/March_13_Hearing_and_April_27_Roundtable_Transcript_0.pdf; Rush Doshi, *The Long Game: China's Grand Strategy to Displace American Order* (New York: Oxford University Press, 2021), 4–5.

＊The Long Game 華文版：《長期博弈》，李寧怡譯，新北：八旗文化，2022。

21. Doshi, *The Long Game*, 4–7.

22. Doshi, *The Long Game*, 104–5.

23. Lyle J. Goldstein, "China's Biggest Fear: U.S.-Indian Encirclement," *National Interest*, February 11, 2015, https://nationalinterest.org/feature/chinas-biggest-fear-us-indian-encirclement-12225; Felix K. Chang, "China's Encirclement Concerns," *Foreign Policy Research Institute*, June 24, 2016, https://www.fpri.org/2016/06/chinas-encirclement-concerns/; Emma V. Broomfield, "Perceptions of Dangers: The China Threat Theory," *Journal of Contemporary China* 12, no. 35 (2003): 265–84; Li Yang, "'China Threat' Theory Is Absurd," *China Daily*, September 2, 2010, http://www.chinadaily.com.cn/opinion/2010-09/02/content_11245047.htm; Shannon Tiezzi, "Beijing's 'China Threat' Theory," *Diplomat*, June 3, 2014, https://thediplomat.com/2014/06/beijings-china-threat-theory/.

24. Doshi, *The Long Game*, 264.

25. 例如 Matthew Yglesias, "The Raging Controversy over the NBA, China, and the Hong Kong Protests, Explained," *Vox*, October 7, 2019, https://www.vox.com/2019/10/7/20902700/daryl-morey-tweet-china-nba-hong-kong 就概括了這項挑戰。

26. Simon Denyer, "Move Over America: China Now Presents Itself as the Model 'Blazing a New Trail' for the World," Washington Post, October 19, 2017, https://www.washingtonpost.com/news/worldviews/wp/2017/10/19/move-over-america-china-now-presents-itself-as-the-model-blazing-a-new-trail-for-the-world/.

＊習近平，〈在中国共产党第十九次全国代表大会上的报告〉，中国政府网，2017/10/27，http://www.gov.cn/zhuanti/2017-10/27/content_5234876.htm。

27. Economy, "Exporting the China Model."

28. 可參見 Jessica Chen Weiss, "No, China and the U.S. Aren't Locked in an Ideological Battle.Not Even Close," *Washington Post*, May 4, 2019, https://www.washingtonpost.com/politics/2019/05/04/no-china-us-arent-locked-an-ideological-battle-not-even-close/?utm_term=.84193cbe600a.

29. Maya Wang, "China's Techno-Authoritarianism Has Gone Global," *Foreign Affairs*, April 8, 2021, https://www.foreignaffairs.com/articles/china/2021-04-08/chinas-techno-authoritarianism-has-gone-global.

＊華文版：王松蓮，〈中國科技威權主義走向全球〉，2021/4/8，https://tinyurl.com/2e6f5ahj。

30. Scott N. Romaniuk and Tobias Burgers, "How China's AI Technology Exports Are Seeding Surveillance Societies Globally," *Diplomat*, October 18, 2018, https://thediplomat.com/2018/10/how-chinas-ai-technology-exports-are-seeding-surveillance-societies-globally/.

31. Economy, "Exporting the China Model."

32. Ibid.

33. Ibid.

34. Anne-Marie Brady, *Making the Foreign Serve China: Managing Foreigners in the People's Republic* (Lanham, MD: Rowman and Littlefield, 2003).

35. Ibid.

36. 例如 Peter Mattis, "U.S. Responses to China's Foreign Influence Operations," Testimony Before the House Committee on Foreign Affairs, Subcommittee on Asia and the Pacific, March 21, 2018, https:// docs.house.gov/meetings/FA/FA05/20180321/108056/HHRG-115-FA05-Wstate-MattisP-20180321. pdf 就是一份出色的概觀，說明中共對其政治權力抱持著何種列寧主義的觀點，以及中共認為該如何捍衛此一權力。

37. Ibid.

38. Wenfang Tang, "The 'Surprise' of Authoritarian Resilience in China," *American Affairs* 2, no. 1 (Spring 2018), https://americanaffairsjournal.org/2018/02/surprise-authoritarian-resilience-china/; Mercy A. Kuo, "China's United Front Work: Propaganda as Policy," *Diplomat*, February 14, 2018, https:// thediplomat.com/2018/02/chinas-united-front-work-propaganda-as-policy/; Amy Qin and Javier C. Hernandez, "How China's Rulers Control Society: Opportunity, Nationalism, Fear," *New York Times*, November 25, 2018, https://www.nytimes.com/interactive/2018/11/25/world/asia/china-freedoms-control.html.

39. 例如澳洲 2018 年通過了反外國干預法案，很大一部分就是為了防堵中國影響力；"Australia Passes Foreign Interference Laws amid China Tension," *BBC*, June 28, 2018, https://www.bbc.com/news/ world-australia-44624270; Fabian Hamacher and Yimou Lee, "Taiwan Passes Law to Combat Chinese Influence in Politics," *Reuters*, December 31, 2019, https://www.reuters.com/article/us-taiwan-lawmaking/taiwan-passes-law-to-combat-chinese-influence-on-politics-idUSKBN1YZ0F6.

40. Kat Devlin, Christine Huang, and Laura Silver, "Unfavorable Views of China Reach Historic Highs in Many Countries," *Pew Research Center*, October 6, 2020, https://www.pewresearch.org/ global/2020/10/06/unfavorable-views-of-china-reach-historic-highs-in-many-countries/. Also, Sarah Cook, "Beijing's Global Megaphone: The Expansion of Chinese Communist Party Media Influence Since 2017," *Freedom House*, January 2020, https://freedomhouse.org/report/special-reports/beijings-global-megaphone-china-communist-party-media-influence-abroad.

41. Reports, produced by Gallup, received March 5, 2019, from the U.S. Agency for Global Media (USAGM) under the Freedom of Information Act (FOIA) process. 這些報告顯示出極少人注意中國官媒。報告一一羅列如下：

    1) Analytical Report for Cambodia Media Use Survey, September 2017

    2) Analytical Report for Indonesia Media Use Survey, July 2016

    3) Analytical Report for Laos Media Use Survey, January 2017

    4) Analytical Report for Media Use Survey of Ivory Coast, June 2017

    5) Analytical Report for Media Use Survey of Kenya, June 2017

    6) Analytical Report for Media Use Survey of Southern Mali, October 2017

    7) Analytical Report for Myanmar Media Use Survey, June 2016

    8) Analytical Report for Nigeria Media Use Survey, July 2016

    9) Analytical Report for North Korea Traveler/Refugee/Defector Survey, undated

    10) Analytical Report for Uzbekistan Media Use Survey, August 2017

    11) Analytical Report for Vietnam Media Use Survey, December 2016.

42. Devlin, Huang, and Silver, "Unfavorable Views of China Reach Historic Highs in Many Countries."

43. Ibid.

44. 例如，中國的策略所引起的反彈可見於 Amy Searight, *Countering China's Influence Activities: Lessons from Australia* (Washington, DC: Center for Strategic and International Studies, July 2020), https://www.csis.org/analysis/countering-chinas-influence-activities-lessons-australia.

45. Joseph S. Nye Jr., "Democracy's Dilemma," *Boston Review*, May 16, 2019, http://bostonreview.net/forum/democracys-dilemma/joseph-s-nye-jr-sharp-power-not-soft-power-should-be-target. Also, Salvatore Babones, "It's Time for Western Universities to Cut Their Ties to China," *Foreign Policy*, August 19, 2020, https://foreignpolicy.com/2020/08/19/universities-confucius-institutes-china/.

46. 可參見 "Media," in *China's Influence & American Interests: Promoting Constructive Vigilance*, ed. Larry Diamond and Orville Schell (Stanford, CA: Hoover Institution Press, 2019), 100–19.

47. James Kynge and Jonathan Wheatley, "China Pulls Back from the World: Rethinking Xi's Project of the Century," *Financial Times*, December 10, 2020, https://www.ft.com/content/d9bd8059-d05c-4e6f-968b-1672241ec1f6.

48. Freedom House, *Freedom in the World 2021: Democracy Under Siege* (Washington, DC: Freedom House, 2021).

49. Edward Wong, "U.S. Fights Bioweapons Disinformation Pushed by Russia and China," *New York Times*, March 10, 2022, https://www.nytimes.com/2022/03/10/us/politics/russia-ukraine-china-bioweapons.html.

50. Chris Buckley and Steven Lee Myers, "As the West Stumbles, 'Helmsman' Xi Pushes an Ambitious Plan for China," *New York Times*, October 29, 2020, https://www.nytimes.com/2020/10/29/world/asia/china-xi-communist-party-meeting.html.

51. Peter Mattis and Brad Carson, "Peter Mattis on the Intentions of the Chinese Communist Party," *Jaw-Jaw*, podcast audio, War on the Rocks, May 28, 2019, https://warontherocks.com/2019/05/jaw-jaw-peter-mattis-on-the-intentions-of-the-chinese-communist-party/.

52. "Chinese Discourse Power: China's Use of Information Manipulation in Regional and Global Competition," *Atlantic Council*, December 2020, https://www.atlanticcouncil.org/wp-content/uploads/2020/12/China-Discouse-Power-FINAL.pdf.

53. 可參見 "Telling China's Story to the World," *China Daily*, November 7, 2016, http://www.chinadaily.com.cn/opinion/2016-11/07/content_27291258.htm. 另見 Shannon Tiezzi, "Chinese Military Declares Internet an Ideological Battleground," *Diplomat*, May 21, 2015, https://thediplomat.com/2015/05/chinese-military-declares-the-internet-an-ideological-battleground/. 另見 Rush Doshi, "China Steps Up Its Information War in Taiwan," *Foreign Affairs*, January 9, 2020, https://www.foreignaffairs.com/articles/china/2020-01-09/china-steps-its-information-war-taiwan.
＊〈蒋建国在中国新闻发言人论坛开幕式上的致辞〉，中國國務院新聞辦公室，2016/11/5，http://archive.today/szYDO；〈赵启正在中国新闻发言人论坛开幕式上的致辞〉，中國國務院新聞辦公室，2016/11/5，http://archive.today/q4lh2；〈杨宇军：积极稳妥回应涉军热点敏感问题营造有利舆论环境〉，中國國務院新聞辦公室，2016/11/5，http://archive.today/TFpsK；〈李忠：增强民生领域新闻发言的"底气"〉，中國國務院新聞辦公室，2016/11/5，http://archive.today/Qna9W；〈吕大鹏：发言人制度帮助中国石化重塑形象〉，中國國務院新聞辦公室，2016/11/5，http://archive.today/1xJdd。

54. Elizabeth Bachman, *Black and White and Red All Over: China's Improving Foreign-Directed Media* (Arlington, VA: CNA, 2020), 1–2.

55. Doshi, "China Steps Up Its Information War in Taiwan."

56. David Bandurski, "How Xi Jinping Views the News," *China Media Project*, March 3, 2016, http://chinamediaproject.org/2016/03/03/39672/.

　＊〈习近平在视察解放军报社时强调 坚持军报姓党坚持强军为本坚持创新为要 为实现中国梦强军梦提供思想舆论支持〉,《人民日報》01版,2015/12/27。

57. Bachman, *Black and White and Red All Over*, 23.

　＊〈习近平的新闻舆论观〉,《人民日報海外》05版,2016/2/25,http://politics.people.com.cn/n1/2016/0225/c1001-28147851.html;《中华人民共和国国民经济和社会发展第十三个五年规划纲要》,中国政府网,http://www.gov.cn/xinwen/2016-03/17/content_5054992.htm。

58. Doshi, "China Steps Up Its Information War in Taiwan."

59. 可參見 Kurt M. Campbell and Ely Ratner, "The China Reckoning: How Beijing Defied American Expectations," *Foreign Affairs* 97, no. 2 (March/April 2018): 60–70.

60. Elizabeth Economy, *The Third Revolution: Xi Jinping and the New Chinese State* (New York: Oxford University Press, 2018).

　＊華文版:《習近平與新中國:中國第三次革命的機會與挑戰》,譚天譯,台北:天下文化,2019。

61. Ibid.

62. Ibid.

63. Joel Gehrke, "State Department Prepares for Clash of Civilizations With China," *Washington Examiner*, April 30, 2019, https://www.washingtonexaminer.com/policy/defense-national-security/state-department-preparing-for-clash-of-civilizations-with-china; Mark Landler, "Trump Accuses China of Interfering in Midterm Elections," *New York Times*, September 26, 2018, https://www.nytimes.com/2018/09/26/world/asia/trump-china-election.html; Jeff Mason and Daphne Psaledakis, "Trump Security Adviser Says China Has Biggest Election-Interference Program," *Reuters*, September 4, 2020, https://www.reuters.com/article/us-usa-election-china/trump-security-adviser-says-china-has-biggest-election-interference-program-idUSKBN25V2NY.

64. 若欲進一步瞭解這些定義,請見 Joseph Nye, *Bound to Lead: The Changing Nature of American Power* (New York: Basic Books, 1991); Joseph Nye, *Soft Power: The Means to Success in World Politics* (New York: Public Affairs, 2004); Joshua Kurlantzick, *Charm Offensive: How China's Soft Power Is Transforming the World* (New Haven, CT: Yale University Press, 2007).

　＊Soft Power 華文版:《柔性權力》,吳家恆、方祖芳譯,台北:遠流,2006。

65. Samantha Custer et al., *Ties That Bind: Quantifying China's Public Diplomacy and Its "Good Neighbor" Effect* (Williamsburg, VA: AidData at William & Mary, 2018), https://www.aiddata.org/publications/ties-that-bind.

66. Ian Hall and Frank Smith, "The Struggle for Soft Power in Asia: Public Diplomacy and Regional Competition," *Asian Security* 9, no. 1 (2013): 9.

67. "World Bank Country and Lending Groups," *World Bank 2020 Data*, https://datahelpdesk.worldbank.org/knowledgebase/articles/906519#High_income.

68. Tang, "The 'Surprise' of Authoritarian Resilience in China"; "Xi's Embrace of False History and Fearsome Weapons Is Worrying," *Economist*, October 3, 2019, https://www.economist.com/china/2019/10/03/xis-embrace-of-false-history-and-fearsome-weapons-is-worrying.

69. 對這些主題的深入討論,參見 Joshua Kurlantzick, *State Capitalism: How the Return of Statism Is*

Transforming the World (New York: Oxford University Press, 2016).

70. 訪談美國國際媒體署公務員。

71. Louisa Lim and Julia Bergin, "Inside China's Audacious Global Propaganda Campaign," *Guardian*, December 7, 2018, https://www.theguardian.com/news/2018/dec/07/china-plan-for-global-media-dominance-propaganda-xi-jinping.

72. Ibid.

73. Emily Feng, "China and the World: How Beijing Spreads the Message," *Financial Times*, July 12, 2018, https://www.ft.com/content/f5d00a86-3296-11e8-b5bf-23cb17fd1498.

74. Russel Hsiao, "CCP Propaganda Against Taiwan Enters the Social Age," *China Brief* 18, no. 7 (April 2018), https://jamestown.org/program/ccp-propaganda-against-taiwan-enters-the-social-age/.

75. Christopher Walker and Jessica Ludwig, "From 'Soft Power' to 'Sharp Power': Rising Authoritarian Influence in the Democratic World," in *Sharp Power: Rising Authoritarian Influence* (Washington, DC: National Endowment for Democracy, December 2017), https://www.ned.org/wp-content/uploads/2017/12/Sharp-power-Rising-Authoritarian-Influence-Full-Report.pdf.

76. Ibid.

77. Searight, *Countering China's Influence Activities*, 3–4.

78. Rob Gillies, "Obama Endorses Trudeau in Unprecedented Endorsement," *Associated Press*, October 16, 2019, https://apnews.com/article/6d242ba7022a4333ac99a57816f53ce8; Byron Tau, "Telephone Transcripts Show Warm Rapport Between Bill Clinton, Tony Blair," *Wall Street Journal*, January 8, 2016, https://www.wsj.com/articles/BL-WB-60203.

79. Javier C. Hernandez, Owen Guo, and Ryan McMorrow, "South Korean Stores Feel China's Wrath as U.S. Missile System Is Deployed," *New York Times*, March 9, 2017, https://www.nytimes.com/2017/03/09/world/asia/china-lotte-thaad-south-korea.html.

80. Ibid.

81. Alex Joske, "Reorganizing the United Front Work Department: New Structures for a New Era of Diaspora and Religious Affairs Work," *China Brief* 19, no. 9, (May 9, 2019), https://jamestown.org/program/reorganizing-the-united-front-work-department-new-structures-for-a-new-era-of-diaspora-and-religious-affairs-work/.

82. Ibid.
    ＊〈习近平：巩固发展最广泛的爱国统一战线〉，新华网，2015/5/20，https://tinyurl.com/2g33u3jc；〈李克强鼓励华侨华人为推进"一带一路"建设发挥积极作用〉，中华人民共和国国务院新闻办公室，https://archive.fo/6sMFv。

83. Nye, "Democracy's Dilemma."

84. Ibid.

85. Isaac Stone Fish, "Is Xinhua the Future of Journalism?," *Newsweek*, September 3, 2010, https://www.newsweek.com/chinas-xinhua-future-journalism-71961. See also Joshua Darr, "Local News Coverage Is Declining—and That Could Be Bad for American Politics," *FiveThirtyEight*, June 2, 2021, https://fivethirtyeight.com/features/local-news-coverage-is-declining-and-that-could-be-bad-for-american-politics/.

86. Austin Ramzy and Edward Wong, "China Forces Out Buzzfeed Journalist," *New York Times*, August 23, 2018, https://www.nytimes.com/2018/08/23/world/asia/china-buzzfeed-reporter.html; Lara Jakes,

Marc Tracy, and Edward Wong, "China Announces That It Will Expel American Journalists," *New York Times*, March 17, 2020, https://www.nytimes.com/2020/03/17/business/media/china-expels-american-journalists.html.

87. Steven Lee Myers and Paul Mozur, "China Is Waging a Disinformation War Against Hong Kong Protestors," *New York Times*, August 13, 2019, https://www.nytimes.com/2019/08/13/world/asia/hong-kong-protests-china.html; Edward White, "Taiwan Warns of 'Rampant' Fake News amid China Interference Fears," *Financial Times*, April 2, 2019, https://www.ft.com/content/0edbf61e-01a6-11e9-99df-6183d3002ee1; Lawrence Chung, "Taiwan Gets Tough over Fake News Blamed on Beijing 'Disrupting Its Democracy,'" *South China Morning Post*, July 27, 2019, https://www.scmp.com/news/china/politics/article/3020261/taiwan-gets-tough-over-fake-news-blamed-beijing-disrupting-its; Alexander Gabuev and Leonid Kovachich, "Comrades in Tweets? The Contours and Limits of China-Russia Cooperation on Digital Propaganda," *Carnegie Moscow Center*, June 3, 2021, https://carnegiemoscow.org/2021/06/03/comrades-in-tweets-contours-and-limits-of-china-russia-cooperation-on-digital-propaganda-pub-84673.

88. Robin Wright, "Russia and China Unveil a Pact Against the West," *New Yorker*, February 7, 2022, https://www.newyorker.com/news/daily-comment/russia-and-china-unveil-a-pact-against-america-and-the-west.

89. David Hutt, "China's Largesse Abets Cambodia's Clampdown," *Asia Times*, September 26, 2017, https://asiatimes.com/2017/09/chinas-largesse-abets-cambodias-clampdown/. See Hiebert, *Under Beijing's Shadow*, 141.

90. David Shullman, ed., *Chinese Malign Influence and the Corrosion of Democracy: An Assessment of Chinese Interference in Thirteen Key Countries* (Washington, DC: International Republican Institute, 2019), https://www.iri.org/wp-content/uploads/legacy/iri.org/chinese_malign_influence_report.pdf.

CHAPTER 2 │ 中國軟實力及銳實力路線之簡明當代史

1. Karla Cripps, "Why Thai People Are Wearing Yellow Shirts," *CNN*, May 4, 2019, https://www.cnn.com/asia/live-news/thai-king-coronation-live-updates-intl/h_5c6537d5620a21dea0452d7d562ef507; "Public Urged to Wear 'Coronation Yellow,'" *Bangkok Post*, February 26, 2019, https://www.bangkokpost.com/thailand/general/1636254/public-urged-to-wear-coronation-yellow.

2. "Thai Princess Studies in Beijing," *Xinhua*, February 15, 2001, http://arabic.china.org.cn/english/FR/7670.htm; "Princess Sirindhorn, Champion of Sino-Thai Friendship," *Xinhua*, September 25, 2019, http://www.xinhuanet.com/english/2019-09/25/c_138422043.htm; Non Naprathansuk, "Confucius Institutes in Thailand: Why Thailand Embraces China's Soft Power Initiatives?," Maejo University, Chiang Mai, Thailand, https://www.academia.edu/27918602/Confucius_Institutes_in_Thailand_Why_Thailand_Embraces_Chinas_Soft_Power_Initiatives.

＊孙伟，〈勤奋学贤 友谊使者──记泰国公主诗琳通〉，《人民日报》，2001/8/17第十一版；杨舟、明大军，〈"中泰一家亲"的践行者──记中国"友谊勋章"获得者、泰国长公主诗琳通〉，《新华网》，2019/9/24。

3. Laura Zhou, "Over Decades, Thai Royal Family Has Forged Personal Bonds with China's Leaders," *South China Morning Post*, October 13, 2016, https://www.scmp.com/news/china/diplomacy-defence/article/2027529/sino-thai-friendship-can-weather-royal-succession.

4. Non, "Confucius Institutes in Thailand."

5. Ibid.

6. For example, http://www.ateneoconfucius.com/; https://www.ci.upd.edu.ph/; https://www.addu.edu.ph/blog/2020/01/26/strengthening-ties-and-deepening-knowledge-with-the-addu-confucius-institute/; http://confucius.auf.edu.ph/ ; https://bulsu.edu.ph/confucius/home.html.

7. Ibid.; Juan Pablo Cardenal, "China in Latin America: Understanding the Inventory of Influence," in *Sharp Power: Rising Authoritarian Influence* (Washington, DC: National Endowment for Democracy, December 2017), https://www.ned.org/wp-content/uploads/2017/12/Sharp-Power-Rising-Authoritarian-Influence-Full-Report.pdf.

8. Nargiza Salidjanova and Iacob Koch-Weser, "China's Economic Ties with ASEAN: A Country-by-Country Analysis," U.S.-China Economic and Security Review Commission, March 17, 2015, 4–9, https://www.uscc.gov/sites/default/files/Research/China%27s%20Economic%20Ties%20with%20ASEAN.pdf.

9. "What He Did, and Left Undone," *Economist*, March 6, 2003, https://www.economist.com/asia/2003/03/06/what-he-did-and-left-undone; Fred Hu, "Zhu Rongji's Decade," *Wall Street Journal*, March 10, 2003, https://www.wsj.com/articles/SB104724760137643900; Simon Rabinovitch, "China Reforms Chip Away at Privileges of State-Owned Companies," *Financial Times*, November 19, 2013, https://www.ft.com/content/42fc92d4-510a-11e3-b499-00144feabdc0; Zhu Rongji, *Zhu Rongji on the Record: The Road to Reform 1991–1997* (Washington, DC: Brookings Institution Press, 2013).
　＊Zhu Rongji 華文版：《朱镕基讲话实录》，北京：人民出版社，2011。

10. AidData 的研究報告建構了一套方法論，說明中國的公共外交實際上如何影響到亞洲其他國家的政策偏好：Samantha Custer et al., *Ties That Bind: Quantifying China's Public Diplomacy and Its "Good Neighbor" Effect* (Williamsburg, VA: AidData at William Mary, 2018), https://www.aiddata.org/publications/ties-that-bind. 他們描述了一套清楚的流程，雖然我認為軟實力的運作流程不可能那樣明確劃分，但這個方法論是重要的，能幫助我們形成思考的基礎，來看中國如何透過軟實力或說公共外交達成政策目標。

11. Yang Jiechi, "Promoting Public Diplomacy," *China Daily*, September 2, 2011, http://www.china.org.cn/opinion/2011-09/02/content_23337863.htm. See also Falk Hartig, "How China Understands Public Diplomacy: The Importance of National Image for National Interests," International Studies Review 18, no. 4 (December 2016): 660, 該篇文章亦提及北京對軟實力的看法。
　＊杨洁篪，〈努力开拓中国特色公共外交新局面〉，《求是》，2011 年第 4 期。

12. 可參見 Behzad Abdollahpour, "China's 'Win-Win' Development Strategy Will Prevail," *Asia Times*, October 2, 2019, https://asiatimes.com/2019/10/chinas-development-policies-in-70-years-perspective/.

13. Xiao Qiang, "Dai Bingguo: The Core Interests of the People's Republic of China," *China Digital Times*, August 7, 2009, https://chinadigitaltimes.net/2009/08/dai-bingguo-%E6%88%B4%E7%A7%89%E5%9B%BD-the-core-interests-of-the-prc/.
　＊李静、吴庆才，〈首轮中美经济对话：除上月球外主要问题均已谈及〉，《中国新闻网》，2009/7/29。

14. "Chapter 2: China's Image," in "Global Opposition to U.S. Surveillance and Drones, but Limited Harm to America's Image," *Pew Research Center*, July 14, 2014, https://www.pewresearch.org/

global/2014/07/14/chapter-2-chinas-image/.

15. Tom Fawthrop, "Thailand's Energy Review 'Pauses' Mekong Dam," *Mekong Eye*, June 14, 2018, https://www.mekongeye.com/2018/06/14/thailands-energy-review-pauses-mekong-dam/.

16. Wang Yi, "Toward a New Type of International Relations of Win-Win Cooperation," Speech by Foreign Minister Wang Yi at China Development Forum, Ministry of Foreign Affairs of the People's Republic of China, March 23, 2015, https://www.fmprc.gov.cn/mfa_eng/wjb_6 63304/wjbz_6 63308/2461_663310/t1248487.shtml; Chen Xulong, "Win-Win Cooperation: Formation, Development, and Characteristics," *China Institute of International Studies*, November 17, 2017, https://www.ciis.org.cn/english/ESEARCHPROJECTS/Articles/202007/t20200715_3604.html; "China President Xi Says Goal of Belt and Road Is Advance 'Win-Win Cooperation,'" *Reuters*, April 25, 2019, https://www.reuters.com/article/us-china-silkroad-xi/china-president-xi-says-goal-of-belt-and-road-is-advance-win-win-cooperation-idUSKCN1S205Z.
＊王毅，〈构建以合作共赢为核心的新型国际关系〉，中國發展高層論壇午餐會上的演講，中國外交部，2015/3/23；習近平，〈齊心开创共建"一带一路"美好未来〉，第二屆「一帶一路」國際合作高峰論壇開幕式上的主旨演講，2019/4/26。

17. "Full Text of Clinton's Speech on China Trade Bill," *New York Times*, March 9, 2000, https://archive.nytimes.com/www.nytimes.com/library/world/asia/030900clinton-china-text.html.

18. Ibid.

19. Robert B. Zoellick, "Whither China: From Membership to Responsibility?," Remarks to National Committee on U.S.-China Relations, September 21, 2005, https://2001-2009.state.gov/s/d/former/zoellick/rem/53682.htm.

20. Elizabeth Bachman, *Black and White and Red All Over: China's Improving Foreign-Directed Media* (Arlington, VA: CNA, 2020), 21–22.

21. Bachman, *Black and White and Red All Over*, 1–2.

22. Falk Hartig, "How China Understands Public Diplomacy: The Importance of National Image for National Interests," *International Studies Review* 18 (2016): 655–56.

23. Ibid.; Bachman, *Black and White and Red All Over* 29–30.
＊習近平，〈加快推動媒體融合发展 构建全媒体传播格局〉，《求是》2019/06，http://www.qstheory.cn/dukan/qs/2019-03/15/c_1124239254.htm。

24. Bachman, *Black and White and Red All Over*, 1–2.

25. Philip Shenon, "China Sends Warships to Vietnam Oil Site," *New York Times*, July 21, 1994, https://www.nytimes.com/1994/07/21/world/china-sends-warships-to-vietnam-oil-site.html; Philip Shenon, "Manila Sees China Threat on Coral Reef," *New York Times*, February 19, 1995, https://www.nytimes.com/1995/02/19/world/manila-sees-china-threat-on-coral-reef.html.

26. "China GDP: How It Has Changed Since 1980," *Guardian*, March 23, 2012, https://www.theguardian.com/news/datablog/2012/mar/23/china-gdp-since-1980.

27. Weida Li, "Chinese Soap Opera My Fair Princess Reruns to Massive Audience," *GB Times*, February 7, 2018, https://gbtimes.com/chinese-soap-opera-my-fair-princess-reruns-to-massive-audience.

28. Merriden Varrall, "The Patchy Results of China's Soft Power Efforts," *Interpreter*, March 16, 2018, https://www.lowyinstitute.org/the-interpreter/patchy-results-chinas-soft-power-efforts; Merriden Varrall, "Chinese Diplomacy and the Social Imaginary of Chineseness" (PhD thesis,

Free University Amsterdam, June 2013), https://research.vu.nl/ws/portalfiles/portal/42119557/complete+dissertation.pdf.

29. Patrick Kilby, "China and the United States as Aid Donors: Past and Future Trajectories," *Policy Studies* 77 (2017): 18–20, https://www.eastwestcenter.org/system/tdf/private/ps077.pdf?file=1&type=node&id=36374; Joel Atkinson, "Aid vs. 'Aid': Foreign Aid in Mao-Era China's Public Diplomacy," *Australian Journal of Politics and History* 65, no. 2 (2019): 196–214.

30. 例如，中國曾積極支持緬甸的共黨武裝叛亂分子。

31. Anne-Marie Brady, "Plus Ça Change?: Media Control Under Xi Jinping," *Problems of Post-Communism* 64, no. 3–4 (2017): 128–40.

32. 可參見June Teufel Dreyer, "A Weapon Without War: China's United Front Strategy," *Foreign Policy Research Institute*, February 6, 2018, https://www.fpri.org/article/2018/02/weapon-without-war-chinas-united-front-strategy/.

33. "Xinjiang Authorities Jail Family Members of Two Uighurs in Exile for Travel, Overseas Ties," *Radio Free Asia*, August 28, 2020, https://www.rfa.org/english/news/uyghur/overseas-08282020164436.html. Also, Andrew Jacobs, "Two Relatives of a Tibetan Monk Who Died in Prison Have Been Arrested," *New York Times*, July 19, 2015, https://www.nytimes.com/2015/07/19/world/asia/china-2-relatives-of-a-tibetan-monk-who-died-in-prison-have-been-arrested.html.

34. "Dangerous Meditation: China's Campaign Against Falungong," *Human Rights Watch*, January 2002, https://www.hrw.org/reports/2002/china/; Andrew Demaria, "China: Falun Gong a Global Threat," *CNN*, August 6, 2002, http://www.cnn.com/2002/WORLD/asiapcf/east/07/23/china.falungong; Andrew Jacobs, "China Still Presses Crusade Against Falun Gong," *New York Times*, April 27, 2009, www.nytimes.com/2009/04/28/world/asia/28china.html.

35. 關於美國在冷戰前後運用軟實力的情況，見Joseph S. Nye, "Soft Power," *Foreign Policy* no. 80, Twentieth Anniversary (Autumn 1990): 153–71.

36. Masahiro Kawai and Shinji Takagi, "Japan's Official Development Assistance: Recent Issues and Future Directions," Policy Research Working Paper 2722, World Bank, November 2001, http://documents.worldbank.org/curated/en/348641468756616047/pdf/multi0page.pdf; Izumi Ohno, "Japan's ODA Policy and Reforms Since the 1990s and Role in the New Era of Development Cooperation," *National Graduate Institute for Policy Studies*, 2014, http://www.grips.ac.jp/forum-e/IzumiOhno_E/lectures/2014_Lecture_texts/03_KOICA_Ohno_1125.pdf.

37. John M. Broder and Jack Nelson, "Clinton's Laser Focus Diffuses on Wide Agenda," *Los Angeles Times*, April 19, 1993, https://www.latimes.com/archives/la-xpm-1993-04-19-mn-24765-story.html.

38. Jeremy Konyndyk, "Clinton and Helms Nearly Ruined State.Tillerson Wants to Finish the Job," *Politico*, May 4, 2017, https://www.politico.com/magazine/story/2017/05/04/tillerson-trump-state-department-budget-cut-215101.

39. Amy Magaro Rubin, "Clinton Agrees to Fold USIA into State Department," *Chronicle of Higher Education*, May 2, 1997, https://www.chronicle.com/article/Clinton-Agrees-to-Fold-USIA/75138.

40. Andrew Pollack, "IMF, with the Help of Asians, Offers Thais $16 Billion Bailout," *New York Times*, August 12, 1997, https://www.nytimes.com/1997/08/12/business/imf-with-the-help-of-asians-offers-thais-16-billion-bailout.html. Also, Frontline, "The Crash: Timeline of the Panic," *PBS*, accessed February 17, 2022, https://www.pbs.org/wgbh/pages/frontline/shows/crash/etc/cron.html.

41. Seth Mydans, "Crisis Aside, What Pains Indonesia Is the Humiliation," *New York Times*, March 10, 1998, https://www.nytimes.com/1998/03/10/world/crisis-aside-what-pains-indonesia-is-the-humiliation.html.

42. 可參見 John W. Lewis, "The Contradictions of Bush's China Policy," *New York Times*, June 2, 2001, https://www.nytimes.com/2001/06/02/opinion/the-contradictions-of-bush-s-china-policy.html.

43. Richard Cronin, "The Second Bush Administration and Southeast Asia," *Stimson Center*, July 17, 2007, https://www.files.ethz.ch/isn/45521/Bush-SEA_KF_Cronin_17July2007.pdf.

44. Joshua Kurlantzick, *Charm Offensive: How China's Soft Power Is Transforming the World* (New Haven, CT: Yale University Press, 2007); Andrew Kohut, "How the World Sees China," *Pew Research Center*, December 11, 2007, https://www.pewresearch.org/global/2007/12/11/how-the-world-sees-china/.

45. Kohut, "How the World Sees China."

46. "Chapter 1: Views of the U.S. and American Foreign Policy," in "Global Opinion of Obama Slips, International Policies Faulted," *Pew Research Center*, June 13, 2012, https://www.pewresearch.org/global/2012/06/13/chapter-1-views-of-the-u-s-and-american-foreign-policy-4/.

47. 希拉蕊原本針對「亞太再平衡」(時稱「重返亞洲」)所提出的規畫，見於 Hillary Clinton, "America's Pacific Century," *Foreign Policy*, October 11, 2011, https://foreignpolicy.com/2011/10/11/americas-pacific-century/.

48. Office of the Press Secretary, "Advancing the Rebalance to Asia and the Pacific," White House, November 16, 2015, https://obamawhitehouse.archives.gov/the-press-office/2015/11/16/fact-sheet-advancing-rebalance-asia-and-pacific.

49. Freedom House, *Freedom in the World 2007: The Annual Survey of Political Rights and Civil Liberties* (Lanham, MD: Rowman & Littlefield, 2007), https://freedomhouse.org/sites/default/files/2020-02/Freedom_in_the_World_2007_complete_book.pdf.

50. Thomas Carothers, "Democracy Promotion Under Obama: Finding a Way Forward," Policy Brief 77, *Carnegie Endowment for International Peace*, February 2009, https://carnegieendowment.org/files/democracy_promotion_obama.pdf.

51. Terry Miller, Anthony B. Kim, and James M. Roberts, *2019 Index of Economic Freedom: 25th Anniversary Edition* (Washington, DC: Heritage Foundation, 2019), https://www.heritage.org/index/pdf/2019/book/index_2019.pdf.

52. Helen Epstein, "Good News for Democracy," *Lancet* 393, no. 10181 (2019): 1569–668, https://www.thelancet.com/journals/lancet/article/PIIS0140-6736(19)30431-3/fulltext. Also, Thomas Bollyky et al., "The Relationships Between Democratic Experience, Adult Health, and Cause-Specific Mortality in 170 Countries Between 1980 and 2016: An Observational Analysis," *Lancet* 393, no. 10181 (2019): 1628–40, http://dx.doi.org/10.1016/S0140-6736(19)30235-1.

53. 在前書 *Democracy in Retreat: The Revolt of the Middle Class and Worldwide Decline of Representative Government* (New Haven, CT:Yale University Press, 2014), 51, 183–84 我曾經談到此一效應。
＊華文版：《民主在退潮：民主還會讓我們的世界變得更好嗎？》湯錦台譯，台北：如果出版，2015。

54. Ibid.

55. Li Mingjiang, "Soft Power in Chinese Discourse: Popularity and Prospect," RSIS Working Paper

No. 165, Nanyang Technological University, Singapore, January 2008, https://www.researchgate.net/publication/30066572_Soft_Power_in_Chinese_Discourse_Popularity_and_Prospect.

＊〈江澤民在中國共產黨第十六次全國代表大會上的報告〉，中國政府網，2002/11/8，http://www.gov.cn/test/2008-08/01/content_1061490.htm 。

56. Yiwei Wang, "Public Diplomacy and the Rise of Chinese Soft Power," *Annals of the American Academy of Political and Social Sciences* 616 (2008): 263, https://www.jstor.org/stable/25098003.

57. Min-gyu Lee and Yufan Hao, "China's Unsuccessful Charm Offensive: How South Koreans Have Viewed the Rise of China over the Past Decade," *Journal of Contemporary China* 27, no. 114 (2018): 867, https://www.tandfonline.com/doi/abs/10.1080/10670564.2018.1488103.

＊〈胡錦濤在党的十七大上的报告〉，中國人大網，2012/11/6，https://tinyurl.com/2mewb9uw。

58. Ibid.

59. Daya Kishan Thussu, Hugo de Burgh, and Anbin Shi, eds., *China's Media Go Global* (New York: Routledge, 2018), 69.

60. Hilton Yip, "China's $6 Billion Propaganda Blitz Is a Snooze," *Foreign Policy*, April 23, 2018, https://foreignpolicy.com/2018/04/23/the-voice-of-china-will-be-a-squeak/.

61. Pál Nyíri, *Reporting for China: How Chinese Correspondents Work with the World* (Seattle: University of Washington Press, 2017), 25–26.

62. Ibid.

63. 例如Radomir Tylecote and Henri Rossano, "Discussion Paper: China's Military Education and Commonwealth Countries," *Civitas*, November 2021, https://www.civitas.org.uk/publications/discussion-paper-chinas-military-education-and-commonwealth-countries/.

64. "Why China Is Lavishing Money on Foreign Students," *Economist*, January 26, 2019, https://www.economist.com/china/2019/01/26/why-china-is-lavishing-money-on-foreign-students.

65. Prashanth Parameswaran, "Measuring the Dragon's Reach: Quantifying China's Influence in Southeast Asia (1990–2007)," *Monitor: Journal of International Studies* 14, no. 2 (2010): 37–53.

66. Custer et al., *Ties That Bind*, 12.

67. Ibid.

68. "Outbound Mobility: Past Years," *Institute of International Education*, accessed February 17, 2022, https://www.iie.org/Research-and-Insights/Project-Atlas/Explore-Data/China/Outbound-Mobility---Past-Years.

69. Custer et al., *Ties That Bind*.

70. 在Kurlantzick, *Charm Offensive*我按我的研究對語言學校興盛的情況進行了長篇討論。

71. Zhuang Pinghui, "China's Confucius Institutes Rebrand After Overseas Propaganda Rows," *South China Morning Post*, July 4, 2020, https://www.scmp.com/news/china/diplomacy/article/3091837/chinas-confucius-institutes-rebrand-after-overseas-propaganda.

72. Institute of International Education, "Leading Places of Origin of International Students, 2003/04–2004/05," *Open Doors Report on International Education Exchange*, https://www.iie.org/Research-and-Insights/Open-Doors/Data/International-Students/Places-of-Origin/Leading-Places-of-Origin/2004-05.

73. Institute of International Education, "Top 25 Places of Origin of International Students, 2009/10–2010/11," *Open Doors Report on International Education Exchange*, https://opendoorsdata.org/data/

international-students/leading-places-of-origin.

74. Custer et al., *Ties That Bind*, 16.

75. Parameswaran, "Measuring the Dragon's Reach."

76. Tony S. M. Tse and J. S. Perry Hobson, "The Forces Shaping China's Outbound Tourism," *Journal of China Tourism Research* 4, no. 2 (2008): 136–55, https://www.tandfonline.com/doi/pdf/10.1080/19388160802279459.

77. Cheng Si, "China Still No. 1 Outbound Tourism Market: Report," *China Daily*, March 13, 2019, http://www.chinadaily.com.cn/a/201903/13/WS5c88f6aca3106c65c34ee74c.html.

78. Claudio Rosmino, "How Is Europe Preparing for the Return of Chinese Tourists," *EuroNews*, December 22, 2020, https://www.euronews.com/next/2020/12/22/how-is-europe-preparing-for-the-return-of-chinese-tourists.

79. Junyi Zhang, "Chinese Foreign Assistance, Explained," *Brookings Institution*, July 19, 2016, https://www.brookings.edu/blog/order-from-chaos/2016/07/19/chinese-foreign-assistance-explained.

80. 對於中國經援較為完整的定義及分析，見Axel Dreher et al., "Aid, China, and Growth: Evidence from a New Global Development Finance Dataset," Working Paper 46, *AidData*, October 2017, https://www.aiddata.org/publications/aid-china-and-growth-evidence-from-a-new-global-development-finance-dataset.

81. Robert A. Blair, Robert Marty, and Philip Roessler, "Foreign Aid and Soft Power: Great Power Competition in Africa in the Early 21st Century," Working Paper 86, AidData, August 2019, http://docs.aiddata.org/ad4/pdfs/WPS86_Foreign_Aid_and_Soft_Power__Great_Power_Competition_in_Africa_in_the_Early_21st_Century.pdf.

82. Zhang, "Chinese Foreign Assistance, Explained."

83. Ibid.

84. Dreher et al., "Aid, China, and Growth."

85. Ibid.

86. Thomas Lum, Wayne M. Morrison, and Bruce Vaughn, "CRS Report for Congress: China's 'Soft Power' in Southeast Asia," *Congressional Research Service*, January 4, 2008, https://fas.org/sgp/crs/row/RL34310.pdf.

87. Esther Pan, "Tsunami Disaster: Relief Effort," *Council on Foreign Relations*, February 15, 2005, https://www.cfr.org/backgrounder/tsunami-disaster-relief-effort.

88. Hu Jintao, "Build Towards a Harmonious World of Lasting Peace and Common Prosperity," Statement at the United Nations Summit, New York, September 15, 2005, https://www.un.org/webcast/summit2005/statements15/china050915eng.pdf.
   ＊胡锦涛，〈努力建设持久和平、共同繁荣的和谐世界〉，在联合国成立60周年首脑会议上的讲话，中国政府网，2005/9/16。

89. Wei Pan, "Western System Versus Chinese System," China Policy Institute, Briefing Series Issue 61, University of Nottingham, July 2010, https://www.nottingham.ac.uk/iaps/documents/cpi/briefings/briefing-61-chinese-western-system.pdf.

CHAPTER 3 | 第一波魅力攻勢搭好舞台只待今朝

1. "International Leadership Visitor Program," U.S. Department of State, https://eca.state.gov/ivlp.

2. "Remarks of Chinese Premier Wen Jiabao," *Harvard Gazette*, December 11, 2003, https://news. harvard.edu/gazette/story/2003/12/harvard-gazette-remarks-of-chinese-premier-wen-jiabao/; Zheng Bijian, "China's 'Peaceful Rise' to Great-Power Status," *Foreign Affairs* 84, no. 5 (September/October 2005), https://www.foreignaffairs.com/articles/asia/2005-09-01/chinas-peaceful-rise-great-power-status; Esther Pan, "The Promise and Pitfalls of China's 'Peaceful Rise,'" *Council on Foreign Relations*, April 14, 2006, https://www.cfr.org/backgrounder/promise-and-pitfalls-chinas-peaceful-rise.

＊溫家宝，〈把目光投向中國〉，在哈佛大学的演讲，中國外交部，2003/12/10；郑必坚，〈中国和平崛起新道路和亚洲的未来〉，在2003年博鳌亚洲论坛的讲演，《新浪新闻》，2003/11/24，https://archive.ph/7rOyv。

3. Robert G. Sutter, "China's Rise and U.S. Influence in Asia: A Report from the Region," *Atlantic Council*, July 29, 2006, https://www.atlanticcouncil.org/wp-content/uploads/2006/07/060820-China_ US_Asia.pdf.

4. Ibid.; Office of the Secretary of Defense, "Annual Report to Congress: Military and Security Developments Involving the People's Republic of China 2019," *U.S. Department of Defense*, May 2019, 5–6, https://media.defense.gov/2019/May/02/2002127082/-1/-1/1/2019_CHINA_MILITARY_ POWER_REPORT.pdf.

5. Joshua Kurlantzick and Yanzhong Huang, "China's Approach to Global Governance," *Council on Foreign Relations*, June 2020, https://www.cfr.org/china-global-governance/.

6. 對於華語學校在此一時期的成長，我之前有一本書已深入討論：Joshua Kurlantzick, *Charm Offensive: How China's Soft Power Is Transforming the World* (New Haven, CT:Yale University Press, 2007). 另見Cindy Co and James Reddick, "In Cambodia's Chinese Language Schools, a Hard Push for Soft Power," *Phnom Penh Post*, December 18, 2017, https://www.phnompenhpost.com/national-post-depth/cambodias-chinese-language-schools-hard-push-soft-power.

7. 例如Mech Dara, "Hun Sen: Claim That China Is 'Invading' Kingdom Is Crazy," *Phnom Penh Post*, October 25, 2018, https://www.phnompenhpost.com/national/hun-sen-claim-china-invading-kingdom-crazy. 有許多類似的報導仔細記錄了中國工人大量湧入柬埔寨，為各種工程提供勞動力。

8. Alex Willemyns, "Analysis: Time, Cash Heal All Wounds," *Phnom Penh Post*, October 13, 2016, https://www.phnompenhpost.com/national/analysis-time-cash-heal-all-wounds.

9. "Cambodia Opens China-funded Bridge for Traffic," *Xinhua*, January 24, 2011, http://www. chinadaily.com.cn/china/2011-01/24/content_11907394.htm; Va Sonyka, "PM Inaugurates Bridge in Takhmau City," *Khmer Times*, August 3, 2015, https://www.khmertimeskh.com/58244/pm-inaugurates-bridge-in-takhmau-city/; Prak Chan Thul, "Chinese President Xi Jinping Visits Loyal Friend Cambodia," *Reuters*, October 13, 2016, https://www.reuters.com/article/us-china-cambodia/ chinese-president-xi-jinping-visits-loyal-friend-cambodia-idUSKCN12D0NV; "Cambodian PM Says Spent \$40 Million on Unspecified Arms from China," *Radio Free Asia*, July 29, 2019, https:// www.rfa.org/english/news/cambodia/china-weapons-07292019171125.html.

10. "22 Nation Poll Shows China Viewed Positively by Most Countries," *Program on International Policy Attitudes*, March 5, 2005, https://drum.lib.umd.edu/bitstream/handle/1903/10666/China_Mar05_art. pdf;jsessionid=635510E412FB72A070291CE7FD3D6F46?sequence=2.

11. Liu Kang, Min-Hua Huang, and Lu Jie, "How Do Asians View the Rise of China?," *Asian Barometer Survey Conference*, http://www.asianbarometer.org/publications/12e5aa4d6c68ee05b5def6e98a

fc2627.pdf.

12. "Round 4: 2008/2009," Afrobarometer, https://afrobarometer.org.

13. "Opinion of China, 2001–2018," Latinobarómetro, http://www.latinobarometro.org/latOnline.jsp.

14. "China's $10bn Annual Spending on Soft Power Has Bought Little of It," *Economist*, May 24, 2019, https://www.economist.com/graphic-detail/2019/05/24/chinas-10bn-annual-spending-on-soft-power-has-bought-little-of-it.

15. Ibid.

16. Isaac Stone Fish, "Unlivable Cities," *Foreign Policy*, August 13, 2012, https://foreignpolicy.com/2012/08/13/unlivable-cities/.

17. Matthew Phillips, *Thailand in the Cold War* (New York: Routledge, 2016). 他在整本書中仔細討論了美國的這些計畫。另見 "Jazz Diplomacy: Then and Now," U.S. State Department Dipnote, April 30, 2021, https://www.state.gov/dipnote-u-s-department-of-state-official-blog/jazz-diplomacy-then-and-now.

18. Phillips, *Thailand in the Cold War*, 151.

19. 例如 Benjamin Zawacki, *Thailand: Shifting Ground Between the U.S. and a Rising China* (London: Zed Books, 2017).
    ＊華文版：《泰國：美國與中國間的角力戰場，在夾縫中求存的東南亞王國》，楊芩雯譯，台北：馬可孛羅，2019。

20. "Documentary of the First Official Visit to the United States of His Majesty King Bhumibhol Adulyadej in 1960," *U.S. Embassy & Consulate in Thailand*, October 28, 2016, https://th.usembassy.gov/vdo-remembering-king-bhumibol-adulyadejs-state-visit-u-s-1960/.

21. 例如 Daniel Fineman, *A Special Relationship: The United States and Military Government in Thailand, 1947–1958* (Honolulu, Hawaii: University of Hawaii Press, 1997).

22. "Thailand's Strategic Reappraisal," in *Editorial Research Reports 1975*, vol.I, http://library.cqpress.com/cqresearcher/cqresrre1975062700.

23. Arne Kislenko 探討越戰期間美國與泰國安全關係的文章以多份第一手資料為本，十分全面，文中提到「許多泰國人樂見美國在越南的軍事角色份量能夠提升。」Arne Kislenko, "A Not So Silent Partner: Thailand's Role in Covert Operations, Counter-Insurgency, and the Wars in Indochina," *Journal of Conflict Studies* 24, no. 1 (2004), https://journals.lib.unb.ca/index.php/JCS/article/view/292.

24. 可參見 Ethan Epstein, "How China Infiltrated U.S. Classrooms," *Politico*, January 16, 2018, https://www.politico.com/magazine/story/2018/01/16/how-china-infiltrated-us-classrooms-216327/.

25. Kornphanat Tungkeunkunt, "China's Soft Power in Thailand Culture and Commerce: China's Soft Power in Thailand," *International Journal of China Studies* 7, no. 2 (2017), https://www.researchgate.net/publication/326080395_China's_Soft_Power_in_Thailand_Culture_and_Commerce_China's_Soft_Power_in_Thailand/citation/download.

26. York A. Weise, "The 'Chinese Education Problem' of 1948—Thai Governmental Repression as Perceived by the Thai Chinese Press," Occasional Paper No. 15, Southeast Asian Studies at the University of Freiburg, April 2013, https://www.southeastasianstudies.uni-freiburg.de/Content/files/occasional-paper-series/op15.pdf.

27. Kornphanat, "China's Soft Power in Thailand Culture and Commerce."

28. 可參見 Geoffrey Robinson, *The Killing Season: A History of the Indonesian Massacres, 1965–66* (Princeton, NJ: Princeton University Press, 2018).

29. Grace Tan-Johannes, "Why More Chinese Indonesians Are Learning Mandarin, and Nurturing Their Children's Sense of Belonging to Chinese Culture," *South China Morning Post*, August 23, 2018, https://www.scmp.com/lifestyle/families/article/2160779/three-reasons-more-chinese-indonesians-are-learning-mandarin-and; Jacqueline Knörr, "'Free the Dragon' Versus 'Becoming Betawi': Chinese Identity in Contemporary Jakarta," *Asian Ethnicity* 10, no. 1 (2009): 71–90, https://www.tandfonline.com/doi/full/10.1080/14631360802628467.

30. Corry Elyda and Fedina S. Sundaryani, "Ahok Becomes Jakarta Governor Today," *Jakarta Post*, November 19, 2014, https://www.thejakartapost.com/news/2014/11/19/ahok-becomes-jakarta-governor-today.html.

31. "How Fake News and Hoaxes Have Tried to Derail Jakarta's Election," *BBC*, April 18, 2017, https://www.bbc.com/news/world-asia-39176350.

32. Carool Kersten, "Jakarta Governor's Blasphemy Conviction Shows Democracy and Tolerance Under Threat in Indonesia," *Newsweek*, May 11, 2017, https://www.newsweek.com/ahok-religious-intolerance-indonesia-607343. Also, "Jakarta's Christian Governor Ahok Sentenced to Two Years in Jail for Blasphemy," *Reuters*, May 9, 2017, https://www.newsweek.com/jakartas-former-governor-ahok-jailed-blasphe my-605618.

33. Tom Allard and Agustinus Beo Da Costa, "Indonesian Islamist Leader Says Ethnic Chinese Wealth Is Next Target," *Reuters*, May 12, 2017, https://www.reuters.com/article/uk-indonesia-politics-cleric-exclusive/exclusive-indonesian-islamist-leader-says-ethnic-chinese-wealth-is-next-target-idUSKBN18817N.

34. Kornphanat, "China's Soft Power in Thailand Culture and Commerce."

35. Ibid.

36. "Chapter 2: China's Image," in "Global Opposition to U.S. Surveillance and Drones, but Limited Harm to America's Image," *Pew Research Center*, July 14, 2014, https://www.pewresearch.org/global/2014/07/14/chapter-2-chinas-image/.

37. Kornphanat, "China's Soft Power in Thailand Culture and Commerce."

38. Ibid.

39. Ibid.; Tyler Roney, "Chinese Propaganda Finds a Thai Audience," *Foreign Policy*, August 28, 2019, https://foreignpolicy.com/2019/08/28/chinese-propaganda-finds-a-thai-audience/.

40. Murray Hiebert, *Under Beijing's Shadow: Southeast Asia's China Challenge* (Lanham, MD: Rowman and Littlefield, 2020), 322.

41. "Vice Foreign Minister Zhang Zhijun Talks About Vice President Xi Jinping's Visits to Vietnam and Thailand," Ministry of Foreign Affairs of the People's Republic of China, December 24, 2011, https://www.mfa.gov.cn/ce/cemn/eng/gnyw/t890786.htm.

42. "Thai PM Seeks Out Roots in Meizhou," *China Daily*, July 4, 2005, http://www.chinadaily.com.cn/english/doc/2005-07/04/content_456688.htm.
    ＊張建文、林军强，〈泰国总理他信携家人赴广东梅州寻根〉,《新浪新闻》, 2005/7/2，https://archive.ph/STJM8。

43. Ibid.

44. Zawacki, *Thailand*.

45. Ibid.

46. Duncan McCargo and Ukrist Pathmanand, *The Thaksinization of Thailand* (Copenhagen: Nordic Institute of Asian Studies, 2004), 56–58.

47. Blake Schmidt and Natnicha Chuwiruch, "Thailand's Richest Family Is Getting Richer Helping China," *Bloomberg*, April 24, 2019, https://www.bloomberg.com/news/articles/2019-04-23/richest-family-in-thailand-is-getting-richer-by-helping-china.

48. Joseph Lelyveld, "China and Malaysia Establish Relations," *New York Times*, June 1, 1974, https://www.nytimes.com/1974/06/01/archives/china-and-malaysia-establish-relationsl-large-chinese-population.html. Also, Dawn Chan, "PM Outlines Three Areas to Further Boost Malaysia-China Relations," *New Straits Times*, October 14, 2021, https://www.nst.com.my/news/nation/2021/10/736538/pm-outlines-three-areas-further-bolster-malaysia-china-relations.

49. "Chapter 3: Views of China and Its Increasing Influence," in "Global Unease with Major World Powers," *Pew Research Center*, June 27, 2007, https://www.pewresearch.org/global/2007/06/27/chapter-3-views-of-china-and-its-increasing-influence/.

50. Yu-tzung Chang and Yun-han Chu, "Xi's Foreign Policy Turn and Asian Perceptions of a Rising China," *Global Asia* 12, no. 1 (Spring 2017), http://www.asianbarometer.org/publications//38bd8798df38c115ef8a76646fd41fb4.pdf.

51. Samantha Custer et al., *Ties That Bind: Quantifying China's Public Diplomacy and Its "Good Neighbor" Effect* (Williamsburg, VA: AidData at William & Mary, 2018), 15, https://www.aiddata.org/publications/ties-that-bind. AidData 將這些援助稱為「具備外交意圖的官方撥款」；中國並非經濟合作暨發展組織旗下發展協助委員會裡面的捐款者，他們提供的援助有時候並不透明，但 AidData 基本上還是將這些款項分類為經援，因為提供的資金當中至少有 25% 是補助款，這符合發展協助委員會對於經援的定義。

52. Yantoultra Ngui, "China Elevates Malaysia Ties, Aims to Triple Trade by 2017," *Reuters*, October 4, 2013, https://www.reuters.com/article/us-malaysia-china/china-elevates-malaysia-ties-aims-to-triple-trade-by-2017-idUSBRE99304020131004.

53. Custer et al., *Ties That Bind*, 30.

54. 例如 Ananth Baliga and Vong Sokheng, "Cambodia Again Blocks ASEAN Statement on the South China Sea," *Agence France Presse*, July 25, 2016, https://www.phnompenhpost.com/national/cambodia-again-blocks-asean-statement-south-china-sea.

55. Ibid.

56. Shannon Tiezzi, "How China Wins Friends and Influences People," *Diplomat*, June 27, 2018, https://thediplomat.com/2018/06/how-china-wins-friends-and-influences-people/.

57. 我會詳述這些工作，見 Kurlantzick, *Charm Offensive*.

58. "Feelings Toward Other Nations," Lowy Institute Poll 2019, *Lowy Institute*, https://lowyinstitutepoll.lowyinstitute.org/themes/feelings-towards-other-nations/.

59. Ibid.

60. "Opinion of China: 2002," Global Indicators Database, *Pew Research Center*, https://www.pewresearch.org/global/database/indicator/24/. 擷取黃岩島一事見 Ely Ratner, "Learning the Lessons of Scarborough Reef," *National Interest*, November 21, 2013, https://nationalinterest.org/

commentary/learning-the-lessons-scarborough-reef-9442.

61. Custer et al., *Ties That Bind.*

62. Roel Landingin, "Philippines: China-Funded Northrail Project Derailed," *Financial Times*, October 10, 2012, https://www.ft.com/content/7f7f314c-522b-3a68-b6ad-4188ff607f4d.

CHAPTER 4 │ 中國當代影響力活動的動機

1. "South Korea 'Suspends Visas' for Chinese Teachers at Confucius Institutes," *Agence France-Presse*, February 1, 2017, https://www.scmp.com/news/asia/east-asia/article/2067162/south-korea-suspends-visas-chinese-teachers-confucius-institutes. Also, "Confucius Institutes Around the World," DigMandarin, https://www.digmandar in.com/confucius-institutes-around-the-world.html.

2. Min-gyu Lee and Yufan Hao, "China's Unsuccessful Charm Offensive: How South Koreans Have Viewed the Rise of China over the Past Decade," *Journal of Contemporary China* 27, no. 115 (2018): 867–86.

3. Ibid.

4. Ibid.

5. Joyce Lee and Adam Jourdan, "South Korea's Lotte Reports Store Closures in China Amid Political Stand-off," *Reuters*, March 5, 2017, https://www.reuters.com/article/us-southkorea-china-lotte/south-koreas-lotte-repor ts-store-closures-in-china-amid-political-stand-off-idUSKBN16D03U.

6. Lauren Teixeira, "K-Pop's Big China Problem," *Foreign Policy*, July 30, 2019, https://foreignpolicy.com/2019/07/30/k-pops-big-china-problem/.

7. Echo Huang, "China Inflicted a World of Pain on South Korea in 2017," *Quartz*, December 21, 2017, https://qz.com/1149663/china-south-korea-relations-in-2017-thaad-backlash-and-the-effect-on-tourism/.

8. Scott A. Snyder, "South Koreans and Americans Agree on How to Deal with China," *Asia Unbound*, October 21, 2019, https://www.cfr.org/blog/south-koreans-and-americans-agree-how-deal-china.

9. 本節一部分改寫自 Joshua Kurlantzick, "Everyone's Getting Mad at China: A Shift, or Nothing New?," *Asia Unbound*, November 22, 2019, https://www.cfr.org/blog/everyones-getting-mad-china-shift-or-nothing-new.

10. Yida Zhai, "The Gap in Viewing China's Rise Between Chinese Youth and Their Asian Counterparts," *Journal of Contemporary China* 27, no. 114 (2018).

11. Ibid.

12. "The State of Southeast Asia: 2019 Survey Report," *ASEAN Studies Center, ISEAS-Yusof Ishak Institute*, January 29, 2019, https://www.iseas.edu.sg/images/pdf/TheStateofSEASurveyReport_2019.pdf; "The State of Southeast Asia: 2020 Survey Report," *ASEAN Studies Center, ISEAS-Yusof Ishak Institute*, January 16, 2020, https://www.iseas.edu.sg/wp-content/uploads/pdfs/TheStateofSEASurveyReport_2020.pdf.

13. Yun-han Chu, Liu Kang, and Min-hua Huang, "How East Asians View the Rise of China," *Journal of Contemporary China* 24, no. 93 (2015).

14. Ian Hall and Frank Griffith, "The Struggle for Soft Power in East Asia: Public Diplomacy and Regional Competition," *Asian Security* 9, no. 1 (January 2013).

15. David Shambaugh, "China's Soft-Power Push," *Foreign Affairs* 94, no. 4 (July/August 2015), https://

www.foreignaffairs.com/articles/china/2015-06-16/china-s-soft-power-push.

16. Hall and Griffith, "The Struggle for Soft Power in East Asia."

17. Zhai, "The Gap in Viewing China's Rise Between Chinese Youth and Their Asian Counterparts."

18. "The State of Southeast Asia: 2019 Survey Report," *ASEAN Studies Center, ISEAS-Yusof Ishak Institute*, January 29, 2019, https://www.iseas.edu.sg/images/pdf/TheStateofSEASurveyReport_2019.pdf.

19. Ibid.

20. Samantha Custer et al., *Ties That Bind: Quantifying China's Public Diplomacy and Its "Good Neighbor" Effect* (Williamsburg, VA: AidData at William & Mary, 2018), 4–5, https://www.aiddata.org/publications/ties-that-bind.

21. Ibid., 45.

22. Ibid., 48–53.

23. 對此一現象有一篇較早期的分析，見 Soo Yeon Kim and Bruce Russett, "The New Politics of Voting Alignments in the United Nations General Assembly," *International Organization* 50, no. 4 (Autumn 1996): 629–52.

24. Margaret Seymour, "Measuring Soft Power," *Foreign Policy Research Institute*, December 14, 2020, https://www.fpri.org/article/2020/12/measuring-soft-power/.

25. Richard C. Bush and Maeve Whelan-Wuest, "How Asians View America (and China)," *Brookings Institution*, January 18, 2017, https://www.brookings.edu/blog/order-from-chaos/2017/01/18/how-asians-view-america-and-china/.

26. 可參見 Tuan Anh Luc, "Demonstrations in Vietnam Should Be a Wake-up Call for China," *East Asia Forum*, July 14, 2018, https://www.eastasiaforum.org/2018/07/14/demonstrations-in-vietnam-should-be-a-wake-up-call-for-china/; "Thousands Protest Against Myanmar Mega-dam," *ASEAN Post*, April 23, 2019, https://theaseanpost.com/article/thousands-protest-against-myanmar-mega-dam; and Gene Ryack, "A Hitch in the Belt and Road in Myanmar," *Diplomat*, December 3, 2020, https://thediplomat.com/2020/12/a-hitch-in-the-belt-and-road-in-myanmar/.

27. James Kynge, "China's Belt and Road Difficulties Are Proliferating Across the World," *Financial Times*, July 9, 2018, https://www.ft.com/content/fa3ca8ce-835c-11e8-a29d-73e3d454535d.

28. "China's Role in Myanmar's Internal Conflicts," USIP Senior Study Group Final Report, *United States Institute of Peace*, September 2018, https://www.usip.org/sites/default/files/2018-09/ssg-report-chinas-role-in-myanmars-internal-conflicts.pdf; Nan Lwin, "China Leads Investment in Yangon," *Irrawaddy*, July 26, 2019, https://www.irrawaddy.com/business/china-leads-investment-yangon.html; "China, Myanmar Vow Closer Ties as Suu Kyi Visits Beijing," *Associated Press*, August 20, 2016, https://apnews.com/8bca717683d74c23926bda4fd95b4f2e; Jane Perlez, "In China, Aung San Suu Kyi Finds a Warm Welcome (and No Talk of Rohingya)," *New York Times*, November 30, 2017, https://www.nytimes.com/2017/11/30/world/asia/china-myanmar-aid-sanctions.html.

29. Aung Zaw, "The Letpadaung Saga and the End of an Era," *Irrawaddy*, March 14, 2013, https://www.irrawaddy.com/opinion/the-letpadaung-saga-and-the-end-of-an-era.html.

30. Jason Burke and Swe Win, "Burma: Riot Police Move in to Break Up Copper Mine Protest," *Guardian*, November 29, 2012, https://www.theguardian.com/world/2012/nov/29/burma-riot-police-mine-protest.

31. Ibid.; Thomas Fuller, "Violent Raid Breaks Up Myanmar Mine Protest," *New York Times*, November 29, 2012, https://www.nytimes.com/2012/11/30/world/asia/myanmar-security-forces-raid-protest-camp.html; Lawi Weng, "Use of Phosphorus in Protest Raid Outrages Activist, Victims," *Irrawaddy*, January 31, 2013, https://www.irrawaddy.com/news/burma/use-of-phosphorus-in-protest-raid-outrages-activist-victims.html.

32. "Myanmar: Suspend Copper Mine Linked to Ongoing Human Rights Abuses," *Amnesty International*, February 10, 2017, https://www.amnesty.org/en/latest/news/2017/02/myanmar-suspend-copper-mine-linked-to-ongoing-human-rights-abuses/.

33. Andrew R. C. Marshall and Prak Chan Thul, "Insight: China Gambles on Cambodia's Shrinking Forests," *Reuters*, March 6, 2012, https://www.reuters.com/article/us-cambodia-forests/insight-china-gambles-on-cambodias-shrinking-forests-idUSTRE82607N20120307; Simon Denyer, "The Push and Pull of China's Orbit," *Washington Post*, September 5, 2015, https://www.washingtonpost.com/sf/world/2015/09/05/the-push-and-pull-of-chinas-orbit/?utm_term=.1518ff271208; Aun Pheap, "Returnees on UDG Site to Be Evicted," *Cambodia Daily*, June 16, 2016, https://english.cambodiadaily.com/news/returnees-on-udg-site-to-be-evicted-114190/; James Kynge, Leila Haddou, and Michael Peel, "FT Investigation: How China Bought Its Way into Cambodia," *Financial Times*, September 8, 2016, https://www.ft.com/content/23968248-43a0-11e6-b22f-79eb4891c97d; Alisa Tang and Prak Chan Thul, "Amid Land Grabs and Evictions, Cambodia Jails Leading Activist," *Reuters*, February 24, 2017, https://www.reuters.com/article/us-cambodia-landactivist/amid-land-grabs-and-evictions-cambodia-jails-leading-activist-idUSKBN164009; Andrew Nachemson, "'This Is My Land': Cambodian Villagers Slam Chinese Mega-Project," *Al Jazeera*, September 20, 2018, https://www.aljazeera.com/indepth/features/land-cambodian-villagers-slam-chinese-mega-project-180920150810557.html.

34. Hannah Ellis-Peterson, "How Chinese Money Is Changing Sihanoukville—'No Cambodia Left,'" *South China Morning Post*, August 7, 2018, https://www.scmp.com/magazines/post-magazine/long-reads/article/2158621/how-chinese-money-changing-sihanoukville-no.

35. Pál Nyíri, "New Chinese Migration and Capital in Cambodia," *Trends in Southeast Asia* 3 (2014): 6–7.

36. Ibid.

37. Hongyi Lai, "China's Cultural Diplomacy: Going for Soft Power," in *China's Soft Power and International Relations*, ed.Hongyi Lai and Yiyi Lu (London: Routledge, 2012), 88–89.

38. Ibid.

39. Ibid.

40. Shambaugh, "China's Soft-Power Push."

41. Chris Buckley, "In China, an Action Hero Beats Box Office Records (and Arrogant Westerners)," *New York Times*, August 16, 2017, https://www.nytimes.com/2017/08/16/world/asia/china-wolf-warrior-2-film.html; Zephing Huang, "China's Answer to Rambo Is About Punishing Those Who Offend China—and It's Killing It in Theaters," *Quartz*, August 8, 2017, https://qz.com/1048667/wolf-warriors-2-chinas-answer-to-rambo-and-about-punishing-those-who-offend-china-is-killing-it-at-the-box-office/.

42. "Chinese Artist Ai Weiwei Describes His 81 Days in Prison—and the Extreme Surveillance, Censorship, and 'Soft Detention' He's Endured Since," *Artspace*, December 20, 2018, https://www.

artspace.com/magazine/inter views_features/qa/the-most-shocking-image-i-can-remember-is-seeing-myself-in-the-mirrorchinese-artist-ai-weiwei-55832; "Ai Weiwei Beijing Studio Demolished 'Without Warning,'" *BBC*, August 4, 2018, https://www.bbc.com/news/world-asia-china-45070214; Tom Phillips, "China: Lawyer for Ai Weiwei Jailed for 12 Years in 'Severe Retaliation,'" *Guardian*, September 22, 2016, https://www.theguardian.com/world/2016/sep/22/china-lawyer-for-ai-weiwei-jailed-for-12-years-in-severe-retaliation.

43. Jonathan McClory, ed., "The Soft Power 30: A Global Ranking of Soft Power 2019," *Portland Consulting Group*, https://softpower30.com/wp-content/uploads/2019/10/The-Soft-Power-30-Report-2019-1.pdf.

44. Ibid.

45. Ibid.

46. Laura Silver, Kat Devlin, and Christine Huang, "Unfavorable Views of China Reach Historic Highs in Many Countries," *Pew Research Center*, October 6, 2020, https://www.pewresearch.org/global/2020/10/06/unfavorable-views-of-china-reach-historic-highs-in-many-countries/.

47. James Crabtree, "Making (Limited) Inroads:Why China's Belt and Road Struggles to Deliver Goodwill," in Jonathan McClory, ed., "The Soft Power 30: A Global Ranking of Soft Power 2019," *Portland Consulting Group*, https://softpower30.com/wp-content/uploads/2019/10/The-Soft-Power-30-Report-2019-1.pdf.

48. McClory, ed., "The Soft Power 30: A Global Ranking of Soft Power 2019."

49. Shambaugh, "China's Soft-Power Push."

50. Matt Gillow, "The BBC and Soft Power," *British Foreign Policy Group*, March 13, 2020, https://bfpg.co.uk/2020/03/the-bbc-and-soft-power/. Also, McClory, ed., "The Soft Power 30: A Global Ranking of Soft Power 2018," *Portland Consulting Group*, https://softpower30.com/wp-content/uploads/2018/07/The-Soft-Power-30-Report-2018.pdf; McClory, "The Soft Power 30: A Global Ranking of Soft Power 2019."

51. James Palmer, "China's Global Propaganda Is Aimed at Bosses, Not Foreigners," *Foreign Policy*, October 1, 2018, https://foreignpolicy.com/2018/10/01/chinas-global-propaganda-is-aimed-at-bosses-not-foreigners/.

52. Ibid. 資料也有部分來自我對布里的訪談。

53. Pál Nyíri, *Reporting for China: How Chinese Correspondents Work in the World* (Seattle: University of Washington Press, 2017), 55.

54. Palmer, "China's Global Propaganda Is Aimed at Bosses, Not Foreigners."

55. 例如Sam Kestenbaum, "Al Jazeera Sorry for 'Mistakenly' Tweeting Anti-Semitic Meme," *Forward*, June 1, 2017, https://forward.com/fast-forward/373513/al-jazeera-sorry-for-mistakenly-tweeting-anti-semitic-meme/; "Al Jazeera Suspends Journalist for Holocaust Denial Video," BBC, May 20, 2019, https://www.bbc.com/news/world-middle-east-48335169.

56. Palmer, "China's Global Propaganda Is Aimed at Bosses, Not Foreigners."

57. Osman Antwi-Boateng, "The Rise of Qatar as a Soft Power and the Challenges," *European Scientific Journal* 9, no. 31 (November 2013): 350–68.

58. Ibid.

59. Palmer, "China's Global Propaganda Is Aimed at Bosses, Not Foreigners."

60. Sarah Cook, "Escalating Chinese Government Internet Controls: Risks and Responses," Written Testimony Before the Congressional-Executive Commission on China, April 26, 2018, https://www.cecc.gov/sites/chinacommission.house.gov/files/documents/Freedom%20House%20-%20CECC%20%20Testimony%20-%20Cook-final.pdf; Sarah Cook, "China's Cyber Superpower Strategy: Implementation, Internet Freedom Implications, and U.S. Responses," Written Testimony Before the House Committee on Oversight and Government Reform, Subcommittee on Information Technology, September 26, 2018, https://freedomhouse.org/article/chinas-cyber-superpower-strategy-implementation-internet-freedom-implications-and-us.

61. Joshua Kurlantzick and Yanzhong Huang, "China's Approach to Global Governance," *Council on Foreign Relations*, June 2020, https://www.cfr.org/china-global-governance/.

62. Shannon Tiezzi, "China Celebrates Paris Climate Change Deal," *Diplomat*, December 15, 2015, https://thediplomat.com/2015/12/china-celebrates-paris-climate-change-deal/; Justin Worland, "It Didn't Take Long for China to Fill America's Shoes on Climate Change," *Time*, June 8, 2017, https://time.com/4810846/china-energy-climate-change-paris-agreement/; Patrick Wintour, "China Starts to Assert Its World View at UN as Influence Grows," *Guardian*, September 24, 2018, https://www.theguardian.com/world/2018/sep/24/china-starts-to-assert-its-world-view-at-un-as-influence-grows; Ted Piccone, "China's Long Game on Human Rights at the United Nations," *Brookings Institution*, September 2018, https://www.brookings.edu/research/chinas-long-game-on-human-rights-at-the-united-nations/; Lindsay Maizland, "Is China Undermining Human Rights at the United Nations?," *Council on Foreign Relations*, July 9, 2019, https://www.cfr.org/in-brief/china-undermining-human-rights-united-nations.

63. Kim Tae-Hwan, "China's Sharp Power and South Korea's Peace Initiative," *Korea Economic Institute*, July 29, 2019, http://keia.org/sites/default/files/publications/kei_jointus-korea_2019_2.2.pdf.

64. Elizabeth Economy, "Excerpt: The Third Revolution," *Council on Foreign Relations*, 2018, https://www.cfr.org/excerpt-third-revolution.

65. Ely Ratner, "Exposing China's Actions in the South China Sea," *Council on Foreign Relations*, April 6, 2018, https://www.cfr.org/report/exposing-chinas-actions-south-china-sea; "China Has Militarized the South China Sea and Got Away with It," *Economist*, June 21, 2018, https://www.economist.com/asia/2018/06/21/china-has-militarised-the-south-china-sea-and-got-away-with-it; Scott N. Romaniuk and Tobias Burgers, "China's Next Phase of Militarization in the South China Sea," *Diplomat*, March 20, 2019, https://thediplomat.com/2019/03/chinas-next-phase-of-militarization-in-the-south-china-sea/; Chris Buckley, "China Claims Air Rights over Disputed Islands," *New York Times*, November 23, 2013, https://www.nytimes.com/2013/11/24/world/asia/china-warns-of-action-against-aircraft-over-disputed-seas.html; "China Says U.S. Should Respect China's Air Defense Zone," *Reuters*, March 23, 2017, https://www.reuters.com/article/us-china-usa-defence-idUSKBN16U0SB; Ronald O'Rourke, "U.S.-China Strategic Competition in South and East China Seas: Background and Issues for Congress," *Congressional Research Service*, September 24, 2019, https://fas.org/sgp/crs/row/R42784.pdf.

66. Robert A. Manning and Patrick M. Cronin, "Under Cover of Pandemic, China Steps Up Brinkmanship in South China Sea," *Foreign Policy*, May 14, 2020, https://foreignpolicy.com/2020/05/14/south-china-sea-dispute-accelerated-by-coronavirus/. See also Richard Javad Heydarian, "China Seizes

Covid-19 Advantage in South China Sea," *Asia Times*, April 1, 2020, https://asiatimes.com/2020/04/china-seizes-covid-19-advantage-in-south-china-sea/.

67. Office of the Secretary of Defense, "Annual Report to Congress: Military and Security Developments Involving the People's Republic of China 2019," *U.S. Department of Defense*, May 2019, ii, https://media.defense.gov/2019/May/02/2002127082/-1/-1/1/2019_CHINA_MILITARY_POWER_REPORT.pdf.

68. Steven Lee Myers, "Squeezed by an India-China Standoff, Bhutan Holds Its Breath," *New York Times*, August 15, 2017, https://www.nytimes.com/2017/08/15/world/asia/squeezed-by-an-india-china-standoff-bhutan-holds-its-breath.html; Simon Denyer and Annie Gowen, "India, China Agree to Pull Back Troops to Resolve Tense Border Dispute," *Washington Post*, August 28, 2017, https://www.washingtonpost.com/world/india-withdraws-troops-from-disputed-himalayan-region-defusing-tension-with-china/2017/08/28/b92fddb6-8bc7-11e7-a2b0-e68cbf0b1f19_story.html; Ankit Panda, "Disengagement at Doklam: Why and How Did the India-China Standoff End?," *Diplomat*, August 29, 2017, https://thediplomat.com/2017/08/disengagement-at-doklam-why-and-how-did-the-india-china-standoff-end/.

69. Jin Wu and Steven Lee Myers, "Battle in the Himalayas," *New York Times*, July 18, 2020, https://www.nytimes.com/interactive/2020/07/18/world/asia/china-india-border-conflict.html; Steven Lee Myers, "Beijing Takes Its South China Sea Strategy to the Himalayas," *New York Times*, November 27, 2020, https://www.nytimes.com/2020/11/27/world/asia/china-bhutan-india-border.html; Robert Barnett, "China Is Building Entire Villages in Another Country's Territory," *Foreign Policy*, May 7, 2021, https://foreignpolicy.com/2021/05/07/china-bhutan-border-villages-security-forces/.

70. Ben Lowsen, "China's Diplomacy Has a Monster in Its Closet," *Diplomat*, October 13, 2018, https://thediplomat.com/2018/10/chinas-diplomacy-has-a-monster-in-its-closet/.

71. "The Dragon's New Teeth," *Economist*, April 7, 2012, https://www.economist.com/briefing/2012/04/07/the-dragons-new-teeth.

72. Lowsen, "China's Diplomacy Has a Monster in Its Closet."

73. Ibid.

74. Owen Churchill, "Chinese Diplomat Zhao Lijian, Known for His Twitter Outbursts, Is Given Senior Foreign Ministry Post," *South China Morning Post*, August 24, 2019, https://www.scmp.com/news/china/diplomacy/article/3024180/chinese-diplomat-zhao-lijian-known-his-twitter-outbursts-given.

75. Ibid.

76. Ibid.

77. "Vietnam Anti-China Protest: Factories Burnt," *BBC*, May 14, 2014, https://www.bbc.com/news/world-asia-27403851; Richard C. Paddock, "Vietnamese Protest an Opening for Chinese Territorial Interests," *New York Times*, June 11, 2018, https://www.nytimes.com/2018/06/11/world/asia/vietnamese-protest-chinese.html; Manoj Kumar, "Indian Traders Burn Chinese Goods in Protest over Blacklisting Veto, Trade," *Reuters*, March 19, 2019, https://www.reuters.com/article/us-india-china-trade/indian-traders-burn-chinese-goods-in-protest-over-blacklisting-veto-trade-idUSKCN1R01NU; "Japan Defense Paper Slams China's 'Coercive' Maritime Demands," *Agence France-Presse*, July 21, 2015, https://www.businessinsider.com/afp-japan-defence-paper-slams-chinas-coercive-maritime-demands-2015-7/?IR=T&r=SG; Chieko Tsuneoka, "Japan Slams China

Over Sea Strategy," *Wall Street Journal*, August 2, 2016, https://www.wsj.com/articles/japan-slams-china-over-sea-strategy-1470111240.

78. "China," *Gallup*, accessed February 17, 2022, https://news.gallup.com/poll/1627/china.aspx.

79. Hunter Marston, "The U.S.-China Cold War Is a Myth," *Foreign Policy*, September 6, 2019, https://foreignpolicy.com/2019/09/06/the-u-s-china-cold-war-is-a-myth/; Oriana Skylar Mastro, "The Stealth Superpower," *Foreign Affairs* 98, no. 1 (January/February 2019), https://www.foreignaffairs.com/articles/china/china-plan-rule-asia; Max Fisher and Audrey Carlsen, "How China Is Challenging American Dominance in Asia," *New York Times*, March 9, 2018, https://www.nytimes.com/interactive/2018/03/09/world/asia/china-us-asia-rivalry.html; Dave Lawler, "China's Blueprint for Global Dominance," *Axios*, April 8, 2019, https://www.axios.com/china-plan-global-superpower-xi-jinping-5954481e-02c8-4e19-a50c-cd2a90e4894f.html; Frederick Kempe, "The World China Wants," *Atlantic Council*, April 14, 2019, https://www.atlanticcouncil.org/content-series/inflection-points/the-world-china-wants/; Ho Kwon Ping, "China Is Replacing the US in a New Global Order, Whether the World Likes It or Not," *South China Morning Post*, September 19, 2018, https://www.scmp.com/comment/insight-opinion/united-states/article/2164722/china-replacing-us-new-global-order-whether.

80. Sarah Cook, "The Long Shadow of Chinese Censorship: How the Communist Party's Media Restrictions Affect News Outlets Around the World," *Center for International Media Assistance*, October 22, 2013, https://www.cima.ned.org/wp-content/uploads/2015/02/CIMA-China_Sarah%20Cook.pdf; Sarah Cook, "Chinese Government Influence on the U.S. Media Landscape," Written Testimony Before the U.S.-China Economic and Security Review Commission, May 4, 2017, https://www.uscc.gov/sites/default/files/Sarah%20Cook%20May%204th%202017%20USCC%20testimony.pdf; Sarah Cook, "The Globalization of Beijing's Media Controls: Key Trends from 2018," *Freedom House*, December 19, 2018, https://freedomhouse.org/blog/globalization-beijings-media-controls-key-trends-2018.

81. Elizabeth Economy, *The Third Revolution: Xi Jinping and the New Chinese State* (New York: Oxford University Press, 2018).
    ＊華文版：《習近平與新中國：中國第三次革命的機會與挑戰》，譚天譯，台北：天下文化，2019。

82. Ibid. See also Chris Buckley, Vivian Wang, and Austin Ramzy, "Crossing the Red Line: Behind China's Takeover of Hong Kong," *New York Times*, June 28, 2021, https://www.nytimes.com/2021/06/28/world/asia/china-hong-kong-security-law.html.

83. Economy, *The Third Revolution*, 11. See also Rush Doshi, *The Long Game: China's Grand Strategy to Displace American Order* (New York: Oxford University Press, 2021).

84. Jing Yang, "Jack Ma's Ant Plans Major Revamp in Response to Chinese Pressure," *Wall Street Journal*, January 27, 2021, https://www.wsj.com/articles/jack-mas-ant-plans-major-revamp-in-response-to-chinese-pressure-11611749842.

85. Richard McGregor, *Xi Jinping: The Backlash* (Melbourne: Penguin Random House, 2019), 3.

86. Bates Gill, "Xi Jinping's Grip on Power Is Absolute, but There Are New Threats to His 'Chinese Dream,'" *Conversation*, June 27, 2019, https://theconversation.com/xi-jinpings-grip-on-power-is-absolute-but-there-are-new-threats-to-his-chinese-dream-118921.

87. Chris Buckley, "Xi Jinping Thought Explained: A New Ideology for a New Era," *New York Times*, February 26, 2018, https://www.nytimes.com/2018/02/2 6/world/asia/xi-jinping-thought-explained-a-new-ideology-for-a-new-era.html; Matt Ho, "A Simple Guide to Xi Jinping Thought? Here's How China's Official Media Tried to Explain It," *South China Morning Post*, October 18, 2018, https://www.scmp.com/news/china/politics/article/2169151/simple-guide-xi-jinping-thought-heres-how-chinas-official-media.

88. Viola Zhou, "Have X-Ray Vision? You'll Need It to Understand Xi Jinping," *Inkstone*, October 19, 2019, https://www.inkstonenews.com/politics/peoples-daily-makes-xi-jinping-thought-infographic-anniversary/article/2169306.

89. Jamil Anderlini, "Patriotic Education Distorts China World View," *Financial Times*, December 23, 2012, https://www.ft.com/content/66430e4e-4cb0-11e2-986e-00144feab49a.

90. Ibid.

91. Salvatore Babones, "The Birth of Chinese Nationalism," *Foreign Policy*, May 3, 2019, https://foreignpolicy.com/2019/05/03/the-birth-of-chinese-nationalism/.

92. Adam Ni, "Assessment of the Effects of Chinese Nationalism on China's Foreign Policy," *Divergent Options*, June 10, 2019, https://www.realcleardefense.com/articles/2019/06/10/assessment_of_the_effects_of_chinese_nationalism_on_chinas_foreign_policy_114489.html; Vivian Wang and Amy Qin, "As Coronavirus Fades in China, Nationalism and Xenophobia Flare," *New York Times*, April 16, 2020, https://www.nytimes.com/2020/04/16/world/asia/coronavirus-china-nationalism.html; John Mac Ghlionn, "The U.S. Should Take Note of China's New Generation of Nationalists," *Newsweek*, September 13, 2021, https://www.newsweek.com/us-should-take-note-chinas-new-generation-nationalists-opinion-1627177.

93. Rainer Zitelmann, "State Capitalism? No, the Private Sector Was and Is the Main Driver of China's Economic Growth," *Forbes*, September 30, 2019, https://www.forbes.com/sites/rainerzitelmann/2019/09/30/state-capitalism-no-the-private-sector-was-and-is-the-main-driver-of-chinas-economic-growth/#77ee09c727cb; Orange Wang and Sidney Leng, "Chinese President Xi Jinping's Show of Support for State-Owned Firms 'No Surprise,' Analysts Say," *South China Morning Post*, September 28, 2018, https://www.scmp.com/economy/china-economy/article/21662 61/chinese-president-xi-jinpings-show-support-state-owned-firms; Bob Davis, "Trade Talks Spotlight Role of China's State-Owned Firms," *Wall Street Journal*, January 26, 2019, https://www.wsj.com/articles/trade-talks-spotlight-role-of-chinas-state-owned-firms-11548504001.

94. Scott Kennedy, "Made in China 2025," *Center for Strategic and International Studies*, June 1, 2015, https://www.csis.org/analysis/made-china-2025; Wayne M. Morrison, "The Made in China 2025 Initiative: Economic Implications for the United States," *Congressional Research Service*, April 12, 2019, https://crsreports.congress.gov/product/pdf/IF/IF10964/4; Emily Crawford, "Made in China 2025: The Industrial Plan That China Doesn't Want Anyone Talking About," *PBS*, May 7, 2019, https://www.pbs.org/wgbh/frontline/article/made-in-china-2025-the-industrial-plan-that-china-doesnt-want-anyone-talking-about/.

95. "Xi Jinping Is Trying to Remake the Chinese Economy," *Economist*, August 15, 2020, https://www.economist.com/briefing/2020/08/15/xi-jinping-is-trying-to-remake-the-chinese-economy.

96. Ross Andersen, "The Panopticon Is Already Here," *Atlantic*, September 2020, https://www.

theatlantic.com/magazine/archive/2020/09/china-ai-surveillance/614197/.

97. Anna Fifield, "Paramount and Paranoid: China's Xi Faces a Crisis of Confidence," *Washington Post*, August 3, 2019, https://www.washingtonpost.com/world/asia_pacific/paramount-and-paranoid-chinas-xi-faces-a-crisis-of-confidence/2019/08/02/39f77f2a-aa30-11e9-8733-48c87235f396_story.html.

98. Chris Buckley, "Vows of Change in China Belie Private Warning," *New York Times*, February 14, 2013, https://www.nytimes.com/2013/02/15/world/asia/vowing-reform-chinas-leader-xi-jinping-airs-other-message-in-private.html?hpw.

＊高瑜，〈男兒習近平〉，《德國之聲》，2013/1/25，https://p.dw.com/p/17RHk。

99. Buckley, "Vows of Change in China Belie Private Warning."

100. Zhou Xin and Sarah Zheng, "Xi Jinping Rallies China for Decades-Long 'Struggle' to Rise in Global Order, amid Escalating US Trade War," *South China Morning Post*, September 5, 2019, https://www.scmp.com/economy/china-economy/article/3025725/xi-jinping-rallies-china-decades-long-struggle-rise-global.

＊〈習近平在中央黨校（國家行政學院）中青年幹部培訓班開班式上發表重要講話〉，中國政府網，2019/9/3，https://www.gov.cn/xinwen/2019-09/03/content_5426920.htm。

101. Rush Doshi, "The Long Game: China's Grand Strategy to Displace American Order," *Brookings Institution*, August 2, 2021, https://www.brookings.edu/essay/the-long-game-chinas-grand-strategy-to-displace-american-order.

102. Robin Fu, "President Xi's 'Struggle' and the Future of U.S.-China Relations," *U.S.-China Perception Monitor*, September 13, 2019, https://uscnpm.org/2019/09/13/president-xis-struggle-future-u-s-china-relations/.

103. Simon Denyer, "Move Over, America.China Now Presents Itself as the Model 'Blazing a New Trail' for the World." *Washington Post*, October 19, 2017, https://www.washingtonpost.com/news/worldviews/wp/2017/10/19/move-over-america-china-now-presents-itself-as-the-model-blazing-a-new-trail-for-the-world/?utm_term=.a2efb346dc8e.

＊習近平，〈在中國共產黨第十九次全國代表大會上的報告〉，中國政府網，2017/10/27，http://www.gov.cn/zhuanti/2017-10/27/content_5234876.htm。

104. 可參見Jessica Chen Weiss, "No, China and the U.S. Aren't Locked in an Ideological Battle.Not Even Close," *Washington Post*, May 4, 2019, https://www.washingtonpost.com/politics/2019/05/04/no-china-us-arent-locked-an-ideological-battle-not-even-close/?utm_term=.84193cbe600a.

105. Alex Altman and Elizabeth Dias, "Moscow Cozies Up to the Right," *Time*, March 9, 2017, https://time.com/4696424/moscow-right-kremlin-republicans/; Rosalind S. Helderman and Tom Hamburger, "Guns and Religion: How American Conservatives Grew Closer to Putin's Russia," *Washington Post*, April 30, 2017, https://www.washingtonpost.com/politics/how-the-republican-right-found-allies-in-russia/2017/04/30/e2d83ff6-29d3-11e7-a616-d7c8a68c1a66_story.html; Matt Bradley, "Europe's Far-Right Enjoys Backing from Russia's Putin," *NBC News*, February 12, 2017, https://www.nbcnews.com/news/world/europe-s-far-right-enjoys-backing-russia-s-putin-n718926; Michael Carpenter, "Russia Is Co-opting Angry Young Men," *Atlantic*, August 29, 2018, https://www.theatlantic.com/ideas/archive/2018/08/russia-is-co-opting-angry-young-men/568741/; Adrienne Klasa et al., "Russia's Long Arm Reaches to the Right in Europe," *Financial Times*, May 23, 2019,

https://www.ft.com/content/48c4bfa6-7ca2-11e9-81d2-f785092ab560.

106. Max de Haldevang, "How Russian Trolls' Support of Third Parties Could Have Cost Hillary Clinton the Election," *Quartz*, February 18, 2018, https://qz.com/1210369/russia-donald-trump-2016-how-russian-trolls-support-of-us-third-parties-may-have-cost-hillary-clinton-the-election/; Robert Windrem, "Russian's Launched Pro-Jill Stein Social Media Blitz to Help Trump Win Election, Reports Say," *NBC News*, December 22, 2018, https://www.nbcnews.com/politics/national-security/russians-launched-pro-jill-stein-social-media-blitz-help-trump-n951166.

107. Gabriella Gricius, "How Russia's Disinformation Campaigns Are Succeeding in Europe," *Global Security Review*, May 11, 2019, https://globalsecurityreview.com/russia-disinformation-campaigns-succeeding-europe/.

108. Ibid. See also Todd C. Helmus et al., "Russian Social Media Influence: Understanding Russian Propaganda in Eastern Europe," *RAND Corporation*, 2018, https://www.rand.org/pubs/research_reports/RR2237.html.

109. 戰略暨國際研究中心的網站提供了「灰色地帶衝突」的簡明定義："Competing in the Gray Zone," *Center for Strategic and International Studies*, accessed February 17, 2022, https://www.csis.org/features/competing-gray-zone.

110. Naja Bentzen, "Foreign Influence Operations in the EU," *European Parliamentary Research Service*, July 2018, http://www.europarl.europa.eu/RegData/etudes/BRIE/2018/625123/EPRS_BRI(2018)625123_EN.pdf; Matt Apuzzo, "Europe Built a System to Fight Russian Meddling.It's Struggling," *New York Times*, July 6, 2019, https://www.nytimes.com/2019/07/06/world/europe/europe-russian-disinformation-propaganda-elections.html; Vivienne Walt, "Why France's Marine Le Pen Is Doubling Down on Russia Support," *Time*, January 9, 2017, https://time.com/4627780/russia-national-front-marine-le-pen-putin/; Max Seddon and Michael Stothard, "Putin Awaits Return on Le Pen Investment," *Financial Times*, May 4, 2017, https://www.ft.com/content/010eec62-30b5-11e7-9555-23ef563ecf9a; Jason Horowitz, "Audio Suggests Secret Plan for Russians to Fund Party of Italy's Salvini," *New York Times*, July 10, 2019, https://www.nytimes.com/2019/07/10/world/europe/salvini-russia-audio.html.

111. Jolanta Darczewska, "The Anatomy of Russian Information Warfare: The Crimean Operation, a Case Study," *OSW Point of View* 42 (May 2014), https://www.osw.waw.pl/sites/default/files/the_anatomy_of_russian_information_warfare.pdf; Christopher S. Chivvis, "Understanding Russian 'Hybrid Warfare' and What Can Be Done About It," Testimony Before the House Committee on Armed Services, March 22, 2017, https://www.rand.org/content/dam/rand/pubs/testimonies/CT400/CT468/RAND_CT468.pdf; Sophia Porotsky, "Analyzing Russian Information Warfare and Influence Operations," *Global Security Review*, February 8, 2018, https://globalsecurityreview.com/cold-war-2-0-russian-information-warfare/; Davey Alba and Sheera Frenkel, "Russia Tests New Disinformation Tactics in Africa to Expand Influence," *New York Times*, October 30, 2019, https://www.nytimes.com/2019/10/30/technology/russia-facebook-disinformation-africa.html; Shelby Grossman, "Russia Wants More Influence in Africa.It's Using Disinformation to Get There," *Washington Post*, December 3, 2019, https://www.washingtonpost.com/politics/2019/12/03/russia-wants-more-influence-africa-its-using-disinformation-get-there/.

112. Greg Miller and Adam Entous, "Declassified Report Says Putin 'Ordered' Effort to Undermine Faith

in U.S. Election and Help Trump," *Washington Post*, January 6, 2017, https://www.washingtonpost.com/world/national-security/intelligence-chiefs-expected-in-new-york-to-brief-trump-on-russian-hacking/2017/01/06/5f591416-d41a-11e6-9cb0-54ab630851e8_story.html.

113. Lucan Ahmad Way and Adam Casey, "Russia Has Been Meddling in Foreign Elections for Decades. Has it Made a Difference?," *Washington Post*, January 5, 2018, https://www.washingtonpost.com/news/monkey-cage/wp/2018/01/05/russia-has-been-meddling-in-foreign-elections-for-decades-has-it-made-a-difference/.

114. Graham Allison, "China and Russia: A Strategic Alliance in the Making," *National Interest*, December 14, 2018, https://nationalinterest.org/feature/china-and-russia-strategic-alliance-making-38727

115. "Russian Strategic Intentions," A Strategic Multilayer Assessment White Paper, *NSI*, May 2019, https://nsiteam.com/social/wp-content/uploads/2019/05/SMA-TRADOC-Russian-Strategic-Intentions-White-Paper-PDF-1.pdf.

116. Steven Lee Myers and Paul Mozur, "China Is Waging a Disinformation War Against Hong Kong Protesters," *New York Times*, August 13, 2019, https://www.nytimes.com/2019/08/13/world/asia/hong-kong-protests-china.html; Kate Conger, "Facebook and Twitter Say China Is Spreading Disinformation in Hong Kong," *New York Times*, August 19, 2019, https://www.nytimes.com/2019/08/19/technology/hong-kong-protests-china-disinformation-facebook-twitter.html.

117. Richard McGregor, "Trump Wants China to Help Him Win.China Wants Nothing to Do with Him," *Washington Post*, October 11, 2019, https://www.washingtonpost.com/outlook/trump-wants-china-to-help-him-win-china-wants-nothing-to-do-with-him/2019/10/10/15fddd9a-eadf-11e9-9c6d-436a0df4f31d_story.html.

118. Anna Lührmann et al., *Democracy Facing Global Challenges: V-Dem Annual Democracy Report 2019* (Gothenburg: V-Dem Institute, May 2019), https://www.v-dem.net/static/website/files/dr/dr_2019.pdf; Joshua Kurlantzick, "How China Is Interfering in Taiwan's Election," *Council on Foreign Relations*, November 7, 2019, https://www.cfr.org/in-brief/how-china-interfering-taiwans-election.

119. Sheridan Prasso and Samson Ellis, "China's Information War on Taiwan Ramps Up as Election Nears," *Bloomberg Businessweek*, October 23, 2019, https://www.bloomberg.com/news/articles/2019-10-23/china-s-information-war-on-taiwan-ramps-up-as-election-nears.

120. Insikt Group, "Beyond Hybrid War: How China Exploits Social Media to Sway American Opinion," *Recorded Future*, March 6, 2019, https://www.recordedfuture.com/china-social-media-operations/.

121. Richard Haass, *A World in Disarray: American Foreign Policy and the Crisis of the Old Order* (New York: Penguin Press, 2017).

CHAPTER 5 | 機會

1. Luke Harding, "Alexander Litvinenko: The Man Who Solved His Own Murder," *Guardian*, January 19, 2016, https://www.theguardian.com/world/2016/jan/19/alexander-litvinenko-the-man-who-solved-his-own-murder; Elias Groll, "A Brief History of Attempted Russian Assassinations by Poison," *Foreign Policy*, March 9, 2018, https://foreignpolicy.com/2018/03/09/a-brief-history-of-attempted-russian-assassinations-by-poison/; Luke Harding, "The Skripal Poisonings: The Bungled Assassination with the Kremlin's Fingerprints All Over It," *Guardian*, December 26, 2018, https://

www.theguardian.com/news/2018/dec/26/skripal-poisonings-bungled-assassination-kremlin-putin-salisbury.

2. 例如有件事情就受到廣泛報導：一名中國特工（她應該是間諜）企圖在加州政界進行各式各樣的影響力工作。（雖然她應該是間諜，但是參與情報活動的同時也進行大量影響力作戰。）Bethany Allen-Ebrahimian and Zach Dorfman, "Suspected Chinese Spy Targeted California Politicians," *Axios*, December 8, 2020, https://www.axios.com/china-spy-california-politicians-9d2dfb 99-f839-4e00-8bd8-59dec0daf589.html.

3. Paul Sonne, "A Russian Bank Gave Marine Le Pen's Party a Loan. Then Weird Things Began Happening," *Washington Post*, December 27, 2018, https://www.washingtonpost.com/world/national-security/a-russian-bank-gave-marine-le-pens-party-a-loan-then-weird-things-began-happening/2018/12/27/960c7906-d320-11e8-a275-81c671a50422_story.html.

4. "Russia Exports," *Trading Economics*, accessed February 17, 2022, https://tradingeconomics.com/russia/exports.

5. Ben Blanchard and Sarah Young, "China Hopes to See a United E.U., Xi Tells Britain on Visit," *Reuters*, October 23, 2015, https://www.reuters.com/article/uk-china-britain-idUKKCN0SG2WE20151023.

6. 欲知中國與俄羅斯對歐洲各經濟體施展的手段有何差異，請見 Thorsten Benner et al., "Authoritarian Advance: Responding to China's Growing Political Influence in Europe," *MERICS*, February 2018, https://merics.org/sites/default/files/2020-04/GPPi_MERICS_Authoritarian_Advance_2018_1.pdf.

7. 對於中國銳實力本質上涵蓋的層面較為廣泛一事，可參見 Christopher Walker, "China's Foreign Influence and Sharp Power Strategy to Shape and Influence Democratic Institutions," Testimony Before the U.S. House Permanent Select Committee on Intelligence, May 16, 2019, https://www.ned.org/chinas-foreign-influence-and-sharp-power-strategyto-shape-and-influence-democratic-institutions/.

8. Larry Diamond and Orville Schell, "Chapter 2: State and Local Governments," in *Chinese Influence and American Interests: Promoting Constructive Vigilance*, Hoover Institution, 2018, https://www.hoover.org/research/chinas-influence-american-interests-state-and-local-governments.

9. Ibid. 東京的行政首長為「東京都知事」，此一職位在許多方面都類似於美國城市的市長。

10. Ibid.

11. Bethany Allen-Ebrahimian and Zach Dorfman, "Suspected Chinese Spy Targeted California Politicians," *Axios*, December 8, 2020, https://www.axios.com/china-spy-california-politicians-9d2dfb99-f839-4e00-8bd8-59dec0daf589.html.

12. "China's Impact on the U.S. Education System," United States Senate Permanent Subcommittee on Investigations, February 2019, https://www.hsgac.senate.gov/imo/media/doc/PSI%20Report%20China's%20Impact%20on%20the%20US%20Education%20System.pdf; Alex Joske, "The Party Speaks for You," *Australian Strategic Policy Institute*, June 9, 2020, https://www.aspi.org.au/report/party-speaks-you.

13. "China's Impact on the U.S. Education System," United States Senate Permanent Subcommittee on Investigations, February 2019.

14. Erica L. Green, "Universities Face Federal Crackdown over Foreign Financial Influence," *New York*

Times, August 30, 2019, https://www.nytimes.com/2019/08/30/us/politics/universities-foreign-donations.html.

15. Ryan Lucas, "The Justice Department Is Ending Its Controversial China Initiative," *National Public Radio*, February 23, 2022, https://www.npr.org/2022/02/23/1082593735/justice-department-china-initiative.

16. 外交關係協會（CFR）的網站有一段說明：「CFR 並不接受外國政府的經費；對於外國政府所控制或持有多數股權的單位，本機構不接受其補助款，亦不會成為其會員。本機構接受美國政府款項僅限於支付每年最多六位客座研究員的開銷，他們是美國政府僱員，在CFR的紐約辦公室進行一學年的研究。」見 "Funding," *Council on Foreign Relations*, https://www.cfr.org/funding.

17. Green, "Universities Face Federal Crackdown over Foreign Financial Influence."

18. Shannon Najmabadi, "After Cruz Raises Worries About 'Propaganda,' UT Says It Won't Accept Money from Chinese Foundation," *Texas Tribune*, January 15, 2018, https://www.texastribune.org/2018/01/15/ut-wont-accept-funding-chinese-foundation-after-criticism-cruz-profess/; Bethany Allen-Ebrahimian, "This Beijing-Linked Billionaire Is Funding Policy Research at Washington's Most Influential Institutions," *Foreign Policy*, November 28, 2017, https://foreignpolicy.com/2017/11/28/this-beijing-linked-billionaire-is-funding-policy-research-at-washingtons-most-influential-institutions-china-dc/. Also, John Dotson, "The China-U.S. Exchange Foundation and United Front 'Lobbying Laundering' in American Politics," *China Brief*, September 16, 2020, https://jamestown.org/program/the-china-u-s-exchange-foundation-and-united-front-lobbying-laundering-in-american-politics/.

19. Alexander Bowe, "China's Overseas United Front Work: Background and Implications for the United States," *U.S.-China Economic and Security Review Commission*, August 24, 2018, https://www.uscc.gov/sites/default/files/Research/China's%20Overseas%20United%20Front%20Work%20-%20Background%20and%20Implications%20for%20US_final_0.pdf; Najmabadi, "After Cruz Raises Worries About 'Propaganda,' UT Says It Won't Accept Money from Chinese Foundation"; Allen-Ebrahimian, "This Beijing-Linked Billionaire Is Funding Policy Research at Washington's Most Influential Institutions."

20. Ibid.

21. Najmabadi, "After Cruz Raises Worries About 'Propaganda,' UT Says It Won't Accept Money from Chinese Foundation."

22. Allen-Ebrahimian, "This Beijing-Linked Billionaire Is Funding Policy Research at Washington's Most Influential Institutions.". Also, Dotson, "The China-U.S. Exchange Foundation and United Front 'Lobbying Laundering' in American Politics"; "What We Do: Research," China-United States Exchange Foundation, https://www.cusef.org.hk/en/what-we-do/research; "2019 CUSEF Student Trip to China," American University School of Communications, https://www.american.edu/soc/resources/cusef-graduate-trip-to-china.cfm.

23. Henry Ridgwell, "Hungarian Plans for First Chinese University in Europe Prompt Security, Propaganda Fears," *Voice of America*, May 13, 2021, https://www.voanews.com/a/europe_hungarian-plans-first-chinese-university-europe-prompt-security-propaganda-fears/6205780.html.

24. 可參見 Radomir Tylecote and Robert Clark, *Inadvertently Arming China? The Chinese Military Complex and Its Potential Exploitation of Scientific Research at UK Universities* (London: Civitas:

Institute for the Study of Civil Society, 2021). 另見 Alex Joske, "The China Defence Universities Tracker," *Australian Strategic Policy Institute*, November 25, 2019, https://www.aspi.org.au/report/china-defence-universities-tracker.

25. "Britain Widens Russian 'Dirty Money' Crackdown with New Law," *Reuters*, February 28, 2022, https://www.reuters.com/world/uk/britain-widens-russian-dirty-money-crackdown-with-new-law-2022-02-28/.

26. Craig Timberg, "Effort to Combat Foreign Propaganda Advances in Congress," *Washington Post*, November 30, 2016, https://www.washingtonpost.com/business/economy/effort-to-combat-foreign-propaganda-advances-in-congress/2016/11/30/9147e1ac-e221-47be-ab92-9f2f7e69d452_story.html; Joshua Fatzick, "US Senate Panel OKs Funds to Fight Online Propaganda," *Voice of America*, December 1, 2016, https://www.voanews.com/a/online-propaganda-congress-national-defense-authorization-act/3619241.html.

27. Patrick Tucker, "Analysts Are Quitting the State Department's Anti-Propaganda Team," *Defense One*, September 12, 2017, https://www.defenseone.com/technology/2017/09/analysts-are-quitting-state-departments-anti-propaganda-team/140936/; Gardiner Harris, "State Dept.Was Granted $120 Million to Fight Russian Meddling.It Has Spent $0," *New York Times*, March 4, 2018, https://www.nytimes.com/2018/03/04/world/europe/state-department-russia-global-engagement-center.html; Deirdre Shesgreen, "Trump's State Department Lacks Money, Clear Mandate to Fight Russian Disinformation, 'Fake News,'" *USA Today*, September 21, 2018, https://www.usatoday.com/story/news/world/2018/09/21/trump-administration-lacks-resources-fight-russian-fake-news/1292089002/.

28. Harris, "State Dept.Was Granted $120 Million to Fight Russian Meddling."

29. Emilian Kavalski and Maximilian Mayer, "China Is Now a Power in Europe, but Fears of Interference in the EU Are Simplistic and Misguided," *Conversation*, May 9, 2019, https://theconversation.com/china-is-now-a-power-in-europe-but-fears-of-interference-in-the-eu-are-simplistic-and-misguided-116193.

30. Benner et al., "Authoritarian Advance."

31. Peter Martin and Alan Crawford, "China's Influence Digs Deep into Europe's Political Landscape," *Bloomberg*, April 3, 2019, https://www.bloomberg.com/news/articles/2019-04-03/china-s-influence-digs-deep-into-europe-s-political-landscape.

32. 可參見 Thomas des Garets Geddes, "British MP Tom Tugendhat on the New China Research Group: We Need to Understand China Better," *MERICS*, June 4, 2020, https://merics.org/en/podcast/british-mp-tom-tugendhat-new-china-research-group-we-need-understand-china-better.

33. "Who Can and Can't Contribute," *Federal Election Commission*, accessed February 17, 2022, https://www.fec.gov/help-candidates-and-committees/candidate-taking-receipts/who-can-and-cant-contribute/#:~:text=Foreign%20nationals,%E2%80%94%20federal%2C%20state%20or%20local; Christopher Knaus, "Australia's Weak Donation Laws Allowed $1 Billion in Dark Money to go to Political Parties over Two Decades," *Guardian*, January 31, 2021, https://www.theguardian.com/australia-news/2021/jan/31/australias-weak-donation-laws-allowed-1bn-in-dark-money-to-go-to-political-parties-over-two-decades.

34. Rob Schmitz, "Czech-Chinese Ties Strained as Prague Stands Up to Beijing," *National Public Radio*,

October 30, 2019, https://www.npr.org/2019/10/30/774054035/czech-chinese-ties-are-affected-as-prague-stands-up-to-beijing.

35. Philip Heijmans, "The U.S.-China Tech War Is Being Fought in Central Europe," *Atlantic*, March 6, 2019, https://www.theatlantic.com/international/archive/2019/03/czech-zeman-babis-huawei-xi-trump/584158/.

36. Alžběta Bajerová, "The Czech-Chinese Centre of Influence: How Chinese Embassy in Prague Secretly Funded Activities at the Top Czech University," *China Observers in Central and Eastern Europe*, November 7, 2019, https://chinaobservers.eu/the-czech-chinese-centre-of-influence-how-chinese-embassy-in-prague-secretly-funded-activities-at-the-top-czech-university/.

37. Matej Šimalčík, "Slovak Universities Have a China Problem … and They Don't Even Know It," *China Observers in Central and Eastern Europe*, March 15, 2021, https://chinaobservers.eu/slovak-universities-have-a-china-problem-and-they-dont-even-know-it/.

38. Hannah Beech, "Embracing China, Facebook, and Himself, Cambodia's Ruler Digs In," *New York Times*, March 17, 2018, https://www.nytimes.com/2018/03/17/world/asia/hun-sen-cambodia-china.html; Philippe Le Corre and Vuk Vuksanovic, "Serbia: China's Open Door to the Balkans," *Diplomat*, January 1, 2019, https://thediplomat.com/2019/01/serbia-chinas-open-door-to-the-balkans/; Vuk Vuksanovic, "Light Touch, Tight Grip: China's Influence and the Corrosion of Serbian Democracy," *War on the Rocks*, September 24, 2019, https://warontherocks.com/2019/09/light-touch-tight-grip-chinas-influence-and-the-corrosion-of-serbian-democracy/.

39. Chris McGreal, "'The S-Word': How Young Americans Fell in Love with Socialism," *Guardian*, September 2, 2017, https://www.theguardian.com/us-news/2017/sep/02/socialism-young-americans-bernie-sanders; Stef W. Kight, "Exclusive Poll: Young Americans Are Embracing Socialism," *Axios*, March 10, 2019, https://www.axios.com/exclusive-poll-young-americans-embracing-socialism-b051907a-87a8-4f61-9e6e-0db75f7edc4a.html.

40. Mohamed Younis, "Four in 10 Americans Embrace Some Form of Socialism," *Gallup*, May 20, 2019, https://news.gallup.com/poll/257639/four-americans-embrace-form-socialism.aspx.

41. Ibid.

42. Victoria Bekiempis, "Four in 10 Americans Prefer Socialism to Capitalism, Poll Finds," *Guardian*, June 10, 2019, https://www.theguardian.com/us-news/2019/jun/10/america-socialism-capitalism-poll-axios.

43. Max Ehrenfreund, "A Majority of Millennials Now Reject Capitalism, Poll Shows," *Washington Post*, April 26, 2016, https://www.washingtonpost.com/news/wonk/wp/2016/04/26/a-majority-of-millennials-now-reject-capitalism-poll-shows/. Also, Jason Hickel and Martin Kirk, "Are You Ready to Consider That Capitalism Is the Real Problem," *Fast Company*, July 11, 2017, https://www.fastcompany.com/40439316/are-you-ready-to-consider-that-capitalism-is-the-real-problem.

44. Freedom House, *Freedom in the World 2021: Democracy Under Siege* (Washington, DC: Freedom House, 2021). 敝人在此篇報告中的東南亞相關章節有所出力，但報告對於全球民主衰退的整體推算並非出自我手。

45. Thomas Fuller, "In Thailand, Growing Intolerance for Dissent Drives Many to More Authoritarian Nations," *New York Times*, June 6, 2014, https://www.nytimes.com/2014/06/07/world/asia/in-thailand-a-growing-intolerance-for-dissent.html; Adam Ramsey, "Thailand Referendum: Fears over

Fair Vote as Military Cracks Down on Dissent," *Guardian*, August 3, 2016, https://www.theguardian.com/world/2016/aug/03/thailand-referendum-fears-over-fair-vote-as-military-cracks-down-on-dissent.

46. Poppy McPherson and Cape Win Diamond, "Free Speech Curtailed in Aung San Suu Kyi's Myanmar as Prosecutions Soar," *Guardian*, January 8, 2017, https://www.theguardian.com/world/2017/jan/09/free-speech-curtailed-aung-san-suu-kyis-myanmar-prosecutions-soar; Todd Pitman, "Myanmar Government Under Suu Kyi Cracks Down on Journalists," *Associated Press*, February 15, 2018, https://apnews.com/453987dd69254221805764ed58e884f9/Myanmar-government-under-Suu-Kyi-cracks-down-on-journalists; Hannah Beech, "Across Myanmar, Denials of Ethnic Cleansing and Loathing of Rohingya," *New York Times*, October 24, 2017, https://www.nytimes.com/2017/10/24/world/asia/myanmar-rohingya-ethnic-cleansing.html.

47. "Young Africans Want More Democracy," *Economist*, March 5, 2020, https://www.economist.com/middle-east-and-afr ica/2020/03/05/young-africans-want-more-democracy; Natalie Kitroeff, "Young Leader Vowed Change in El Salvador but Wields Same Heavy Hand," *New York Times*, May 5, 2020, https://www.nytimes.com/2020/05/05/world/americas/el-salvador-nayib-bukele.html.

48. Roberto Stefan Foa and Yascha Mounk, "The Danger of Deconsolidation: The Democratic Disconnect," *Journal of Democracy* 27, no. 3 (July 2016): 15–17, https://www.journalofdemocracy.org/wp-content/uploads/2016/07/FoaMounk-27-3.pdf.

49. 2010年代美國在經濟學人資訊社的年度民主指數報告當中排名一直下滑,從2015年的「完全民主」到2016年被列為「瑕疵民主」。2022年美國仍然是「瑕疵民主」。

50. Freedom House, *Freedom in the World 2021*. 我對Freedom in the World 2021報告有所出力,但僅限於東南亞相關章節,並不涉及美國相關章節。Freedom House, *Freedom in the World 2022: The Global Expansion of Authoritarian Rule* (Washington, DC: Freedom House, 2022). 我對Freedom in the World 2022報告有所出力,但僅限於東南亞相關章節,並不涉及美國相關章節。

51. Joshua Kurlantzick, "Addressing the Effect of COVID-19 on Democracy in South and Southeast Asia," *Council on Foreign Relations*, November 2020, https://www.cfr.org/report/addressing-effect-covid-19-democracy-south-and-southeast-asia.

52. Sarah Repucci and Amy Slipowitz, *Democracy Under Lockdown: The Impact of COVID-19 on the Global Struggle for Freedom* (Washington, DC: Freedom House, October 2020), https://freedomhouse.org/sites/default/files/2020-10/COVID-19_Special_Report_Final_.pdf. 敝人在此篇報告中,報導了東南亞人對COVID-19的反應。

53. Russell Berman, "President Trump's 'Hard Power' Budget," *Atlantic*, March 16, 2017, https://www.theatlantic.com/politics/archive/2017/03/president-trumps-hard-power-budget/519702/.

54. "Defying Congress, Trump Administration Looks to Shift Billions in Foreign Aid," *Reuters*, August 6, 2019, https://www.reuters.com/article/us-usa-trump-aid/defying-congress-trump-administration-looks-to-shift-billions-in-foreign-aid-idUSKCN1UW2FX.

55. John Bresnahan, Jennifer Scholtes, and Marianne Levine, "Trump Kills Plan to Cut Billions in Foreign Aid," *Politico*, August 22, 2019, https://www.politico.com/story/2019/08/22/white-house-backs-off-foreign-aid-cuts-1472130.

56. Doyle McManus, "Almost Half the Top Jobs in Trump's State Department Are Still Empty," *Atlantic*, November 4, 2018, https://www.theatlantic.com/politics/archive/2018/11/state-department-empty-

ambassador-to-australi/574831/.

57. "Trump Suggests Starting Media Network to 'Put Some Real News Out There,'" *Voice of America*, October 3, 2019, https://www.voanews.com/usa/trump-suggests-starting-media-network-put-some-real-news-out-there.

58. David Folkenflik, "Trump's New Foreign Broadcasting CEO Fires News Chiefs, Raising Fears of Meddling," *National Public Radio*, June 18, 2020, https://www.npr.org/2020/06/18/879873926/trumps-new-foreign-broadcasting-ceo-fires-news-chiefs-raising-fears-of-meddling. Also, David Folkenflik, "Substantial Likelihood of Wrongdoing by VOA Parent Agency, Government Watchdog Says," *National Public Radio*, December 2, 2020, https://www.npr.org/2020/12/02/941673587/substantial-likelihood-of-wrongdoing-by-voa-parent-agency-government-watchdog-sa.

59. Jonathan McClory, ed., "The Soft Power 30: A Global Ranking of Soft Power 2019," *Portland Consulting Group*, https://softpower30.com/wp-content/uploads/2019/10/The-Soft-Power-30-Report-2019-1.pdf.

60. Ibid.

61. 可參見David Fisher, "China's Communists Fund Jacinda Ardern's Labour Party:What the United States Congress Was Told," *New Zealand Herald*, May 26, 2018, https://www.nzherald.co.nz/nz/news/article.cfm?c_id=1&objectid=12058818; Paul Huang, "Chinese Cyber-Operatives Boosted Taiwan's Insurgent Candidate," *Foreign Policy*, June 26, 2019, https://foreignpolicy.com/2019/06/26/chinese-cyber-operatives-boosted-taiwans-insurgent-candidate/; Kathrin Hille, "Taiwan Primaries Highlight Fears over China's Political Influence," *Financial Times*, July 16, 2019, https://www.ft.com/content/036b609a-a768-11e9-984c-fac8325aaa04.

62. Evelyn Douek, "What's in Australia's New Laws on Foreign Interference in Domestic Politics," *Lawfare*, July 11, 2018, https://www.lawfareblog.com/whats-australias-new-laws-foreign-interference-domestic-politics; Eleanor Ainge Roy, "New Zealand Bans Foreign Political Donations amid Interference Concerns," *Guardian*, December 2, 2019, https://www.theguardian.com/world/2019/dec/03/new-zealand-bans-foreign-political-donations-amid-interference-concerns.

63. "Democracy Index 2019," Economist Intelligence Unit, January 2020, https://www.economist.com/graphic-detail/2020/01/22/global-democracy-has-another-bad-year.

64. Richard McGregor, "We Need the Five Eyes Spy Network, but with Oversight," *Sydney Morning Herald*, January 12, 2019, https://www.lowyinstitute.org/publications/we-need-five-eyes-spy-network-oversight.

65. Anne Holmes, "Australia's Economic Relationships with China," *Parliament of Australia*, accessed February 17, 2022, https://www.aph.gov.au/about_ parliament/parliamentary_departments/parliamentary_library/pubs/briefingbook44p/china.

66. Anne-Marie Brady, "Magic Weapons: China's Political Influence Activities Under Xi Jinping," *Wilson Center*, September 18, 2017, 13–16, https://www.wilsoncenter.org/article/magic-weapons-chinas-political-influence-activities-under-xi-jinping.

67. Ibid., 13–17.

68. Ibid., 15.

69. Ibid.

70. Matt Nippert and David Fisher, "Revealed: China's Network of Influence in New Zealand," *New

Zealand Herald, September 20, 2017, https://www.nzherald.co.nz/business/news/article.cfm?c_id=3&objectid=11924546.

71. Ibid.

72. Brady, "Magic Weapons," 17–18.

73. Ibid., 20–22.

74. Ibid., 17–18.

75. Ibid., 8–10.

76. Ibid.

77. Boris Jancic, "Concerns Raised over National's China Trip Planning," *New Zealand Herald*, January 8, 2020, https://www.nzherald.co.nz/nz/concerns-raised-over-nationals-china-trip-planning/5NA7 EZ7JSNSASDQW72QXY4P3GQ/. Also, Fisher and Nippert, "Revealed: The Citizenship File of Spy Trainer Turned National MP Jian Yang."

78. Brady, "Magic Weapons," 19–21.

79. Ibid., 19–20.

80. Ibid., 20–22.

81. Ibid.

82. Jancic, "Concerns Raised over National's China Trip Planning."

83. Zane Small, "Simon Bridges Rejects Claim He Met with China's Head of 'Secret Police,'" *Newshub*, September 10, 2019, https://www.newshub.co.nz/home/politics/2019/09/simon-bridges-rejects-claim-he-met-with-china-s-head-of-secret-police.html. See also Eleanor Ainge Roy, "New Zealand Opposition Leader Criticised for 'Alarming' Stance on China," *Guardian*, September 10, 2019, https://www.theguardian.com/world/2019/sep/11/new-zealand-opposition-leader-criticised-for-alarming-stance-on-china; Sophie Bateman, "Simon Bridges Sings Communist Party's Praises in Interview with Chinese News Channel CGTN," *Newshub*, September 9, 2019, https://www.newshub.co.nz/home/politics/2019/09/simon-bridges-sings-communist-party-s-praises-in-interview-in-china.html.

84. Matt Nippert, "Former Trade Minister Todd McClay Helped Arrange $150,000 Donation from Chinese Racing Industry Billionaire Lin Liang to National Party," *New Zealand Herald*, August 26, 2019, https://www.nzherald.co.nz/nz/former-trade-minister-todd-mcclay-helped-arrange-150000-donation-from-chinese-racing-industry-billionaire-lin-lang-to-national-party/ W3H2JALC36IE4GBOLOEL4UMIOI/?c_id=1&objectid=12261215&ref=art_readmore.

85. Roy, "New Zealand Opposition Leader Criticised for 'Alarming' Stance on China."

86. Brady, "Magic Weapons," 20–22.

87. "China and the Age of Strategic Rivalry: Highlights from an Academic Outreach Conference," *Canadian Security Intelligence Service*, May 2018, 78–81, https://www.canada.ca/content/dam/csis-scrs/documents/publications/CSIS-Academic-Outreach-China-report-May-2018-en.pdf.

88. Ibid.

89. Eleanor Ainge Roy, "New Zealand's Five Eyes Membership Called Into Question over 'China Links,'" *Guardian*, May 27, 2018, https://www.theguardian.com/world/2018/may/28/new-zealands-five-eyes-membership-called-into-question-over-china-links.

90. Charlotte Graham-McLay, "Jacinda Ardern's Progressive Politics Made Her a Global Sensation.

But Do They Work at Home?," *New York Times*, September 26, 2018, https://www.nytimes.com/2018/09/26/world/asia/jacinda-ardern-un-new-zealand.html; Charlotte Graham-McLay and Adam Satariano, "New Zealand Seeks Global Support for Tougher Measures on Online Violence," *New York Times*, May 12, 2019, https://www.nytimes.com/2019/05/12/technology/ardern-macron-social-media-extremism.html.

91. Thomas Coughlan, "Brady Blocked from Foreign Interference Inquiry," *Newsroom*, March 8, 2019, https://www.newsroom.co.nz/2019/03/08/477641/brady-blocked-from-appearing-before-justice-committee.

92. Lally Weymouth, "Jacinda Ardern, New Zealand's Nobel Candidate, on How to Respond to Gun Violence," *Washington Post*, September 12, 2019, https://www.washingtonpost.com/outlook/jacinda-adern-new-zealands-nobel-candidate-on-how-to-respond-to-gun-violence/2019/09/12/a42711ca-d501-11e9-86ac-0f250cc91758_story.html.

93. Anne-Marie Brady, "New Zealand's Relationship with China Is at a Tipping Point," *Guardian*, July 30, 2020, https://www.theguardian.com/world/2020/jul/31/new-zealands-relationship-with-china-is-at-a-tipping-point.

94. Harrison Christian, "National MP Jian Yang Organized Simon Bridges' Controversial China Trip, Emails Show," *Stuff*, January 5, 2020, https://www.stuff.co.nz/national/politics/118419927/national-mp-jian-yang-organised-simon-bridges-controversial-china-trip-emails-show.

95. "New Zealand Intelligence Warns of Foreign Influence, Monitoring of Migrant Groups," *ABC News*, April 11, 2019, https://www.abc.net.au/news/2019-04-11/new-zealand-intelligence-warns-over-foreign-influence/10994892.

96. "Diptel from BHC Canberra: Australia and New Zealand Approaches to China: Same Meat, Different Gravy," July 10, 2018, obtained through the UK Freedom of Information Act.

97. Eleanor Ainge Roy, "New Zealand Bans Foreign Political Donations amid Interference Concerns," *Guardian*, December 2, 2019, https://www.theguardian.com/world/2019/dec/03/new-zealand-bans-foreign-political-donations-amid-interference-concerns.

98. Marc Daalder, "Serious Fraud Office Investigating Donations to Labor," *Newsroom*, July 13, 2020, https://www.newsroom.co.nz/serious-fraud-office-investigating-donations-to-labour. See also Laura Walters, "Zhang Yikun and the Alleged $100k Donation," *Newsroom*, October 17, 2018, https://www.newsroom.co.nz/zhang-yikun-and-the-alleged-100k-donation.

99. Zane Small, "Serious Fraud Office Files Criminal Charges Against Four in National Party Donation Probe," *Newshub*, January 29, 2020, https://www.newshub.co.nz/home/politics/2020/01/serious-fraud-office-files-criminal-charges-against-four-in-national-party-donation-probe.html.

100. Collette Devlin, "Jian Yang, the National MP Who Admitted to Training Chinese Spies, Retiring," *Stuff*, July 10, 2020, https://www.stuff.co.nz/national/politics/122094310/jian-yang-the-national-mp-who-admitted-to-training-chinese-spies-retiring.

101. Anne-Marie Brady, "New Zealand Needs to Show It's Serious About Addressing Chinese Interference," *Guardian*, January 23, 2020, https://www.theguardian.com/world/commentisfree/2020/jan/24/new-zealand-needs-to-show-its-serious-about-addressing-chinese-interference.

102. Ibid. Also, Anna Fifield, "Under Jacinda Ardern, New Zealand Pivots on How to Deal with China," *Washington Post*, July 6, 2020, https://www.washingtonpost.com/world/asia_pacific/china-new-

zealand-jacinda-ardern-xi-jinping/2020/07/05/f8d5e182-af95-11ea-98b5-279a6479a1e4_story.html.

103. Fifield, "Under Jacinda Ardern, New Zealand Pivots on How to Deal with China."

104. Sarah Cook, "Beijing's Global Megaphone: The Expansion of Chinese Communist Party Media Influence Since 2017," *Freedom House*, January 2020, https://freedomhouse-files.s3.amazonaws. com/01152020_SR_China%20Global%20Megaphone_with%20Recommendations%20PDF.pdf. Also, Thomas Coughlan, "Parliamentary Inquiry Hears Evidence of Chinese Political Interference in New Zealand Political System," *Stuff.co.nz*, July 11, 2020, https://www.stuff.co.nz/national/300054428/ parliamentary-inquiry-hears-evidence-of-chinese-political-interference-in-new-zealand-political-system.

105. Amy Searight, *Countering China's Influence Activities: Lessons from Australia* (Washington, DC: Center for Strategic and International Studies, July 2020), 3–4, https://www.csis.org/analysis/ countering-chinas-influence-activities-lessons-australia.

106. Cook, "Beijing's Global Megaphone."

107. Kelsey Munro and Philip Wen, "Chinese Language Newspapers in Australia: Beijing Controls Messaging, Propaganda in Press," *Sydney Morning Herald*, July 8, 2016, https://www.smh.com.au/ national/chinese-language-newspapers-in-australia-beijing-controls-messaging-propaganda-in-press-20160610-gpg0s3.html.

108. Ibid.

109. Ibid.

110. Louisa Lim and Julia Bergin, "Weaponising the Free Press? China's Global Media Offensive," *International Federation of Journalists*, March 2019, https://www.ifj.org/fileadmin/user_upload/2019_ IFJ_China_Report_-_Weaponising_the_Free_Press.pdf.

111. Mary Fallon, Sashka Koloff, and Nick MacKenzie, "China Pressured Sydney Council into Banning Media Company Critical of Communist Party," *Australian Broadcasting Corporation*, April 7, 2019, https://www.abc.net.au/news/2019-04-07/china-pressured-sydney-council-over-media-organisation/10962226.

112. "China's Pursuit of a New World Media Order," *Reporters Without Borders*, March 22, 2019, https:// rsf.org/sites/default/files/en_rapport_chine_web_final.pdf.

113. Munro and Wan, "Chinese Language Newspapers in Australia."

114. Mario Christodoulou et al., "Chinese Students and Scholars Association's Deep Links to the Embassy Revealed," *ABC News*, November 3, 2019, https://www.abc.net.au/news/2019-10-13/cssa-influence-australian-universities-documents-revealed/11587454.

115. Erin Cook, "How Chinese Australians Could Swing the Election Down Under," *Ozy*, May 12, 2019, https://www.ozy.com/around-the-world/how-chinese-australians-could-swing-the-election-down-under/94294/.

116. Searight, *Countering China's Influence Activities*, 15–16.

117. Cook, "How Chinese Australians Could Swing the Election Down Under." See also Searight, *Countering China's Influence Activities*.

118. James Leibold, "The Australia-China Relations Institute Doesn't Belong at UTS," *Conversation*, June 4, 2017, https://theconversation.com/the-australia-china-relations-institute-doesnt-belong-at-uts-78743.

119. Ibid.

120. Christiane Barro, "The Think Tanks Shaping Australia: The Australia-China Relations Institute," *New Daily*, June 13, 2019, https://thenewdaily.com.au/news/national/2019/06/13/australia-china-relations-institute/.

121. Ibid.

122. Leibold, "The Australia-China Relations Institute Doesn't Belong at UTS."

123. Barro, "The Think Tanks Shaping Australia."

124. Leibold, "The Australia-China Relations Institute Doesn't Belong at UTS."

125. John Fitzgerald, "How Bob Carr Became China's Pawn," *Australian Financial Review*, November 8, 2018, https://www.afr.com/policy/what-you-should-know-about-bob-carr-and-china-20181105-h17jic.

126. Dan Conifer and Caitlyn Gribbin, "Political Donor Chau Chuk Wing Funded Bribe Given to UN President, MP Andrew Hastie Says," *Australian Broadcasting Corporation*, May 22, 2018, https://www.abc.net.au/news/2018-05-22/chau-chak-wing-un-bribe-scandal/9788926.

127. Searight, *Countering China's Influence Activities*, 6–7.

128. "Chinese Billionaire Huang Xiangmo Has Australian Assets Frozen over US$96 Million Tax Bill," *South China Morning Post*, September 17, 2019, https://www.scmp.com/news/asia/australasia/article/3027579/chinese-billionaire-huang-xiangmo-has-australian-assets.See also Searight, Countering China's Influence Activities, 7.

129. Michelle Brown, "NSW Labor Former Boss Jamie Clements Got $35,000 in Wine Box from Chinese Billionaire Huang Xiangmao, ICAC Told," *Australian Broadcasting Corporation*, October 9, 2019, https://www.abc.net.au/news/2019-10-09/icac-told-nsw-labor-boss-got-35-000-hidden-in-wine-box/11585342.

130. Neil Chenoweth, "Where Huang Xiangmo Really Spent His Money," *Financial Review*, October 11, 2019, https://www.afr.com/politics/where-huang-xiangmo-really-spent-his-money-20191011-p52zsk.

131. Searight, *Countering China's Influence Activities*, 7–8.

132. "'The Australian People Stand Up': PM Defiant over Chinese Political Interference," *SBS News*, December 9, 2017, https://www.sbs.com.au/news/the-australian-people-stand-up-pm-defiant-over-chinese-political-interference.

133. Tom Rabe, Kate McClymont, and Alexandra Smith, "Dastyari, ICAC and the Chinese 'Agent of Influence,'" *Sydney Morning Herald*, August 29, 2019, https://www.smh.com.au/politics/nsw/dastyari-icac-and-the-chinese-agent-of-influence-20190829-p52m6e.html.

134. Ibid.

135. Nick McKenzie, James Massola, and Richard Baker, "Labor Senator Sam Dastyari Warned Wealthy Chinese Donor Huang Xiangmo His Phone Was Bugged," *Sydney Morning Herald*, November 29, 2017, https://www.smh.com.au/politics/federal/labor-senator-sam-dastyari-warned-wealthy-chinese-donor-huang-xiangmo-his-phone-was-bugged-20171128-gzu14c.html.

136. Ibid.

137. Searight, *Countering China's Influence Activities*, 11–12.

138. Ibid.

139. Ibid.

140. Ibid., 1.

141. Chris Uhlmann, "Domestic Spy Chief Sounded Alarm About Donor Links with China Last Year," *ABC News*, August 31, 2016, https://www.abc.net.au/news/2016-09-01/asio-chief-sounded-alarm-about-donor-links-with-china-last-year/7804856.

142. Searight, *Countering China's Influence Activities*, 34–35.

143. "Transcript: New Zealand Parliament, 3 Dec 2019," https://www.parliament.nz/resource/en-NZ/Ha nsD_20191203_20191203/325b5904a487a32ed394b7e58a41927b420891bf.

144. Nick McKenzie and Chris Uhlmann, "'A Man of Many Dimensions': The Big Chinese Donor Now in Canberra's Sights," *Sydney Morning Herald*, February 6, 2019, https://www.smh.com.au/politics/federal/a-man-of-many-dimensions-the-big-chinese-donor-now-in-canberra-s-sights-20190206-p50vzt.html. See also "Chinese Billionaire Huang Xiangmo Has Australian Assets Frozen over US$96 Million Tax Bill," *South China Morning Post*, September 17, 2019, https://www.scmp.com/news/asia/australasia/article/3027579/chinese-billionaire-huang-xiangmo-has-australian-assets?module=perpetual_scroll&pgtype=article&campaign=3027579.

145. Lucy Sweeney, "Sam Dastyari Resigns from Parliament, Says He Is 'Detracting from Labor's Mission' amid Questions over Chinese Links," *ABC News*, December 11, 2017, https://www.abc.net.au/news/2017-12-12/sam-dastyari-resigns-from-parliament/9247390.

146. David Brophy, "China Is Far from Alone in Taking Advantage of Australian Universities' Self-Inflicted Wounds," *Guardian*, July 9, 2021, https://www.theguardian.com/books/2021/ul/10/china-is-far-from-alone-in-taking-advantage-of-australian-universities-self-inflicted-wounds.

147. Matthew Doran, Iris Zhao, and Stephen Dziedzic, "Social Media Platform WeChat Censors Scott Morrison's Post Directed at Chinese Community," *ABC News*, December 2, 2020, https://www.abc.net.au/news/2020-12-02/scott-morrison-post-censored-by-wechat-china/12944796.

148. "Australia Passes Foreign Interference Laws amid China Tension," *BBC*, June 28, 2018, https://www.bbc.com/news/world-australia-44624270.

149. Colin Packham, "Australia to Probe Foreign Interference Through Social Media Platforms," *Reuters*, December 5, 2019, https://www.reuters.com/article/us-australia-politics-australia-to-probe-foreign-interference-through-social-media-platforms-idUSKBN1Y90E6; Cook, "Beijing's Global Megaphone"; Yan Zhuang, "Australia Quiet on First Foreign-Meddling Arrest, but Target Is Clear," *New York Times*, November 6, 2020, https://www.nytimes.com/2020/11/06/world/australia/australia-foreign-interference-law.html; "Australia to Investigate Foreign Interference at Universities, amid China Concerns," *South China Morning Post*, August 31, 2020, https://www.scmp.com/news/asia/australasia/article/3099585/australia-investigate-foreign-interference-universities-amid.

150. Dyani Lewis, "Australia Is Cracking Down on Foreign Interference in Research. Is the System Working?," *Nature*, August 10, 2020, https://www.nature.com/articles/d41586-020-02188-6.

151. James Laurenceson and Michael Zhou, *The Australia-China Science Boom* (Sydney: Australia-China Relations Institute, July 2020), https://www.australiachinarelations.org/content/australia-china-science-boom.

152. Ibid.

153. Ibid.

154. Alex Joske, "The China Defence Universities Tracker," *Australian Strategic Policy Institute*, November 25, 2019, https://www.aspi.org.au/report/china-defence-universities-tracker.

155. Paul Karp and Helen Davidson, "China Bristles at Australia's Call for Investigation into Coronavirus Origin," *Guardian*, April 29, 2020, https://www.theguardian.com/world/2020/apr/29/australia-defends-plan-to-investigate-china-over-covid-19-outbreak-as-row-deepens.

156. 見 "Huawei and ZTE Handed 5G Network Ban in Australia," *BBC*, August 23, 2018, https://www.bbc.com/news/technology-45281495; and Jamie Smyth, "Chinese Investors Turn Away from Australia After Canberra Crackdown," *Financial Times*, February 28, 2021, https://www.ft.com/content/f8e9a93f-72a5-49c3-832c-9a36fb6d4113.

157. 見 Su-Lin Tan, "China's Restrictions on Australian Beef, Barley Seen as Retaliation for Support of Coronavirus Investigation," *South China Morning Post*, May 12, 2020, https://www.scmp.com/economy/global-economy/article/3084062/chinas-restrictions-australian-beef-barley-seen-retaliation; and Damien Cave, "China Battles the World's Biggest Coal Exporter, and Coal Is Losing," *New York Times*, December 16, 2020, https://www.nytimes.com/2020/12/16/world/australia/china-coal-climate-change.html.

CHAPTER 6 │ 軟實力工具箱：走前門進來的媒體與新聞

1. 見 "Joshua Kurlantzick Discusses Cambodia and China's Strengthening Ties," *CGTN America*, January 22, 2019, https://www.youtube.com/watch?v=ZhKPZhdFVU0; "Joshua Kurlantzick on the First Thai General Elections Since 2014," *CGTN America*, January 22, 2019, https://www.youtube.com/watch?v=6DhMCK41Fkk.

2. 雖然CGTN有時會提供小額車馬費給上節目的嘉賓，但我並沒有接受。

3. Chea Vannak, "Internet Users Near 16m," *Khmer Times*, July 26, 2019, https://www.khmertimeskh.com/50627470/internet-users-near-16m/; "Analytical Report for Cambodia Media Use Survey," Gallup conducted for USAGM, September 2017, obtained through the Freedom of Information Act process.

4. Herman Wasserman and Dani Madrid-Morales, "How Influential Are Chinese Media in Africa? An Audience Analysis in Kenya and South Africa," *International Journal of Communication* 12 (2018): 2122–231; Vivien Marsh, "*Tiangao* or *Tianxia*? The Ambiguities of CCTV's English-Language News for Africa," in *China's Media Go Global*, ed. Daya Kishan Thussu, Hugo de Brugh, and Anbin Shi (New York: Routledge, 2018), 114–17.

5. Gerry Smith, "Journalism Job Cuts Haven't Been This Bad Since the Recession," *Bloomberg*, July 1, 2019, https://www.bloomberg.com/news/articles/2019-07-01/journalism-layoffs-are-at-the-highest-level-since-last-recession; Benjamin Goggin, "7,800 People Have Lost Their Jobs So Far This Year in a Media Landslide," *Business Insider*, December 10, 2019, https://www.businessinsider.com/2019-media-layoffs-job-cuts-at-buzzfeed-huffpost-vice-details-2019-2.

6. Sasha Lekach, "Fewer Than Half of Newspaper Jobs from 15 Years Ago Still Exist," *Mashable*, April 4, 2017, https://mashable.com/2017/04/04/newspaper-publishers-jobs-decline-bls/.

7. Penelope Abernathy, *The Expanding News Desert* (Chapel Hill: Center for Innovation and Sustainability in Local Media, University of North Carolina, 2018), https://www.cislm.org/wp-content/uploads/2018/10/The-Expanding-News-Desert-10_14-Web.pdf.

8. Marc Tracy, "The Daily News Is Now a Newspaper Without a Newsroom," *New York Times*, August 12, 2020, https://www.nytimes.com/2020/08/12/business/media/daily-news-office.html.

9. John Plunkett, "Turner International to Cut 30% of Staff from International Arm," *Guardian*, January 15, 2013, https://www.theguardian.com/media/2013/jan/15/turner-broadcasting-cut-staff-arm; Dylan Byers, "Turner Broadcasting to Cut Staff by 10 Percent; CNN to Shed 300 Jobs," *Politico*, October 6, 2014, https://www.politico.com/blogs/media/2014/10/turner-broadcasting-to-cut-staff-by-10-percent-cnn-to-shed-300-jobs-196659; "BBC World Service Cuts Outlined to Staff," *BBC*, January 26, 2011, https://www.bbc.com/news/entertainment-arts-12283356; John Plunkett et al., "Listeners on Three Continents Lament BBC World Service Cutbacks," *Guardian*, January 28, 2011, https://www.theguardian.com/media/2011/jan/28/bbc-world-service-cuts-response.

10. Editorial Board, "The Global Reach of Trump's 'Fake News' Outrage," *Washington Post*, November 19, 2019, https://www.washingtonpost.com/opinions/global-opinions/trump-is-spreading-his-fake-news-rhetoric-around-the-world-thats-dangerous/2019/11/19/a7b0a4c6-0af5-11ea-97ac-a7ccc8dd1ebc_story.html; Uri Friedman, "The Real-World Consequences of 'Fake News,'" *Atlantic*, December 23, 2017, https://www.theatlantic.com/international/archive/2017/12/trump-world-fake-news/548888/; Jon Henley, "Populist Voters Less Likely to Trust News Media, European Survey Finds," *Guardian*, May 14, 2018, https://www.theguardian.com/politics/2018/may/14/populist-voters-less-likely-to-trust-news-media-european-survey-finds; Craig Timberg and Isaac Stanley-Becker, "Violent Memes and Messages Surging on Far-Left Social Media, Report Finds," *Washington Post*, September 14, 2020, https://www.washingtonpost.com/technology/2020/09/14/violent-antipolice-memes-surge/.

11. Ibid.

12. "Poll: How Does the Public Think Journalism Happens?," *Columbia Journalism Review*, Winter 2019, https://www.cjr.org/special_report/how-does-journalism-happen-poll.php; Harry Enten, "Congress' Approval Rating Hasn't Hit 30% in 10 Years. That's a Record," *CNN*, June 1, 2019, https://www.cnn.com/2019/06/01/politics/poll-of-the-week-congress-approval-rating/index.html; Keith E. Whittington, "Hating on Congress: An American Tradition," *Gallup*, July 30, 2019, https://news.gallup.com/opinion/gallup/2 62316/hating-congress-american-tradition.aspx.

13. "New Poll Shows Trust Levels Down Across Institutions," *CNN Philippines*, September 10, 2019, https://cnnphilippines.com/news/2019/9/10/2019-philippine-trust-index.html.

14. Simon Lewis, "Duterte Says Journalists in the Philippines Are 'Not Exempted from Assassination,'" *Time*, June 1, 2016, https://time.com/4353279/duterte-philippines-journalists-assassination/; "Rappler Journalist Ressa Launches Defense in Philippine Libel Case," *Agence France-Presse*, December 16, 2019, https://www.voanews.com/press-freedom/rappler-journalist-ressa-launches-defense-philippine-libel-case; Jason Gutierrez, "Philippine Congress Officially Shuts Down Leading Broadcaster," *New York Times*, July 10, 2020, https://www.nytimes.com/2020/07/10/world/asia/philippines-congress-media-duterte-abs-cbn.html; Rebecca Ratcliffe, "Journalist Maria Ressa Found Guilty of 'Cyberlibel' in Philippines," *Guardian*, June 15, 2020, https://www.theguardian.com/world/2020/jun/15/maria-ressa-rappler-editor-found-guilty-of-cyber-libel-charges-in-philippines.

15. Jason Gutierrez and Alexandra Stevenson, "Maria Ressa, Crusading Journalist, Is Convicted in Philippines Libel Case," *New York Times*, October 8, 2021, https://www.nytimes.com/2020/06/14/

business/maria-ressa-verdict-philippines-rappler.html; Girlie Linao, "A Triumph of Truth over Lies: Joy in the Philippines over Maria Ressa's Nobel Prize Win," *Guardian*, October 12, 2021, https://www.theguardian.com/world/2021/oct/12/a-triumph-of-truth-over-lies-joy-in-the-philippines-over-maria-ressas-nobel-prize-win.

16. Anna Nicolaou and Chris Giles, "Public Trust in Media at All Time Low, Research Shows," *Financial Times*, January 15, 2017, https://www.ft.com/content/fa332f58-d9bf-11e6-944b-e7eb37a6aa8e; Rakesh Thukral, "India: High Trust, Higher Expectations," *Edelman*, February 19, 2018, https://www.edelman.com/post/india-high-trust-higher-expectations; Murali Krishnan, "Indian Media Facing a Crisis of Credibility," *Deutsche Welle*, June 5, 2017, https://www.dw.com/en/indian-media-facing-a-crisis-of-credibility/a-39120228; "2019 Edelman Trust Barometer," *Edelman*, January 20, 2019, https://www.edelman.com/research/2019-edelman-trust-barometer.

17. Sarah Repucci, "Freedom and the Media 2019: A Downward Spiral," in "Freedom and the Media 2019," *Freedom House*, June 2019, 1–2, https://freedomhouse.org/sites/default/files/2020-02/FINAL07162019_Freedom_And_The_Media_2019_Report.pdf.

18. Sarah Repucci and Amy Slipowitz, *Democracy Under Lockdown: The Impact of COVID-19 on the Global Struggle for Freedom* (Washington, DC: Freedom House, October 2020), https://freedomhouse.org/sites/default/files/2020-10/COVID-19_Special_Report_Final_.pdf.（敝人為此篇報告東南亞相關章節提供了建議。）

19. Steven Erlanger, "Russia's RT Network: Is It More BBC or K.G.B.?," *New York Times*, March 8, 2017, https://www.nytimes.com/2017/03/08/world/europe/russias-rt-network-is-it-more-bbc-or-kgb.html.

20. Jeff Semple, "Growing Popularity of Kremlin Network RT Signals the Age of Information War," *Global News*, October 12, 2018, https://globalnews.ca/news/4540034/fake-news-wars-kremlin-network-rt/.

21. Ava Kofman, "YouTube Promised to Label State-Sponsored Videos but Doesn't Always Do So," *ProPublica*, November 22, 2019, https://www.propublica.org/article/youtube-promised-to-label-state-sponsored-videos-but-doesnt-always-do-so.

22. 例如 "Despair, Depression, and the Inevitable Rise of Trump 2.0: Glenn Greenwald Tells RT His Biden Administration Predictions," *RT*, January 17, 2021, https://www.rt.com/usa/512749-greenwald-biden-elections-prediction/.

23. "Budget Submissions," *USAGM*, May 28, 2021, https://www.usagm.gov/our-work/strategy-and-results/strategic-priorities/budget-submissions/#:~:text=The%20President's%20budget%20request%20for,includes%20%24810%20million%20for%20USAGM. 中國花在官方媒體上面的錢是幾十億又幾十億；而美國國際媒體署為國家廣播公司所要求的年度預算往往在八億美元左右。

24. Hilton Yip, "China's $6 Billion Propaganda Blitz Is a Snooze," *Foreign Policy*, April 23, 2018, https://foreignpolicy.com/2018/04/23/the-voice-of-china-will-be-a-squeak/; Koh Gui Qing and John Shiffman, "Beijing's Covert Radio Network Airs China-Friendly News Across Washington, and the World," Reuters, November 2, 2015, https://www.reuters.com/investigates/special-report/china-radio/; "China Is Spending Billions on Its Foreign-Language Media," *Economist*, June 14, 2018, https://www.economist.com/china/2018/06/14/china-is-spending-billions-on-its-foreign-language-media; Merriden Varrall, "Behind the News: Inside China Global Television Network," *Lowy Institute*, January 16, 2020, https://www.lowyinstitute.org/publications/behind-news-inside-

china-global-television-network; "Assessment on U.S. Defense Implications of China's Expanding Global Access," *U.S. Department of Defense*, December 2018, https://media.defense.gov/2019/Jan/14/2002079292/-1/-1/1/EXPANDING-GLOBAL-ACCESS-REPORT-FINAL.PDF.

25. Sean Mantesso and Christina Zhou, "China's Multi-Billion Dollar Media Campaign 'a Major Threat for Democracies' Around the World," *ABC News*, February 7, 2019, https://www.abc.net.au/news/2019-02-08/chinas-foreign-media-push-a-major-threat-to-democracies/10733068; Patricia Nilsson, Michael Peel, and Sun Yu, "Behind the Scenes at China TV: Soft Power and State Propaganda," *Financial Times*, June 19, 2021, https://www.ft.com/content/9192de21-2007-4ee5-86a8-ad76bce693dc.

26. Si Si, "Expansion of International Broadcasting: The Growing Global Reach of China Central Television," *Reuters Institute for the Study of Journalism*, July 2014, 18, https://reutersinstitute.politics.ox.ac.uk/sites/default/files/2018-01/Expansion%20of%20International%20Broadcasting.pdf.

27. Mantesso and Zhou, "China's Multi-Billion Dollar Media Campaign 'a Major Threat for Democracies' Around the World."

28. 有一篇這樣的簡報是Raymond T. Warhola, "Media Profile 2014," China Daily Asia Pacific Limited, https://www.chinadailyasia.com/public_resource/public/pdf/HKedition-MediaKit.pdf.

29. Ibid.

30. Mantesso and Zhou, "China's Multi-Billion Dollar Media Campaign 'a Major Threat for Democracies' Around the World." 如果CGTN的觸及率比不上新唐人電視台（他們打的廣告少得多），那觀眾群更不可能接近BBC或CNN的數字。亦可參見Celine Sui, "China Wants State Media to Peddle Its 'Soft Power' in Africa, but Tech Platforms Are a Better Bet," *Quartz*, October 29, 2019, https://qz.com/africa/1736534/china-daily-cgtn-fight-for-influence-in-africa-vs-bbc-cnn/.

31. "China's Pursuit of a New World Media Order," *Reporters Without Borders*, March 22, 2019, 20–23, https://rsf.org/en/reports/rsf-report-chinas-pursuit-new-world-media-order.

32. Louisa Lim and Julia Bergin, "Inside China's Audacious Global Propaganda Campaign," *Guardian*, December 7, 2018, https://www.theguardian.com/news/2018/dec/07/china-plan-for-global-media-dominance-propaganda-xi-jinping.

33. "China's Pursuit of a New World Media Order," 20–23; Erik Wemple, "Associated Press Announces Layoffs," *Washington Post*, December 9, 2016, https://www.washingtonpost.com/blogs/erik-wemple/wp/2016/12/09/associated-press-announces-layoffs/; Jordan Valinsky, "Thomson Reuters Will Cut 3,200 Jobs by 2020," *CNN*, December 4, 2018, https://www.cnn.com/2018/12/04/media/reuters-layoffs/index.html; Isaac Stone Fish, "Is China's Xinhua the Future of Journalism?," *Newsweek*, September 3, 2010, https://www.newsweek.com/chinas-xinhua-future-journalism-71961.

34. Lim and Bergin, "Inside China's Global Propaganda Campaign."

35. "Voice of America Makes More Cuts to Its International Shortwave Broadcast Schedule," *National Association for Amateur Radio*, July 1, 2014, http://www.arrl.org/news/voice-of-america-makes-more-cuts-to-in-ternational-shortwave-broadcast-schedule.

36. "Waves in the Web," *Economist*, August 12, 2010, https://www.economist.com/international/2010/08/12/waves-in-the-web; Vivian Yang, "How Chinese Media Is Going Global," *World Economic Forum*, August 10, 2015, https://www.weforum.org/agenda/2015/08/how-chinese-media-is-going-global/.

37. "People's Daily Expands Reach with English-Language News App," *China Daily*, October 15, 2017, https://www.chinadaily.com.cn/china/2017-10/15/content_33284554.htm.

38. Yang, "How Chinese Media Is Going Global."

39. William Yuen Yee, "Win Some, Lose Some: China's Campaign for Global Media Influence," *Jamestown Foundation China Brief* 21, no. 19 (October 8 2021), https://jamestown.org/program/win-some-lose-some-chinas-campaign-for-global-media-influence/.

40. Ibid.

41. Ibid.

42. Greg James, "Hunan TV Slammed for Chasing Ratings—China's Latest Society and Culture News," *SupChina*, September 1, 2017, https://supchina.com/2017/09/01/hunan-tv-slammed-chasing-ratings-chinas-latest-society-culture-news/.
　＊三湘风纪网，〈湖南广电巡视整改通报：有同志"娱乐立台"的思想根深蒂固〉，《澎湃新闻》，2017/9/1，http://www.thepaper.cn/newsDetail_forward_1781541。

43. Ibid.

44. "Business Structure," *MangoTV*, accessed November 2, 2021, https://corp.mgtv.com/en/product/.

45. "Analytical Report for Laos Media Use Survey," Gallup report prepared for USAGM and obtained through the Freedom of Information Act, January 2017.

46. 作者訪談卸任美國國際媒體署決策人員，華盛頓，2018年12月。

47. Ibid.

48. Radio Insight記錄了美國境內電台更換節目格式的情況，這幾乎每天都會發生；其中多半是因為現有的格式並未成功獲利，或者電台轉讓給出資更多的新老闆，而新主人變更了節目格式。

49. Jim Rutenberg, "RT, Sputnik, and Russia's New Theory of War," *New York Times Magazine*, September 13, 2017, https://www.nytimes.com/2017/09/13/magazine/rt-sputnik-and-russias-new-theory-of-war.html.

50. "The Great Leap Backward of Journalism in China," *Reporters Without Borders*, December 7, 2021, https://rsf.org/en/reports/unprecedented-rsf-investigation-great-leap-backwards-journalism-china.

51. Bethany Allen-Ebrahimian, "China, Explained," *Foreign Policy*, June 3, 2016, https://foreignpolicy.com/2016/06/03/china-explained-sixth-tone-is-chinas-latest-party-approved-outlet-humanizing-news/; Varrall, "Behind the News."

52. Varrall, "Behind the News."

53. Ibid.

54. Ibid.

55. Jeffrey E. Stern, "Made in America, Funded by Communists," *New Republic*, February 20, 2013, https://newrepublic.com/article/112413/cctv-news-america-expansion-american-journalists-chinese-paychecks. Also, William Gallo, "Inside China's Brash New Approach to State Media," *Voice of America*, November 26, 2021, https://www.voanews.com/a/inside-china-s-brash-new-approach-to-state-media/6329303.html.

56. Ibid.; Yang Wanli, "Former CCTV Anchor Sees Clear Skies Ahead," *China Daily*, September 21, 2017, https://www.chinadaily.com.cn/opinion/5yearscorecard/2017-09/21/content_32278063.htm.
　＊邓京荆，〈前央视外籍主播对空气质量改善充满乐观〉，《中国日报网》，2017/9/22，http://cn.chinadaily.com.cn/2017-09/22/content_32335795.htm。

57. "Mike Walter," *CGTN America*, https://america.cgtn.com/anchors-corresp/mike-walter; "Jim Spellman," *CGTN*, https://www.cgtn.com/face/jim-spellman.html; Si, "Expansion of International Broadcasting."

58. "Barnaby Lo," *CGTN America*, https://america.cgtn.com/anchors-corresp/barnaby-lo-2.

59. 作者電話訪談達悠，2019年5月。另見Lim and Bergin, "Inside China's Audacious Global Propaganda Campaign."

60. 作者電話訪談達悠，2019年5月。

61. 例如 "Lindy Mtongana," *CGTN*, https://www.cgtn.com/face/lindy-mtongana.html. Also, Michael Musyoka, "Top Kenyan TV Anchors Who Have Joined China-Owned Station," *Kenyans.co.ke*, April 15, 2021, https://www.kenyans.co.ke/news/64319-top-kenyan-tv-anchors-who-joined-china-owned-station.

62. Ying Zhu, *Two Billion Eyes: The Story of China Central Television* (New York: New Press, 2012), 173–75.

63. Lily Kuo, "Chinese Liberal Think Tank Forced to Close After Being Declared Illegal," *Guardian*, August 28, 2019, https://www.theguardian.com/world/2019/aug/28/chinese-liberal-thinktank-forced-to-close-after-being-declared-illegal.

64. Amy Gunia, "At Least 250 Journalists Have Been Imprisoned in 2019 and China Is the Top Jailer, CPJ Says," *Time*, December 12, 2019, https://time.com/5748675/committee-to-protect-journalists-2019-survey/; "Record Number of Journalists Jailed Worldwide," *Committee to Protect Journalists*, December 15, 2020, https://cpj.org/reports/2020/12/record-number-journalists-jailed-imprisoned.

65. Tom Phillips, "China's Young Reporters Give Up on Journalism: 'You Can't Write What You Want,'" *Guardian*, February 11, 2016, https://www.theguardian.com/world/2016/feb/12/china-journalism-reporters-freedom-of-speech.

66. Ibid.

67. Javier C. Hernandez, "'We're Almost Extinct': China's Investigative Journalists Are Silenced Under Xi," *New York Times*, July 12, 2019, https://www.nytimes.com/2019/07/12/world/asia/china-journalists-crackdown.html.

68. "2017 Annual Report to Congress," U.S.-China Economic and Security Review Commission, November 15, 2017, 465, https://www.uscc.gov/annual-report/2017-annual-report-congress.

69. Hernandez, "'We're Almost Extinct.'"

70. Jian Wang, "Introduction: China's Search of Soft Power," in *Soft Power in China: Public Diplomacy Through Communication*, ed. Jian Wang (New York: Palgrave Macmillan, 2011), 9–10.

71. Pál Nyíri, *Reporting for China: How Chinese Correspondents Work with the World* (Seattle: University of Washington Press, 2018), 76–77.

72. Marsh, "*Tiangao* or *Tianxia*?," 114–17.

73. 訪談當時CGTN的僱員，2019。

74. "CGTV America Wins 27 Awards from the White House News Photographers Association," *CGTN America*, February 24, 2019, https://america.cgtn.com/2019/02/14/cgtn-america-wins-28-awards-in-the-white-house-news-photographers-association.

75. "CCTV America Wins Emmy for 'When Can't Is a Four-Letter Word,'" *CGTN America*, September 21, 2016, https://america.cgtn.com/2016/09/21/cctv-america-wins-emmy-for-when-cant-is-a-four-

letter-word.

76. "Awards," *CGTN America*, https://america.cgtn.com/category/awards.

77. Ibid.

78. 關於巴拿馬文件和中國領導層，國際上有許多新聞報導，其中一例是 Juliette Garside and David Pegg, "Panama Papers Reveal Offshore Secrets of China's Red Nobility," *Guardian*, April 6, 2016, https://www.theguardian.com/news/2016/apr/06/panama-papers-reveal-offshore-secrets-china-red-nobility-big-business.

79. "China's Pursuit of a New World Media Order."
＊〈巴拿馬文件相關報道〉,《中国数字时代》, 2016/4/4, https://chinadigitaltimes.net/chinese/434036.html。

80. Martha Bayles, "Hollywood's Great Leap Backward on Free Expression," *Atlantic*, September 15, 2019, https://www.theatlantic.com/ideas/archive/2019/09/hollywoods-g reat-leap-backward-free-expression/598045/; Shane Savitsky, "Hollywood's Cave to China on Censorship," *Axios*, October 10, 2019, https://www.axios.com/hollywood-movies-china-censorship-bba26aa9-b122-4b2c-8 0e1-054394414698.html; Javier C. Hernandez, "Leading Western Publisher Bows to Chinese Censorship," *New York Times*, November 1, 2017, https://www.nytimes.com/2017/11/01/world/asia/china-springer-nature-censorship.html; Ellie Bothwell, "Publishers Choose Between Self-Censorship in China and Import Ban," *Times Higher Education*, January 9, 2019, https://www.timeshighereducation.com/news/publishers-choose-between-self-censorship-china-and-import-ban; Isaac Stone Fish, "How China Gets American Companies to Parrot Its Propaganda," *Washington Post*, October 11, 2019, https://www.washingtonpost.com/outlook/how-china-gets-american-companies-to-par rot-its-propaganda/2019/10/11/512f7b8c-eb73-11e9-85c0-85a098e47b37_story. html; Natasha Pinon, "Here's a Growing List of Companies Bowing to China Censorship Pressure," *Mashable*, October 10, 2019, https://mashable.com/article/china-censorship-companies-hong-kong-protests-nba/; Gideon Rachman, "Chinese Censorship Is Spreading Beyond Its Borders," *Financial Times*, October 14, 2019, https://www.ft.com/content/cda1efbc-ee5a-11e9-ad1e-4367d8281195; Isaac Stone Fish, "The Other Political Correctness," *New Republic*, September 4, 2018, https://newrepublic.com/article/150476/american-elite-univer sities-selfcensorship-china; James Durso, "The Uighurs, China, and the Lucrative Hypocrisy of LeBron James and the NBA," *Hill*, October 24, 2019, https://thehill.com/opinion/civil-r ights/467295-uighurs-china-and-the-lucrative-hypocrisy-of-lebron-james-nba.

81. Zhu, *Two Billion Eyes*, 183.

82. Emeka Umejei, "Chinese Media in Africa: Between Promise and Reality," *African Journalism Studies* 39, no. 2 (2018): 9, https://www.tandfonline.com/doi/abs/10.1080/23743670.2018.1473275.

83. "CGTN Town Hall Explores China's Rise to Prominence," *CGTN America*, December 19, 2018, https://america.cgtn.com/2018/12/19/cgtn-town-hall-explores-chinas-rise-to-prominence.

84. Ibid.

85. 內人任職於喬治華盛頓大學，但她並不做中國研究，也並未涉入此一討論節目。

86. Jane Mayer, "The Making of the Fox News White House," *New Yorker*, March 4, 2019, https://www.newyorker.com/magazine/2019/03/11/the-making-of-the-fox-news-white-house.

87. Alex W. Palmer, "The Man Behind China's Aggressive New Voice," *New York Times*, July 7, 2021,

https://www.nytimes.com/2021/07/07/magazine/china-diplomacy-twitter-zhao-lijian.html. 關於背後大現象的進一步說明，見 Peter Martin, *China's Civilian Army: The Making of Wolf Warrior Diplomacy* (New York: Oxford University Press, 2021).

88. "Global Times: China's True Voice of Nationalistic Rabble-Rouser?," *South China Morning Post*, https://www.scmp.com/article/966560/global-times-chinas-true-voice-or-nationalistic-rabble-rouser.

89. "China's Global Times Plays a Peculiar Role," *Economist*, September 20, 2018, https://www.economist.com/china/2018/09/20/chinas-global-times-plays-a-peculiar-role.

90. Tania Branigan, "China Blocks Twitter, Flickr, and Hotmail Ahead of Tiananmen Anniversary," *Guardian*, June 2, 2009, https://www.theguardian.com/technology/2009/jun/02/twitter-china.

91. "Sputnik Begins Cooperation with China's Global Times Online," *Sputnik News*, April 19, 2017, https://sputniknews.com/20170419/sputnik-china-global-times-online-cooperation-1052742408.html.

92. "China's Global Times Plays a Peculiar Role."

93. "Chinese Paper's Threat to the RAAF: 'It Would Be a Shame if One Day a Plane Fell from the Sky," *News.com*, December 17, 2015, https://www.news.com.au/technology/innovation/inventions/chinese-papers-threat-to-raaf-it-would-be-a-shame-if-one-day-a-plane-fell-from-the-sky/news-story/1af82a742f134678de32ccc7cda0c15e; Peh Shing Huei, "How China Is Using Its Global Times Attack Dog to Intimidate Singapore," *South China Morning Post*, October 1, 2016, https://www.scmp.com/week-asia/opinion/article/2024088/how-china-using-its-global-times-attack-dog-intimidate-singapore; Zheping Huang, "Inside the Global Times, China's Hawkish, Belligerent State Tabloid," *Quartz*, August 9, 2016, https://qz.com/745577/inside-the-global-times-chinas-hawkish-belligerent-state-tabloid/.

＊〈外媒：澳軍機飛越南海島礁上空 向中國海軍呼叫〉，《新華網》轉載《環球時報》，2015/12/16，http://www.xinhuanet.com//mil/2015-12/16/c_128534263.htm。

94. Peter Cai, "The Global Times and Beijing: A Nuanced Relationship," *Interpreter*, August 3, 2016, https://www.lowyinstitute.org/the-interpreter/global-times-and-beijing-nuanced-relationship.

95. Ibid.

96. "China Cannot Hesitate on Nuclear Buildup," *Global Times*, December 23, 2016, http://www.globaltimes.cn/content/1025377.shtml; "Mainland Must Shape Taiwan's Future," *Global Times*, December 14, 2016, http://www.globaltimes.cn/content/1023753.shtml; "Congress' Malevolent Bill Falls on Deaf Ears," *Global Times*, May 30, 2014, http://www.globaltimes.cn/content/863058.shtml; "Britain Steps Backward as EU Faces Decline," *Global Times*, June 25, 2016, http://www.globaltimes.cn/content/990440.shtml; Eric Fish, "China's Angriest Newspaper Doesn't Speak for China," *Foreign Policy*, April 28, 2017, https://foreignpolicy.com/2017/04/28/chinas-angriest-newspaper-doesnt-speak-for-china/.

＊〈重塑台海局勢 大陸須敢想敢為〉，《新浪網》轉載《環球時報》，2016/12/15，https://news.sina.cn/2016-12-15/detail-ifxytkcf7673243.d.html；〈社評：美眾院成了各種反華情緒的垃圾堆〉，《環球時報》，2014/5/30，https://opinion.huanqiu.com/article/9CaKrnJF0Wy；〈社評：英國回300年前原点，歐洲加速衰落〉，《環球時報》，2016/6/24，https://opinion.huanqiu.com/article/9CaKrnJW6dr。

97. Huang, "Inside the Global Times, China's Hawkish, Belligerent State Tabloid." Also, Bridget O'Donnell, "Global Times Just Burned UK with New Europe Edition," *That's China*, July 8, 2016, https://www.thatsmags.com/china/post/14433/global-times-just-burned-uk-with-new-europe-edition.

98. Eric Baculinao and Janis Mackey Frayer, "China's Global Times: Hawkish by Decree or Reflecting Readers?," *NBC News*, February 20, 2017, https://www.nbcnews.com/news/china/china-s-global-times-hawkish-decree-or-reflecting-readers-n722316.

99. Cai, "The Global Times and Beijing"; "Global Times: Audience," https://www.globaltimes.cn/adv.html.

100. Edward Wong, "U.S. Fights Bioweapons Conspiracy Theory Pushed by Russia and China," *New York Times*, March 10, 2022, https://www.nytimes.com/2022/03/10/us/politics/russia-ukraine-china-bioweapons.html.

101. Ashley Gold, "China's State Media Buys Meta Ads Pushing Russia's Line on War," *Axios*, March 9, 2022, https://www.axios.com/chinas-state-media-meta-f acebook-ads-russia-623763df-c5fb-46e4-a6a8-36b607e1b672.html; Sheera Frenkel and Stuart A. Thompson, "How Russia and Right-Wing Americans Converged on War in Ukraine," *New York Times*, March 23, 2022, https://www.nytimes.com/2022/03/23/technology/russia-american-far-right-ukraine.html.

102. Samantha Custer et al., *Influencing the Narrative: How the Chinese Government Mobilizes Students and Media to Burnish Its Image* (Williamsburg, VA: AidData at William & Mary, 2019), 12, http://docs.aiddata.org/ad4/pdfs/Influencing_the_Narrative_Report.pdf.

103. Ibid., 18–21.

104. "China's Pursuit of a New World Media Order," 22–26; Ramy Inocencio, "China's Crackdown Leaves Hong Kong's Last Pro-Democracy Newspaper, Apple Daily, Hanging by a Thread," *CBS News*, June 21, 2021, https://www.cbsnews.com/news/hong-kong-china-apple-daily-newspaper-matter-of-days-survival/; Vivian Wang, "Hong Kong's Move to Overhaul Broadcaster Fans Fears of Media Crackdown," *New York Times*, February 19, 2021, https://www.nytimes.com/2021/02/19/world/asia/hong-kong-rthk-crackdown.html; "2021 World Press Freedom Index: Journalism, the Vaccine Against Disinformation, Blocked in More Than 130 Countries," *Reporters Without Borders*, accessed February 18, 2022, https://rsf.org/en/2021-world-press-freedom-index-journalism-vaccine-against-disinformation-blocked-more-130-countries.

105. Lim and Bergin, "Inside China's Global Propaganda Campaign."

106. 例如，新華社做的新聞會直接撇開其他媒體對中國在新疆的暴行所進行的深入報導。這樣的一篇文章包括 "The Think Tank Behind Anti-China Propaganda in Australia," *Xinhua*, June 23, 2020, http://www.xinhuanet.com/english/2020-06/23/c_139161837.htm.
＊〈披着学术外衣的反华"急先锋"——起底澳大利亚战略政策研究所〉,《新华网》, 2020/6/22, http://archive.today/2d0No。

107. 例如，若是該項社經議題並不涉及中共時，Sixth Tone 能夠寫出優秀的報導。這樣的報導包括 Yuan Ye, "Typhoons May Spike Ground Level Ozone in Chinese Cities, Study Says," *Sixth Tone*, January 14, 2022, https://www.sixthtone.com/news/1009439/typhoons-may-spike-ground-level-ozone-in-chinese-cities%2C-study-says.

108. 見 Ye Ruolin, "With Active COVID-19 Outbreaks, China Fears Lunar New Year Travel," *Sixth Tone*,

January 8, 2021, https://www.sixthtone.com/news/1006686/with-active-covid-19-outbreaks%2C-china-fears-lunar-new-year-travel; Li You, "'Forever Chemicals' Found in Tap Water Along Yangtze River," *Sixth Tone*, January 13, 2021, https://www.sixthtone.com/news/1006706/forever-chemicals-found-in-tap-water-along-yangtze-river; and Zhang Zizhu, "In Virus-Free Wuhan, Businesses Are Still Recovering," *Sixth Tone*, January 7, 2021, https://www.sixthtone.com/news/1006678/in-virus-free-wuhan%2C-businesses-are-still-recovering.

109. James Palmer, "Hong Kongers Break Beijing's Delusions of Victory," *Foreign Policy*, November 25, 2019, https://foreignpolicy.com/2019/11/25/hong-kong-election-beijing-media-delusions-victory/.

110. Ibid.

111. Ibid.

112. Ibid.

113. Custer et al., *Influencing the Narrative*, 25.

114. "China's Pursuit of a New World Media Order."

115. Ananth Krishnan, "China Is Buying Good Press Across the World, One Paid Journalist at a Time," *Print*, November 24, 2018, https://theprint.in/opinion/china-is-paying-foreign-journalists-including-from-india-to-report-from-beijing/154013/.

116. X. Xin, "Xinhua News Agency in Africa," *Journal of African Media Studies* 1, no. 3 (2009): 363–77.

117. Andrew McCormick, "'Even if You Don't Think You Have a Relationship with China, China Has a Big Relationship with You,'" *Columbia Journalism Review*, June 20, 2019, https://www.cjr.org/special_report/china-foreign-journalists-oral-history.php.

118. Ibid.

119. Ibid.

120. Yuan Zhou and Zhang Zhihao, "China Boosts Soft Power by Training Foreign Journalists," *China Daily*, October 17, 2016, https://www.chinadaily.com.cn/china/2016-10/17/content_27077588.htm; Juan Pablo Cardenal, "China in Latin America: Understanding the Inventory of Influence," in *Sharp Power: Rising Authoritarian Influence* (Washington, DC: National Endowment for Democracy, December 2017), https://www.ned.org/wp-content/uploads/2017/12/Sharp-Power-Rising-Authoritarian-Influence-Full-Report.pdf; and Maria Repnikova, "China's Soft Power Projection in Africa," Presentation, Wilson Center, May 12, 2021, https://www.wilsoncenter.org/event/chinas-soft-power-projection-africa.

121. "China's Pursuit of a New World Media Order."

122. "The Forum on China-Africa Cooperation Johannesburg Action Plan (2016–2018)," Ministry of Foreign Affairs of the People's Republic of China, December 10, 2015, https://www.fmprc.gov.cn/mfa_eng/zxxx_662805/t1323159.shtml; Repnikova, "China's Soft Power Projection in Africa."
＊〈中非合作论坛—约翰内斯堡行动计划（2016—2018年）〉，中國外交部，2015/12/10，https://tinyurl.com/2fb7tghf。

123. Cardenal, "China in Latin America," 31.

124. Krishnan, "China Is Buying Good Press Across the World, One Paid Journalist at a Time"; McCormick, "'Even if You Don't Think You Have a Relationship with China, China Has a Big Relationship with You.'"

125. "Edward R. Murrow Program," Bureau of Education and Cultural Affairs, U.S. Department of State,

https://exchanges.state.gov/non-us/program/edward-r-murrow-program.

126. "Fellowships," Nieman, Harvard University, https://nieman.harvard.edu/fellowships/.

127. Krishnan, "China Is Buying Good Press Across the World, One Paid Journalist at a Time."

128. Ibid.

129. "The China Story: Reshaping the World's Media," *International Federation of Journalists*, June 23, 2020, https://www.ifj.org/media-centre/reports/detail/ifj-report-the-china-story-reshaping-the-worlds-media/category/publications.html.

130. Ibid.

131. Ibid.

132. Jessica Chen Weiss, "Does China Actively Promote Its Way of Governing—and Do Other Countries Listen?," *Washington Post*, July 14, 2021, https://www.washingtonpost.com/politics/2021/07/14/does-china-actively-promote-its-way-governing-do-other-countries-listen/.

133. McCormick, "'Even if You Don't Think You Have a Relationship with China, China Has a Big Relationship with You.'"

134. Ibid.

135. Iginio Gagliardone, "China as a Persuader: CCTV Africa's First Steps in the African Mediasphere," *Ecquid Novi: African Journalism Studies* 34, no. 3 (2013): 26.

136. Xiaoling Zhang, Herman Wasserman, and Winston Mano, "China's Expanding Influence in Africa: Projection, Perception, and Prospects in Southern African Countries," *Communicatio: South African Journal for Communication Theory and Research* 42, no. 1 (2016): 7.

137. David McKenzie, "Chinese Media Make Inroads into Africa," *CNN*, September 25, 2012, https://www.cnn.com/2012/09/05/business/china-africa-cctv-media/index.html; Jacinta Mwende Maweu, "Journalists and Public Perceptions of the Politics of China's Soft Power in Kenya Under the 'Look East' Foreign Policy," in *China's Media and Soft Power in Africa: Promotion and Perceptions*, ed. Xiaoling Zhang, Herman Wasserman, and Winston Mano (New York: Palgrave Macmillan, 2016), 127–29.

138. Maweu, "Journalists and Public Perceptions of the Politics of China's Soft Power in Kenya Under the 'Look East' Foreign Policy," 127–29.

139. Wasserman and Madrid-Morales, "How Influential Are Chinese Media in Africa?," 2222.

140. Ibid.

141. Catie Snow Bailard, "China in Africa: An Analysis of the Effect of Chinese Media Expansion on African Public Opinion," *International Journal of Press/Politics* 21, no. 4 (2016): 446–71.

142. 可參見Laura Silver, Kat Devlin, and Christine Huang, "People Around the Globe Are Divided in Their Opinions of China," *Pew Research Center*, December 5, 2019, https://www.pewresearch.org/fact-tank/2019/12/05/people-around-the-globe-are-divided-in-their-opinions-of-china/.

143. Wasserman and Madrid-Morales, "How Influential Are Chinese Media in Africa?," 2122–231.

144. 關於象牙海岸媒體的資料來自美國國際媒體署交付學者及合作機構進行的研究，我根據《資訊自由法》取得。

145. Ibid.

146. 進一步的情況見Joshua Kurlantzick, "China's State Media Outlets: The White House Cracks Down, but How Much of a Threat Are They?," *Asia Unbound*, March 12, 2020, https://www.cfr.org/blog/

chinas-state-media-outlets-white-house-cracks-down-how-much-threat-are-they.

147. Marsh, "*Tiangao* or *Tianxia*?," 114–15.

148. Ibid.

149. Abdirizak Garo Guyo and Hong Yu, "How Is the Performance of Chinese News Media in Kenya? An Analysis of Perceived Audience Motivation and Reception," *New Media and Mass Communication* 79 (2019), https://core.ac.uk/download/pdf/234653591.pdf.

150. 進一步的情況見Kurlantzick, "China's State Media Outlets." 關於越南媒體的資料來自美國國際媒體署交付學者及合作機構進行的研究，我根據《資訊自由法》取得。

151. 本節部分改寫自一篇網誌，進一步情形請參見該文：Kurlantzick, "China's State Media Outlets." 關於柬埔寨媒體的資料來自美國國際媒體署交付學者及合作機構進行的研究，我根據《資訊自由法》取得。

152. 部分取自Kurlantzick, "China's State Media Outlets." 另見Merriden Varrall, "Behind the News: Inside China Global Television Network," *Lowy Institute*, January 16, 2020, https://www.lowyinstitute.org/publications/behind-news-inside-china-global-television-network.

153. "China Is Spending Billions on Its Foreign Language Media: Is it Worth It?," *Economist*, June 16, 2018, https://www.economist.com/china/2018/06/14/china-is-spending-billions-on-its-foreign-language-media.

154. Finbarr Bermingham, "CGTN Set to Return to European Screens, but French Regulator Warns About Future Conduct," *South China Morning Post*, March 5, 2021, https://www.scmp.com/news/china/diplomacy/article/3124152/cgtn-set-return-european-screens-french-regulator-warns-about.

155. Peilei Ye and Luis Alfonso Albornoz, "Chinese Media 'Going Out' in Spanish Speaking Countries: The Case of CGTN-Español," *Westminster Papers in Communication and Culture* 13, no. 1 (May 2018): 81–97, https://researchportal.uc3m.es/display/act508754.

156. 作者訪談數名中國與拉美關係專家，2020年11月。

157. Ye and Albornoz, "Chinese Media 'Going Out' in Spanish Speaking Countries," 81–97.

158. Varrall, "Behind the News."

159. "China Is Using Facebook to Build a Huge Audience Around the World," *Economist*, April 20, 2019, https://www.economist.com/graphic-detail/2019/04/20/china-is-using-facebook-to-build-a-huge-audience-around-the-world.

160. Keith Bradsher, "China Blocks WhatsApp, Broadening Online Censorship," *New York Times*, September 25, 2017, https://www.nytimes.com/2017/09/25/business/china-whatsapp-blocked.html; Shannon Liao, "After a Single Day, Facebook Is Pushed Out of China Again," *Verge*, July 25, 2018, https://www.theverge.com/2018/7/25/17612162/facebook-technology-subsidiary-blocked-china-censor.

161. https://www.facebook.com/ChinaGlobalTVNetwork.

162. 這一項研究乃是奠基於透過Socialbakers取得的資料，我要感謝馬斯頓。

163. "China Is Using Facebook to Build a Huge Audience Around the World."

164. Sarah Cook, "Beijing's Global Megaphone: The Expansion of Chinese Communist Party Media Influence Since 2017," *Freedom House*, January 2020, https://freedomhouse.org/report/special-reports/beijings-global-megaphone-china-communist-party-media-influence-abroad.

165. Marc Tracy, "The New York Times Tops 6 Million Subscribers as Ad Revenue Plummets," *New*

York Times, May 6, 2020, https://www.nytimes.com/2020/05/06/business/media/new-york-times-earnings-subscriptions-coronavirus.html; Javier C. Hernandez, "When Trump Tweets, the Editor of 'China's Fox News' Hits Back," *New York Times*, July 31, 2019, https://www.nytimes.com/2019/07/31/world/asia/hu-xijin-global-times-us-china-tensions.html.

166. Ryan Loomis and Heidi Holz, "China's Efforts to Shape the Information Environment in Thailand," *CNA*, September 2020, 15, https://www.cna.org/CNA_files/PDF/IIM-2020-U-026099-Final.pdf.

167. Custer et al., *Influencing the Narrative*, 11.

168. 此處的研究與分析乃是奠基於透過Socialbakers取得的資料，我要感謝馬斯頓。

169. @CGTNOfficial, examined in October 2021.

170. 此處的研究與分析乃是奠基於透過Socialbakers取得的資料，我要感謝馬斯頓。

171. Erika Kinetz, "Army of Fake Fans Boosts China's Messaging on Twitter," *Associated Press*, May 28, 2021, https://apnews.com/article/asia-pacific-china-europe-middle-east-government-and-politics-62b13895aa6665ae4d887dcc8d196dfc.

172. 見 "CGTN: New global news network with a different perspective," Youtube.com, December 15, 2019, https://www.youtube.com/c/cgtn/videos; https://www.youtube.com/channel/UCgrNz-aDmcr2uuto8_DL2jg.

173. Mantesso and Zhou, "China's Multi-Billion Dollar Media Campaign 'a Major Threat for Democracies' Around the World."

174. Joyce Y. M. Nip and Chao Sun, "China's News Media Tweeting, Competing with US Sources," *Westminster Papers in Communication and Culture* 13, no. 1 (2018): 98–122.

175. Davey Alba, "Fake 'Likes' Remain Just a Few Dollars Away, Researchers Say," *New York Times*, December 6, 2019, https://www.nytimes.com/2019/12/06/technology/fake-social-media-manipulation.html.

176. Cook, "Beijing's Global Megaphone."

177. Heather Timmons and Josh Horwitz, "China's Propaganda News Outlets Are Absolutely Crushing It on Facebook," *Quartz*, May 6, 2016, https://qz.com/671211/chinas-propaganda-outlets-have-leaped-the-top-of-facebook-even-though-it-banned-at-home/.

178. Ibid.

179. 我要感謝馬斯頓對此一主題的研究。

180. Ibid.

181. Ibid.

182. Gavin O'Malley, "Facebook Will Ban Ads from State-Controlled Media Outlets," *MediaPost*, June 5, 2020, https://www.mediapost.com/publications/article/352235/facebook-will-ban-ads-from-state-controlled-media.html.

183. 我要感謝馬斯頓對此一主題的研究。

184. Ibid.

CHAPTER 7 | 新華社與內容分享協議：成功經驗

1. U.S. Department of Defense, *Assessment on U.S. Defense Implications of China's Expanding Global Access*, January 14, 2019, https://media.defense.gov/2019/Jan/14/2002079292/-1/-1/1/EXPANDING-GLOBAL-ACCESS-REPORT-FINAL.PDF.

2. William Yuan Yee, "Win Some, Lose Some: China's Campaign for Global Media Influence," *Jamestown Foundation China Brief* 21, no. 19 (2021), https://jamestown.org/program/win-some-lose-some-chinas-campaign-for-global-media-influence/.

3. "About Us," *Associated Press*, https://www.ap.org/about/; Celine Sui, "China Wants State Media to Peddle Its 'Soft Power' in Africa, but Tech Platforms Are a Better Bet," *Quartz*, October 29, 2019, https://www.yahoo.com/now/china-wants-state-media-peddle-184631591.html.

4. Louisa Lim and Julia Bergin, "Inside China's Audacious Global Propaganda Campaign," *Guardian*, December 7, 2018, https://www.theguardian.com/news/2018/dec/07/china-plan-for-global-media-dominance-propaganda-xi-jinping.

5. Ibid.

6. Jasmine Chia, "Thai Media Is Outsourcing Most of Its Coronavirus Coverage to Beijing and That's Just the Start," *Thai Enquirer*, January 31, 2020, https://www.thaienquirer.com/7301/thai-media-is-outsourcing-much-of-its-coronavirus-coverage-to-beijing-and-thats-just-the-start.

7. Halligan Agade, "Kenya, China Sign Deal to Air Chinese TV Series," *CGTN Africa*, October 20, 2019, https://africa.cgtn.com/2019/10/20/kenya-china-sign-deal-to-air-chinese-tv-series.

8. Sui, "China Wants State Media to Peddle Its 'Soft Power' in Africa."

9. 作者訪談卸任美國國際媒體署卸任高級人員，2018年11月。

10. 我要感謝帕拉梅斯瓦拉向我說明這一點——當他為《外交家》報導東南亞的各種地區性峰會，常常發現新華社對這些會議做了地毯式報導，西方媒體卻多半不太注意這些峰會。

11. Ibid.

12. Josh Rogin, "Congress Demands Answers on AP's Relationship with Chinese State Media," *Washington Post*, December 24, 2018, https://www.washingtonpost.com/opinions/2018/12/24/congress-demands-answers-aps-relationship-with-chinese-state-media.

13. Lauren Easton, "AP Response to Questions About Recent Xinhua Meeting," *Associated Press*, January 10, 2019, https://blog.ap.org/announcements/ap-response-to-questions-about-recent-xinhua-meeting.

14. "Xinhua, AFP Presidents Agree on Further Cooperation," *Agence France-Presse*, September 12, 2017, https://www.afp.com/en/inside-afp/xinhua-afp-presidents-agree-further-cooperation; "Xinhua, AAP Sign New Agreement for Closer Cooperation," *Xinhua*, September 11, 2018, http://www.xinhuanet.com/english/2018-09/11/c_137460960.htm.

15. "China's Pursuit of a New World Media Order."

16. "China, Latin America to Bolster Media Cooperation," *China Daily*, November 22, 2018, http://www.chinadaily.com.cn/a/201811/22/WS5bf5e904a310eff30328a444.html.

17. Chia, "Thai Media Is Outsourcing Most of Its Coronavirus Coverage to Beijing and That's Just the Start."

18. Louisa Lim and Julia Bergin, "The China Story: Reshaping the World Media," *International Federation of Journalists*, June 2020, https://www.ifj.org/fileadmin/user_upload/IFJ_ChinaReport_2020.pdf.

19. Ibid.

20. Ibid.

21. Ibid.

22. Emily Feng, "China and the World: How Beijing Spreads the Message," *Financial Times*, July 12,

2018, https://www.ft.com/content/f5d00a86-3296-11e8-b5bf-23cb17fd1498.

23. Ibid.

24. Ibid.

25. Samantha Custer et al., *Influencing the Narrative: How the Chinese Government Mobilizes Students and Media to Burnish Its Image* (Williamsburg, VA: AidData at William & Mary, 2019), 13.

26. Heidi Holz and Anthony Miller, "China's Playbook for Shaping the Global Media Environment," *CNA*, February 2020, https://www.cna.org/CNA_files/PDF/IRM-2020-U-024710-Final.pdf.

27. Sarah Cook, "Beijing's Global Megaphone: The Expansion of Chinese Communist Party Media Influence Since 2017," *Freedom House*, January 2020, https://freedomhouse.org/report/special-reports/beijings-global-megaphone-china-communist-party-media-influence-abroad; Kelsey Ables, "What Happens When China's State-Run Media Embraces AI?," *Columbia Journalism Review*, June 21, 2018, https://www.cjr.org/analysis/china-xinhua-news-ai.php; "Xinhua CEIS, DPA Ink Agreement to Promote Information Exchanges," *Xinhua Silk Road Information Service*, May 15, 2018, https://en.imsilkroad.com/p/96223.html; "Xinhua, AAP Sign New Agreement for Closer Cooperation," *Xinhua*, September 11, 2018, http://www.xinhuanet.com/english/2018-09/11/c_137460960.htm; "Xinhua, AP Sign MOU to Enhance Cooperation," *Xinhua*, November 25, 2018, http://www.xinhuanet.com/english/2018-11/25/c_137630583.htm; "China, Morocco to Develop Innovative Partnerships in Media Sector," *Xinhua*, October 30, 2019, http://www.xinhuanet.com/english/2019-10/30/c_138515661.htm.

28. Feng, "China and the World: How Beijing Spreads the Message." 此外，有人向我提供了《金融時報》所使用的資料庫。

29. Isaac Stone Fish, "Is China's Xinhua the Future of Journalism?," *Newsweek*, September 3, 2010, https://www.newsweek.com/chinas-xinhua-future-journalism-71961.

30. Ables, "What Happens When China's State-Run Media Embraces AI?"

31. Ibid.

32. Murray Hiebert, *Under Beijing's Shadow: Southeast Asia's China Challenge* (Washington, DC: CSIS, 2020), 419.

33. "China's Pursuit of a New World Media Order."

34. Raksha Kumar, "How China Uses the News Media in Its Propaganda War Against the West," *Reuters Institute for the Study of Journalism*, November 2, 2021, https://reutersinstitute.politics.ox.ac.uk/news/how-china-uses-news-media-weapon-its-propaganda-war-against-west.

35. "Xinhua Editor-in-Chief Signs Cooperation Deal with Senegalese Media," *Xinhua*, July 19, 2019, http://www.xinhuanet.com/english/2019-07/19/c_138240476.htm; "Daily News Egypt Signs Content, Images Sharing Agreement with Xinhua," *Daily News Egypt*, October 19, 2019, https://dailynewsegypt.com/2019/10/19/daily-news-egypt-signs-content-images-sharing-agreement-with-xinhua; "Muscat Media Group Signs Agreement with Xinhua News," *Times of Oman*, August 27, 2019, https://timesofoman.com/article/1832236/Oman/Muscat-Media-Group-signs-agreement-with-Xinhua-News; "5 More Thai Media Agencies Sign Partnership with Xinhua," *Khaosod*, November 20, 2019, https://www.khaosodenglish.com/news/2019/11/20/5-more-thai-media-sites-sign-partnership-with-xinhua; "New Times, Xinhua Ink Cooperation Deal," *New Times*, July 25, 2019, https://www.newtimes.co.rw/news/new-times-xinhua-ink-cooperation-deal;

Sarah Cook, "China's Global Media Footprint: Democratic Responses to Expanding Authoritarian Influence," *National Endowment for Democracy*, February 2021, https://www.ned.org/wp-content/uploads/2021/02.

36. Wanning Sun, "Chinese-Language Media in Australia: Developments, Challenges, and Opportunities," *Australia-China Relations Institute*, 2016, https://www.australiachinarelations.org/sites/default/files; Cook, "China's Global Media Footprint."

37. Cook, "China's Global Media Footprint."

38. 關於通訊社對於新聞的議程及調性起到的重大作用，以及新華社的崛起對他們來說可能是一個什麼樣的機會，進一步的想法見 Ables, "What Happens When China's State-Run Media Embraces AI?"

39. Stone Fish, "Is China's Xinhua the Future of Journalism?"

40. Gautier Battistella, "Xinhua: The World's Biggest Propaganda Agency," *Reporters Without Borders*, October 2005, https://rsf.org/sites/default/files/Report_Xinhua_Eng.pdf.

41. Mark MacKinnon, "As Western Media Contract, the China Daily Expands," *Globe and Mail*, June 25, 2012, https://www.theglobeandmail.com/news/world/worldview/as-western-media-contract-the-china-daily-expands; David Shambaugh, "China Flexes Its Soft Power," *Brookings Institution*, June 7, 2010, https://www.brookings.edu/opinions/china-flexes-its-soft-power.

42. Cook, "China's Global Media Footprint."

43. Jichang Lulu, "CRI's Network of 'Borrowed Boats' Hits the News, State Media Responds," *Jichang Lulu*, November 4, 2015, https://jichanglulu.wordpress.com/2015/11/04/cris-network-of-borrowed-boats-hits-the-news-state-media-responds.

44. Ibid.

45. Ibid.

46. Jichang Lulu, "Outsourced Soft Power Channels Xi Jinping's Dream to Icelanders," *Jichang Lulu* (blog), July 3, 2015, https://jichanglulu.wordpress.com/2015/07/03/outsourced-soft-power-channels-xi-jinpings-dream-to-icelanders.
　　＊王庚年，〈建設国际一流媒体 积极争取国际话语权〉，原刊於《中国记者》，《求是理论网》轉載，2011/10/9，https://tinyurl.com/4s6wbpah。

47. "2019 World Press Freedom Index," *Reporters Without Borders*, https://rsf.org/en/ranking.

48. "China: Free Tibetans Unjustly Imprisoned," *Human Rights Watch*, May 21, 2019, https://www.hrw.org/news/2019/05/21/china-free-tibetans-unjustly-imprisoned; "It's Time to Address Paid Chinese Disinformation in U.S. Newspapers," *Central Tibetan Administration*, March 29, 2019, https://tibet.net/its-time-to-address-paid-chinese-disinformation-in-us-newspapers.

49. Jim Waterson and Dean Sterling Jones, "Daily Telegraph Stops Publishing Section Paid for by China," *Guardian*, April 14, 2020, https://www.theguardian.com/media/2020/apr/14/daily-telegraph-stops-publishing-section-paid-for-by-china.

50. Cook, "Beijing's Global Megaphone."

51. U.S. Department of Justice, *Report of the Attorney General to the Congress of the United States on the Administration of the Foreign Registration Act of 1938, as Amended, for the Six Months Ending in June 30, 2018*, https://www.justice.gov/nsd-fara/page/file/1194051/download; Lim and Bergin, "Inside China's Audacious Global Propaganda Campaign." See also Peter Hasson, "China's Propaganda

Machine Greased by the New York Times and Washington Post: Human Rights Watchdog," *National Interest*, January 15, 2020, https://nationalinterest.org/blog/buzz/chinas-propaganda-machine-greased-new-york-times-and-washington-post-human-rights-watchdog.

52. U.S. Department of Justice, Report of the Attorney General to the Congress of the United States on the Administration of the Foreign Registration Act of 1938, as Amended, for the Six Months Ending in June 30, 2018, https://www.justice.gov/nsd-fara/page/file/1194051/download; Lim and Bergin, "Inside China's Audacious Global Propaganda Campaign."

53. Chuck Ross, "Chinese Propaganda Outlet Has Paid U.S. Newspapers $19 Million for Advertising, Printing," *Daily Caller*, June 8, 2020, https://dailycaller.com/2020/06/08/chinese-propaganda-china-daily-washington-post.

54. Lim and Bergin, "Inside China's Audacious Global Propaganda Campaign"; "China Daily's Global Development," *China Daily*, http://www.chinadaily.com.cn/static_e/global.html; Amanda Meade, "Nine Entertainment Newspapers Quit Carrying China Watch Supplement," *Guardian*, December 8, 2020, https://www.theguardian.com/media/2020/dec/09/nine-entertainment-newspapers-quit-carrying-china-watch-supplement; Yuichiro Kakutani, "NYT Quietly Scrubs Chinese Propaganda," *Washington Free Beacon*, August 4, 2020, https://freebeacon.com/media/nyt-quietly-scrubs-chinese-propaganda.

55. "China Daily's Global Development."

56. 除了我個人對「中國觀察」及其合作協議所進行的研究，亦參考了: Lim and Bergin, "Inside China's Audacious Global Propaganda Campaign"; Oishimaya Sen Nag, "Newspapers with the Highest Circulation in the World," *World Atlas*, May 10, 2018, https://www.worldatlas.com/articles/newspapers-with-the-highest-circulation-in-the-world.html; "The Daily Telegraph," *Audit Bureau of Circulation*, December 2019, https://www.abc.org.uk/product/2323; News Corporation, Annual Report 2019, https://www.sec.gov/Archives/edgar/data/1564708/000119312519219463/d741099d10k.htm; "News Corp Announces Record-Setting Subscriber Performances at Dow Jones and the Wall Street Journal," *News Corporation*, February 7, 2020, https://newscorp.com/2020/02/07/news-corp-announces-record-setting-subscriber-perfor mances-at-dow-jones-and-the-wall-street-journal.

57. Meg James, "L. A. Times Guild Accepts 20% Reduction in Pay, Hours amid Coronavirus," *Los Angeles Time*, May 1, 2020, https://www.latimes.com/entertainment-arts/business/story/2020-05-01/la-times-guild-members-20-percent-pay-reduction-coronavirus; Clayton Dube (@claydube), "Financially-strapped @latimes includes @ChinaDaily China Watch advertising supplement (8 page standalone insert) in today's edition," Twitter, June 28, 2020, 11:25 a.m., https://twitter.com/claydube/status/1277261825881432065.

58. Chuck Ross, "Chinese Propaganda Outlet Paid Millions to American Newspapers and Magazines, Records Show," *Washington Free Beacon*, May 25, 2021, https://freebeacon.com/media/chinese-propaganda-outlet-paid-millions-to-american-newspapers-and-magazines.

59. David Bond, "Mail Online to Share Content with People's Daily of China," *Financial Times*, August 12, 2016, https://www.ft.com/content/c38c33b4-6089-11e6-ae3f-77baadeb1c93.

60. Roy Greenslade, "What Is Mail Online Doing in Partnership with the People's Daily of China?," *Guardian*, August 12, 2016, https://www.theguardian.com/media/g reenslade/2016/aug/12/mail-

online-goes-into-partnership-with-the-peoples-daily-of-china.

61. "Thai Journalist Pravit Rojanaphruk Resigns from Nation Newspaper," *BBC*, September 16, 2015, https://www.bbc.com/news/world-asia-34266396; Pravit Rojanaphruk, "How Thailand's Military Junta Tried to 'Adjust My Attitude' in Detention," *Diplomat*, September 23, 2015, https://thediplomat.com/2015/09/how-thailands-military-junta-tried-to-adjust-my-attitude-in-detention. 其實2015年這一回已經是軍方給巴維的第二次「態度調整課程」。

62. Ibid.; Pravit Rojanaphruk, "Opinion: Goodbye to the Nation Newspaper," *Khaosod*, June 28, 2019, http://www.khaosodenglish.com/opinion/2019/06/28/opinion-goodbye-the-nation-newspaper.

63. Kaweewit Kaewjinda, "Thai Journalist Charged with Sedition for Online Comments," *Associated Press*, August 8, 2017, https://www.seattletimes.com/nation-world/thai-journalist-charged-with-sedition-for-online-comments.

64. Tyler Roney, "Chinese Propaganda Finds a Thai Audience," *Foreign Policy*, August 28, 2019, https://foreignpolicy.com/2019/08/28/chinese-propaganda-finds-a-thai-audience.

65. 本節前段的一部分最初是2020年一月外交關係協會Asia Unbound的一篇文章．Joshua Kurlantzick, "Thailand's Press Warms to Chinese State Media," *Asia Unbound*, January 8, 2020, https://www.cfr.org/blog/thailands-press-warms-to-chinese-state-media.

66. Roney, "Chinese Propaganda Finds a Thai Audience."

67. Chia, "Thai Media Is Outsourcing Much of Its Coronavirus Coverage to Beijing and That's Just the Start."

68. "No Terror Incidents in Xinjiang for Three Years, China Says," *Xinhua*, August 16, 2019, http://www.khaosodenglish.com/news/international/2019/08/16/no-terror-incidents-in-xinjiang-for-three-years-china-says.

69. Amie Ferris-Rotman, "Abortions, IUDs, and Sexual Humiliation: Muslim Women Who Fled China for Kazakhstan Recount Ordeals," *Washington Post*, October 5, 2019, https://www.washingtonpost.com/world/asia_pacific. See also Edward Wong and Chris Buckley, "U.S. Says China's Repression of Uighurs Is 'Genocide,'" *New York Times*, January 19, 2021, https://www.nytimes.com/2021/01/19/us/politics/trump-china-xinjiang.html.

70. "Panda Twins Born to Wild, Captive Parents in China," *Xinhua*, September 18, 2019, https://www.khaosodenglish.com/news/international/2019/09/18.

71. Chia, "Thai Media Is Outsourcing Much of Its Coronavirus Coverage to Beijing and That's Just the Start."

72. "5 More Thai Media Agencies Sign Partnership with Xinhua."

73. "About Asia News Network," *Asia News Network*, https://asianews.network/about-us. 本節部分改寫自一篇網誌：Kurlantzick, "Thailand's Press Warms to Chinese State Media."

74. "About Asia News Network."

75. "5 More Thai Media Sites Sign Partnerships with Xinhua."

76. Ibid.

77. Ibid.

78. Hiebert, *Under Beijing's Shadow*, 322.

79. Teeranai Charuvastra, "China, as Told by China: Beijing's Influences Reach Thai Media and Beyond," *Heinrich Boll Stiftung*, December 28, 2019, https://th.boell.org/en/2019/12/28/china-told-china-

beijings-influences-reach-thai-media-and-beyond.

80. Ibid.

81. Ibid.

82. Chia, "Thai Media Is Outsourcing Most of Its Coronavirus Coverage to Beijing and That's Just the Start."

83. Ibid.

84. Ibid.

85. Steven Lee Myers and Alissa J. Rubin, "Its Coronavirus Cases Dwindling, China Turns Focus Outward," *New York Times*, March 18, 2020, https://www.nytimes.com/2020/03/18/world/asia/coronavirus-china-aid.html.

86. Ibid.

87. Ibid.; Joshua Kurlantzick, "China and Coronavirus: From Home-Made Disaster to Global Mega-Opportunity," *Globalist*, March 16, 2020, https://www.theglobalist.com/china-soft-power-coronavirus-covid19-pandemic-global-health.

CHAPTER **8** │ 銳實力工具箱：走後門偷溜進來的媒體與新聞

1. "Grupo America," *Media Ownership Monitor Argentina*, https://argentina.mom-rsf.org/en/owners/companies/detail/company/company/show/grupo-america; Sarah Cook, "Beijing's Global Megaphone: The Expansion of Chinese Communist Party Media Influence Since 2017," *Freedom House*, January 2020, https://freedomhouse.org/report/special-reports/beijings-global-megaphone-china-communist-party-media-influence-abroad; Juan Pablo Cardenal, "Navigating Political Change in Argentina," in *Sharp Power: Rising Authoritarian Influence* (Washington, DC: National Endowment for Democracy, December 2017), https://www.ned.org/wp-content/uploads/2017/12/Chapter2-Sharp-Power-Rising-Authoritarian-Influence-Argentina.pdf.

2. Cook, "Beijing's Global Megaphone"; "2021 World Press Freedom Index," *Reporters Without Borders*, https://rsf.org/en/ranking; Hinnerk Feldwisch-Drentrup, "Chinesische Propaganda mit freundlicher Unterstützung des NDR," *Uber Medien*, October 11, 2019, https://uebermedien.de/42076/chinesische-propaganda-mit-freundlicher-unterstuetzung-des-ndr.

3. Sofia Tomacruz, "What Is 'Wow China,' the Radio Show Sparking Outrage on Social Media?," *Rappler*, May 11, 2020, https://www.rappler.com/nation/260603-things-to-know-wow-china-radio-show.

4. Reporters Without Borders, "China's Pursuit of a New World Media Order," RSF report, March 22, 2019, https://rsf.org/en/reports/rsf-report-chinas-pursuit-new-world-media-order.

5. Jennifer Lo, "Pro-Beijing Newspapers Wen Wei Po and Ta Kung Pao to Merge," *Nikkei Asia*, February 2, 2016, https://asia.nikkei.com/Business/Pro-Beijing-newspapers-Wen-Wei-Po-and-Ta-Kung-Pao-to-merge; Lam Kwok-lap and Xin Lin, "Beijing-Linked Phoenix TV Seeks Hong Kong License as China Extends 'Soft Power,'" *Radio Free Asia*, September 23, 2016, https://www.rfa.org/english/news/china/license-09232016110745.html.

＊葉靖斯，〈新聞焦點：香港兩大「左報」──《文匯報》與《大公報》〉，《BBC News 中文》，2016/2/2，https://tinyurl.com/2fdfp4rb；〈鳳凰香港申免費電視牌　評論員指搶輿論陣地〉，*Radio Free Asia*，2016/9/23，https://tinyurl.com/2gdapjbg。

6. Sarah Cook, "Chinese Government Influence on the U.S. Media Landscape," Written Testimony Before the U.S.-China Economic and Security Review Commission, May 4, 2017, https://www.uscc. gov/sites/default/files/Sarah%20Cook%20May%204th%202017%20USCC%20testimony.pdf.

7. "China's Pursuit of a New World Media Order."

8. Ann Scott Tyson, "China Is Ramping Up Its Media Abroad—and Not Just in Chinese," *Christian Science Monitor*, July 3, 2019, https://www.csmonitor.com/World/Asia-Pacific/2019/0703/China-is-ramping-up-its-media-abroad-and-not-just-in-chinese; "Media," in *China's Influence & American Interests: Promoting Constructive Vigilance*, ed. Larry Diamond and Orville Schell (Stanford, CA: Hoover Institution Press, 2019), 100–119.

9. Eric Ng, "Phoenix Media Names Shanghai's Former City Spokesman as CEO, Splitting Founder Liu's Job to Improve Corporate Governance," *South China Morning Post*, February 26, 2021, https:// www.scmp.com/business/companies/article/3123346/phoenix-media-names-shanghais-former-city-spokesman-ceo.

10. Ibid.

11. Ibid.
    ＊林庭瑤，〈劉長樂出局，鳳凰奔向涅槃？〉，《風傳媒》，2021/4/24，https://new7.storm.mg/ article/3629865。

12. "Hong Kong Media Fall to Pro-Chinese Owners," *Asia Sentinel*, April 22, 2021, https://www. asiasentinel.com/p/hong-kong-media-fall-to-pro-chinese.
    ＊〈劉長樂幾乎出清鳳凰衛視持股 中資成為大股東〉，中央社，2021/4/18，https://www.cna.com. tw/news/firstnews/202104180133.aspx。

13. Ibid.

14. Ibid.

15. Cook, "Chinese Government Influence on the U.S. Media Landscape."
    ＊〈官媒認罪，回港銷案，銅鑼灣書店進展難彌公眾疑慮〉，《端傳媒》，2016/3/7，https:// theinitium.com/article/20160307-hongkong-hkbooksellers06/。

16. Koh Gui Qing and John Shiffman, "Beijing's Covert Radio Network," *Reuters*, November 2, 2015, https://www.reuters.com/investigates/special-report/china-radio/.

17. Ibid.

18. Anthony Kuhn, "China Tries to Woo a Sprawling Global Chinese Diaspora," *NPR*, October 29, 2018, https://www.npr.org/2018/10/29/659938461/china-tries-to-woo-a-sprawling-global-chinese-diaspora.

19. He Qinglian, *Red Infiltration: The Reality About China's Global Expansion in International Media*, trans. David Cowhig (Taiwan: Gusa Publishing, 2019).
    ＊華文版：何清漣，《紅色滲透：中國媒體全球擴張的真相》，新北：八旗，2019。

20. Ibid.

21. 可參見 "Interview: China's Strong Economic Rebound to Benefit Thai Businesses, Says Thai Banker," *Xinhua*, April 22, 2021, http://www.xinhuanet.com/english/asiapacific/2021-04/22/c_139898157. htm; Vijitra Duangdee, "Thailand Feels the Pinch of a Golden Week with No Gold as Chinese Stay Home," *South China Morning Post*, October 1, 2021, https://www.scmp.com/week-asia/economics/ article/3150799/thailand-feels-pinch-golden-week-no-gold-chinese-stay-home; Jitsiree Thongnoi,

"China Becomes Thailand's Top Source of Foreign Investment for First Time," *South China Morning Post*, January 24, 2020, https://www.scmp.com/week-asia/economics/article/3047489/china-becomes-thailands-top-source-foreign-investment-first; Apornrath Phoonphongphiphat, "Spurred by Trade War, Chinese Investment in Thailand Skyrockets," *Nikkei Asia*, January 24, 2020, https://asia.nikkei.com/Business/Business-trends/Spurred-by-trade-war-Chinese-investment-in-Thailand-skyrockets; and Jason Tan, "Chinese Bet on Properties in Thailand Ahead of COVID Recovery," *Nikkei Asia*, September 9, 2021, https://asia.nikkei.com/Business/Markets/Property/Chinese-bet-on-properties-in-Thailand-ahead-of-COVID-recovery.

22. Shujian Guo, Hyunjung Shin, and Qi Shen, "The Commodification of Chinese in Thailand's Linguistic Market: A Case Study of How Language Education Promotes Social Sustainability," *Sustainability* 12, no. 18 (2020): 7344.

23. John Garnaut, "How China Interferes in Australia," *Foreign Affairs*, March 9, 2018, https://www.foreignaffairs.com/articles/china/2018-03-09/how-china-interferes-australia.

24. "Inside Malaysia's Shadow State," *Global Witness*, March 19, 2013, https://www.globalwitness.org/en/campaigns/forests/inside-malaysias-shadow-state/.

25. Murray Hiebert, *Under Beijing's Shadow: Southeast Asia's China Challenge* (Washington, DC: CSIS, 2020), 368.

26. Karen Cheung, "Hong Kong Can't and Shouldn't Be Independent, Says Ming Pao Newspaper Boss," *Hong Kong Free Press*, March 21, 2016, https://hongkongfp.com/2016/03/21/hong-kong-shouldnt-and-cant-be-independent-says-ming-pao-newspaper-boss.
＊鄭治祖，〈張曉卿：「港獨」偽議題 既不該也不能〉，《文匯報》，2016/3/22，http://paper.wenweipo.com/2016/03/22/YO1603220004.htm。

27. Andrew Higgins, "Tycoon Prods Taiwan Closer to China," *Washington Post*, January 21, 2012, https://www.washingtonpost.com/world/asia_pacific/tycoon-prods-taiwan-closer-to-china/2012/01/20/gIQAhswmFQ_story.html; Mark Landler, "Entrepreneur Walks Fine Line at a News Channel for China," *New York Times*, January 8, 2001, https://www.nytimes.com/2001/01/08/business/entrepreneur-walking-fine-line-at-a-news-channel-for-china.html; Chris Lau, "Inside the Bowels of Phoenix TV," *South China Morning Post*, July 26, 2012, https://www.scmp.com/article/1007782/inside-bowels-phoenix-tv.

28. "Chinese SOEs Snap Up Overseas Chinese Media," *Asia Sentinel*, March 8, 2016, https://www.asiasentinel.com/p/china-soe-snap-up-overseas-chinese-media.

29. Hiebert, *Under Beijing's Shadow*, 69.

30. "Advertising: Sin Chew Daily," *Sin Chew Daily*, https://www.advertising.com.my/sin-chew-daily.

31. "Tycoon Recovering Well from Stroke, Says Family," *Star*, April 27, 2017, https://www.thestar.com.my/news/nation/2017/04/27/tycoon-recovering-well-from-stroke-says-family.

32. Sangeetha Amarthalingam, "Media Chinese Intl's Unit Sells Stake in HK Publishing House for US$64.2m," *Edge Markets*, August 1, 2016, https://www.theedgemarkets.com/article/media-chinese-intls-unit-sells-stake-hk-publishing-house-us642m.

33. "One Country, One Censor: How China Undermines Media Freedom in Hong Kong and Taiwan," *Committee to Protect Journalists*, December 16, 2019, https://cpj.org/reports/2019/12/one-country-one-censor-china-hong-kong-taiwan-press-freedom.php.

＊華文版：〈一國一審：中國如何破壞香港和台灣的媒體自由〉，https://cpj.org/zh/2020/02/post-21/。

34. Debby Wu and Jennifer Lo, "Media Buyouts Have Taiwan and Hong Kong Wary of Pro-China Spring," *Nikkei Asian Review*, December 3, 2015, https://asia.nikkei.com/Business/Media-buyouts-have-Taiwan-and-Hong-Kong-wary-of-pro-China-spin.

35. Andrew Higgins, "Tycoon Prods Taiwan Closer to China," *Washington Post*, January 21, 2012, https://www.washingtonpost.com/world/asia_pacific/tycoon-prods-taiwan-closer-to-china.

36. Chien-Jung Hsu, "China's Influence on Taiwan's Media," *Asian Survey* 54, no. 3 (May/June 2014): 515–39.

37. Ibid.

＊〈11年財報揭露　旺旺集團收中國政府153億補助金〉，《蘋果新聞網》，2019/4/22，https://tinyurl.com/2qja7tqp 。

38. Kenji Kawase, "Chinese Subsidies of Foxconn and Want Want Spark Outcry in Taiwan," *Nikkei Asian Review*, April 30, 2019, https://asia.nikkei.com/Business/Companies/Chinese-subsidies-for-Foxconn-and-Want-Want-spark-outcry-in-Taiwan.

39. Eric Ng, "Phoenix Media Founder Sells Almost All His Shares to Beijing-Backed Publisher and Pansy Ho's Shun Tak in Deals Worth U.S. $149.2 Million," *South China Morning Post*, April 18, 2021, https://www.scmp.com/business/companies/article/3130 027/phoenix-media-founder-sells-almost-all-his-shares-beijing-backed.

＊〈劉長樂幾乎出清鳳凰衛視持股 中資成為大股東〉。

40. "One Country, One Censor."

41. Matt Schrader, "Friends and Enemies: A Framework for Understanding Chinese Political Interference in Democratic Countries," *Alliance for Security Democracy*, April 22, 2020, https://securingdemocracy.gmfus.org/wp-content/uploads/2020/04/Friends-and-Enemies-A-Framework-for-Understanding-Chinese-Political-Interference-in-Democratic-Countries.pdf.

42. Saengwit Kewaleewongsatorn, "Nanfang Media Busy 20% of Sing Sian Yer Pao," *Bangkok Post*, November 6, 2013, https://www.bangkokpost.com/business/378378/nanfang-media-buys-20-of-sing-sian-yer-pao; David Pierson, "China Newspaper Dispute Sparks Protest, Tests New Leaders," *Los Angeles Times*, January 7, 2013, https://www.latimes.com/world/la-xpm-2013-jan-07-la-fg-wn-china-southern-weekly-protest-20130107-story.html.

43. Maria Repnikova and Kecheng Fang, "Behind the Fall of China's Greatest Newspaper," *Foreign Policy*, January 29, 2015, https://foreignpolicy.com/2015/01/29/southern-weekly-china-media-censorship.

44. Mimi Lau, "China's Communist Party Silences Former Critic, the Liberal Nanfang News Group," *South China Morning Post*, August 29, 2015, https://www.scmp.com/news/china/policies-politics/article/1853616/chinas-communist-party-silences-former-critic-liberal.

＊曹國星，〈南方報業集團的自我閹割之路〉，《法國國際廣播電台》，2015/8/28，https://tinyurl.com/2pl2snml。

45. "China's Pursuit of a New World Media Order," 39.

46. Ibid.

47. "Media," in *China's Influence & American Interests*.

48. Ibid., 107–11.

49. Ibid., 107–12.

50. Ibid.

51. Amy E. Searight, "Chinese Influence Activities with U.S. Allies and Partners in Southeast Asia," Testimony Before the U.S.-China Economic and Security Review Commission, April 5, 2018, https://www.uscc.gov/sites/default/files. 資料亦來自作者訪談菲律賓媒體分析師，2018年1月、2018年9月。

52. Alexander Bowe, "China's Overseas United Front Work: Background and Implications for the United States," *U.S.-China Economic and Security Review Commission*, August 24, 2018, https://www.uscc.gov/sites/default/files/Research.

53. David Boyle, "Nice TV Highlights Ties Between Cambodia, China," *Voice of America*, April 19, 2018, https://www.voanews.com/a/nice-tv-highlights-ties-between-cambodia-china/4355711.html; David Boyle and Sun Narin, "Cambodia's Nice New TV Channel from China," *Voice of America*, April 19, 2018, https://www.voanews.com/a/cambodia-nice-new-tv-channel-from-china/4354124.html.

54. Andrew Nachemson, "Fresh News and the Future of the Fourth Estate in Cambodia," *Coda Story*, February 22, 2019, https://www.codastory.com/authoritarian-tech/fresh-news-and-the-future-of-the-fourth-estate-in-cambodia.

55. Nachemson, "Fresh News and the Future of the Fourth Estate in Cambodia"; "Analytical Report for Cambodia Media Use Survey," *Gallup*, September 2017, received March 5, 2019, under the Freedom of Information Act process.

56. Nachemson, "Fresh News and the Future of the Fourth Estate in Cambodia."

57. "January 2020 Overview: news.sabay.com.kh," *SimilarWeb*, https://www.similarweb.com/website/news.sabay.com.kh.

58. "Lao Army Launches TV Station Paid for by China," *Radio Free Asia*, September 11, 2020, https://www.rfa.org/english/news/laos/station-09112020174442.html.

59. Ibid.

60. Nachemson, "Fresh News and the Future of the Fourth Estate in Cambodia"; "With Cambodia's Free Press Under Fire, China Model Makes Inroads," *Agence France Presse*, June 3, 2018, https://www.bangkokpost.com/world/1478013/with-cambodias-free-press-under-fire-china-model-makes-inroads.

61. "China's Pursuit of a New World Media Order"; "With Cambodia's Free Press Under Fire, China Model Makes Inroads."

62. Richard C. Paddock, "The Cambodia Daily to Close (After Chasing One Last Big Story)," *New York Times*, September 3, 2017, https://www.nytimes.com/2017/09/03/world/asia/cambodia-daily-newspaper.html.

63. "Cambodian Crackdown on Democracy Forces NDI to Close Offices," *National Democratic Institute*, September 28, 2017, https://www.ndi.org/our-stories/cambodian-crackdown-democracy-forces-ndi-close-offices.

64. 可參見Zen Soo, "4 Journalists at Shut Hong Kong Paper Charged with Collusion," *Associated Press*, July 21, 2021, https://apnews.com/article/business-arrests-hong-kong-472600feb8c2896bc03951f3453803ed; Madeleine Lim, "Bloomberg News China Staffer Haze Fan Still Detained One Year On,"

Bloomberg, December 6, 2021, https://www.bloomberg.com/news/articles/2021-12-06.

65. https://www.comparitech.com/privacy-security-tools/blockedinchina 所提供的搜尋引擎列出哪些網站在中國被封鎖、無法使用，寫作之時這樣的網站包括cfr.org，以及全世界許多頂尖的新聞媒體。

66. Maya Wang, "Another Journalist Expelled—as China's Abuses Grow, Who Will See Them?," *Guardian*, August 28, 2018, https://www.theguardian.com/commentisfree/2018/aug/28/journalist-expelled-china-abuses.

67. Marc Tracy, Edward Wong, and Lara Jakes, "China Announces That It Will Expel American Journalists," *New York Times*, March 17, 2020, https://www.nytimes.com/2020/03/17/business/media/china-expels-american-journalists.html; Paul Farhi, "Western Journalists Are Getting Squeezed Out of China by Superpower Tensions," *Washington Post*, September 16, 2020, https://www.washingtonpost.com/lifestyle/media/journalists-get-caught-in-the-middle-of-souring-us-china-relations; "The Washington Post Names Lily Kuo Its Beijing Bureau Chief," *Washington Post*, October 13, 2020, https://www.washingtonpost.com/pr/2020/10/13/washington-post-names-lily-kuo-its-china-bureau-chief.

68. James Griffiths and Julia Hollingsworth, "Australian Journalists Evacuated from China After Five-Day Diplomatic Standoff," *CNN*, September 8, 2020, https://www.cnn.com/2020/09/07/media/australia-journalists-china-abc-afr-intl-hnk/index.html.

69. "Economist Magazine Says Hong Kong Rejects Journalist's Visa Renewal," *Reuters*, November 13, 2021, https://www.reuters.com/world/asia-pacific/economist-magazine-regrets-hong-kong-rejecting-its-journalists-visa-2021-11-13.

70. Yaqui Wang, "Darkened Screen: Constraints on Foreign Journalists in China," *PEN America*, September 22, 2016, https://pen.org/sites/default/files/PEN_foreign_journalists_report_FINAL_online%5B1%5D.pdf.

＊華文版：〈被遮擋的鏡頭：外國記者在中國受到的限制〉，https://pen.org/wp-content/uploads/2017/01/Darkened-Screen-Traditional-Chinese-Translation.pdf。

71. Austin Ramzy, "After U.S.-Based Reporters Exposed Abuses, China Seized Their Relatives," *New York Times*, March 1, 2018, https://www.nytimes.com/2018/03/01/world/asia/china-xinjiang-rfa.html.

72. Ibid.

73. Cook, "The Long Shadow of Chinese Censorship," 8–9.

74. Ibid.

75. Ibid.

76. "2017 Annual Report to Congress," U.S.-China Economic and Security Review Commission, 474.

77. Rosalind Adams, "Her Reporting Led to the Firing of Canada's Ambassador. That's Made Her a Target for China's State Media," *Buzzfeed News*, January 30, 2019, https://www.buzzfeednews.com/article/rosalindadams/china-canada-huawei-joanna-chiu.

78. Ibid.

79. Tom Wright and Bradley Hope, "WSJ Investigation: China Offered to Bail Out Troubled Malaysian Fund in Return for Deals," *Wall Street Journal*, January 7, 2019, https://www.wsj.com/articles/how-china-flexes-its-political-muscle-to-expand-power-overseas-11546890449.

80. Craig Offman, "Chinese Canadian Post Owner Says She Was Fired over Chan Critique," *Globe and Mail*, August 5, 2015, https://www.theglobeandmail.com/news/national/chinese-canadian-post-editor-says-she-was-fired-over-chan-critique.

81. Cook, "Beijing's Global Megaphone," 14.

82. "South Africa: Journalist Loses Column After Publishing an Article Critical of China," *Reporters Without Borders*, September 21, 2018, https://rsf.org/en/news/south-africa-journalist-loses-column-after-publishing-article-critical-china.

83. "2019 World Press Freedom Index," *Reporters Without Borders*, https://rsf.org/en/ranking.

84. Azad Essa, "China Is Buying African Media's Silence," *Foreign Policy*, September 14, 2018, https://foreignpolicy.com/2018/09/14/china-is-buying-african-medias-silence/.

85. "2017 Annual Report to Congress," 466–67.

86. "One Country, One Censor."

87. James Griffiths and Anna Kam, "Hong Kong Pro-Democracy Media Mogul Jimmy Lai Arrested for 'Illegal Assembly' over 2019 Protest," *CNN*, February 28, 2020, https://www.cnn.com/2020/02/28/media/hong-kong-jimmy-lai-arrest-intl-hnk/index.html.

88. Helen Davidson and Lily Kuo, "Hong Kong Media Tycoon Jimmy Lai Arrested Under New Security Law," *Guardian*, August 10, 2020, https://www.theguardian.com/world/2020/aug/10/hong-kong-media-tycoon-jimmy-lai-arrested-over-alleged-foreign-collusion.《蘋果日報》關門的進一步消息，見 Helen Davidson, "'Painful Farewell': Hongkongers Queue for Hours to Buy Final Apple Daily Edition," *Guardian*, June 24, 2021, https://www.theguardian.com/world/2021/jun/24/hong-kong-apple-daily-queue-final-edition-newspaper.

89. Michael Forsythe, "Disappearance of 5 Tied to Publisher Prompts Broader Worries in Hong Kong," *New York Times*, January 4, 2016, https://www.nytimes.com/2016/01/05/world/asia/mighty-current-media-hong-kong-lee-bo.html.

90. "Gui Minhai: Hong Kong Bookseller Gets 10 Years Jail," *BBC*, February 25, 2020, https://www.bbc.com/news/world-asia-china-51624433.

91. Ben Doherty, "Yang Hengjun: Australian Writer Subjected to 'Absurd' Interrogation in China as Health Deteriorates," *Guardian*, October 31, 2019, https://www.theguardian.com/world/2019/oct/31/yang-hengjun-australian-writer-detained-in-china-proclaims-innocence-as-health-deteriorates.

92. Ibid.; Ben Doherty and Lily Kuo, "Yang Hengjun: Detained Blogger Is Being Shackled in Chains and Interrogated," *Guardian*, September 27, 2019, https://www.theguardian.com/australia-news/2019/sep/28/yang-hengjun-detained-blogger-is-being-shackled-in-chains-and-interrogated.

93. Frances Mao, "Cheng Lei: Why Has an Australian TV Anchor Been Detained by China?," *BBC*, September 8, 2020, https://www.bbc.com/news/world-australia-53980706.

94. "Turkey Promises to Eliminate Anti-China Media Reports," *Reuters*, August 3, 2017, https://www.reuters.com/article/us-china-turkey/turkey-promises-to-eliminate-anti-china-media-reports; Zia Weise, "How Did Things Get So Bad for Turkey's Journalists?," *Atlantic*, August 23, 2018, https://www.theatlantic.com/international/archive/2018/08/destroying-free-press-erdogan-turkey; Ole Tangen Jr., "An Ongoing Crisis: Freedom of Speech in Turkey," *Deutsche Welle*, February 26, 2019, https://www.dw.com/en/an-ongoing-crisis-freedom-of-speech-in-turkey; Wyatt Red, "Turkey Targets Foreign Journalists in Press Freedom Crackdown," *Voice of America*, October 25, 2019, https://www.

voanews.com/europe/turkey-targets-foreign-journalists-press-freedom-crackdown.

95. Anil Giri, "Three Journalists Are Under Investigation over Publishing News About the Dalai Lama," *Kathmandu Post*, May 12, 2019, https://kathmandupost.com/national/2019/05/12/three-journalists-face-probe-over-publishing-dalai-lama-news.

96. "Taiwanese Man Gets Suspended Jail Term over Radio Broadcasts into China," *BenarNews*, September 26, 2019, https://www.rfa.org/english/news/china/thailand-broadcast-09262019170101.html.

97. David Shullman, ed., "Chinese Malign Influence and the Corrosion of Democracy: An Assessment of Chinese Interference in Thirteen Key Countries," International Republican Institute, June 2019, https://www.iri.org/sites/default/files/chinese_malign_influence_report.pdf.

　＊石山，〈協助对华广播 台商遭泰国拘捕〉，*Radio Free Asia*，2018/11/30，https://www.rfa.org/mandarin/yataibaodao/meiti/xql-11302018101744.html。

98. Ibid.

99. Ibid.

100. Ibid.

CHAPTER 9 │ 控制管線

1. Sarah Cook, "Chinese Government Influence on the U.S. Media Landscape," Written Testimony Before the U.S.-China Economic and Security Review Commission, May 4, 2017.

2. Cliff Venzon, "Philippine Mobile Leader Plays Down China Telecom's Targets," *Nikkei Asia*, January 23, 2020, https://asia.nikkei.com/Editor-s-Picks/Interview/Philippine-mobile-leader-plays-down-China-Telecom-s-targets; Malia Ager, "Dennis Uy Admits Closer Ties with Duterte, Cabinet Members," *Inquirer*, January 24, 2019, https://newsinfo.inquirer.net/10770 00/dennis-uy-admits-close-ties-with-duterte-cabinet-members.

3. Ibid.

4. Tony Capaccio and Jenny Leonard, "Pentagon Names 20 Chinese Firms It Says Are Military-Controlled," *Bloomberg*, June 25, 2020, https://www.bloomberg.com/news/articles/2020-06-24/pentagon-names-20-chinese-firms-it-says-are-military-controlled.

5. Matt Schrader, "TikTok Risks Becoming a New Front in China's Information War," *Nikkei Asia*, October 14, 2019, https://asia.nikkei.com/Opinion/TikTok-risks-becoming-new-front-in-China-s-information-war; Emily De La Bruyere and Nathan Picarsic, "Worldwide Web," *Octavian Report*, https://octavianreport.com/article/why-china-is-taking-over-the-internet-of-things/2/. 這樣的分析可以說是由 Axios 的記者貝書穎所提出，她以《駭客任務》的故事來比喻中國民營企業，他們在某種程度上的確是自主的公司，但又可以被北京和中國的安全部門接手和控制。

6. Andrew Kitson and Kenny Liew, "China Doubles Down on Its Digital Silk Road," *Reconnecting Asia*, November 14, 2019, https://reconnectingasia.csis.org/analysis/entries/china-doubles-down-its-digital-silk-road/.

7. 此一數據原本來自外交關係協會對於數字絲綢之路的一項互動式報告： "Assessing China's Digital Silk Road Initiative," *Council on Foreign Relations*, accessed November 9, 2021, https://www.cfr.org/china-digital-silk-road/; Steven Feldstein, "Testimony Before the U.S. China Economic and Security Review Commission," May 8, 2020.

8. David Sacks, "Belt and Road Initiative: Who's In and Who's Out," Council on Foreign Relations *Asia Unbound* blog, March 24, 2021, https://www.cfr.org/blog/countries-chinas-belt-and-road-initiative-whos-and-whos-out. 數據部分來自外交關係協會對於數字絲綢之路的一項互動式報告："Assessing China's Digital Silk Road Initiative." Chan Jia Hao, "China's Digital Silk Road: The Integration of Myanmar," *Eurasia Review*, April 30, 2019, https://www.eurasiareview.com/30042019-chinas-digital-silk-road-the-integration-of-myanmar-analysis/.

9. Arjun Kharpal, "Huawei Touts More Than 50 Contracts for 5G as U.S. Pressure Continues to Mount," CNBC, September 3, 2019, https://www.cnbc.com/2019/09/03/huawei-touts-more-than-50-contracts-for-5g-as-us-pressure-mounts.html.

10. Hiroyuki Akita, "Undersea Cables—Huawei's Ace in the Hole," *Nikkei Asia*, May 28, 2019, https://asia.nikkei.com/Spotlight/Comment/Undersea-cables-Huawei-s-ace-in-the-hole; Huong Le Thu, "A Collision of Cybersecurity and Geopolitics: Why Southeast Asia Is Wary of a Huawei Ban," Australian Strategic Policy Institute, October 1, 2019, https://www.aspi.org.au/opinion/collision-cybersecurity-and-geopolitics-why-southeast-asia-wary-huawei-ban; Simon Roughneen, "East vs West in Battle for SE Asia's 5G Rollout," *Asia Times*, January 3, 2020, https://asiatimes.com/2020/01/east-vs-west-battle-for-se-asias-5g-rollout/; Siti Rahil, "U.S. Ban on Huawei Largely Ignored in Southeast Asia," *Japan Times*, August 19, 2019, https://www.japantimes.co.jp/news/2019/08/19/business/u-s-ban-huawei-largely-ignored-southeast-asia/#.XoS536hKi71; Fumi Matsumoto, "China-Australia Friction Intensifies Deep in the South Pacific," *Nikkei Asia*, May 29, 2018, https://asia.nikkei.com/Spotlight/Asia-Insight/China-Australia-friction-intensifies-deep-in-the-South-Pacific.

11. Matsumoto, "China-Australia Friction Intensifies Deep in the South Pacific"; "Telecom Fiji Partners with Huawei on Internet Network," *RNZ*, April 10, 2019, https://www.rnz.co.nz/international/pacific-news/386739/telecom-fiji-partners-with-huawei-on-internet-network.

12. Umida Hashimova, "Before and Beyond 5G: Central Asia's Huawei Connections," *Diplomat*, February 19, 2020, https://thediplomat.com/2020/02/before-and-beyond-5g-central-asias-huawei-connections/.

13. 我要感謝西格爾提出這一點。另見 "EU Ranks Huawei as World's Second-Highest Investor in R and D," *Teletimes*, December 2021, https://teletimesinternational.com/2021/todays-leading-family-offices-are-change-makers-influencers-and-investors-with-a-shared-commitment-to-the-relentless-pursuit-of-making-a-difference-in-the-world/.

14. De La Bruyère and Picarsic, "Worldwide Web."
    ＊〈感知中國〉,《百度百科》, https://tinyurl.com/2gvwjg7l。

15. Ibid. 我曾在長期策略小組進行幾項計畫,但寫作本書期間則沒有。

16. Ross Andersen, "The Panopticon Is Already Here," *Atlantic*, September 2020, https://www.theatlantic.com/magazine/archive/2020/09/china-ai-surveillance/614197/.
    ＊周慧盈,〈科技極權下的中國 無處躲藏的監控〉,《中央社》, 2021/6/26, https://project.cna.com.tw/20210601-China/202106263002。

17. De La Bruyère and Picarsic, "Worldwide Web."

18. "Xi Jinping Is Trying to Remake the Chinese Economy," *Economist*, August 15, 2020, https://www.economist.com/briefing/2020/08/15/xi-jinping-is-trying-to-remake-the-chinese-economy.

19. Henry Tugendhat, "Banning Huawei's 5G Won't Halt China's Tech Revolution," *Guardian*,

January 30, 2020, https://www.theguardian.com/commentisfree/2020/jan/30/banning-huawei-5g-china-tech-revolution-free-market; Aarti Shahani, "3 Things You Should Know About Europe's Sweeping New Data Privacy Law," *NPR*, May 24, 2018, https://www.npr.org/sections/alltechconsider ed/2018/05/24/613983268/a-cheat-sheet-on-europe-s-sweeping-privacy-law.

20. Shahani, "3 Things You Should Know About Europe's Sweeping New Data Privacy Law."

21. Dario Cristiani et al., "The Security Implications of Chinese Infrastructure Investment in Europe," *German Marshall Fund*, September 28, 2021, https://www.gmfus.org/news/security-implications-chinese-infrastructure-investment-europe.

22. Lukasz Sarek, "5G and the Internet of Things: Chinese Companies' Inroads into 'Digital Poland,'" *Sinopsis*, January 3, 2020, https://sinopsis.cz/en/sarek-5g-iot/.

23. Ryan Gallagher, "Cameras Linked to Chinese Government Stir Alarm in UK Parliament," *Intercept*, April 9, 2019, https://theintercept.com/2019/04/09/hikvision-cameras-uk-parliament/; Ellen Ioanes, "U.S. Military Bases Are Still Using Chinese Surveillance Video Cameras Just Weeks Before a Federal Ban Takes Effect," *Business Insider*, July 18, 2019, https://www.businessinsider.com/us-military-bases-still-using-chinese-surveillance-tech-2019-7.

24. "U.S. Names Hikvision, Chinese Security Bureaus to Economic Blacklist," *Reuters*, October 7, 2019, https://www.cnbc.com/2019/10/07/us-names-hikvision-chinese-security-bureaus-to-economic-blacklist.html; Ioanes, "U.S. Military Bases Are Still Using Chinese Surveillance Video Cameras Just Weeks Before a Federal Ban Takes Effect."

25. Ioanes, "U.S. Military Bases Are Still Using Chinese Surveillance Video Cameras Just Weeks Before a Federal Ban Takes Effect."

26. Echo Wang, Alexandra Alper, and Yingzhi Yang, "Exclusive: China's ByteDance Moves to Ringfence Its TikTok App amid U.S. Probe—Sources," *Reuters*, November 27, 2019, https://www.reuters.com/article/us-bytedance-tiktok-exclusive/exclusive-chinas-bytedance-moves-to-ringfence-its-tiktok-app-amid-us-probe-sources-idUSKBN1Y10OH; Sarah Perez, "44% of TikTok's All-Time Downloads Were in 2019, but App Still Hasn't Figured Out Monetization," *Tech Crunch*, January 16, 2020, https://techcrunch.com/2020/01/16/44-of-tiktoks-all-time-downloads-were-in-2019-but-app-hasnt-figured-out-monetization/; David Curry, "Most Popular Apps," January 11, 2022, *Business of Apps*, https://www.businessofapps.com/data/most-popular-apps/.

27. Scott Nover, "How Do You Do, Fellow Kids?," *Atlantic*, December 4, 2019, https://www.theatlantic.com/technology/archive/2019/12/washington-post-all-tiktok/602794/; Chris Beer, "Is TikTok Setting the Scene for Music on Social Media?," *Global Web Index*, January 3, 2019, https://blog.globalwebindex.com/trends/tiktok-music-social-media/.

28. Taylor Lorenz, "Hype House and the Los Angeles TikTok Mansion Gold Rush," *New York Times*, January 3, 2020, https://www.nytimes.com/2020/01/03/style/hype-house-los-angeles-tik-tok.html.

29. Wang et al., "Exclusive: China's ByteDance Moves to Ringfence Its TikTok App amid U.S. Probe—Sources."

30. Li Yuan, "To Cover China,There's No Substitute for WeChat," *New York Times*, January 9, 2019, https://www.nytimes.com/2019/01/09/technology/personaltech/china-wechat.html.

31. Ibid.

32. Thuy Ong, "Chinese Social Media Platform WeChat Reaches 1 Billion Accounts Worldwide," *Verge*,

March 5, 2018, https://www.theverge.com/2018/3/5/17080546/wechat-chinese-social-media-billion-users-china; Yuan Yang, "China's WeChat Hits 1bn User Accounts Worldwide," *Financial Times*, March 5, 2018, https://www.ft.com/content/8940f2d0-2059-11e8-a895-1ba1f72c2c11; Deyan G, "Exciting WeChat Statistics," January 4, 2022, https://techjury.net/blog/wechat-statistics/#gref.

33. Ben Halder, "WeChat, China's Weapon of Mass Propaganda?," *OZY*, October 12, 2018, https://www.ozy.com/fast-forward/wechat-chinas-weapon-of-mass-propaganda/88709; Deyan G, "Exciting WeChat Statistics."

34. Deyan G, "Exciting WeChat Statistics."

35. "Biden Withdrawing Trump Orders That Sought to Ban WeChat and TikTok," *Guardian*, June 9, 2021, https://www.theguardian.com/technology/2021/jun/09/tiktok-wechat-joe-biden-donald-trump-executive-orders.

36. Halder, "WeChat, China's Weapon of Mass Propaganda?"

37. Sarah Cook, "Worried About Huawei? Take a Closer Look at Tencent," *Diplomat*, March 26, 2019, https://freedomhouse.org/article/worried-about-huawei-take-closer-look-tencent.

38. Masashi Crete-Nishihata, Jeffrey Knockel, and Lotus Ruan, "We (Can't) Chat: '709 Crackdown' Discussions Blocked on Weibo and WeChat," *Citizen Lab*, April 13, 2017, https://citizenlab.ca/2017/04/we-cant-chat-709-crackdown-discussions-blocked-on-weibo-and-wechat/.

39. Halder, "WeChat, China's Weapon of Mass Propaganda?"

40. Salvador Rodriguez, "TikTok Insiders Say Social Media Company Is 2021, Tightly Controlled by Chinese Parent ByteDance," *CNBC*, June 25, https://www.cnbc.com/2021/06/25/tiktok-insiders-say-chinese-parent-bytedance-in-control.html.

41. "Chinese Brands Make Up Most of Southeast Asia's Smartphone Market," *South China Morning Post*, August 20, 2019, https://www.scmp.com/abacus/tech/article/3029557/chinese-brands-make-most-southeast-asias-smartphone-market.

42. Robert Spalding, *Stealth War: How China Took Over While America's Elite Slept* (New York: Penguin Random House, 2019), 77.
　＊華文版：《隱形戰：中國如何在美國菁英沉睡時悄悄奪取世界霸權》，顏涵銳譯，台北：遠流，2019。

43. Nick Frisch, "We Should Worry About How China Uses Apps Like TikTok," *New York Times*, May 2, 2019, https://www.nytimes.com/interactive/2019/05/02/opinion/will-china-export-its-illiberal-innovation.html.

44. Li Tao, "How China's Simi Mobile Is Conquering Africa, One Country at a Time," *South China Morning Post*, July 20, 2019, https://www.scmp.com/tech/start-ups/article/3019305/how-unknown-shenzhen-budget-phone-maker-conquering-africa-one.

45. Li Tao, "Chinese Smartphone Brands Such as Oppo Are Winning in Southeast Asia Despite Concerns over Huawei," *South China Morning Post*, August 20, 2019, https://www.scmp.com/tech/big-tech/article/3023434/chinese-smartphone-brands-such-oppo-are-winning-southeast-asia.

46. Niharika Sharma, "One Chinese Company Makes Three of the Five Top-Selling Smartphones in India," *Scroll.in*, July 27, 2019, https://scroll.in/article/931870/one-chinese-company-makes-three-of-the-five-of-indias-top-selling-smartphones.

47. Eugene Chow, "Is Your Chinese Phone Spying on You?," *The Week*, February 19, 2018, https://

theweek.com/articles/748176/chinese-smartphone-spying.

48. "India Bans TikTok, WeChat, and Dozens More Chinese Apps," *BBC*, June 29, 2020, https://www.bbc.com/news/technology-53225720; Kiran Sharma, "Indian Apps Soar After Ban on China's TikTok, WeChat, and Baidu," *Nikkei Asia*, August 4, 2020, https://asia.nikkei.com/Spotlight/Asia-Insight/Indian-apps-soar-after-ban-on-China-s-TikTok-WeChat-and-Baidu.

49. "2017 Annual Report to Congress," U.S.-China Economic and Security Review Commission, November 15, 2017, 474.

50. Angela Lewis, "How a Pay TV Company Is Serving Up a Soft Power Win for China in Africa," *Diplomat*, February 14, 2019, https://thediplomat.com/2019/02/how-a-pay-tv-company-is-serving-up-a-soft-power-win-for-china-in-africa/.

51. Eric Olander, "China's StarTimes Is Now One of Africa's Most Important Media Companies," *Medium*, August 26, 2017, https://medium.com/@eolander/chinas-startimes-is-now-one-of-africa-s-most-important-media-companies-103843ebc376.

52. "Africa to Witness Subscriber Growth of 17m," *Broadband TV News*, January 6, 2020, https://www.broadbandtvnews.com/2020/01/06/africa-to-witness-subscriber-growth-of-17m/; Prince Osuagwu, "Others Tipped to Boost Africa's Digital Television Penetration," *Vanguard (Nigeria)*, January 20, 2021, https://www.vanguardngr.com/2021/01/startimes-others-tipped-to-boost-africas-digital-tv-penetration/.

53. Omar Mohammed, "A Chinese Media Company Is Taking Over East Africa's Booming Pay-TV Market," *Quartz Africa*, August 4, 2015, https://qz.com/africa/470166/a-chinese-media-company-is-taking-over-east-africas-booming-pay-tv-market/.

54. 可參見 "China: StarTimes Group Establishes Links with Latin America," *Prensario Internacional*, July 10, 2019, https://www.prensario.tv/novedades/3583-china-startimes-group-establishes-links-with-latin-america; and "StarTimes Steps Up Capacity with Eutelsat for DTT Broadcasting in Africa," *Business Wire*, July 7, 2016, https://www.businesswire.com/news/home/20160707005441/en/StarTimes-Steps-up-Capacity-with-Eutelsat-for-DTT-Broadcasting-in-Africa.

55. "Focusing on Africa, ZTE and Informa Successfully Hold the Big Video Summit in South Africa," ZTE, November 16, 2016, https://www.zte.com.cn/global/about/news/1116-1.html; Sarah Cook, "Beijing's Global Megaphone: The Expansion of Chinese Communist Party Media Influence Since 2017," *Freedom House*, January 2020, https://freedomhouse.org/report/special-reports/beijings-global-megaphone-china-communist-party-media-influence-abroad.

56. Cook, "Beijing's Global Megaphone."

57. 我要感謝沃克和卡拉提對於此點提供他們的看法，當時我們學習小組的聚會也有助於本書的演化過程。

58. Patrick Brzeski, "Keanu Reeves Hit with Backlash from Chinese Nationalists After Tibet Benefit Concert," *Hollywood Reporter*, January 27, 2022, https://www.hollywoodreporter.com/movies/movie-news/keanu-reeves-china-backlash-1235083112/.

59. Perry Link, "China: The Anaconda in the Chandelier," *New York Review of Books*, April 11, 2002, https://www.nybooks.com/articles/2002/04/11/china-the-anaconda-in-the-chandelier/.

60. Ibid.

61. Ibid.

62. Wanning Sun, "How Australia's Mandarin Speakers Get Their News," *Conversation*, November 22, 2018, https://theconversation.com/how-australias-mandarin-speakers-get-their-news-106917.

63. Ibid.

64. Titus C. Chen, Michael Jensen, and Tom Sear, "How Digital Media Blur the Border Between Australia and China," *Conversation*, November 15, 2018, https://theconversation.com/how-digital-media-blur-the-border-between-australia-and-china-101735.

65. Chen et al., "How Digital Media Blur the Border Between Australia and China."

66. "How Private Are Your Favorite Messaging Apps?," *Amnesty International*, October 21, 2016, https://www.amnesty.org/en/latest/campaigns/2016/10/which-messaging-apps-best-protect-your-privacy/.

67. Bradley A. Thayer and Lianchao Han, "The Faustian Bargain of WeChat: China Shackles the World," *Hill*, July 31, 2019, https://thehill.com/opinion/technology/454747-the-faustian-bargain-of-wechat-china-shackles-the-world; Angus Grigg, "WeChat's Privacy Issues Mean You Should Delete China's #1 Messaging App," *Australian Financial Review*, February 22, 2018, https://www.afr.com/world/asia/wechats-privacy-issues-mean-you-should-delete-chinas-no1-messaging-app-20180221-h0wgct.

68. Emily Feng, "China Intercepts WeChat Texts from U.S. and Abroad, Researchers Say," *NPR*, August 29, 2019, https://www.npr.org/2019/08/29/751116338/china-intercepts-wechat-texts-from-u-s-and-abroad-researcher-says.

69. "How Private Are Your Favorite Messaging Apps?"

70. Ibid.

71. Miles Kenyon, "How WeChat Filters Images for One Billion Users," *Citizen Lab*, August 14, 2018, https://citizenlab.ca/2018/08/how-wechat-filters-images-for-one-billion-users/.

72. Li Yuan, "As Beijing Takes Control, Chinese Tech Companies Lose Jobs and Hope," *New York Times*, January 5, 2022, https://www.nytimes.com/2022/01/05/technology/china-tech-internet-crackdown-layoffs.html.

73. Li Yuan, "To Cover China, There's No Substitute for WeChat," *New York Times*, January 9, 2019, https://www.nytimes.com/2019/01/09/technology/personaltech/china-wechat.html.

74. Li Yuan, "'The Last Generation': The Disillusionment of Young Chinese," *New York Times*, May 24, 2022, https://www.nytimes.com/2022/05/24/business/china-covid-zero.html.

75. Dalvin Brown, "WhatsApp Was Breached: Here's What Users Need to Do," *USA Today*, May 14, 2019, https://www.usatoday.com/story/tech/2019/05/14/whatsapp-urges-users-upgrade-app-after-security-flaw/3664064002/.

76. Cook, "Beijing's Global Megaphone," 19.

77. Jeffrey Knockel and Ruohan Xiong, "(Can't) Picture This 2: An Analysis of WeChat's Realtime Image Filtering in Chats," *Citizen Lab*, July 15, 2019, https://citizenlab.ca/2019/07/cant-picture-this-2-an-analysis-of-wechats-realtime-image-filtering-in-chats/.

78. Jeffrey Knockel et al., "We Chat, They Watch: How International Users Unwittingly Build Up WeChat's Chinese Censorship Apparatus," *Citizen Lab*, May 7, 2020, https://citizenlab.ca/2020/05/we-chat-they-watch/.

79. James Griffiths, "Weibo's Free Speech Failure," *Atlantic*, March 20, 2019, https://www.theatlantic.com/technology/archive/2019/03/what-went-wrong-chinas-weibo-social-network/584728/.

80. Zhuang Pinghui, "'Winter Has Come': Chinese Social Media Stunned as Nearly 10,000 Accounts

Shut Down," *South China Morning Post*, November 13, 2018, https://www.scmp.com/news/china/society/article/2173019/winter-has-come-chinese-social-media-stunned-nearly-10000.
＊中国网信网，〈国家网信办"亮剑"自媒体乱象 依法严管将成为常态〉，《新华网》，2018/11/12，http://www.xinhuanet.com/politics/2018-11/12/c_1123702545.htm。

81. Ibid.

82. Echo Xie, "Latest Crackdown on Chinese Social Media Sees Dozens of High-Profile Weibo Accounts Silenced," *South China Morning Post*, April 9, 2019, https://www.scmp.com/news/china/politics/article/3005281/latest-crackdown-chinese-social-media-sees-dozens-high-profile.

83. Ibid.

84. 作者訪談中國培訓課程的多位學員，2016、2017、2018。

85. "Freedom on the Net 2018: The Rise of Digital Authoritarianism," *Freedom House*, October 2018, https://freedomhouse.org/sites/default/files/FOTN_2018_Final.pdf.

86. 作者訪談泰國、越南公務員。

87. He Huifeng, "In a Remote Corner of China, Beijing Is Trying to Export Its Model by Training Foreign Officials the Chinese Way," *South China Morning Post*, July 14, 2018, https://www.scmp.com/news/china/economy/article/2155203/remote-corner-china-beijing-trying-export-its-model-training.

88. 可參見 Huifeng, "In a Remote Corner of China, Beijing Is Trying to Export Its Model by Training Foreign Officials the Chinese Way"; Sintia Radu, "China's Web Surveillance Model Expands Abroad," *U.S. News & World Report*, November 1, 2018, https://www.usnews.com/news/best-countries/articles/2018-11-01/china-expands-its-surveillance-model-by-training-other-governments.

89. Abdi Latif Dahir, "China Is Exporting Its Digital Surveillance Methods to African Governments," *Nextgov*, November 1, 2018, https://www.nextgov.com/emerging-tech/2018/11/china-exporting-its-digital-surveillance-methods-african-governments/152495/.

90. Justin Sherman, "Vietnam's Internet Control: Following in China's Footsteps?," *Diplomat*, December 11, 2019, https://thediplomat.com/2019/12/vietnams-internet-control-following-in-chinas-footsteps/; Radu, "China's Web Surveillance Model Expands Abroad."

91. Thompson Chau, "Myanmar Junta Targets Sweeping Data Access with Cybersecurity Bill," *Nikkei Asia*, February 12, 2021, https://asia.nikkei.com/Spotlight/Myanmar-Crisis/Myanmar-junta-targets-sweeping-data-access-with-cybersecurity-bill.

92. Hannah Beech and Paul Mozur, "A Digital Firewall in Myanmar, Built with Guns and Wire Cutters," *New York Times*, February 23, 2021, https://www.nytimes.com/2021/02/23/world/asia/myanmar-coup-firewall-internet-china.html.

93. Mattis, Peter, "Russian and Chinese Political Interference Activities and Influence Operations," in *Axis of Authoritarians: Implications of China-Russia Cooperation*, ed. Richard J. Ellings and Robert Sutter (Washington, DC: National Bureau of Asian Research, 2018), 134–39.

94. Jamie Harris, "China Now a 'Global Disinformation Superpower,' Say Researchers," *PA Media*, September 26, 2019, https://uk.finance.yahoo.com/news/china-now-global-disinformation-superpower-050000758.html.

95. Daniel Kliman et al., "Dangerous Synergies: Countering Chinese and Russian Digital Influence Operations," May 7, 2020, https://www.cnas.org/publications/reports/dangerous-synergies.

96. Ibid., 9.

97. Ibid.

98. Ibid., 16.

99. Doublethink Lab, "Full Report Launch: Deafening Whispers," *Medium*, October 24, 2020, https://medium.com/doublethinklab/deafening-whispers-f9b1d773f6cd; Anna Ringstrom and Helena Soderpalm, "H&M Vows to Rebuild Trust in China After Xinjiang Backlash," *Reuters*, March 31, 2021, https://www.reuters.com/article/us-h-m-results/hm-vows-to-rebuild-trust-in-china-after-xinjiang-backlash-idUSKBN2BN0LV.

＊台灣民主實驗室，《震耳欲聾的低語：2020大選中國在台資訊操作》報告導讀，2021/5/24，https://medium.com/doublethinklab-tw/deafening-whispers-ffd57fb3acbf。

100. Ringstrom and Soderpalm, "H&M Vows to Rebuild Trust in China After Xinjiang Backlash."

＊〈遭中國抵制 H&M 發表聲明未提新疆棉〉，中央社，2021/3/31，https://www.cna.com.tw/news/firstnews/202103310271.aspx。

101. "Descendants of the Dragon: China Targets Its Citizens and Descendants Beyond the Mainland," *Atlantic Council*, December 2020, https://www.atlanticcouncil.org/wp-content/uploads/2020/12/China-Diaspora-FINAL-1.pdf.

＊此篇參考文獻分析了「奇趣网／趣享网」和「琪琪看新闻」兩個內容農場的操作。

102. "China's Propagandists Court Southeast Asia's Chinese Diaspora," *Economist*, November 20, 2021, https://www.economist.com/asia/2021/11/20/chinese-propagandists-court-south-east-asias-chinese-diaspora.

103. Betsy Woodruff Swan, "State Report: Chinese, Russian, Iranian Disinformation Narratives Echo One Another," *Politico*, April 21, 2020, https://www.politico.com/news/2020/04/21/russia-china-iran-disinformation-coronavirus-state-department-193107.

104. Ibid.

105. Woodruff Swan, "State Report"; "Iran: Government Mismanagement Compounds Covid-19 Crisis," *Human Rights Watch*, August 19, 2021, https://www.hrw.org/news/2021/08/19/iran-government-mismanagement-compounds-covid-19-crisis.

106. Gary King, Jennifer Pan, and Margaret E. Roberts, "How the Chinese Government Fabricates Social Media Posts for Strategic Distraction, Not Engaged Argument," *American Political Science Review* 111, no. 3 (2017): 484–501, https://gking.harvard.edu/files/gking/files/50c.pdf.

107. Halder, "WeChat, China's Weapon of Mass Propaganda?"

108. Josh Horwitz, "WeChat Has a Great New Tool for Fighting Fake News, but There's One Little Problem: Beijing," *Quartz*, June 9, 2017, https://qz.com/1002262/wechats-new-tool-for-fighting-fake-news-could-filter-out-real-news-in-china-tencent-hkg0700/.

109. Ibid.

110. Sheridan Prasso and Samson Ellis, "China's Information War on Taiwan Ramps Up as Election Nears," *Bloomberg*, October 23, 2019, https://www.bloomberg.com/news/articles/2019-10-23/china-s-information-war-on-taiwan-ramps-up-as-election-nears.

111. Keoni Everington, "Beijing-Based PTT Users Spread Fake Osaka Airport Bus Story," *Taiwan News*, September 17, 2018, https://www.taiwannews.com.tw/en/news/3531772.

112. Ko Tin-yau, "How Fake News Led to Suicide of Taiwan Representative to Osaka," *EJI Insight*,

September 19, 2018, https://www.ejinsight.com/eji/article/id/1947349/20180919-how-fake-news-led-to-suicide-of-taiwan-representative-in-osaka.

＊江旻諺、吳介民，〈「戰狼主旋律」變形入台，解析關西機場事件的中國虛假資訊鏈〉，《新新聞》，2020/1/24，https://www.storm.mg/article/2209084。

113. Keoni Everington, "Taiwan Is Main Target of China's Disinformation Campaign: RSF," *Taiwan News*, March 26, 2019, https://www.taiwannews.com.tw/en/news/3666237.

114. Ibid.; Tin-yau, "How Fake News Led to Suicide of Taiwan Representative to Osaka."

115. Tin-yau, "How Fake News Led to Suicide of Taiwan Representative to Osaka."

116. "China's Propagandists Court Southeast Asia's Chinese Diaspora."

117. Ibid.

118. Katja Drinhausen and Mayya Solonina, "Chinese and Russian Media Partner to 'Tell Each Other's Stories Well,'" *Mercator Institute for China Studies*, December 22, 2020, https://merics.org/en/opinion/chinese-and-russian-media-partner-tell-each-others-stories-well.

＊〈媒体合作，合力讲好中俄故事〉，《人民日报》，2015/6/23，https://tinyurl.com/2mv6p8g2。

119. 可參見Joshua Kurlantzick, "How China Ramped Up Disinformation Efforts During the Pandemic," *Council on Foreign Relations*, September 10, 2020, https://www.cfr.org/in-brief/how-china-ramped-disinformation-efforts-during-pandemic.

120. Doublethink Lab, "Full Report Launch: Deafening Whispers," *Medium*, October 24, 2020, https://medium.com/doublethinklab/deafening-whispers-f9b1d773f6cd.

121. Josiah Case, "Telling China's COVID-19 Story Well: Beijing's Efforts to Control Information and Shape Public Narratives Regarding the 2020 Global Pandemic," *CNA*, December 2020, https://www.cna.org/CNA_files/PDF/DRM-2020-U-028558-Final.pdf.

122. Andrea Kendall-Taylor, "Mendacious Mixture: The Growing Convergence of Russian and Chinese Information Operations," in Dean Jackson, ed., "COVID-19 and the Information Space: Boosting the Democratic Response," *National Endowment for Democracy*, January 2021, https://www.ned.org/wp-content/uploads/2021/01/Global-Insights-COVID-19-Information-Space-Boosting-Democratic-Response-1.pdf.

CHAPTER 10 ｜ 老派影響力

1. Alexander Bowe, "China's Overseas United Front Work: Background and Implications for the United States," *U.S.-China Economic and Security Review Commission*, August 24, 2018, https://www.uscc.gov/sites/default/files/Research/China%27s%20Overseas%20United%20Front%20Work%20-%20Background%20and%20Implications%20for%20US_final_0.pdf; Gerry Groot, "The Expansion of the United FrontUnder Xi Jinping," *China Story*, accessed February 27, 2022, https://www.thechinastory.org/yearbooks/yearbook-2015/forum-ascent/the-expansion-of-the-united-front-under-xi-jinping/.

2. Ibid.

3. Ibid.

4. 若欲深入瞭解北京如何進行僑務工作，參見Hua To and James Jiann, *Qiaowu: Extra-Territorial Policies for the Overseas Chinese* (Singapore: Brill, 2014); "Writing China: James Jiann Hua To, 'Qiaowu: Extra-Territorial Policies for the Overseas Chinese,'" *Wall Street Journal*, August 15, 2014, https://www.wsj.com/articles/BL-CJB-23602.

5. 可參見 Anne-Marie Brady, "Magic Weapons: China's Political Influence Activities Under Xi Jinping," *Wilson Center*, September 18, 2017, https://www.wilsoncenter.org/article/magic-weapons-chinas-political-influence-activities-under-xi-jinping.

6. Alex Joske, "The Party Speaks for You," *Australian Strategic Policy Institute*, June 9, 2020, https://www.aspi.org.au/report/party-speaks-you.

7. Amy E. Searight, "Chinese Influence Activities with U.S. Allies and Partners in Southeast Asia," Testimony Before the U.S.-China Economic and Security Review Commission, Hearing on China's Relations with U.S. Allies and Partners in Europe and the Asia Pacific, April 5, 2018, https://www.uscc.gov/sites/default/files/USCC%20Hearing_Amy%20Searight_Written%20Statement_Apr il%20 5%202018.pdf.

8. 可參見 Bethany Allen-Ebrahimian and Zach Dorfman, "Exclusive: Suspected Chinese Spy Targeted California Politicians," *Axios*, December 8, 2020, https://www.axios.com/china-spy-california-politicians-9d2dfb99-f839-4e00-8bd8-59dec0daf589.html.

9. "Is China Both a Source and Hub for International Students?," *ChinaPower*, accessed November 9, 2021, https://chinapower.csis.org/china-international-students/.

10. "Why China Is Lavishing Money on Foreign Students," *Economist*, January 26, 2019, https://www.economist.com/china/2019/01/26/why-china-is-lavishing-money-on-foreign-students.

11. Samantha Custer et al., *Influencing the Narrative: How the Chinese Government Mobilizes Students and Media to Burnish Its Image* (Williamsburg, VA: AidData, 2019), 27–28, http://docs.aiddata.org/ad4/pdfs/Influencing_the_Narrative_Report.pdf.

12. Ibid.

13. Samantha Custer et al., *Ties That Bind: Quantifying China's Public Diplomacy and Its "Good Neighbor" Effect* (Williamsburg, VA: AidData at William & Mary, 2018), https://www.aiddata.org/publications/ties-that-bind.

14. Sasha Aslanian and Karin Fischer, "Fading Beacon," *APM Reports*, August 3, 2021, https://www.apmreports.org/episode/2021/08/03/fading-beacon-why-america-is-losing-international-students.

15. Miriam Berger, "The Pandemic Has Damaged the Appeal of Studying in the United States for Some International Students," *Washington Post*, July 23, 2020, https://www.washingtonpost.com/world/2020/07/23/coronavirus-international-students-united-states-enrollment-reputation/.

16. "2014 Global Cities Index and Emerging Cities Outlook: Global Cities, Present and Future," *A.T. Kearney*, 2014, http://www.iberglobal.com/files/Global_Cities.pdf; Li Jing, "Sister City Relations Promote Cooperation," *China Daily*, April 25, 2019, http://www.chinadaily.com.cn/global/2019-04/26/content_37462677.htm.

17. Custer et al., *Ties That Bind*, 11.

18. 資料來自聖母大學艾森曼的研究，由他本人提供，這是他為即將出版的著作所進行的調查。

19. 例如 Josh Rogin, "Another University Learns the Hard Way About Chinese Censorship on Campus," *Washington Post*, February 9, 2022, https://www.washingtonpost.com/opinions/2022/02/09/another-university-learns-hard-way-about-chinese-censorship-campus/.

20. M. Ham and Elaine Tolentino, "Socialization of China's Soft Power: Building Friendship Through Potential Leaders," *China: An International Journal* 16 (2018): 45–68.

21. Custer et al., *Influencing the Narrative*.

22. Ham and Tolentino, "Socialization of China's Soft Power."

23. Bethany Allen-Ebrahimian, "The Chinese Communist Party Is Setting Up Cells at Universities Across America," *Foreign Policy*, April 18, 2018, https://foreignpolicy.com/2018/04/18/the-chinese-communist-party-is-setting-up-cells-at-universities-across-america-china-students-beijing-surveillance/.

24. Bethany Allen-Ebrahiman, "China's Long Arm Reaches into America's Campuses," *Foreign Policy*, March 7, 2018, https://foreignpolicy.com/2018/03/07/chinas-long-arm-reaches-into-american-campuses-chinese-students-scholars-association-university-communist-party/.

25. Ibid.

26. Amy Searight, *Countering China's Influence Activities: Lessons from Australia* (Washington, DC: Center for Strategic and International Studies, July 2020), 14–15, https://www.csis.org/analysis/countering-chinas-influence-activities-lessons-australia.

27. Ibid.; Gabrielle Resnick, "Chinese Students Say Free Speech in US Chilled by China," *Voice of America*, January 14, 2020, https://www.voanews.com/a/student-union_chinese-students-say-free-speech-us-chilled-china/6182548.html; Rogin, "Another University Learns the Hard Way About Chinese Censorship on Campus."

28. Ibid.; Bethany Allen-Ebrahimian, "China Built an Army of Influence Agents in the U.S.," *Daily Beast*, July 18, 2018, https://www.thedailybeast.com/how-china-built-an-army-of-influence-agents-in-the-us; Rogin, "Another University Learns the Hard Way About Chinese Censorship on Campus."

29. Joske, "The Party Speaks for You."

30. Ibid.

31. Anastasya Lloyd-Damnjanovic, *A Preliminary Study of PRC Political Influence and Interference Activities in American Higher Education* (Washington, DC: Wilson Center, 2018), https://www.wilsoncenter.org/publication/preliminary-study-prc-political-influence-and-interference-activities-american-higher; Resnick, "Chinese Students Say Free Speech in US Chilled by China."

32. Josh Horwitz, "China Is Retaliating Against a U.S. University for Inviting the Dalai Lama to Speak at Graduation," *Quartz*, September 19, 2017, https://qz.com/1080962/china-is-retaliating-against-the-university-of-california-san-diego-for-inviting-the-dalai-lama-to-speak-at-commencement/; Sebastian Rotella, "Even on U.S. Campuses, China Cracks Down on Students Who Speak Out," *ProPublica*, November 30, 2021, https://www.propublica.org/article/even-on-us-campuses-china-cracks-down-on-students-who-speak-out; Lin Yang, "China-Sensitive Topics at U.S. Universities Draw More Online Harassment," *Voice of America*, November 20, 2020, https://www.voanews.com/a/usa_china-sensitive-topics-us-universities-draw-more-online-harassment/6198648.html; Larry Diamond and Orville Schell, eds., *China's Influence & American Interests: Promoting Constructive Vigilance* (Stanford, CA: Hoover Institution Press, 2019), https://www.hoover.org/research/chinas-influence-american-interests-promoting-constructive-vigilance.

33. Isaac Stone Fish, "The Other Political Correctness," *New Republic*, September 4, 2018, https://newrepublic.com/article/150476/american-elite-universities-selfcensorship-china.

34. Ibid.

35. "China: Government Threats to Academic Freedom Abroad," *Human Rights Watch*, March 21, 2019, https://www.hrw.org/news/2019/03/21/china-government-threats-to-academic-freedom-abroad#.

＊華文版：〈中國：政府威脅海外學術自由〉，https://www.hrw.org/zh-hant/news/2019/03/21/328414。

36. Ibid.

37. Ibid.

38. Ibid.

39. 可參見 "On Partnerships with Foreign Governments: The Case of Confucius Institutes," *American Association of University Professors*, June 2014, https://www.aaup.org/report/confucius-institutes; Stone Fish, "The Other Political Correctness."

40. "China: Agreements Establishing Confucius Institutes at U.S. Universities Are Similar, but Institute Operations Vary," GAO-19-278, United States Government Accountability Office, February 2019, 23, https://www.gao.gov/assets/700/696859.pdf.

41. Benjamin Wermund, "Chinese-Funded Institutes on U.S. College Campuses Condemned in Senate Report," *Politico*, February 27, 2019, https://www.politico.com/story/2019/02/27/china-college-confucius-institutes-1221768. See also U.S. Congress, Senate, Committee on Homeland Security and Governmental Affairs Permanent Subcommittee on Investigations, *China's Impact on the U.S. Education System*, 116th Cong., 1st sess., 2019, S. Hrg.116-30, https://www.hsgac.senate.gov/imo/media/doc/PSI%20Report%20China's%20Impact%20on%20the%20US%20Education%20System.pdf.

42. "'They Don't Understand the Fear We Have,'" *Human Rights Watch*, June 30, 2021, https://www.hrw.org/report/2021/06/30/they-dont-understand-fear-we-have/how-chinas-long-reach-repression-undermines#.

＊華文版：〈「他們不懂我們的恐懼」〉，https://tinyurl.com/2eoz7nuq。

43. "Australia: Beijing Threatening Academic Freedom," *Human Rights Watch*, June 29, 2021, https://www.hrw.org/news/2021/06/30/australia-beijing-threatening-academic-freedom.

＊華文版：〈澳洲：北京威脅學術自由〉，https://tinyurl.com/2oz3vsas。

44. Ibid.

45. Rachelle Peterson, *Outsourced to China: Confucius Institutes and Soft Power in American Higher Education* (New York: National Association of Scholars, April 2017).

46. Ibid.

47. "Letter from Under Secretary Keith Krach to the Governing Boards of American Universities," *U.S. Embassy in Romania*, September 1, 2020, https://ro.usembassy.gov/letter-from-under-secretary-keith-krach-to-the-governing-boards-of-american-universities/.

48. Michael R. Pompeo, "Designation of the Confucius Institute U.S. Center as a Foreign Mission of the PRC," *U.S. Department of State*, August 13, 2020, https://2017-2021.state.gov/designation-of-the-confucius-institute-u-s-center-as-a-foreign-mission-of-the-prc/index.html; Naima Green-Riley, "The State Department Labeled China's Confucius Programs a Bad Influence on U.S. Students. What's the Story?," *Washington Post*, August 25, 2020, https://www.washingtonpost.com/politics/2020/08/24/state-department-labeled-chinas-confucius-programs-bad-influence-us-students-whats-story/.

49. 可參見 "How Many Confucius Institutes Are in the United States?," *National Association of Scholars*, April 5, 2022, https://www.nas.org/blogs/article/how_many_confucius_institutes_are_in_the_united_states; and Rachelle Peterson, "China's Confucius Institutes Might Be Closing, but

They Succeeded," *Real Clear Education*, March 31, 2021, https://www.realcleareducation.com/articles/2021/03/31/chinas_confucius_institutes_might_be_closing_but_they_succeeded_110559.html.

50. Ibid.

51. Phil Davis, "University of Maryland Cuts China-Supported Education Program amid Tensions Between Countries," *Baltimore Sun*, January 22, 2020, https://www.baltimoresun.com/education/bs-md-confucius-institute-umd-20200123-3sb7hhbyq5cn7pfl7n55edtlaq-story.html.

52. Ibid.

53. Lisa Visentin, "China-Backed Confucius Institutes Face Closure Under Veto Laws," *Sydney Morning Herald*, May 10, 2021, https://www.smh.com.au/politics/federal/china-backed-confucius-institutes-face-closure-under-veto-laws-20210423-p57lvo.html.

54. Zachary Evans, "Sweden Closes Its Last Remaining 'Confucius Institute' amid Strained Relations with China," *National Review*, April 23, 2020, https://www.nationalreview.com/news/sweden-closes-its-last-remaining-confucius-institute-amid-strained-relations-with-china/.

55. 可參見Huang Tzu-ti, "German Universities Move to Reject China's Confucius Institutes," *Taiwan News*, July 28, 2020, https://www.taiwannews.com.tw/en/news/3975526; Mark O'Neill, "Europe Closes Confucius Institutes," *EJ Insight*, July 16, 2021, https://www.ejinsight.com/eji/article/id/2854926/20210716-Europe-closes-Confucius-Institutes; and Jeremy Luedi, "Why Canada Is Shutting Down Its Confucius Institutes," *True North Far East*, September 21, 2019, https://truenorthfareast.com/news/confucius-institute-canada-closing-shut-down.

CHAPTER 11 │ 中國有成有敗

1. Paul Huang, "Chinese Cyber-Operatives Boosted Taiwan's Insurgent Candidate," *Foreign Policy*, June 26, 2019, https://foreignpolicy.com/2019/06/26/chinese-cyber-operatives-boosted-taiwans-insurgent-candidate/.

2. Ibid.

3. Dominique Reichenbach, "The Rise and Rapid Fall of Han Kuo-yu," *Diplomat*, March 18, 2020, https://thediplomat.com/2020/03/the-rise-and-rapid-fall-of-han-kuo-yu/.

4. Huang, "Chinese Cyber Operatives Boosted Taiwan's Insurgent Candidate."

5. Lawrence Chung, "From Rank Outsider to Mayor of Kaohsiung: Meet the Man Who Wooed Taiwan's Electorate," *South China Morning Post*, November 25, 2018, https://www.scmp.com/news/china/politics/article/2174915/rank-outsider-mayor-kaohsiung-meet-man-who-wooed-taiwans.

6. Chung, "From Rank Outsider to Mayor of Kaohsiung."

7. Tristan Lavalette, "Self-Confessed Chinese Spy Spills Secrets in Australia," *Associated Press*, November 23, 2019, https://apnews.com/article/ap-top-news-international-news-hong-kong-taiwan-china-5d40fcc832204801a33599bdeaf541c3.

8. 可參見Lily Kuo, "Taiwan Promises 'Support' for Hong Kong's People as China Tightens Grip," *Guardian*, May 24, 2020, https://www.theguardian.com/world/2020/may/25/taiwan-promises-support-for-hong-kongs-people-china-national-security-law.

9. Kathrin Hille, "Taiwan Primaries Highlight Fears over China's Political Influence," *Financial Times*, July 16, 2019, https://www.ft.com/content/036b609a-a768-11e9-984c-fac8325aaa04.

10. Ibid.

11. 可參見 Raymond Zhong, "Awash in Disinformation Before Vote, Taiwan Points Finger at China," *New York Times*, January 6, 2020, https://www.nytimes.com/2020/01/06/technology/taiwan-election-china-disinformation.html.

12. Ibid.

13. Connor Fairman, "When Election Interference Fails," *Net Politics*, January 29, 2020, https://www.cfr.org/blog/when-election-interference-fails.

14. Emily Feng, "Taiwan Gets Tough on Disinformation Suspected from China Ahead of Elections," *NPR*, December 6, 2019, https://www.npr.org/2019/12/06/784191852/taiwan-gets-tough-on-disinformation-suspected-from-china-ahead-of-elections; "Taiwan's Push Against 'Red Media,'" *Al Jazeera*, November 17, 2019, https://www.aljazeera.com/program/the-listening-post/2019/11/17/taiwans-push-against-red-media.

15. Sarah Cook, "Beijing's Global Megaphone: The Expansion of Chinese Communist Party Media Influence Since 2017," *Freedom House*, January 2020, 25, https://freedomhouse.org/report/special-reports/beijings-global-megaphone-china-communist-party-media-influence-abroad.

16. 前兩節的一部分曾發表於 CFR.org 的 Asia Unbound 網誌：Joshua Kurlantzick, "Tsai Ing-wen's Victory: A Few Initial Notes," *Asia Unbound*, January 13, 2020, https://www.cfr.org/blog/tsai-ing-wens-victory-few-initial-notes.

17. Yimou Lee and James Pomfret, "Show Hong Kong Value of Democracy, Taiwan President Says Before Vote," *Reuters*, January 9, 2020, https://www.reuters.com/article/us-taiwan-election/show-hong-kong-value-of-democracy-taiwan-president-says-before-vote-idUSKBN1Z90C6.

18. Kurlantzick, "Tsai Ing-wen's Victory."

19. William Yang, "Will Tsai Ing-wen's Landslide Victory Force Beijing to Rethink Its Approach to Taiwan?," *Deutsche Welle*, January 12, 2020, https://www.dw.com/en/will-tsai-ing-wens-landslide-victory-force-beijing-to-rethink-its-approach-to-taiwan/a-51972372.

20. Nick Aspinwall, "Taiwan's 'Han Wave' Comes Crashing Down," *Diplomat*, June 10, 2020, https://thediplomat.com/2020/06/taiwans-han-wave-comes-crashing-down/.

21. Emily Feng and Barbara Sprunt, "Pelosi has Landed in Taiwan.Here's why That's a Big Deal," *National Public Radio*, August 2, 2022, https://www.npr.org/2022/08/02/1114852740/pelosi-is-about-to-land-in-taiwan-heres-why-thats-a-big-deal.

22. Isabel Reynolds, "Chinese Missiles Deal Fresh Blow to Fraught Ties with Japan," *Bloomberg*, August 5, 2022, https://www.bloomberg.com/news/articles/2022-08-05/japan-s-kishida-condemns-china-missile-launches-in-pelosi-talks.

23. Mike Ives and Zixu Wang, "Mostly Bluster: Why China Went Easy on Taiwan's Economy," *New York Times*, August 12, 2022, https://www.nytimes.com/2022/08/12/business/china-taiwan-economy.html.

24. Ibid.

25. Chen Ping-hung, "Younger People Identify as Taiwanese, Survey Shows," *Taipei Times*, March 25, 2015, https://www.taipeitimes.com/News/taiwan/archives/2015/03/25/2003614368.

26. "Chinese Discourse Power: China's Use of Information Manipulation in Regional and Global Competition," *Atlantic Council*, December 2020, 24, https://www.atlanticcouncil.org/wp-content/uploads/2020/12/China-Discourse-Power-FINAL.pdf.

27. Laura Silver, Kat Devlin, and Christine Huang, "Unfavorable Views of China Reach Historic Highs in Many Countries," *Pew Research Center*, October 6, 2020, https://www.pewresearch.org/global/2020/10/06/unfavorable-views-of-china-reach-historic-highs-in-many-countries/.

28. Huynh Tam Sang, "The Taiwan Crisis Could Spill over into Southeast Asia," *The Diplomat*, August 11, 2022, https://thediplomat.com/2022/08/the-taiwan-crisis-could-spill-over-into-southeast-asia/.

29. Sofia Tomacruz, "Marcos Meets Blinken, says PH-US Ties Critical Amid Taiwan Tension," *Rappler*, August 6, 2022, https://www.rappler.com/nation/marcos-jr-meeting-us-secretary-state-antony-blinken-august-6-2022/.

30. Ryo Nemeto and Bobby Nugroho, "Japan Joins U.S.-Indonesian Military Drill for First Time," *Nikkei Asia*, August 14, 2022, https://asia.nikkei.com/Politics/International-relations/Indo-Pacific/Japan-joins-U.S.-Indonesian-military-drill-for-first-time.

31. Silver et al., "Unfavorable Views of China Reach Historic Highs in Many Countries."

32. Laura Silver, "China's International Image Remains Broadly Negative as Views of the U.S. Rebound," Pew Research Center report, June 30, 2021, https://www.pewresearch.org/fact-tank/2021/06/30/chinas-international-image-remains-broadly-negative-as-views-of-the-u-s-rebound/.

33. "The State of Southeast Asia: 2021 Survey Report," *ASEAN Studies Center, ISEAS–Yusof Ishak Institute*, February 10, 2021, https://www.iseas.edu.sg/wp-content/uploads/2021/01/The-State-of-SEA-2021-v2.pdf.

34. "The State of Southeast Asia: 2022 Survey Report," *ASEAN Studies Center, ISEAS–Yusof Ishak Institute*, February 16, 2022, https://www.iseas.edu.sg/wp-content/uploads/2022/02/The-State-of-SEA-2022_FA_Digital_FINAL.pdf.

35. Ibid.

36. Ibid.

37. Samantha Custer et al., *Influencing the Narrative: How the Chinese Government Mobilizes Students and Media to Burnish Its Image* (Williamsburg, VA: AidData at William & Mary, 2019), 12–14, http://docs.aiddata.org/ad4/pdfs/Influencing_the_Narrative_Report.pdf.

38. "Singapore Man Admits Being Chinese Spy in U.S.," *BBC*, July 25, 2020, https://www.bbc.com/news/world-us-canada-53534941.

39. Ibid.

40. Isabella Kwai, "U.K. Regulator Revokes License for China-Backed Broadcaster," *New York Times*, February 4, 2021, https://www.nytimes.com/2021/02/04/world/europe/uk-china-cgtn-license.html.

41. Ibid.

42. Bethany Allen-Ebrahimian, "Exclusive: How the FBI Combats China's Political Meddling," *Axios*, February 12, 2020, https://www.axios.com/fbi-china-us-political-influence-0e70d07c-2d60-47cd-a5c3-6c72b2064941.html; Ursula Perano, "Wray: FBI Has over 2,000 Investigations That Trace Back to China," *Axios*, June 24, 2020, https://www.axios.com/fbi-wray-china-counterintelligence-invetsigations-f809b7df-865a-482b-9af4-b1410c0d3b49.html.

43. Lara Jakes and Steven Lee Myers, "U.S. Designates China's Official Media as Operatives of the Communist State," *New York Times*, February 18, 2020, https://www.nytimes.com/2020/02/18/world/asia/china-media-trump.html; Edward Wong, "U.S. Designates Four More Chinese News Organizations as Foreign Missions," *New York Times*, June 22, 2020, https://www.nytimes.

com/2020/06/22/us/politics/us-china-news-organizations.html.

44. Ibid.

45. Elise Favis, "Trump Executive Order Against Tencent-Owned Companies Does Not Affect Video Game Holdings," *Washington Post*, August 7, 2020, https://www.washingtonpost.com/video-games/2020/08/07/trump-executive-order-against-tencent-owned-companies-does-not-affect-video-game-holdings/; "Commerce Department Prohibits WeChat and TikTok Transactions to Protect the National Security of the United States," *U.S. Department of Commerce*, September 18, 2020, https://content.govdelivery.com/accounts/USDOC/bulletins/2a14c6c.

46. Ibid.; Echo Wong and David Shepardson, "China's ByteDance Challenges Trump's TikTok Divestiture Order," *Reuters*, November 11, 2020, https://www.reuters.com/article/uk-usa-tiktok/bytedance-challenges-trumps-tiktok-divestiture-order-idUSKBN27R02G.

47. Makena Kelly, "Biden Revokes and Replaces Trump Orders Banning TikTok and WeChat," *Verge*, June 9, 2021, https://www.theverge.com/2021/6/9/22525953/biden-tiktok-wechat-trump-bans-revoked-alipay.

48. Edward Wong, Lara Jakes, and Steven Lee Myers, "U.S. Orders China to Close Houston Consulate, Citing Efforts to Steal Trade Secrets," *New York Times*, July 22, 2020, https://www.nytimes.com/2020/07/22/world/asia/us-china-houston-consulate.html; Keith Bradsher and Steven Lee Myers, "China Orders U.S. to Shut Chengdu Consulate, Retaliating for Houston," *New York Times*, July 24, 2020, https://www.nytimes.com/2020/07/24/world/asia/china-us-consulate-chengdu.html.

49. Pranshu Verma and Edward Wong, "Trump Administration Penalizes Hong Kong Officials for Crackdown on Protestors," *New York Times*, August 7, 2020, https://www.nytimes.com/2020/08/07/world/asia/trump-china-hong-kong-sanctions.html.

50. "U.S. Sanctions Chinese Firms over Abuse of Uyghur Rights," *Deutsche Welle*, December 16, 2021, https://www.dw.com/en/us-sanctions-chinese-firms-over-abuse-of-uyghur-rights/a-60151176.

51. "Fact Sheet: CHIPS and Science Act," White House Press Release, August 9, 2022, https://www.whitehouse.gov/briefing-room/statements-releases/2022/08/09/fact-sheet-chips-and-science-act-will-lower-costs-create-jobs-strengthen-supply-chains-and-counter-china/.

52. Nicolle Liu et al., "China Imposes Sanctions on U.S. Officials in Retaliation for Hong Kong Measures," *Financial Times*, August 10, 2020, https://www.ft.com/content/c2d78da3-1fcf-4678-b65d-e1d02aa48ae6.

53. Alex Leary and Lingling Wei, "White House Says Biden Warned Xi of Consequences if Beijing Supports Russia on Ukraine," *Wall Street Journal*, March 18, 2022, https://www.wsj.com/articles/biden-xi-talk-as-u-s-threatens-actions-if-china-backs-russia-in-ukraine-war-11647611124.

54. Anthony Kuhn, "President Biden Says the U.S. Will Defend Taiwan if China Attacks," *National Public Radio*, May 23, 2022; also Valerie Insinia and Justin Katz, "A Bloody Mess with Terrible Loss of Life: How a China-U.S. Conflict over Taiwan could Play Out," *Breaking Defense*, August 11, 2022, https://breakingdefense.com/2022/08/a-bloody-mess-with-terrible-loss-of-life-how-a-china-us-conflict-over-taiwan-could-play-out/.

55. Maria Abi-Habib, "India Bans Nearly 60 Chinese Apps, Including TikTok and WeChat," *New York Times*, June 29, 2020, https://www.nytimes.com/2020/06/29/world/asia/tik-tok-banned-india-china.html; David M. Herszenhorn and Jacopo Barigazzi, "EU Leaders Face Tough Time Getting Tough on

China," *Politico*, June 23, 2020, https://www.politico.com/news/2020/06/23/europe-getting-tough-china-335195; Guy Chazan, "Merkel Comes Under Fire at Home for China Stance," *Financial Times*, July 7, 2020, https://www.ft.com/content/bf1adef9-a681-48c0-99b8-f551e7a5b66d.

56. Janka Oertel, "The New China Consensus: How Europe Is Growing Wary of Beijing," *European Council on Foreign Relations*, September 7, 2020, https://ecfr.eu/publication/the_new_china_consensus_how_europe_is_growing_wary_of_beijing/.

57. Stuart Lau, "EU Slams China's 'Authoritarian Shift' and Broken Economic Promises," *Politico*, April 25, 2021, https://www.politico.eu/article/eu-china-biden-economy-climate-europe/.

58. Ivana Karásková et al., "Central Europe for Sale: The Politics of China's Influence," *AMO*, *National Endowment for Democracy*, April 2018, 15, https://www.chinfluence.eu/wp-content/uploads/2018/04/AMO_central-europe-for-sale-the-politics-of-chinese-influence-1.pdf.

59. Ibid., 2.

60. Ibid., 15.

61. Marc Santora, "The Broken Promise of a Panda: How Prague's Relations with Beijing Soured," *New York Times*, November 23, 2019, https://www.nytimes.com/2019/11/23/world/europe/china-prague-taiwan.html.

62. David Hutt, "China Influence Aggravates Czech Republic's Political War," *Nikkei Asia*, November 22, 2019, https://asia.nikkei.com/Politics/International-relations/China-influence-aggravates-Czech-Republic-s-political-war.

63. Jonathan McClory, ed., "The Soft Power 30: A Global Ranking of Soft Power 2019," *Portland Consulting Group*, https://softpower30.com/wp-content/uploads/2019/10/The-Soft-Power-30-Report-2019-1.pdf.

64. "Asia Power Index: 2021 Edition," Lowy Institute, https://power.lowyinstitute.org/.

65. Bonnie Bley, "Charting China, the (Not Always) Super Power," *Interpreter*, June 3, 2019, https://www.lowyinstitute.org/the-interpreter/charting-china-not-always-super-power.

66. Ibid.

67. 例如 Davey Alba and Sheera Frankel, "Facebook Tests New Disinformation Tactics in Africa to Expand Influence," *New York Times*, October 30, 2019, https://www.nytimes.com/2019/10/30/technology/russia-facebook-disinformation-africa.html. Also, Echo Huang, "Why China's Social Media Propaganda Isn't as Good as Russia's," *Quartz*, September 19, 2019, https://qz.com/1699144/why-chinas-social-media-propaganda-isnt-as-good-as-russias/.

68. Santora, "The Broken Promise of a Panda."

69. Ibid.

70. Laura Silver, Kat Devlin, and Christine Huang, "People Around the World Are Divided in Their Opinions of China," *Pew Research Center*, December 5, 2019, https://www.pewresearch.org/fact-tank/2019/12/05/people-around-the-globe-are-divided-in-their-opinions-of-china/.

71. Jari Tanner, "Sweden Summons Chinese Envoy over 'Lightweight Boxer' Remark," *Associated Press*, January 18, 2020, https://abcnews.go.com/International/wireStory/sweden-summons-chinese-envoy-lightweight-boxer-remark-68372421; Jojje Olsson, "China Tries to Put Sweden on Ice," *Diplomat*, December 30, 2019, https://thediplomat.com/2019/12/china-tries-to-put-sweden-on-ice/. 美國方面的監管作為，參見 "Foreign Government-Sponsored Broadcast Programming,"

Congressional Research Service, February 11, 2021, https://crsreports.congress.gov/product/pdf/IF/IF11759.

72. Olsson, "China Tries to Put Sweden on Ice."

73. Chung Kuang-cheng and Wang Yun, "Democratic Taiwan Battling Disinformation from China Ahead of Elections," *Radio Free Asia*, November 6, 2018, https://www.rfa.org/english/news/china/democratic-taiwan-battling-disinformation-11062018111310.html.

74. Feng, "Taiwan Gets Tough on Disinformation Suspected from China Ahead of Elections."

75. Samantha Bradshaw and Philip N. Howard, "The Global Disinformation Disorder: 2019 Global Inventory of Organized Social Media Manipulation," *Computational Propaganda Research Project*, September 2019, https://comprop.oii.ox.ac.uk/wp-content/uploads/sites/93/2019/09/CyberTroop-Report19.pdf.

76. Ibid.

77. "Targeting the Anti-Extradition Bill Movement: China's Hong Kong Messaging Proliferates on Social Media," *Atlantic Council*, December 2020, https://www.atlanticcouncil.org/wp-content/uploads/2020/12/China-HongKong-FINAL2.pdf.

78. Huang, "Why China Isn't as Skillful at Disinformation as Russia."

79. Ibid.

80. Ibid.

81. Tom Uren, Elise Thomas, and Jacob Wallis, "Tweeting Through the Great Firewall," *Australian Strategic Policy Institute*, September 3, 2019, https://www.aspi.org.au/report/tweeting-through-great-firewall.

82. Cook, "Beijing's Global Megaphone," 11.

83. Jean-Baptise Jeangène Vilmer and Paul Charon, "Russia as a Hurricane, China as Climate Change: Different Ways of Information Warfare," *War on the Rocks*, January 21, 2020, https://warontherocks.com/2020/01/russia-as-a-hurricane-china-as-climate-change-different-ways-of-information-warfare/.

84. Renée DiResta et al., *Telling China's Story: The Chinese Communist Party's Campaign to Shape Global Narratives* (Stanford, CA: Stanford Internet Observatory, 2020), 44, https://fsi-live.s3.us-west-1.amazonaws.com/s3fs-public/sio-china_story_white_paper-final.pdf.

85. Ibid.

86. Philip N. Howard and Samantha Bradshaw, "China Joins the Global Disinformation Order," *Strategist*, November 29, 2019, https://www.aspistrategist.org.au/china-joins-the-global-disinformation-order/.

87. Kate Conger, "Twitter Removes Chinese Disinformation Campaign," *New York Times*, June 11, 2020, https://www.nytimes.com/2020/06/11/technology/twitter-chinese-misinformation.html.

88. Vanessa Molter and Graham Webster, "Virality Project (China): Coronavirus Conspiracy Claims," *Stanford Freeman Spogli Institute for International Studies*, March 31, 2020, https://fsi.stanford.edu/news/china-covid19-origin-narrative.

89. "China Hits Back at Report That It Hid Coronavirus Numbers," *Time*, April 2, 2020, https://time.com/5814313/china-denies-hiding-coronavirus/.

90. David Gitter, Sandy Lu, and Brock Erdahl, "China Will Do Anything to Deflect Coronavirus Blame,"

Foreign Policy, March 30, 2020, https://foreignpolicy.com/2020/03/30/beijing-coronavirus-response-see-what-sticks-propaganda-blame-ccp-xi-jinping/.

＊钟声，〈用科学与理性戳穿阴谋论〉，《人民日報》，2020年2月28日03版，http://paper.people. com.cn/rmrb/html/2020-02/28/nw.D110000renmrb_20200228_5-03.htm；〈必须抵御污名化之 毒〉，《人民日報》，2020年3月20日03版，http://paper.people.com.cn/rmrb/html/2020-03/20/ nw.D110000renmrb_20200320_6-03.htm。

91. John Ruwitch, "Theory That COVID Came from a Chinese Lab Takes On New Life in Wake of WHO Report," *NPR*, March 31, 2021, https://www.npr.org/2021/03/31/983156340/theory-that-covid-came-from-a-chinese-lab-takes-on-new-life-in-wake-of-who-repor.

92. Jeff Kao and Mia Shuang Li, "How China Built a Twitter Propaganda Machine Then Let It Loose on Coronavirus," *ProPublica*, March 26, 2020, https://www.propublica.org/article/how-china-built-a-twitter-propaganda-machine-then-let-it-loose-on-coronavirus.

93. Josh Taylor, "Twitter Deletes 170,000 Accounts Linked to China Influence Campaign," *Guardian*, June 11, 2020, https://www.theguardian.com/technology/2020/jun/12/twitter-deletes-170000-accounts-linked-to-china-influence-campaign.

94. Matt Schrader, "Analyzing China's Coronavirus Propaganda Messaging in Europe," *Alliance for Securing Democracy*, March 20, 2020, https://securingdemocracy.gmfus.org/analyzing-chinas-coronavirus-propaganda-messaging-in-europe/.

95. Ibid.

96. Morgan Ortagus, "Update on U.S. Withdrawal from the World Health Organization," *U.S. Department of State*, September 3, 2020, https://www.state.gov/update-on-u-s-withdrawal-from-the-world-health-organization/; Emily Rauhala and Yasmeen Abutaleb, "U.S. Says It Won't Join WHO-Linked Effort to Develop, Distribute Coronavirus Vaccine," *Washington Post*, September 1, 2020, https://www.washingtonpost.com/world/coronavirus-vaccine-trump/2020/09/01/b44b42be-e965-11ea-bf44-0d31c85838a5_story.html; "Coronavirus World Map: Tracking the Global Outbreak," *New York Times*, https://www.nytimes.com/interactive/2020/world/coronavirus-maps.html.

97. Erika Kinetz, "Anatomy of a Conspiracy: With COVID, China Took Leading Role," *Associated Press*, February 21, 2021, https://apnews.com/article/pandemics-beijing-only-on-ap-epidemics-media-122b73e134b780919cc1808f3f6f16e8.

98. 感謝羅森柏格提出這一點。

99. Kristine Lee and Karina Barbesino, "Challenging China's Bid for App Dominance," *Center for a New American Security*, January 22, 2020, https://www.cnas.org/publications/commentary/challenging-chinas-bid-for-app-dominance.

100. Clint Watts, "Triad of Disinformation: How Russia, Iran, & China Ally in a Messaging War Against America," *Alliance for Securing Democracy*, May 15, 2020, https://securingdemocracy.gmfus.org/triad-of-disinformation-how-russia-iran-china-ally-in-a-messaging-war-against-america/.

101. Edward Wong, Matthew Rosenberg, and Julian E. Barnes, "Chinese Agents Helped Spread Messages That Sowed Virus Panic in U.S., Officials Say," *New York Times*, April 22, 2020, https://www.nytimes.com/2020/04/22/us/politics/coronavirus-china-disinformation.html.

102. Ibid.

103. Jessica Brandt and Bret Schafer, "Five Things to Know About Beijing's Disinformation Approach,"

Alliance for Securing Democracy, March 30, 2020, https://securingdemocracy.gmfus.org/five-things-to-know-about-beijings-disinformation-approach/.

104. Joshua Kurlantzick, "China Thinks the Pandemic Will Make It the World's New Leader. It Won't," *Washington Post*, May 22, 2020, https://www.washingtonpost.com/outlook/china-uses-the-pandemic-to-claim-global-leadership/2020/05/21/9b045692-9ab4-11ea-ac72-3841fcc9b35f_story.html; Glenn Kessler, "Biden vs. Trump: The Ad Battle over China and the Coronavirus," *Washington Post*, May 15, 2020, https://www.washingtonpost.com/politics/2020/05/15/biden-versus-trump-ad-battle-over-china-coronavirus/.

105. William A. Galston, "A Momentous Shift in US Public Attitudes Toward China," *Brookings*, March 22, 2021, https://www.brookings.edu/blog/order-from-chaos/2021/03/22/a-momentous-shift-in-us-public-attitudes-toward-china/.

106. Ole Tangen Jr., "Is China Taking Advantage of COVID-19 to Pursue South China Sea Ambitions?," *Deutsche Welle*, May 26, 2020, https://www.dw.com/en/is-china-taking-advantage-of-covid-19-to-pursue-south-china-sea-ambitions/a-53573918; Anna Fifield and Joanna Slater, "Far from Being Weakened by Coronavirus, China Pursues Sovereignty Claims on All Fronts," *Washington Post*, May 27, 2020, https://www.washingtonpost.com/world/asia_pacific/china-india-border-clashes-coronavirus/2020/05/27/a51545f6-9f14-11ea-be06-af5514ee0385_story.html.

107. Victor Mallet and Roula Khalaf, "FT Interview: Emmanuel Macron Says It Is Time to Think the Unthinkable," *Financial Times*, April 16, 2020, https://www.ft.com/content/3ea8d790-7fd1-11ea-8fdb-7ec06edeef84.

108. Benedict Spence, "China Is Set to Reap the Whirlwind of Europe's Coronavirus Resentment," *Telegraph*, March 27, 2020, https://www.telegraph.co.uk/news/2020/03/27/china-set-reap-whirlwind-europes-coronavirus-resentment/; Mattia Ferraresi, "China Isn't Helping Italy. It's Waging Information Warfare," *Foreign Policy*, March 31, 2020, https://foreignpolicy.com/2020/03/31/china-isnt-helping-italy-its-waging-information-warfare/.

109. Zhiqun Zhu, "Interpreting China's 'Wolf-Warrior Diplomacy,'" *Diplomat*, May 15, 2020, https://thediplomat.com/2020/05/interpreting-chinas-wolf-warrior-diplomacy/; "China's 'Wolf Warrior' Diplomacy Gamble," *Economist*, May 28, 2020, https://www.economist.com/china/2020/05/28/chinas-wolf-warrior-diplomacy-gamble.

110. Peter Martin, *China's Civilian Army: The Making of Wolf Warrior Diplomacy* (Oxford: Oxford University Press, 2021), 218.

111. Ibid.

112. Ibid.

113. Ibid., 214.

114. Ibid., 212–15.

115. Ibid., 5.

116. "Chinese Government Official Slams Australia's Push for an Investigation into the Coronavirus Outbreak," *ABC News*, April 25, 2020, https://www.abc.net.au/news/2020-04-26/coronavirus-china-slams-australia-over-independent-inquiry/12185988.

　＊〈駐澳使館發言人答記者問〉，中華人民共和國駐澳大利亞聯邦大使館，2020/4/21，http://au.china-embassy.gov.cn/chn/sghdxwfb/A4/202004/t20200421_754427.htm；〈中國外交部發言人

表态〉，中华人民共和国驻澳大利亚联邦大使馆，2020/4/25，http://au.china-embassy.gov.cn/chn/sghdxwfb/A4/202004/t20200425_754432.htm。

117. Ben Westcott, "Australia Angered China by Calling for a Coronavirus Investigation. Now Beijing Is Targeting Its Exports," *CNN*, May 27, 2020, https://www.cnn.com/2020/05/26/business/china-australia-coronavirus-trade-war-intl-hnk/index.html.

118. Yanzhong Huang, "China Could Pay if Nations Come to Believe the Virus Leaked from a Lab," *Washington Post*, June 4, 2021, https://www.washingtonpost.com/outlook/lab-leak-china-international-relations/2021/06/04/7e966eaa-c489-11eb-9a8d-f95d7724967c_story.html.

119. Silver et al., "Unfavorable Views of China Reach Historic Highs in Many Countries."

120. Peter Wang, "Amid Global Unpopularity, China Might Find Support Among Russians," *Chicago Council on Global Affairs*, March 17, 2021, https://www.thechicagocouncil.org/commentary-and-analysis/blogs/amid-global-unpopularity-china-might-find-support-among-russians.

121. Eva Dou, "China's Econoimc Growth Slows to 0.4%, Weakest in Two Years," *The Washington Post*, July 15, 2022, https://www.washingtonpost.com/world/2022/07/14/china-gdp-economy-covid-lockdown/.

122. Ties Dams, Xiaoxue Martin, and Vera Kranenburg, eds., "China's Soft Power in Europe: Falling on Hard Times," *European Think-Tank Network on China*, April 2021, 7, https://www.clingendael.org/sites/default/files/2021-04/Report_ETNC_Chinas_Soft_Power_in_Europe_Falling_on_Hard_Times_2021.pdf.

123. Ibid.; Richard Q. Turcsányi et al., "European Public Opinion on China in the Age of COVID-19: Differences and Common Ground Across the Continent," *CEIAS and Sinophone Borderlands*, November 2020, https://media.realinstitutoelcano.org/wp-content/uploads/2021/11/european-public-opinion-on-china-in-the-age-of-covid-19.pdf.

124. Turcsányi et al., "European Public Opinion on China in the Age of COVID-19."

125. Ibid.

126. Huang, "China Could Pay if Nations Come to Believe the Virus Leaked from a Lab."

127. Ibid.

128. Anne Gulland, "China Producing Millions of Doses but Questions over Vaccine Efficacy Remain," *Telegraph*, June 12, 2021, https://www.telegraph.co.uk/global-health/science-and-disease/china-producing-millions-doses-questions-vaccine-efficacy-remain/.

129. Adam Taylor, "Why the World's Most Vaccinated Country Is Seeing an Unprecedented Spike in Coronavirus Cases," *Washington Post*, May 6, 2021, https://www.washingtonpost.com/world/2021/05/06/seychelles-vaccines-covid-cases/.

130. Gulland, "China Producing Millions of Doses but Questions over Vaccine Efficacy Remain."

131. "Pfizer and BioNTech Conclude Phase 3 Study of COVID-19 Vaccine Candidate, Meeting All Primary Efficacy Endpoints," *Pfizer*, November 18, 2020, https://www.pfizer.com/news/press-release/press-release-detail/pfizer-and-biontech-conclude-phase-3-study-covid-19-vaccine.

132. Joe McDonald and Huizhong Wu, "Top Chinese Official Admits Vaccines Have Low Effectiveness," *Associated Press*, April 11, 2021, https://apnews.com/article/china-gao-fu-vaccines-offer-low-protection-coronavirus-675bcb6b5710c7329823148ffbff6ef9.

＊〈失言坦承保護效率不高？中國疫苗防護真相的「高福之亂」〉，《轉角國際》，2021/4/12，

https://global.udn.com/global_vision/story/8662/5382106。

133. Gulland, "China Producing Millions of Doses but Questions over Vaccine Efficacy Remain."

134. Paul Schemm, "Third Dose of Sinopharm Coronavirus Vaccine Needed for Some in UAE After Low Immune Response," *Washington Post*, March 22, 2021, https://www.washingtonpost.com/world/middle_east/uae-sinopharm-third-dose/2021/03/21/588fcf0a-8a26-11eb-a33e-da28941cb9ac_story.html.

135. Ibid.

136. David Crawshaw and Alicia Chen, "'Heads Bashed Bloody': China's Xi Marks Communist Party Centenary with Strong Words for Adversaries," *Washington Post*, July 1, 2021, https://www.washingtonpost.com/world/asia_pacific/china-party-heads-bashed-xi/2021/07/01/277c8f0c-da3f-11eb-8c87-ad6f27918c78_story.html.

＊〈習近平在中共中央政治局第三十次集體學習時強調 加強和改進國際傳播工作 展示真實立體全面的中國〉,《新華網》, 2021/6/1, http://www.xinhuanet.com/politics/leaders/2021-06/01/c_1127517461.htm；習近平,〈在慶祝中國共產黨成立100周年大會上的講話〉,《新華網》, 2021/7/1, http://www.xinhuanet.com/politics/2021-07/15/c_1127658385.htm。

137. Brandt and Schafer, "Five Things to Know About Beijing's Disinformation Approach."

138. Custer et al., *Influencing the Narrative*, 42–44.

139. "Media," in *China's Influence & American Interests: Promoting Constructive Vigilance*, ed. Larry Diamond and Orville Schell (Stanford, CA: Hoover Institution Press, 2019), 100–19.

140. Kevin Roose, "How the Epoch Times Created a Giant Influence Machine," *New York Times*, October 24, 2020, https://www.nytimes.com/2020/10/24/technology/epoch-times-influence-falun-gong.html; Seth Hettena, "The Obscure Newspaper Fueling the Far-Right in Europe," *New Republic*, September 17, 2019, https://newrepublic.com/article/155076/obscure-newspaper-fueling-far-right-europe.

141. Ibid.

142. Sarah Cook, "Chinese Government Influence on the U.S. Media Landscape," Written Testimony Before the U.S.-China Economic and Security Review Commission, May 4, 2017, https://www.uscc.gov/sites/default/files/Sarah%20Cook%20May%204th%202017%20USCC%20testimony.pdf.

143. New Tang Dynasty Television, "Response to the Notice of Proposed Rule Making: 'Promoting the Availability of Diverse and Independent Sources of Video Programming,'" *Federal Communications Commission*, December 19, 2016, https://ecfsapi.fcc.gov/file/1012763254871/Comments_on_MBdocket16_41_by_NTDTV_Jan262017.pdf; Cook, "Chinese Government Influence on the U.S. Media Landscape."

144. "Media," in *China's Influence & American Interests*, 100–19.

145. Ibid.

146. "Detailed Languages Spoken at Home and Ability to Speak English for the Population 5 Years and Over: 2009–2013," *United States Census Bureau*, October 2015, https://www.census.gov/data/tables/2013/demo/2009-2013-lang-tables.html; North Cooc and Genevieve Leung, "Who Are 'Chinese' Language Speakers in the United States? A Subgroup Analysis with Census Data," *AAPI Data*, October 2016, http://aapidata.com/blog/wp-content/uploads/2016/10/NORTH-COOC-2F2F-PAPER-2F2F-AAPI-Data-Challenge-Chinese-Diversity_Cooc_Leung.pdf.

147. "Appendix 2: Chinese Influence Activities in Select Countries," in *China's Influence & American Interests: Promoting Constructive Vigilance*, ed. Larry Diamond and Orville Schell (Stanford, CA: Hoover Institution Press, 2019), 161–202.

148. "Hong Kong Media Fall to Pro-Chinese Owners," *Asia Sentinel*, April 22, 2021, https://www.asiasentinel.com/p/hong-kong-media-fall-to-pro-chinese; Tom Blackwell, "Inside Canada's Chinese-Language Media: 'Beijing Has Become the Mainstream,' Says Ex-Sing Tao Editor," *National Post*, December 3, 2020, https://nationalpost.com/news/canada/inside-canadas-chinese-language-media-beijing-has-become-the-mainstream-says-ex-sing-tao-editor.

149. Blackwell, "Inside Canada's Chinese-Language Media."

150. Emily Feng, "China and the World: How Beijing Spreads the Message," *Financial Times*, July 12, 2018, https://www.ft.com/content/f5d00a86-3296-11e8-b5bf-23cb17fd1498.

151. Timothy McLaughlin, "How Milk Tea Became an Anti-China Symbol," *Atlantic*, October 13, 2020, https://www.theatlantic.com/international/archive/2020/10/milk-tea-alliance-anti-china/616658/.

152. Jon Emont, "How China Persuaded One Muslim Nation to Keep Silent on Xinjiang Camps," *Wall Street Journal*, December 11, 2019, https://www.wsj.com/articles/how-china-persuaded-one-muslim-nation-to-keep-silent-on-xinjiang-camps-11576090976.

153. Ibid.

154. Emont, "How China Persuaded One Muslim Nation to Keep Silent on Xinjiang Camps"; "Xinjiang: Large Numbers of New Detention Camps Uncovered in Report," *BBC*, September 24, 2020, https://www.bbc.com/news/world-asia-china-54277430.

155. Ibid.

156. 感謝希伯特提出這一點。

157. Custer et al., *Influencing the Narrative*, 24.

158. "The Covid-19 Story: Unmasking China's Global Strategy," *International Federation of Journalists*, May 12, 2021, https://www.ifj.org/fileadmin/user_upload/IFJ_-_The_Covid_Story_Report.pdf.

159. Ibid.

160. "Darkened Screen: Constraints on Foreign Journalists in China," *PEN America*, September 22, 2016, 33–37, https://pen.org/sites/default/files/PEN_foreign_journalists_report_FINAL_online%5B1%5D.pdf.

　　＊華文版:〈被遮擋的鏡頭:外國記者在中國受到的限制〉, https://pen.org/wp-content/uploads/2017/01/Darkened-Screen-Traditional-Chinese-Translation.pdf。

161. Ibid.

162. Henry Cooke and Laura Walters, "Chinese Version of NZ Herald Edited Translated Stories to Be More China-Friendly," *Stuff*, January 14, 2019, https://www.stuff.co.nz/national/politics/109908932/chinese-version-of-nz-herald-edited-translated-stories-to-be-more-chinafriendly.

163. David Folkenflik, "Bloomberg News Killed Investigation, Fired Reporter, Then Sought to Silence His Wife," *NPR*, April 14, 2020, https://www.npr.org/2020/04/14/828565428/bloomberg-news-killed-investigation-fired-reporter-then-sought-to-silence-his-wi.

164. Ibid.

165. Ibid.

166. Marc Tracy, Edward Wong, and Lara Jakes, "China Announces That It Will Expel American

Journalists," *New York Times*, March 17, 2020, https://www.nytimes.com/2020/03/17/business/media/china-expels-american-journalists.html; Andrew Jacobs, "China Appears Set to Force Times Reporter to Leave," *New York Times*, January 27, 2014, https://www.nytimes.com/ 2014/01/28/world/asia/times-reporter-faces-expulsion-from-china.html.

167. Austin Ramzy and Chris Buckley, "'Absolutely No Mercy': Leaked Files Expose How China Organized Mass Detentions of Muslims," *New York Times*, November 16, 2019, https://www.nytimes.com/interactive/2019/11/16/world/asia/china-xinjiang-documents.html.

168. Michael Forsythe, "Wang Jianlin, a Billionaire at the Intersection of Business and Power in China," *New York Times*, April 28, 2015, https://www.nytimes.com/2015/04/29/world/asia/wang-jianlin-abillionaire-at-the-intersection-of-business-and-power-in-china.html.

169. Allison Prang, "Pulitzer Prizes Highlight Coverage Related to George Floyd Killing, Covid-19," *Wall Street Journal*, June 11, 2021, https://www.wsj.com/articles/pulitzer-prizes-highlight-coverage-related-to-george-floyd-killing-covid-19-11623436044; "China Expels Three Wall Street Journal Reporters," *Wall Street Journal*, February 19, 2020, https://www.wsj.com/articles/china-expels-three-wall-street-journal-reporters-11582100355.

170. 可參見 Simon Denyer, "China Detains Relatives of U.S. Reporters in Apparent Punishment for Xinjiang Coverage," *Washington Post*, February 28, 2018, https://www.washingtonpost.com/world/china-detains-relatives-of-us-reporters-in-apparent-punishment-for-xinjiang-coverage/2018/02/27/4e8d84ae-1b8c-11e8-8a2c-1a6665f59e95_story.html; and Jessica Blatt, "How China Uses Family Members to Pressure Uyghur Journalists," *Voice of America*, March 16, 2021, https://www.voanews.com/a/press-freedom_how-china-uses-family-members-pressure-uyghur-journalists/6203382.html.

171. 可參見 Aynne Kokas, *Hollywood Made in China* (Oakland: University of California Press, 2017).

172. Bernard Weinraub, "Disney Will Defy China on Its Dalai Lama Film," *New York Times*, November 27, 1996, https://www.nytimes.com/1996/11/27/movies/disney-will-defy-china-on-its-dalai-lama-film.html.

173. 布萊德·彼特飾演多次深入西藏的探險家哈瑞爾，1950年西藏遭入侵時他也在場。後來，哈瑞爾早年曾加入納粹一事曝光。Douglas Martin, "Heinrich Harrer, 93, Explorer of Tibet, Dies," *New York Times*, January 10, 2006, https://www.nytimes.com/2006/01/10/obituaries/heinrich-harrer-93-explorer-of-tibet-dies.html.

174. Edward Wong, "'Doctor Strange' Writer Explains Casting of Tilda Swinton as Tibetan," *New York Times*, April 26, 2016, https://www.nytimes.com/2016/04/27/world/asia/china-doctor-strange-tibet.html.

175. Josh Horwitz, "A Major Hollywood Screenwriter Self-Censored Because He Was Worried About Angering China," *Quartz*, April 28, 2016, https://qz.com/672112/a-major-hollywood-screenwriter-self-censored-because-he-was-worried-about-angering-china/.

176. Ray Gustini, "'Red Dawn' Remake Digitally Removing Chinese Villains as We Speak," *Atlantic*, March 16, 2011, https://www.theatlantic.com/culture/archive/2011/03/chinese-didnt-even-mind-being-red-dawn-villains/348862; Amy Qin and Audrey Carlsen, "How China Is Rewriting Its Own Script," *New York Times*, November 18, 2018, https://www.nytimes.com/interactive/2018/11/18/world/asia/china-movies.html.

177. Shelby Rose and Jessie Yeung, "Tencent-Backed 'Top Gun' Cuts Taiwan Flag from Tom Cruise's Jacket," *CNN*, July 22, 2019, https://www.cnn.com/2019/07/22/media/top-gun-flags-intl-hnk/index.html.

178. "Razzies Awards: 'Fifty Shades of Grey,' 'Pixels' Among 'Worst Film' Nominees," *Reuters*, January 13, 2016, https://www.nbcnews.com/pop-culture/movies/razzies-awards-fifty-shades-grey-pixels-among-worst-film-nominees-n495586; Qin and Carlsen, "How China Is Rewriting Its Own Script."

179. Clare Baldwin and Kristina Cooke, "How Sony Sanitized Films to Please China's Censors," *Reuters*, July 24, 2015, https://news.yahoo.com/special-report-sony-sanitized-adam-sandler-movie-please-140607897--finance.html.

180. Bethany Allen-Ebrahimian, "China Is Censoring Hollywood's Imagination," *Axios*, September 1, 2020, https://www.axios.com/china-censor-hollywood-films-14d77229-b853-4e7a-8635-71191393615d.html; "Brad Pitt Back in China Nearly 20 Years After Reported Ban over Tibet Film," *Associated Press*, November 14, 2016, https://www.thestar.com/news/world/2016/11/14/brad-pitt-back-in-china-nearly-20-years-after-reported-ban-over-tibet-film.html; Rudie Obias, "10 Movies That Were Banned in China," *Mental Floss*, July 14, 2016, https://www.mentalfloss.com/article/83136/10-movies-were-banned-china.

181. Shirley Li, "How Hollywood Sold Out to China," *Atlantic*, September 10, 2021, https://www.theatlantic.com/culture/archive/2021/09/how-hollywood-sold-out-to-china/620021/; Patrick Brzeski, "China, the World's Second-Largest Film Market, Moves Beyond Hollywood," *Hollywood Reporter*, October 7, 2020, https://www.hollywoodreporter.com/news/general-news/china-the-worlds-second-largest-film-market-moves-beyond-hollywood-4072560/.

182. Qin and Carlsen, "How China Is Rewriting Its Own Script."

183. Allen-Ebrahimian, "China Is Censoring Hollywood's Imagination."

184. "Made in Hollywood, Censored by Beijing: The U.S. Film Industry and Chinese Government Influence," *PEN America*, August 2020, https://pen.org/report/made-in-hollywood-censored-by-beijing/.

185. "Abominable: A DreamWorks Movie, a Map, and a Huge Regional Row," *BBC*, October 18, 2019, https://www.bbc.com/news/world-asia-50093028.

186. Andy Wong, "It's a Smash Hit! Chinese Return Big-Time to Movie Theaters," *Associated Press*, February 26, 2021, https://apnews.com/article/movies-china-coronavirus-pandemic-beijing-e772c8fd5a83a573c7f4749f69d49133/.

187. Frank Pallotta, "What if China No Longer Needs Hollywood? That's Bad News for the Film Industry," *CNN*, January 28, 2021, https://www.cnn.com/2021/01/28/media/china-box-office-coronavirus/index.html.

188. Ibid.

189. Josh Ye, "China's Video Games Industry Racked Up US$10.4bn in Sales in Third Quarter as Boom Continues Post-Pandemic," *South China Morning Post*, November 16, 2020, https://www.scmp.com/tech/gear/article/3110052/chinas-video-games-industry-racked-us104bn-sales-third-quarter-boom.

190. Christopher Walker and Jessica Ludwig, *A Full-Spectrum Response to Sharp Power: The Vulnerabilities and Strengths of Open Societies* (Washington, DC: National Endowment for Democracy, 2021), 14.

191. Jonathan Easton, "Star Times Picks Up FA Cup in Sub-Saharan Africa," *Digital TV Europe*, January 3, 2020, https://www.digitaltveurope.com/2020/01/03/startimes-picks-up-fa-cup-in-sub-saharan-africa/.

192. Cook, "Beijing's Global Megaphone," 21.

193. Abu-Bakarr Jalloh, "China's Contentious Stake in Zambia's Broadcast Media," *Deutsche Welle*, July 5, 2019, https://www.dw.com/en/chinas-contentious-stake-in-zambias-broadcast-media/a-49492207.

194. Ibid.

195. Ray Mwareya, "Zimbabwe Drifts Toward Online Darkness," *Coda Story*, February 26, 2019, https://www.codastory.com/authoritarian-tech/zimbabwe-drifts-towards-online-darkness/.

196. "Thailand Tilts Towards Chinese-Style Internet Controls," *Bloomberg News*, April 15, 2019, https://www.bangkokpost.com/tech/1661912/thailand-tilts-towards-chinese-style-internet-controls.

197. Justin Sherman, "Vietnam's Internet Control: Following in China's Footsteps?," *Diplomat*, December 11, 2019, https://thediplomat.com/2019/12/vietnams-internet-control-following-in-chinas-footsteps/.

198. Rory Wallace, "Myanmar Junta Builds 'Walled Garden' of Internet Services," *Nikkei Asia*, April 28, 2021, https://asia.nikkei.com/Spotlight/Myanmar-Crisis/Myanmar-junta-builds-walled-garden-of-internet-services.

199. "Cambodia's New China-Style Internet Gateway Decried as Repression Tool," *Reuters*, February 18, 2021, https://www.reuters.com/article/us-cambodia-internet/cambodias-new-china-style-internet-gateway-decried-as-repression-tool-idUSKBN2AI140.

200. Sherman, "Vietnam's Internet Control."

201. Josh Chin, "The Internet, Divided Between the U.S. and China, Has Become a Battleground," *Wall Street Journal*, February 9, 2019, https://www.wsj.com/articles/the-internet-divided-between-the-u-s-and-china-has-become-a-battleground-11549688420.

202. David Gilbert, "Zimbabwe Is Trying to Build a China Style Surveillance State," *Vice*, December 1, 2019, https://www.vice.com/en/article/59n753/zimbabwe-is-trying-to-build-a-china-style-surveillance-state.

203. Aaron Maasho, "Ethiopia Signs $800 Million Mobile Network Deal with China's ZTE," *Reuters*, August 18, 2013, https://www.reuters.com/article/us-ethiopia-china-telecom/ethiopia-signs-800-million-mobile-network-deal-with-chinas-zte-idUSBRE97H0AZ20130818; Nick Bailey, "East African States Adopt China's Playbook on Internet Censorship," *Freedom House*, October 24, 2017, https://freedomhouse.org/article/east-african-states-adopt-chinas-playbook-internet-censorship.

204. Bailey, "East African States Adopt China's Playbook on Internet Censorship."

205. Adrian Shahbaz, Allie Funk, and Andrea Hackl, *User Privacy or Cyber Sovereignty? Assessing the Human Rights Implications of Data Localization* (Washington, DC: Freedom House, July 2020), https://freedomhouse.org/sites/default/files/2020-07/FINAL_Data_Localization_human_rights_07232020.pdf; Joey Shea, "Global Tech and Domestic Tactics: Egypt's Multifaceted Regime of Information Controls," *Tahrir Institute for Middle East Policy*, January 31, 2020, https://timep.org/commentary/analysis/global-tech-and-domestic-tactics-egypts-multifaceted-regime-of-information-controls/.

206. Shea, "Global Tech and Domestic Tactics."

207. "Tajikistan Turns to Chinese Model of Large-Scale Internet Censorship," *Reporters Without Borders*, November 15, 2018, https://rsf.org/en/news/tajikistan-turns-chinese-model-large-scale-internet-censorship.

208. 例如自由之家指出，2018年中國「侵害網路自由的情形又一次居於全世界之首」，也就是他們的網路比俄羅斯更不自由。見 Adrian Shahbaz, "Freedom on the Net 2018: The Rise of Digital Authoritarianism," *Freedom House*, October 2018, https://freedomhouse.org/sites/default/files/2020-02/10192018_FOTN_2018_Final_Booklet.pdf.

209. Mary Ilyushina, Nathan Hodge, and Hadas Gold, "Russa Rolls Out Its 'Sovereign Internet.' Is It Building a Digital Iron Curtain?," *CNN Business*, November 1, 2019, https://www.cnn.com/2019/11/01/tech/russia-internet-law/index.html.

210. Ibid.

211. "Chinese, Russian Cyber Watchdogs Meet in Moscow," *Reuters*, July 17, 2019, https://www.reuters.com/article/russia-china-internet/chinese-russian-cyber-watchdogs-meet-in-moscow-idUSL8N24I4RF.

212. Ibid.

213. Adam Segal, "When China Rules the Web," *Foreign Affairs* 97, no. 5 (September/October 2018), https://www.foreignaffairs.com/articles/china/2018-08-13/when-china-rules-web.

214. Eduard Saakashvili, "The Global Rise of Internet Sovereignty," *Coda Story*, March 21, 2019, https://www.codastory.com/authoritarian-tech/global-rise-internet-sovereignty/.

215. "How the Pandemic Strengthened the Chinese Communist Party," *Economist*, December 30, 2020, https://www.economist.com/china/2020/12/30/how-the-pandemic-strengthened-the-chinese-communist-party.

216. Iginio Gagliardone, *China, Africa and the Future of the Internet* (London: Zed Books, 2019), 125.

217. Ibid.

218. Segal, "When China Rules the Web."

219. Nadezhda Tsydenova and Tom Balmforth, "Russia and China to Sign Treaty on Combating Illegal Online Content," *Reuters*, October 8, 2019, https://www.reuters.com/article/us-russia-china-internet/russia-and-china-to-sign-treaty-on-combating-illegal-online-content-idUSKBN1WN1E7.

220. Franz-Stefan Gady, "The Wuzhen Summit and the Battle over Internet Governance," *Diplomat*, January 14, 2016, https://thediplomat.com/2016/01/the-wuzhen-summit-and-the-battle-over-internet-governance/.

221. Ibid.
　　＊朱国贤、霍小光、杨依军,〈习近平出席第二届世界互联网大会开幕式并发表主旨演讲〉,中共中央網絡安全和信息化委員會辦公室,2015/12/16,http://www.cac.gov.cn/2015-12/16/c_1117480642.htm。

222. Elliott Zaagman, "Cyber Sovereignty and the PRC's Vision for Global Internet Governance," *China Brief*, June 5, 2018, https://jamestown.org/program/cyber-sovereignty-and-the-prcs-vision-for-global-internet-governance/.

223. Justin Sherman, "How Much Cyber Sovereignty Is Too Much Cyber Sovereignty?," *Net Politics*, October 30, 2019, https://www.cfr.org/blog/how-much-cyber-sovereignty-too-much-cyber-sovereignty.

224. Courtney J. Fung and Shing-Hon Lam, "China Already Leads Four of Fifteen UN Specialized Agencies, and Is Aiming for a Fifth," *Washington Post*, March 3, 2020, https://www.washingtonpost.com/politics/2020/03/03/china-already-leads-4-15-un-specialized-agencies-is-aiming-5th/.

225. Segal, "When China Rules the Web."

226. Ibid.

227. Ibid.

228. Anna Gross and Madhumita Murgia, "China and Huawei Propose Reinvention of the Internet," *Financial Times*, March 27, 2020, https://www.ft.com/content/c78be2cf-a1a1-40b1-8ab7-904d7095e0f2.

229. Ibid.

230. Hanaa' Tameez, "Here's How COVID-19 Has Changed Media for Publishers and Consumers," *NiemanLab*, October 7, 2020, https://www.niemanlab.org/2020/10/heres-how-covid-19-has-changed-media-for-publishers-and-consumers/; "The Newspaper Industry Is Taking a Battering," *Economist*, April 18, 2020, https://www.economist.com/britain/2020/04/18/the-newspaper-industry-is-taking-a-battering.

231. Bley, "Charting China, the (Not Always) Super Power."

232. "The China Story: Reshaping the World's Media," *International Federation of Journalists*, June 25, 2020, https://issuu.com/ifjasiapacific/docs/2020_ifj_report_-_the_china_story.

233. Ibid.

234. Ibid.

235. Ibid.

CHAPTER 12 │ 一路向前：力抗中國控制資訊及施加影響力

1. 我於2022年在外交關係協會發表的論文包含了本章某些部分．"In the UN, China Uses Threats and Cajolery to Promote Its Worldview," *Economist*, December 7, 2019, https://www.economist.com/china/2019/12/07/in-the-un-china-uses-threats-and-cajolery-to-promote-its-worldview.

2. Lachlan Markey, "China Increases Foreign Influence Efforts on U.S. by 500 percent," *Axios*, May 10, 2021, https://www.axios.com/2021/05/11/china-foreign-influence-spending.

3. "Fact Sheet: CHIPS and Science Bill," White House press statement, August 9, 2022, https://www.whitehouse.gov/briefing-room/statements-releases/2022/08/09/fact-sheet-chips-and-science-act-will-lower-costs-create-jobs-strengthen-supply-chains-and-counter-china/.

4. "EU-China Relations—Towards a Fair and Reciprocal Partnership," *EPP Group*, March 10, 2021, https://www.eppgroup.eu/newsroom/publications/eu-china-relations-towards-a-fair-and-reciprocal-partnership.

5. Ibid.

6. Maria Repnikova, "Does China's Propaganda Work?," *New York Times*, April 16, 2020, https://www.nytimes.com/2020/04/16/opinion/china-coronavirus-propaganda.html.

7. "The Covid-19 Story: Unmasking China's Global Strategy," *International Federation of Journalists*, May 12, 2021, https://www.ifj.org/fileadmin/user_upload/IFJ_-_The_Covid_Story_Report.pdf.

8. 例如Christopher Walker and Jessica Ludwig, *A Full-Spectrum Response to Sharp Power: The Vulnerabilities and Strengths of Open Societies* (Washington, DC: National Endowment for

Democracy, 2021), 4.

9. 詳情參見Bethany Allen-Ebrahimian, "Senate Committee Prepares to Vote on Sweeping Bill to Counter China," *Axios*, April 13, 2021, https://www.axios.com/senate-china-bill-474f96f1-467b-4c02-ab6e-1084ca73b158.html.

10. 例如 "National Defense Authorization Act for Fiscal Year 2020: Conference Report," Section 5323 on the "Encouragement of Cooperative Actions to Detect and Counter Foreign Influence Operations," U.S. House of Representatives, https://docs.house.gov/billsthisweek/20191209/CRPT-116hrpt333. pdf. 引述者為 Steven Bradley, "Securing the United States from Online Disinformation—A Whole-of-Society Approach," *Carnegie Endowment for International Peace*, August 24, 2020, https://carnegieendowment.org/2020/08/24/securing-united-states-from-online-disinformation-whole-of-society-approach-pub-82549.

11. 針對這一點，我要感謝庫克及她對這些主題的研究。

12. 海軍分析中心做出了類似的結論；他們深入研究中國的新聞活動，相關報告列在「中國試圖塑造湄公河地區的新聞環境」（China's Efforts to Shape the Information Environment in the Mekong Region）的標題底下，位於https://www.cna.org/centers/cna/cip/information-environment。

13. "The Covid-19 Story."

14. Vanessa Molter and Renée DiResta, "Pandemics & Propaganda: How Chinese State Media Creates and Propagates CCP Coronavirus Narratives," *HKS Misinformation Review*, June 8, 2020, https://misinforeview.hks.harvard.edu/article/pandemics-propaganda-how-chinese-state-media-creates-and-propagates-ccp-coronavirus-narratives/.

15. Ibid.

16. Ibid.

17. Elizabeth Bachman, *Black and White and Red All Over: China's Improving Foreign-Directed Media* (Arlington, VA: CNA, 2020), 64.

＊华春莹，〈占据道义制高点 提升国际话语权〉，《学习时报》，2019/7/12，http://www.qstheory.cn/llwx/2019-07/12/c_1124745528.htm。

18. Brenda Goh and Michael Martina, "China to Recalibrate Belt and Road, Defend Scheme Against Criticism," *Reuters*, April 23, 2019, https://www.reuters.com/article/us-china-silkroad-forum/china-to-recalibrate-belt-and-road-defend-scheme-against-criticism-idUSKCN1S00AZ.

19. Anna Gelpern et al., "How China Lends: A Rare Look into 100 Debt Contracts with Foreign Governments," AidData report, March 31, 2021, https://www.aiddata.org/publications/how-china-lends.

＊華文版：〈中国放贷之道：对中国与外国政府间100份债务合同的罕见剖析〉，https://www.cgdev.org/sites/default/files/HowChinaLends_ZH-CN.pdf。

20. Ibid.

21. Nadège Rolland, "Beijing's Response to the Belt and Road Initiative's 'Pushback': A Story of Assessment and Adaptation," *Asian Affairs* 50, no. 2 (2019): 216–35, https://www.tandfonline.com/doi/full/10.1080/03068374.2019.1602385.

22. Adam Taylor, "Xi's Call for a 'Lovable' China May Not Tame the Wolf Warriors," *Washington Post*, June 3, 2021, https://www.washingtonpost.com/world/2021/06/03/china-wolf-warrior-reset/.

23. Ibid.

24. Matthew Lee and Mark Thiessen, "US, China Spar in First Face-to-Face Meeting Under Biden," *Associated Press*, March 18, 2021, https://apnews.com/article/donald-trump-alaska-antony-blinken-yang-jiechi-wang-yi-fc23cd2b23332fa8dd2d781bd3f7c178.

25. Eva O'Dea, "Chinese Language Media in Australia Increasingly Dominated by the PRC," *Interpreter*, January 18, 2016, https://www.lowyinstitute.org/the-interpreter/chinese-language-media-australia-increasingly-dominated-prc.

26. He Qinglian, *Red Infiltration: The Reality About China's Global Expansion in International Media* (Taiwan: Gusa Publishing, 2019).

　＊華文版：何清漣，《紅色滲透：中國媒體全球擴張的真相》，新北：八旗，2019。

27. 關於此項主題的更多建議，參見Jonas Parello-Plesner, "The Chinese Communist Party's Foreign Interference Operations: How the U.S. and Other Democracies Should Respond," *Hudson Institute*, June 20, 2018, 48, https://www.hudson.org/research/14409-the-chinese-communist-party-s-foreign-interference-operations-how-the-u-s-and-other-democracies-should-respond.

28. Larry Diamond and Orville Schell, eds., *China's Influence & American Interests: Promoting Constructive Vigilance* (Stanford, CA: Hoover Institution Press, 2019), 120, https://www.hoover.org/research/chinas-influence-american-interests-promoting-constructive-vigilance.

29. Christian C. Davis, et al., "Is Chinese Investment in the U.S. Film and Entertainment Industry the Next Area of CFIUS Scrutiny?," *AG Deal Diary*, September 29, 2016, https://www.akingump.com/en/experience/practices/corporate/ag-deal-diary/is-chinese-investment-in-the-u-s-film-and-entertainment-industry-2.html.

30. Stuart Lau and Jakob Hanke Vela, "EU Deal Cements China's Advantage in Media War," *Politico*, March 13, 2021, https://www.politico.eu/article/eu-trade-deal-china-media-war-industry-softpower/.

31. Sarah Cook, "China's Global Media Footprint: Democratic Responses to Expanding Authoritarian Influence," *National Endowment for Democracy*, February 2021, 10–11, https://www.ned.org/wp-content/uploads/2021/02/Chinas-Global-Media-Footprint-Democratic-Responses-to-Expanding-Authoritarian-Influence-Cook-Feb-2021.pdf.

32. "Reversing the Tide: Toward a New U.S. Strategy to Support Democracy and Counter Authoritarianism," *Freedom House, CSIS, and the McCain Institute*, April 2021, 21, https://freedomhouse.org/democracy-task-force/special-report/2021/reversing-the-tide.

33. Cook, "China's Global Media Footprint," 10–11.

34. "EU-China Relations."

35. Sarah Cook, "Beijing's Global Megaphone: The Expansion of Chinese Communist Party Media Influence Since 2017," *Freedom House*, January 2020, https://freedomhouse.org/report/special-reports/beijings-global-megaphone-china-communist-party-media-influence-abroad.

36. Cook, "China's Global Media Footprint," 10–11.

37. Jessica Chen Weiss, "Does China Actively Promote Its Way of Governing—and Do Other Countries Listen?," *Washington Post*, July 14, 2021, https://www.washingtonpost.com/politics/2021/07/14/does-china-actively-promote-its-way-governing-do-other-countries-listen/.

38. Cook, "Beijing's Global Megaphone."

39. Ibid.

40. Christopher Wray, "The Threat Posed by the Chinese Government and the Chinese Communist Party to the Economic and National Security of the United States," Remarks to Hudson Institute, July 7, 2020, https://www.fbi.gov/news/speeches/the-threat-posed-by-the-chinese-government-and-the-chinese-communist-party-to-the-economic-and-national-security-of-the-united-states.

41. Ibid.

42. Steve Lohr, "U.S. Moves to Ban Huawei from Government Contracts," *New York Times*, August 7, 2019, https://www.nytimes.com/2019/08/07/business/huawei-us-ban.html.

43. Adam Satariano, Stephen Castle, and David E. Sanger, "U.K. Bars Huawei for 5G as Tech Battle Between China and the West Escalates," *New York Times*, July 14, 2020, https://www.nytimes.com/2020/07/14/business/huawei-uk-5g.html.

44. Cheng Ting-Fang and Lauly Li, "Huawei Enlists Army of European Talent for 'Battle' with US," *Nikkei Asia*, July 2, 2021, https://asia.nikkei.com/Business/Business-Spotlight/Huawei-enlists-army-of-European-talent-for-battle-with-US.

45. Ibid.

46. Ibid.

47. Makena Kelly, "Biden Revokes and Replaces Trump Orders Banning TikTok and WeChat," *Verge*, June 9, 2021, https://www.theverge.com/2021/6/9/22525953/biden-tiktok-wechat-trump-bans-revoked-alipay.

48. Philip Mai, "Trump's Attempts to Ban TikTok and Other Chinese Tech Undermine Global Democracy," *Conversation*, August 11, 2020, https://theconversation.com/trumps-attempts-to-ban-tiktok-and-other-chinese-tech-undermine-global-democracy-144144.

49. Maria Abi-Habib, "India Bans Nearly 60 Chinese Apps, Including TikTok and WeChat," *New York Times*, June 29, 2020, https://www.nytimes.com/2020/06/29/world/asia/tik-tok-banned-india-china.html; Manish Singh, "India Bans TikTok, Dozens of Other Chinese Apps," *TechCrunch*, June 29, 2020, https://techcrunch.com/2020/06/29/india-bans-tiktok-dozens-of-other-chinese-apps/.

50. "The New Big Brother: China and Digital Authoritarianism," Democratic Staff Report Prepared for the Use of the Committee on Foreign Relations, United States Senate, July 21, 2020, 28, https://www.foreign.senate.gov/imo/media/doc/2020%20SFRC%20Minority%20Staff%20Report%20-%20The%20New%20Big%20Brother%20-%20China%20and%20Digital%20Authoritarianism.pdf.

51. Ting-Fang and Li, "Huawei Enlists Army of European Talent for 'Battle' with US."

52. Andrea Kendall-Taylor, "Mendacious Mixture: The Growing Convergence of Russian and Chinese Information Operations," in Dean Jackson, ed., "COVID-19 and the Information Space: Boosting the Democratic Response," *National Endowment for Democracy*, January 2021, 23, https://www.ned.org/wp-content/uploads/2021/01/Global-Insights-COVID-19-Information-Space-Boosting-Democratic-Response-1.pdf.

53. Ibid.

54. "Freedom on the Net 2018: The Rise of Digital Authoritarianism," *Freedom House*, October 2018, 10–11, https://freedomhouse.org/sites/default/files/FOTN_2018_Final.pdf.

55. Laurens Cerulus and Mark Scott, "Emmanuel Macron's 'Arms Control' Deal for Cyber Warfare," *Politico*, November 12, 2018, https://www.politico.eu/article/macron-unites-europe-business-to-fight-cyber-foes/.

56. "Freedom on the Net 2019: The Crisis of Social Media," *Freedom House*, November 2019, https://www.freedomonthenet.org/sites/default/files/2019-11/11042019_Report_FH_FOTN_2019_final_Public_Download.pdf.

57. Ibid.

58. 作者訪談新加坡官員，2019 年 5 月；Kristine Lee and Karina Barbesino, "Challenging China's Bid for App Dominance," *Center for a New American Security*, January 22, 2020, https://www.cnas.org/publications/commentary/challenging-chinas-bid-for-app-dominance; Kara Frederick, "The New War of Ideas," *Center for a New American Security*, June 3, 2019, https://www.cnas.org/publications/reports/the-new-war-of-ideas.

59. 感謝「新美國安全中心」報告裡面的各項出色建議，針對中國假新聞的相關資料庫應如何擴充，他們提供了極富建設性的想法，雖然，閱讀該篇報告以前，我已與不同政府機構的朋友談論到對社群媒體可以施加這些壓力。見 Lee and Barbesino, "Challenging China's Bid for App Dominance."

60. Michael Kan, "Twitter Bans State-Sponsored Media Ads over Hong Kong Propaganda," *PC Mag*, August 19, 2019, https://www.pcmag.com/news/twitter-bans-state-sponsored-media-ads-over-hong-kong-propaganda.

61. Kate Conger, "Twitter Will Ban All Political Ads, C.E.O. Jack Dorsey Says," *New York Times*, October 30, 2019, https://www.nytimes.com/2019/10/30/technology/twitter-political-ads-ban.html; Lauren Feiner, "Twitter to Flag Abusive Tweets by World Leaders in Move That Could Impact Trump," *CNBC*, June 27, 2019, https://www.cnbc.com/2019/06/27/twitter-says-it-will-start-labeling-tweets-from-influential-government-officials-who-break-its-rules.html; Bethany Dawson, "More Than a Third of Trump's Tweets Have Been Flagged for Disinformation Since Election Day," *Independent*, November 7, 2020, https://www.independent.co.uk/news/world/americas/us-election-2020/trump-tweet-misinfor mation-twitter-b1672933.html.

62. 例如以下媒體的推特帳號：新華社（@XHNews）、中國日報（@ChinaDaily）、人民日報（@PDChina）、環球時報（@globaltimesnews）、RT（@RT_com）、塔斯社（@tassagency_en）、衛星通訊社（@SputnikInt），取用日期為 2021 年 11 月 22 日。

63. Sara Fischer, "Facebook to Block Ads from State-Controlled Media Entities in the U.S.," *Axios*, June 4, 2020, https://www.axios.com/facebook-advertising-state-media-c8ab022b-c256-4523-8c9b-196fd24ce452.html.

64. Ibid.

65. Eliza Mackintosh, "Finland Is Winning the War on Fake News.What It's Learned May Be Crucial to Western Democracy," *CNN*, May 2019, https://edition.cnn.com/interactive/2019/05/europe/finland-fake-news-intl/.

66. University of Turku, "Finnish School Students Outperform U.S. Students on 'Fake News' Digital Literacy Tasks," *ScienceDaily*, May 2, 2019, https://www.sciencedaily.com/releases/2019/05/190502104824.htm.

67. Daniel Kliman et al., "Dangerous Synergies: Countering Chinese and Russian Digital Influence Operations," *Center for a New American Security*, May 7, 2020, 2, https://www.cnas.org/publications/reports/dangerous-synergies; Aaron Huang, "Chinese Disinformation Is Ascendant. Taiwan Shows How We Can Defeat It," *Washington Post*, August 10, 2020, https://www.washingtonpost.com/

opinions/2020/08/10/chinese-disinformation-is-ascendant-taiwan-shows-how-we-can-defeat-it/.

68. Huang, "Chinese Disinformation Is Ascendant."

69. Natasha Lomas, "TikTok Joins the EU's Code of Practice on Disinformation," *TechCrunch*, June 22, 2020, https://techcrunch.com/2020/06/22/tiktok-joins-the-eus-code-of-practice-on-disinformation/.

70. Zak Doffman, "TikTok 'Is Getting Facial Recognition' for China, Trump Official Warns Americans," *Forbes*, July 15, 2020, https://www.forbes.com/sites/zakdoffman/2020/07/15/tiktok-trump-warning-facial-recognition-data-sends-china-ban/?sh=2b7b53a92dea.

71. Ibid.

72. Aynne Kokas, "China Already Has Your Data. Trump's TikTok and WeChat Bans Can't Stop That," *Washington Post*, August 11, 2020, https://www.washingtonpost.com/outlook/2020/08/11/tiktok-wechat-bans-ineffective/.

73. Mai, "Trump's Attempts to Ban TikTok and Other Chinese Tech Undermine Global Democracy."

74. Kokas, "China Already Has Your Data."

75. Shelly Banjo, Kartikay Mehrotra, and William Turton, "TikTok's Huge Data Harvesting Prompts U.S. Security Concerns," *Bloomberg*, July 15, 2020, https://www.bloomberg.com/news/articles/2020-07-14/tiktok-s-massive-data-harvesting-prompts-u-s-security-concerns.

76. "National Security Legislation Amendment (Espionage and Foreign Interference) Act 2018," Government of Australia, No. 67, 2018, https://www.legislation.gov.au/Details/C2018A00067.

77. "National Security Legislation Amendment (Espionage and Foreign Interference) Bill 2019," Parliament of Australia, https://parlinfo.aph.gov.au/parlInfo/search/display/display.w3p;query=Id:%22legislation/billhome/r6022%22; "Foreign Influence Transparency Scheme Bill 2018," Parliament of Australia, https://parlinfo.aph.gov.au/parlInfo/search/display/display.w3p;query=Id:%22legislation/billhome/r6018%22; "Electoral Legislation Amendment (Electoral Funding and Disclosure Reform) Bill 2018," Parliament of Australia, https://www.aph.gov.au/Parliamentar y_Business/Bills_Legislation/Bills_Search_Results/Result?bId=s1117; Evelyn Douek, "What's in Australia's New Laws on Foreign Interference in Domestic Politics," *Lawfare*, July 11, 2018, https://www.lawfareblog.com/whats-australias-new-laws-foreign-interference-domestic-politics.

78. Douek, "What's in Australia's New Laws on Foreign Interference in Domestic Politics"; Damien Cave and Jacqueline Williams, "Australian Law Targets Foreign Interference. China Is Not Pleased," *New York Times*, June 28, 2018, https://www.nytimes.com/2018/06/28/world/australia/australia-security-laws-foreign-interference.html.

79. 感謝沃克針對此點的討論。

80. 進一步的情況，參見 Walker and Ludwig, *A Full-Spectrum Response to Sharp Power*.

81. 這些建議擷取自 Diamond and Schell, "Chinese Influence and American Interests."

82. Republican Study Committee's Task Force on National Security and Foreign Affairs, "The RSC National Security Strategy: Strengthening America & Countering Global Threats," House Republican Study Committee, June 2020, https://rsc-johnson.house.gov/sites/republicanstudycommittee.house.gov/files/%5BFINAL%5D%20NSTF%20Report.pdf. 然而，民主黨的領導層也對中國提出了類似的論點。

83. 可參見 "Foreign Authors Warned About Book Censorship in China," *Guardian*, May 20, 2015,

https://www.theguardian.com/world/2015/may/21/foreign-authors-warned-about-book-censorship-in-china.

84. Naima Green-Riley, "The State Department Labeled China's Confucius Programs a Bad Influence on U.S. Students. What's the Story?," *Washington Post*, August 25, 2020, https://www.washingtonpost.com/politics/2020/08/24/state-department-labeled-chinas-confucius-programs-bad-influence-us-students-whats-story/.

85. Alex Joske, "The Party Speaks for You," *Australian Strategic Policy Institute*, June 9, 2020, https://www.aspi.org.au/report/party-speaks-you.

86. Laura Krantz, "Seth Moulton Rips Chinese Institute, Wants It Off College Campuses," *Boston Globe*, March 9, 2018, https://www3.bostonglobe.com/metro/2018/03/09/moulton-wants-local-colleges-cut-ties-with-chinese-institute/2l5Y9Oa1WgG3SuapqGCaNP/story.html?arc404=true.

87. "'Confucius Institute U.S. Center' Designation as a Foreign Mission," *United States Department of State*, August 13, 2020, https://2017-2021.state.gov/confucius-institute-u-s-center-designation-as-a-foreign-mission/index.html.

88. 可參見 "The White House Kicks Out Journalists Working for China's State Media," *Economist*, March 7, 2020, https://www.economist.com/united-states/2020/03/07/the-white-house-kicks-out-journalists-working-for-chinas-state-media; Yelena Dzhanova, "White House Places Cap on Chinese State Media Employees in US Following Expulsion of WSJ Reporters," *CNBC*, March 2, 2020, https://www.cnbc.com/2020/03/02/white-house-reduces-chinese-state-owned-media-personnel-in-us.html.

89. Ben Smith, "The U.S. Tried to Teach China a Lesson About the Media. It Backfired," *New York Times*, April 19, 2020, https://www.nytimes.com/2020/04/19/business/media/coronavirus-us-china-journalists.html.

90. Edward Wong, "China Freezes Credentials for Journalists at U.S. Outlets, Hinting at Expulsions," *New York Times*, September 6, 2020, https://www.nytimes.com/2020/09/06/us/politics/china-us-journalists-visas-expulsions.html.

91. Smith, "The U.S. Tried to Teach China a Lesson About the Media."

92. Ibid.

93. John Pomfret, "To Cool Off U.S.-China Tensions, Let's Start with a Truce on Media Access," *Washington Post*, July 10, 2020, https://www.washingtonpost.com/opinions/2020/07/10/cool-off-us-china-tensions-lets-start-with-truce-media-access/.

94. 可參見 Laura Silver, Kat Devlin, and Christine Huang, "Unfavorable Views of China Reach Historic Highs in Many Countries," *Pew Research Center*, October 6, 2020, https://www.pewresearch.org/global/2020/10/06/unfavorable-views-of-china-reach-historic-highs-in-many-countries/.

95. Laura He, "China's Economy Just Shrank for the First Time in Decades. It Could Still Eke Out Growth This Year," *CNN Business*, April 17, 2020, https://www.cnn.com/2020/04/16/economy/china-economy-gdp/index.html.

96. Keith Bradsher, "With COVID-19 Under Control, China's Economy Surges Ahead," *New York Times*, October 18, 2020, https://www.nytimes.com/2020/10/18/business/china-economy-covid.html.

97. Jude Blanchette, "Xi's Gamble: The Race to Consolidate Power and Stave Off Disaster," *Foreign Affairs*, July/August 2021, https://www.foreignaffairs.com/articles/china/2021-06-22/xis-gamble. See

also Yuen Yuen Ang, "The Robber Barons of Beijing: Can China Survive Its Gilded Age?," *Foreign Affairs*, July/August 2021, https://www.foreignaffairs.com/articles/asia/2021-06-22/robber-barons-beijing.

98. Elizabeth Economy, "China's Inconvenient Truth: Official Triumphalism Conceals Societal Fragmentation," *Foreign Affairs*, May 28, 2021, https://www.foreignaffairs.com/articles/china/2021-05-28/chinas-inconvenient-truth.

99. Blanchette, "Xi's Gamble."

100. Ibid.

101. Economy, "China's Inconvenient Truth."

102. Ibid.

103. 可參見 "NextGenerationEU: European Commission Disburses €289 Million in Pre-Financing to Lithuania," European Commission, August 17, 2021, https://ec.europa.eu/commission/presscorner/detail/en/ip_21_4224. 此節部分改寫自我即將在外交關係協會發表的論文。

104. Nithin Coca, "Japan Shifts Toward Clean Energy in Southeast Asia as China Stokes Up Coal," *Radio Free Asia*, June 24, 2021, https://www.rfa.org/english/news/vietnam/japan-china-energy-06242021091320.html.

105. "Biden to Announce up to $102 Mln in Funding for U.S.-ASEAN partnership," *Reuters*, October 26, 2021, https://www.reuters.com/world/biden-announce-up-102-mln-funding-us-asean-partnership-2021-10-26/.

106. 進一步的說明參見 Howard W. French, "Leave Infrastructure to China and Compete Where the West Has More to Offer," *World Politics Review*, June 16, 2021, https://www.worldpoliticsreview.com/articles/29735/in-china-us-competition-focus-on-america-s-strengths.

107. Kathryn Watson, "Biden and G-7 Leaders to Commit to Donating 1 Billion COVID-19 Vaccines," *CBS News*, June 13, 2021, https://www.cbsnews.com/news/covid-vaccine-biden-g7-leaders-billion-doses/.

108. Elizabeth Piper and Kate Holton, "'We Need More': UN Joins Criticism of G7 Vaccine Pledge," *Reuters*, June 12, 2021, https://www.reuters.com/business/healthcare-pharmaceuticals/g7-donate-1-billion-covid-19-vaccine-doses-poorer-countries-2021-06-10/.

109. Ibid.

110. 感謝 James Lindsay 提出這一點。

111. 改寫自我即將在外交關係協會發表的論文。

112. 可參見 Donald Moynihan and Gregory Porumbescu, "Trump's 'Chinese Virus' Slur Makes Some People Blame Chinese Americans. But Others Blame Trump," *Washington Post*, September 16, 2020, https://www.washingtonpost.com/politics/2020/09/16/trumps-chinese-virus-slur-makes-some-people-blame-chinese-americans-others-blame-trump/.

113. "Reports of Anti-Asian Assaults, Harassment and Hate Crimes Rise as Coronavirus Spreads," *ADL*, June 18, 2020, https://www.adl.org/blog/reports-of-anti-asian-assaults-harassment-and-hate-crimes-rise-as-coronavirus-spreads.

114. Ben Kesling and Jon Emont, "U.S. Goes on the Offensive Against China's Empire-Building Funding Plan," *Wall Street Journal*, April 9, 2019, https://www.wsj.com/articles/u-s-goes-on-the-offensive-against-chinas-empire-building-megaplan-11554809402.

115. John Eggerton, "White House Seeks 'Significant' Cuts to International Broadcasting," *Broadcasting and Cable*, March 18, 2019, https://www.nexttv.com/news/white-house-seeks-significant-cuts-to-international-broadcasting; "House to Consider Domestic Priorities and International Assistance Appropriations Minibus This Week," House Committee on Appropriations, December 16, 2019, https://appropriations.house.gov/news/press-releases/house-to-consider-domestic-priorities-and-international-assistance.

116. Elizabeth Williamson, "White House Mounts Heated Attack on a U.S. Government Media Voice," *New York Times*, April 10, 2020, https://www.nytimes.com/2020/04/10/us/politics/white-house-voice-of-america.html.

117. Ibid.

118. "A Statement from VOA Director Amanda Bennett," *Voice of America*, April 10, 2020, https://www.insidevoa.com/a/a-statement-from-voa-director-amanda-bennett-/5367327.html.

119. David Folkenflik, "Citing a Breached 'Firewall,' Media Leaders Sue U.S. Official Over Firings," *NPR*, June 24, 2020, https://www.npr.org/2020/06/24/882654831/citing-a-breached-firewall-media-leaders-sue-u-s-official-over-firings.

120. Paul Farhi, "Controversial Head of Voice of America Resigns Hours After President Biden Takes Office," *Washington Post*, January 20, 2021, https://www.washingtonpost.com/lifestyle/media/michael-pack-resigns-voice-of-america-biden/2021/01/20/6e2a745c-5b53-11eb-b8bd-ee36b1cd18bf_story.html.

121. Ibid.

122. Ibid.

123. David Folkenflik, "Voice of America CEO Accused of Fraud, Misuse of Office All in One Week," *NPR*, January 8, 2021, https://www.npr.org/2021/01/08/953999556/voice-of-america-ceo-accused-of-fraud-misuse-of-office-all-in-one-week.

124. "Pack Expands Purge at U.S. Global News Agency," *Voice of America*, August 14, 2020, https://www.voanews.com/usa/pack-expands-purge-us-global-news-agency; David Folkenflik, "VOA White House Reporter Investigated for Anti-Trump Bias by Political Appointees," *NPR*, October 4, 2020, https://www.npr.org/2020/10/04/919266194/political-aides-investigate-voa-white-house-reporter-for-anti-trump-bias.

125. Folkenflik, "Voice of America CEO Accused of Fraud, Misuse of Office All in One Week."

126. "AG Racine Sues Public Media Lab and Manifold Productions for Funneling over $4 Million in Nonprofit Funds to Michael Pack," Office of the Attorney General for the District of Columbia, January 5, 2021, https://oag.dc.gov/release/ag-racine-sues-public-media-lab-and-manifold.

127. Spencer S. Hsu, "Lawmakers Warn New Purge at U.S. Agency for Global Media Undermines Anti-Censorship Efforts," *Washington Post*, August 14, 2020, https://www.washingtonpost.com/local/legal-issues/lawmakers-warn-new-purge-at-us-agency-for-global-media-undermines-anti-censorship-effor ts/2020/08/14/0133e388-dcc8-11ea-b205-ff838e15a9a6_story.html; Jessica Jerreat, "USAGM Officials Breached Firewall, Committee Chair Says," *Voice of America*, October 6, 2020, https://www.voanews.com/usa/usagm-officials-breached-firewall-committee-chair-says.

128. Ilan Berman, "Trump Puts U.S. Public Diplomacy on Notice," *National Interest*, April 17, 2020, https://nationalinterest.org/feature/trump-puts-us-public-diplomacy-notice-145532.

129. Folkenflik, "Voice of America CEO Accused of Fraud, Misuse of Office All in One Week."

130. Farhi, "Controversial Head of Voice of America Resigns Hours After President Biden Takes Office"; "Bay Fang Resumes Role as President of Radio Free Asia," *Radio Free Asia*, January 24, 2021, https://www.rfa.org/about/releases/bay-fang-resumes-role-as-president-of-radio-free-asia.

131. Berman, "Trump Puts U.S. Public Diplomacy on Notice."

132. Ibid.

133. Hsu, "Lawmakers Warn New Purge at U.S. Agency for Global Media Undermines Anti-Censorship Efforts."

134. Permanent Subcommittee on Investigations Staff Report, "China's Impact on the U.S. Education System," 89, https://www.hsgac.senate.gov/imo/media/doc/PSI%20Report%20China's%20Impact%20on%20the%20US%20Education%20System.pdf.

135. Richard Wike et al., "U.S. Image Suffers as Publics Around World Question Trump's Leadership," *Pew Research Center*, June 26, 2017, https://www.pewresearch.org/global/2017/06/26/u-s-image-suffers-as-publics-around-world-question-trumps-leadership/.

136. Richard Wike et al., "Trump's International Ratings Remain Low, Especially Among Key Allies," *Pew Research Center*, October 1, 2018, https://www.pewresearch.org/global/2018/10/01/trumps-international-ratings-remain-low-especially-among-key-allies/; Richard Wike et al., "Trump Ratings Remain Low Around Globe, While Views of U.S. Stay Mostly Favorable," *Pew Research Center*, January 8, 2020, https://www.pewresearch.org/global/2020/01/08/trump-ratings-remain-low-around-globe-while-views-of-u-s-stay-mostly-favorable/.Richard Wike et al., "America's Image Abroad Rebounds with Transition from Trump to Biden," *Pew Research Center*, June 10, 2021, https://www.pewresearch.org/global/2021/06/10/americas-image-abroad-rebounds-with-transition-from-trump-to-biden/.

137. Alistair Walsh, "Berlin Sees Fresh Black Lives Matter Protest," *Deutsche Welle*, June 27, 2020, https://www.dw.com/en/berlin-sees-fresh-black-lives-matter-protest/a-53964903; Rick Rycroft, "Thousands Gather for Black Lives Matter Rallies in Australia," *Associated Press*, June 13, 2020, https://apnews.com/article/dd4110016eec5681417b0d0df152aa4b.

138. Peter Hessler, "The Peace Corps Breaks Ties with China," *New Yorker*, March 9, 2020, https://www.newyorker.com/magazine/2020/03/16/the-peace-corps-breaks-ties-with-china; Eleanor Albert, "The Cost of Ending Fulbright in China," *Diplomat*, July 22, 2020, https://thediplomat.com/2020/07/the-cost-of-ending-fulbright-in-china/.

139. Gardiner Harris, "A Shift from 'Soft Power' Diplomacy in Cuts to the State Dept.," *New York Times*, March 16, 2017, https://www.nytimes.com/2017/03/16/us/politics/trump-budget-cuts-state-department.html; Arshad Mohammed, "Trump Plans 28 Percent Cut in Budget for Diplomacy, Foreign Aid," *Reuters*, March 16, 2017, https://www.reuters.com/article/us-usa-trump-budget-state/trump-plans-28-percent-cut-in-budget-for-diplomacy-foreign-aid-idUSKBN16N0DQ; Edward Wong, "U.S. Orders Freeze of Foreign Aid, Bypassing Congress," *New York Times*, August 7, 2019, https://www.nytimes.com/2019/08/07/us/politics/foreign-aid-freeze-congress.html.

140. "2019 Comprehensive Annual Report on Public Diplomacy and International Broadcasting: Focus on FY2018 Budget Data," U.S. Advisory Commission on Public Diplomacy, U.S. Department of State, December 31, 2019, https://www.state.gov/2019-comprehensive-annual-report-on-public-

diplomacy-and-international-broadcasting/.

141. Ibid.

142. 關於越南傅爾布萊特大學，見 "IV. Strengthening American Diplomacy," in Ely Ratner et al., "Rising to the China Challenge: Renewing American Competitiveness in the Indo-Pacific," *Center for a New American Security*, December 2019, https://www.cnas.org/publications/reports/rising-to-the-china-challenge.

143. Kristine Lee, "How China and the U.S. Are Competing for Young Minds in Southeast Asia," *World Politics Review*, February 8, 2019, https://www.worldpoliticsreview.com/articles/27394/how-china-and-the-u-s-are-competing-for-young-minds-in-southeast-asia.

144. "IV. Strengthening American Diplomacy."

145. "2019 Comprehensive Annual Report on Public Diplomacy and International Broadcasting: Focus on FY2018 Budget Data," U.S. Advisory Commission on Public Diplomacy, U.S. Department of State, December 31, 2019, https://www.state.gov/2019-comprehensive-annual-report-on-public-diplomacy-and-international-broadcasting/.

146. "Young Southeast Asian Leaders Initiative," *U.S. Embassy and Consulates in Indonesia*, https://id.usembassy.gov/education-culture/yseali/.

147. 可參見 Raymond G. Lahoud, "Are U.S. Immigration Laws Causing International Students to Enroll Elsewhere?," *National Law Review*, November 4, 2021, https://www.natlawreview.com/article/are-us-immigration-laws-causing-international-students-to-enroll-elsewhere.

148. Samantha Custer et al., "Influencing the Narrative: How the Chinese Government Mobilizes Students and Media to Burnish Its Image," *AidData*, December 2019, 27–28, http://docs.aiddata.org/ad4/pdfs/Influencing_the_Narrative_Report.pdf.

149. Edward Wong and Julian E. Barnes, "U.S. to Expel Chinese Graduate Students with Ties to China's Military Schools," *New York Times*, May 28, 2020, https://www.nytimes.com/2020/05/28/us/politics/china-hong-kong-trump-student-visas.html; "UK to Exclude Chinese Students from Sensitive Subjects—Times," *Reuters*, October 1, 2020, https://www.reuters.com/article/uk-britain-china-students/uk-to-exclude-chinese-students-from-sensitive-subjects-times-idUSKBN26M5YY; Anju Agnihotri Chaba, "Explained: Why Canada Has Recently Been Denying Visas to Several Students," *Indian Express*, August 18, 2021, https://indianexpress.com/article/explained/explained-why-has-canada-been-denying-visas-to-several-students-recently-7440939/.

150. 感謝易明就此提供的指導。

151. Emily Feng, "As U.S. Revokes Chinese Students' Visas, Concerns Rise About Loss of Research Talent," *NPR*, September 23, 2020, https://www.npr.org/2020/09/23/915939365/critics-question-u-s-decision-to-revoke-chinese-students-visas.

152. 進一步的說明參見 Walker and Ludwig, *A Full-Spectrum Response to Sharp Power*, 4–5.

153. Nicole Gaouette, "Biden Says US Faces Battle to 'Prove Democracy Works,'" *CNN*, March 26, 2021, https://www.cnn.com/2021/03/25/politics/biden-autocracies-versus-democracies/index.html.

154. "Millennials Across the Rich World Are Failing to Vote," *Economist*, February 4, 2017, https://www.economist.com/international/2017/02/04/millennials-across-the-rich-world-are-failing-to-vote.

155. "Countries and Territories: Global Freedom Scores," *Freedom House*, https://freedomhouse.org/countries/freedom-world/scores?sort=desc&order=Total%20Score%20and%20Status; "United

States," in "Freedom in the World 2017," *Freedom House*, https://freedomhouse.org/country/united-states/freedom-world/2017; "United States" and "Total Score and Status Rankings," in "Freedom in the World 2021," *Freedom House*, https://freedomhouse.org/countries/freedom-world/scores

156. "Democracy Index 2021: The China Challenge," *Economist Intelligence Unit*, February 2022.

157. Brian Klaas, "Opinion: The World Is Horrified by the Dysfunction of American Democracy," *Washington Post*, June 11, 2021, https://www.washingtonpost.com/opinions/2021/06/11/pew-research-global-opinion-us-democracy/; "America's Image Abroad Rebounds with Transition from Trump to Biden: But Many Raise Concerns About Health of U.S. Political System," *Pew Research Center*, June 10, 2021, https://www.pewresearch.org/global/2021/06/10/americas-image-abroad-rebounds-with-transition-from-trump-to-biden/.

158. Javier C. Hernández, "As Protests Engulf the United States, China Revels in the Unrest," *New York Times*, June 2, 2020, https://www.nytimes.com/2020/06/02/world/asia/china-george-floyd.html; Helen Davidson, "'Mr. President, Don't Go Hide': China Goads U.S. over George Floyd Protests," *Guardian*, May 31, 2020, https://www.theguardian.com/us-news/2020/jun/01/mr-president-dont-go-hide-china-goads-us-over-george-floyd-protests; Zhaoyin Feng, "George Floyd Death: China Takes a Victory Lap over U.S. Protests," *BBC*, June 5, 2020, https://www.bbc.com/news/world-us-canada-52912241.

譯名對照

《每日郵報》（英國）*Daily Mail*

《每日新聞》（日本）*Mainichi Shimbun*

《每日詢問報》（菲律賓）*Daily Inquirer*

《每日電訊報》（英國）*Daily Telegraph*

《亞洲守望》（香港）*Asia Sentinel*

尚比亞國家廣播公司（尚比亞）ZNBC

旺旺集團（台灣）Want Want China Holdings

《明報》（香港）*Ming Pao*

東協財經台（泰國）ASEAN Econ

東協商業台（泰國）ASEAN Commerce

法國TV5電視台（法國）TV5 Monde Asie

法新社（法國）Agence France-Presse

波蘭新聞社（波蘭）Polish News Agency

肯亞國營廣播電視台（肯亞）KBC

《芝加哥論壇報》（美國）*Chicago Tribune*

《金融時報》（英國）*Financial Times*

阿里郎電視台（韓國）Arirang TV

《南方周末》（中國）*Southern Weekend*

南方報業傳媒集團（中國）Nanfang Media Group

《南華早報》（香港）*South China Morning Post*

《星洲日報》（馬來西亞）*Sin Chew Daily*

《星島日報》（香港）*Sing Tao*

《星暹日報》（泰國）*Sing Sian Yer Pao*

《柬埔寨日報》（柬埔寨）*Cambodia Daily*

《洛杉磯時報》（美國）*Los Angeles Times*

《看中國》*Vision China Times*

美洲集團（阿根廷）Grupo America

美國之音（美國）Voice of America

美國全國公共電台（美國）National Public Radio

美聯社（美國）Associated Press

《英中時報》（英國）*UK-Chinese Times*

《時代報》（澳洲）*the Age*

《泰華網》（泰國）*ThaiCN*

《泰詢問者》（泰國）*Thai Enquirer*

《紐西蘭先驅報》（紐西蘭）*New Zealand Herald*

《紐約客》（美國）*New Yorker*

《紐約時報》（美國）*New York Times*

《財新周刊》（中國）*Caixin*

《商業標準報》（印度）*Business Standard*

國家媒體集團（肯亞）National Media Group

國家廣播電視台（泰國）NBT

《爽報》（港、台）*Sharp Daily*

第三頻道（泰國）Channel 3

《雪梨晨鋒報》（澳洲）*Sydney Morning Herald*

《彭博新聞》（美國）*Bloomberg News*

《華盛頓郵報》（美國）*Washington Post*

《華爾街日報》（美國）*Wall Street Journal*

菲律賓通訊社（菲律賓）Philippine News Agency

《陽光時務》（香港）*iSun Affairs*

《雅加達郵報》（印尼）*Jakarta Post*

雅典通訊社（希臘）Athens News Agency

微信（中國）WeChat

微博（中國）Weibo

《新共和》（美國）*New Republic*

新唐人電視台（美國）New Tang Dynasty Television, NTDTV

新華社（中國）Xinhua

新聞集團（美國）News Corporation

《新頭殼》（台灣）*NewTalk*

《溫哥華星報》（加拿大）*Star Vancouver*

當今大馬（馬來西亞）Malaysiakini

《經理人報》（泰國）*Manager Online*

《經濟學人》（英國）*Economist*

義大利全國報業聯合社（義大利）ANSA

義大利國家公共廣播電台（義大利）RAI

萬華媒體集團（香港）One Media

路透社（英國）Reuters

《對話》（中國環球電視網節目）*Dialogue*

鳳凰衛視（香港）Phoenix Television

寮國軍方電視台第七台（寮國）Lao Army Television Channel 7

德意志新聞社（德國）Deutsche Presse-Agentur

《澎湃新聞》（中國）*The Paper*

衛星通訊社（俄羅斯）Sputnik News

《衛報》（英國）*Guardian*

《學習時報》（中國）*Study Times*

《澳洲金融評論報》（澳洲）*Australian Financial Review*

《澳洲新快報》（澳洲）*Australia New Express Daily*

澳洲廣播公司（澳洲）Australian Broadcasting Corporation

獨立媒體公司（南非）Independent Media

《獨立線上》（南非）*Independent Online, IOL*

《環球時報》（中國）*Global Times*

環球凱歌國際傳媒集團（中國國際廣播電台子公司）Global CAMG Media Group

《環球華報》（加拿大）*Global Chinese Press*

《鮮新聞》（泰國）*Khaosod*

《羅盤報》（印尼）*Kompas.com*

《蘋果日報》（港、台）*Apple Daily*

騰訊（中國）Tencent

《觀察者》（中國）*Guancha.cn*

影視出版 ─────────────

《中國製造好萊塢》*Hollywood Made in China*

《火線大逃亡》*Seven Years in Tibet*

《世界大對戰》*Pixels*

巨流傳媒 Mighty Current Media

《奇異博士》*Doctor Strange*

東方夢工廠 Pearl Studio

金酸莓獎 Golden Raspberry Awards

《長期博弈》*The Long Game*

《為中國報導：中國駐外記者如何與世界打交道》*Reporting for China: How Chinese Correspondents Work with the World*

《紅潮入侵》*Red Dawn*

《捍衛戰士》*Top Gun*

《寄生上流》*Parasite*

《達賴的一生》*Kundun*

夢工廠 DreamWorks

漫威電影宇宙 Marvel Cinematic Universe

《魷魚遊戲》*Squid Game*

《壞壞萌雪怪》*Abominable*

國際組織、政府機構、非政府組織、商業機構 ─────────────

AidData（智庫）AidData

Counterpoint Research（市場分析公司）Counterpoint Research

RWR（顧問公司）RWR Advisory Group

《外交政策》Foreign Policy

《外交家》Diplomat

《外國代理人登記法》FARA; Foreign Agents Registration Act

Committee

白宮新聞攝影師協會 White House News Photographers Association

白宮管理及預算局 Office of Management and Budget

皮尤全球意見調查 Pew Global Attitudes

皮尤研究中心 Pew Research Center

皮博迪獎 Peabody Award

全球公共政策研究中心 Global Public Policy Institute

全球參與中心 Global Engagement Center

全球掃瞄顧問公司 GlobeScan

共和黨國際事務協會 International Republican Institute

印太繁榮經濟架構 Indo-Pacific Economic Framework for Prosperity

自由之家 Freedom House

亞太再平衡 Rebalance to Asia and the Pacific

亞洲民主動態調查 Asian Barometer

亞洲研究中心 Institute of Asian Studies

亞洲基金會 Asia Foundation

亞洲新聞聯盟 ANN; Asia News Network

亞洲實力指數 Asia Power Index

季辛吉協會 Kissinger Associates

拉美民主動態調查 Latinobarómetro

易普索 Ipsos

東南亞公約組織 Southeast Asia Treaty Organization

東南亞青年領袖計畫 Young Southeast Asian Leaders Initiative

東南亞國家協會 Association of Southeast Asian Nations

東海岸鐵路計畫（馬來西亞）East Coast Rail Link

法國文化協會 Alliance Française

波特蘭公司 Portland

芝加哥全球事務委員會 Chicago Council on Global Affairs

金磚五國媒體峰會 BRICS Media Summit

長期策略小組 Long Term Strategy Group

青年民主黨（匈牙利）Fidesz

保障民主聯盟 Alliance for Securing Democracy

保護記者委員會 Committee to Protect Journalists

南加大公共外交中心 Center on Public Diplomacy

威爾遜中心 Wilson Center

科興 Sinovac

美中經濟暨安全檢討委員會 U.S.-China Economic and Security Review Commission

美國公共外交諮詢委員會 U.S. Advisory Commission on Public Diplomacy

美國外交政策協會 American Foreign Policy Council

美國全國學者協會 National Association of Scholars

美國海外投資審查委員會 Committee on Foreign Investment in the United States

美國參議院國土安全小組委員會 Senate Homeland Security subcommittee

美國國家民主協會 National Democratic Institute

美國國家民主基金會 National Endowment for Democracy

美國國家情報總監辦公室 Office of the

Director of National Intelligence

美國國家廣播環球集團／康卡斯特 NBCUniversal/Comcast

美國國會及行政部門中國問題委員會 U.S. Congressional-Executive Commission on China

美國國會稽核處 U.S. Government Accountability Office

美國國際媒體署 U.S. Agency for Global Media, USAGM

美國國際開發總署 U.S. Agency for International Development, USAID

美國筆會 PEN America

美國進步中心 Center for American Progress

美國新聞總署 United States Information Agency

胡佛研究所 Hoover Institution

重大弊案調查辦公室 Serious Fraud Office

首爾研究院 Seoul Institute

香港記者協會 Hong Kong Journalists Association

峨山政策研究院 Asan Institute for Policy Studies

泰中記者協會 Thai-Chinese Journalists Association

海軍分析中心 Center for Naval Analyses, CNA

海康威視 Hikvision

海盜黨 Pirate Party

紐西蘭安全情報局 New Zealand Security Intelligence Service

紐西蘭國會外交、國防與貿易特別委員會 Parliamentary Select Committee for Foreign Affairs, Defense and Trade

記錄未來 Recorded Future

馬華公會 Malaysian Chinese Association, MCA

假新聞行為守則（歐盟）Code of Practice on Disinformation

匿名者Q QAnon

區域全面經濟夥伴協定 Regional Comprehensive Economic Partnership

國防安全研究院 National Defense and Security Research

國家安全局 National Security Bureau

國家黨（紐西蘭）National Party

國際事務協會 AMO

國際冠軍盃 Champions Cup

國際政策態度研究計畫（馬里蘭大學）Program on International Policy Attitudes

國際特赦組織 Amnesty International

國際記者聯盟 International Federation of Journalists, IFJ

國際貨幣基金 International Monetary Fund

國際新聞自由獎 International Press Freedom Award

國際電信聯盟 International Telecommunication Union, ITU

國際領袖人才參訪計畫（美國國務院）International Visitor Leadership Program

常設調查小組委員會（美國參議院）permanent subcommittee on investigations

淨網計畫 Clean Network Program

終端高空防禦飛彈系統 Terminal High Altitude Area Defense

軟實力指數 Soft Power Index
嵐橋集團 Landbridge Group
無國界記者組織 Reporters Without Borders
發展協助委員會 Development Assistance
　　Committee
華府智庫德國馬歇爾基金會 German
　　Marshall Fund of the United States
菲律賓新聞局 Philippine Information
　　Agency
開放技術基金會 Open Technology Fund
愛立信 Ericsson
愛德華・莫洛學程 Edward R. Murrow
　　Program
新加坡尤索夫伊薩東南亞研究所 Institute
　　of Southeast Asian Studies (ISEAS)–
　　Yusof Ishak Institute
新美國安全中心 Center for a New
　　American Security
新美國基金會 New America
經濟合作暨發展組織 Organisation
　　for Economic Cooperation and
　　Development
經濟學人資訊社 Economist Intelligence
　　Unit
詩琳通中國語言文化中心 Sirindhorn
　　Chinese Language and Culture Center
詹姆士基金會 Jamestown Foundation
跨太平洋夥伴協定 Trans-Pacific
　　Partnership
路透社新聞研究所 Reuters Institute for the
　　Study of Journalism
網路政策中心（史丹佛大學）Cyber Policy
　　center
網路研究社（俄羅斯）IRA

蓋洛普民意測驗中心 Gallup
墨卡托研究所 Mercator Institute
德國另類選擇黨 Alternative for Germany,
　　AfD
數字絲綢之路 Digital Silk Road, DSR
數位電視研究 Digital TV Research
歐洲人民黨黨團 Group of the European
　　People's Party
歐洲民主媒體基金 European Democratic
　　Media Fund
歐洲智庫中國研究網 European Think-Tank
　　Network on China
歐盟執委會 European Commission
戰略暨國際研究中心 Center for Strategic
　　and International Studies
澳中藝術與文化研究院 Australia-China
　　Institute for Arts and Culture
澳中關係研究院 Australia-China Relations
　　Institute, ACRI
澳洲戰略政策研究所 Australian Strategic
　　Policy Institute, ASPI
聯邦調查局 Federal Bureau of Investigation
薩德系統 THAAD
羅伊研究所 Lowy Institute
響應性政治中心 Center for Responsive
　　Politics

人名————
于建嶸 Yu Jianrong
小馬可仕 Ferdinand Marcos Jr
山德勒，亞當 Adam Sandler
川普 Donald Trump
丹尼爾斯，「暴風女」Stormy Daniels
孔安怡 Aynne Kokas

金恩 Gary King

阿爾伯諾茲 Luis A. Albornoz

阿爾登 Jacinda Ardern

咸命植 Myungsik Ham

契特芮吉 Rebecca Kitteridge

拜拉德 Catie Snow Bailard

拜登 Joe Biden

柏里 Bonnie Bley

柏格斯 Tobias Burgers

柏曼 Ilan Berman

查維斯 Hugo Chávez

洪理達 Leta Hong Fincher

洪森 Hun Sen

派克 Michael Pack

科雷亞 Rafael Correa

羿沙 Azad Essa

范德賴恩 Ursula von der Leyen

韋伊 Lucan Ahmad Way

倫古 Edgar Lungu

唐納 Alexander Downer

夏偉 Orville Schell

夏霖 Xia Lin

孫皖寧 Wanning Sun

孫超（音譯）Chao Sun

庫克 Sarah Cook

格林萊里 Naima Green-Riley

桂民海 Gui Minhai

桂從友 Gui Congyou

班尼特 Amanda Bennett

納吉 Najib

翁山蘇姬 Aung San Suu Kyi

袁莉 Li Yuan

郝雨凡 Yufan Hao

飢腸轆轆 Jichang Lulu

馬丁，米蓋 Miguel Martin

馬丁，彼得 Peter Martin

馬厄 Edwin Maher

馬克宏 Emmanuel Macron

馬利德 Richard McGregor

馬哈地 Mahathir

馬許 Vivien Marsh

馬提斯 Peter Mattis

馬斯頓 Hunter Marston

馬德里模拉雷斯 Dani Madrid-Morales

基廷 Paul Keating

康德蘇 Michel Camdessus

張乙坤 Zhang Yikun

張曉卿 Tiong Hiew King

曼德拉 Nelson Mandela

梅克爾 Angela Merkel

梅爾 Jane Mayer

猜瓦 Chaiwat Wanichwattana

莫里森 Scott Morrison

莫迪 Narendra Modi

許建榮 Chien-Jung Hsu

陳平 Chen Ping

陳玉珊 Kornphanat Tungkeunkunt

麥克雷 Todd McClay

黃育川 Yukon Huang

凱西 Adam Casey

凱特 Bob Katter

勞里 Jim Laurie

堤拉奈 Teeranai Charuvastra

斯佩爾曼 Jim Spellman

普丁 Vladimir Putin

曾怡碩 Yi-suo Tzeng

華春瑩 Hua Chunying

華瑟曼 Herman Wasserman

菲力普斯 Matthew Phillips

雅克 Martin Jacques

雅羅育 Gloria Macapagal Arroyo

黃向墨 Huang Xiangmo

黃書賢 Dennis Uy

黃博倫 Aaron Huang

黃澤齊（音譯）Teck Chi Wong

黃嚴忠 Yanzhong Huang

奧班 Viktor Orban

楊恆均 Yang Hengjun

楊健 Yang Jian

楊潔篪 Yang Jiechi

楊銳 Yang Rui

溫克勒 Matthew Winkler

溫家寶 Wen Jiabao

瑞伊 Christopher Wray

瑞薩 Maria Ressa

葉培蕾 Peilei Ye

葛林華德 Glenn Greenwald

詩琳通 Sirindhorn

詹姆斯 LeBron James

賈格利阿朵內 Iginio Gagliardone

達悠 Dayo Aiyetan

達賴喇嘛 Dalai Lama

雷普尼科娃 Maria Repnikova

翟一達 Yida Zhai

蒲美蓬，泰王 King Bhumibol Adulyadej

裴洛西 Nancy Pelosi

赫吉茲 Chris Hedges

赫曼 Steve Herman

赫瑪茨 Robert Hormats

趙立堅 Zhao Lijian

趙厚麟 Houlin Zhou

趙淇欣 Joanna Chiu

趙紫陽 Zhao Zhiyang

齊曼 Miloš Zeman

劉長樂 Liu Changle

劉進圖 Kevin Lau

歐提耶諾 Bonface Otieno

歐瑞克 Eric Olander

滕博爾 Malcolm Turnbull

潘文 John Pomfret

潘偉（音譯）Pan Wei

蔡英文 Tsai Ing-wen

蔡衍明 Tsai Eng-meng

蔡源 Peter Cai

鄧森 Sam Dastyari

閭丘露薇 Luwei Rose Luqiu

黎智英 Jimmy Lai

璞瓦德 Bhuvadej Chirabandhu

盧沙野 Lu Shaye

穆瓦尼 Mick Mulvaney

穆拉托夫 Dmitry Muratov

穆爾南 Kaila Murnain

蕭茲 Olaf Scholz

蕭培寰 Peter Shiao

霍克 Bob Hawke

霍華德 John Howard

霍華德，菲立普 Philip Howard

霍爾 Ian Hall

鮑威 Alexander Bowe

戴克辛 Thaksin Shinawatra

戴秉國 Dai Bingguo

戴雅門 Larry Diamond

戴遙遙 Yaoyao Dai

鍾萬學 Basuki Tjahaja Purnama

韓國瑜 Han Kuo-yu

韓連潮 Lianchao Han

聶保真 Pál Nyíri
聶喬伊（音譯）Joyce Nip
薩伊爾 Bradley Thayer
薩維尼 Matteo Salvini
羅伯 Andrew Robb
羅曼紐 Scott N. Romaniuk
羅斯 Chuck Ross
羅斯瑪 Rosmah Mansor
羅森柏格 Laura Rosenberger
嚴正剛 Phillip TK Yin
蘇哈托 Suharto

破解北京的全球媒體攻勢：中國怎麼買影響力？要是買不下，又怎麼借？
／喬舒亞・科藍茲克（Joshua Kurlantzick）著；王湘瑋譯.
－初版.－新北市：左岸文化，遠足文化事業股份有限公司出版：
遠足文化事業股份有限公司發行，2025.02
　　面；　公分.－（左岸政治；365）（左岸中國因素系列；31）
譯自：Beijing's global media offensive: China's uneven campaign to influence
Asia and the world
ISBN 978-626-7462-47-8（平裝）
1.CST: 中國大陸研究 2.CST: 政治傳播 3.CST: 中國外交 4.CST: 國際關係
574.1　　　　　　　　　　　　　　　　　　　　　　　114000780

左岸政治365／左岸中國因素系列31

破解北京的全球媒體攻勢
中國怎麼買影響力？要是買不下，又怎麼借？

作　　者	喬舒亞・科藍茲克（Joshua Kurlantzick）
譯　　者	王湘瑋
總 編 輯	黃秀如
編輯協力	非　爾
行銷企劃	蔡竣宇
美術設計	黃暐鵬

出　　版	左岸文化／遠足文化事業股份有限公司
地　　址	231新北市新店區民權路108-3號8樓
發　　行	遠足文化事業股份有限公司（讀書共和國出版集團）
	電話（02）2218-1417　傳真（02）2218-8057
	客服專線 0800-221-029
E - M a i l	rivegauche2002@gmail.com
左岸臉書	facebook.com/RiveGauchePublishingHouse
法律顧問	華洋法律事務所　蘇文生律師
印　　刷	呈靖彩藝有限公司
初版一刷	2025年2月

定　　價	650元
I S B N	978-626-7462-47-8（平裝書）
	9786267462454（EPUB）
	9786267462461（PDF）